CB125458

MARCOS SARMENTO MELO
Mestre em Finanças

GESTÃO FINANCEIRA POR FLUXO DE CAIXA

A EVOLUÇÃO DAS FINANÇAS PARA EMPRESAS

ALTA BOOKS
GRUPO EDITORIAL
Rio de Janeiro, 2021

Gestão Financeira por Fluxo de Caixa

Copyright © **2024** STARLIN ALTA EDITORA E CONSULTORIA LTDA.

Alta Books é uma empresa do Grupo Editorial Alta Books (Starlin Alta Editora e Consultoria LTDA).

Copyright © **2024** Marcos Sarmento Melo.

ISBN: 978-85-508-2455-0

Impresso no Brasil — 1ª Edição, 2024 — Edição revisada conforme o Acordo Ortográfico da Língua Portuguesa de 2009.

Dados Internacionais de Catalogação na Publicação (CIP)
(Câmara Brasileira do Livro, SP, Brasil)

Melo, Marcos André Sarmento
Gestão financeira por fluxo de caixa / Marcos André Sarmento Melo. -- 1. ed. -- Rio de Janeiro : Alta Books, 2024.

ISBN 978-85-508-2455-0

1. Administração financeira 2. Economia 3. Finanças corporativas 4. Gestão financeira I. Título.

24-196679 CDD-658.15

Índices para catálogo sistemático:

1. Administração financeira : Empresas 658.15

Eliane de Freitas Leite - Bibliotecária - CRB 8/8415

Todos os direitos estão reservados e protegidos por Lei. Nenhuma parte deste livro, sem autorização prévia por escrito da editora, poderá ser reproduzida ou transmitida. A violação dos Direitos Autorais é crime estabelecido na Lei nº 9.610/98 e com punição de acordo com o artigo 184 do Código Penal.

O conteúdo desta obra fora formulado exclusivamente pelo(s) autor(es).

Marcas Registradas: Todos os termos mencionados e reconhecidos como Marca Registrada e/ou Comercial são de responsabilidade de seus proprietários. A editora informa não estar associada a nenhum produto e/ou fornecedor apresentado no livro.

Material de apoio e erratas: Se parte integrante da obra e/ou por real necessidade, no site da editora o leitor encontrará os materiais de apoio (download), errata e/ou quaisquer outros conteúdos aplicáveis à obra. Acesse o site www.altabooks.com.br e procure pelo título do livro desejado para ter acesso ao conteúdo..

Suporte Técnico: A obra é comercializada na forma em que está, sem direito a suporte técnico ou orientação pessoal/exclusiva ao leitor.

A editora não se responsabiliza pela manutenção, atualização e idioma dos sites, programas, materiais complementares ou similares referidos pelos autores nesta obra.

Grupo Editorial Alta Books

Produção Editorial: Grupo Editorial Alta Books
Diretor Editorial: Anderson Vieira
Editor da Obra: Rosana Arruda
Vendas Governamentais: Cristiane Mutüs
Gerência Comercial: Claudio Lima

Produtora Editorial: Ana Clara Tambasco
Revisão: Catia Soderi e Leandro Menegaz
Diagramação: Rita Motta
Capa: Karma Brandão

ALTA BOOKS
GRUPO EDITORIAL

Rua Viúva Cláudio, 291 — Bairro Industrial do Jacaré
CEP: 20.970-031 — Rio de Janeiro (RJ)
Tels.: (21) 3278-8069 / 3278-8419
www.altabooks.com.br — altabooks@altabooks.com.br
Ouvidoria: ouvidoria@altabooks.com.br

Editora **afiliada à:**

ASSOCIADO

A Gabriela, Guilherme, Letícia e Júlia.
Tudo é sempre por vocês.

Apresentação

Professor mais ensina que aprende. A frase é tão repetida quanto verdadeira. São mais de vinte anos estudando todos os livros nacionais e internacionais de finanças, preparando telas para apresentação em sala de aula, formulando diferentes pontos de vista sobre o mesmo tópico para tirar dúvidas de alunos, fazendo pesquisa na área — e nas correlatas a ela —, escrevendo artigos para publicação, orientando alunos, corrigindo provas e indicando as respostas corretas. Aprende-se muito sobre finanças com todas essas atividades.

Além disso, há toda uma experiência em período semelhante na condução de uma empresa que presta serviço a outras empresas sobre como organizar melhor as finanças internamente. São mais de 400 empresas atendidas, conhecendo a fundo como elas costumam agir em relação a pagamentos e recebimentos, sistemas de controle e acompanhamento, preocupações de donos e gestores, investimentos bem e malsucedidos e todas as expectativas de quem possui seu próprio capital aplicado em um negócio.

A confluência destes dois tipos de conhecimento — o teórico do embasamento acadêmico-científico e a prática de conhecer as adversidades das empresas e as soluções para torná-las mais seguras e valiosas — contribuiu para o desenvolvimento de uma visão privilegiada de como realizar a gestão financeira.

Esta é a maior diferença da presente obra em relação às já existentes: a de guiar a gestão financeira das empresas. Mas as outras publicações não fazem a mesma coisa? Não exatamente. A literatura tradicional deve ser reverenciada e valorizada por haver iniciado toda uma base teórica em finanças, mas ironicamente ela não foi criada com esse objetivo. Desde a década de 1950 — quando se avolumou o número de artigos e outras publicações sobre finanças —, o tema central era o mercado financeiro. Os principais estudos procuraram entender o comportamento dos títulos mobiliários, as ações de empresas, os papéis representativos de dívidas, os tipos de lançamentos no mercado, os índices, os preços de títulos, o custo do capital e outros temas semelhantes, com o objetivo de obter maior ganho na atividade de comprar e vender ativos. Em geral, os livros-texto usados nas escolas de finanças deram sua contribuição ao reunir e avançar no conteúdo já publicado sobre o mercado e sobre as regras de registros contábeis; no entanto, pouco trouxeram informação sobre o fluxo financeiro dentro da empresa. Pouco havia sobre a gestão financeira da empresa.

O conteúdo deste material é voltado para dentro da empresa e não para o mercado. O propósito é que seja um manual sobre como o gestor financeiro deve levantar dados, tratá-los e tomar as decisões para atingir o objetivo maior de aumentar o valor de mercado da empresa de forma consistente no longo prazo. Para isso, se propõe usar eminentemente dados de fluxo de caixa (não os contábeis), conhecer sua dinâmica e como ele pode ser usado para criar indicadores de desempenho de maneira a compor um painel de controle para assegurar o objetivo principal de aumento de valor. Essa abordagem — com muitos conceitos inéditos na literatura — é o motivo para a obra ser chamada de *Gestão Financeira por Fluxo de Caixa*.

Pode parecer óbvio para quem não atua na área de finanças que qualquer organização precisa ter o registro dos fluxos de caixa, entradas e saídas de valores, no presente e projetados por cada dia, minuciosamente estruturados. É um engano. A maioria das empresas — não importa o setor, o porte e a qualidade do sistema de gestão usado — possui uma capacidade muito precária de formulação de indicadores de desempenho. Números mais básicos — como faturamento, gastos totais, folha de funcionários por vários meses e outras medidas — até são obtidos, porém isso não é suficiente para a gestão profissional de uma corporação.

Por esse motivo, o livro leva o leitor a construir ou reformular a estrutura de gerenciamento financeiro com base no fluxo de caixa em um processo simples — mas detalhado. A gestão financeira por fluxo de caixa se faz em três etapas que são exploradas entre as Partes II e IV do livro.

A Parte I — para fins de contextualização — é dedicada a apresentar o ambiente no qual o gestor atua, além de lançar as bases conceituais para o prosseguimento do curso.

A Parte II trata da etapa inicial do processo de gestão financeira, que é a decisão de onde investir os recursos. Aqui, o leitor conhecerá os conceitos de investimento e seus objetivos, e a maneira como isso poderá ser conduzido na prática dentro da empresa.

A Parte III discorre sobre como o gestor deverá decidir sobre as fontes de financiamento para poder realizar os investimentos planejados na primeira etapa. Há uma lamentável escassez na literatura tradicional sobre os critérios para escolha das fontes, geralmente limitando-se a classificações de recursos de curto ou de longo prazos. Uma adequada decisão sobre de onde o dinheiro deve provir é fundamental para a elevação do valor da empresa.

A Parte IV aborda a última etapa do processo de gestão financeira por fluxo de caixa. A quarta etapa visa dar controle ao ciclo de alocação e fonte de recursos. É nela que o leitor poderá se aprofundar nas ferramentas de acompanhamento da saúde financeira, visualizar possibilidades de correção de rumos e apontar para o crescimento da empresa com a segurança possível. Tudo isso sem a necessidade de ter qualquer conhecimento prévio de finanças.

A linguagem clara e acessível da presente obra permite expandir o público-alvo para além dos estudantes universitários de finanças. Dessa forma, pode-se atender estudantes de outras áreas, diretores e gestores, funcionários que pretendam crescer em finanças dentro das empresas onde trabalham e qualquer pessoa que se interesse em aprender o tema.

Da mesma forma que o aprendizado acontece quando se ensina, ele também acontece quando há empenho em se obtê-lo.

Sumário

PARTE I – O Ambiente de Finanças

PARTE II – Investimento

PARTE III – Financiamento e Proteção

PARTE IV – Controle dos Fluxos Financeiros

PARTE I

O Ambiente de Finanças

PARTE I — O Ambiente de Finanças

A primeira parte do livro é a porta de entrada para o conhecimento da gestão financeira por fluxo de caixa. Nela, é possível ter os primeiros contatos com os elementos mais básicos de finanças e dos variados aspectos que formam o ambiente dentro do qual ela atua para facilitar o aprendizado aprofundado e cuidadosamente guiado ao longo de toda a obra.

Antes de apresentar os primeiros conceitos sobre finanças de empresas, é descrito onde essa função está inserida dentro da empresa. Qualquer atividade gerencial dentro de uma organização só pode ser devidamente bem realizada se houver a comunicação com as outras áreas com as quais tem contato. As finanças de uma empresa não podem ser adequadamente conduzidas pelo profissional sem que ele tenha o conhecimento mínimo da instituição de forma integral.

Em seguida, esta primeira parte do livro descreve os vários aspectos que formam o ambiente no qual o profissional atua. São abordados — entre outros tópicos — sistemas de informação gerencial, noções de contabilidade e de economia, e um mapa resumido dos produtos financeiros presentes no mercado e das instituições financeiras públicas e privadas que o gestor precisará lidar.

Esta primeira parte é aquela visão ampla necessária ao gestor antes de estreitá-la nas peculiaridades das finanças de empresas por fluxo de caixa.

1

Introdução às Finanças

1.1 Conceitos iniciais em finanças

As pessoas costumam se referir a Finanças como qualquer atividade que se relacione com dinheiro. O conceito está correto. Finanças dizem respeito às atividades e instrumentos que tratam das transferências e acúmulo de dinheiro, como: empréstimos tomados para pagar contas, poupança, investimentos, avaliação de bens e a compra de artigos de consumo (pessoas e famílias) ou de insumos para produção (corporações).

A administração financeira é semelhante para qualquer agente gestor de recursos — seja ele um órgão governamental, uma pessoa, uma família ou uma corporação com ou sem fins lucrativos. O Quadro 1.1 compara os objetivos e as formas de atuação de cada área.

Se o agente for um órgão governamental	Se o agente for uma pessoa ou família	Se o agente for uma corporação
Área de estudo: Finanças Públicas.	**Área de estudo:** Finanças Pessoais.	**Área de estudo:** Finanças Corporativas.
Objetivo: Promover o bem-estar do povo.	**Objetivo:** Promover a felicidade pessoal.	**Objetivo:** Promover o aumento do valor da corporação.

▶

Se o agente for um órgão governamental	Se o agente for uma pessoa ou família	Se o agente for uma corporação
Processo: captação de recursos públicos (tributação, empréstimos e venda de títulos públicos) para gastar com educação, saúde, segurança e demais itens considerados relevantes para o bem-estar do povo.	**Processo:** obtenção de recursos (salário, pró-labore ou comissão de vendas) e poupança para gastar com alimentação, moradia, diversão, entre outros, de maneira a aumentar o nível de felicidade do indivíduo ou de cada membro da família.	**Processo:** vendas, empréstimos e reservas próprias para investir em insumos e em oportunidades que aumentem o valor da corporação, a fim de melhor remunerar seu dono.

Quadro 1.1. Áreas de estudo de Finanças.
Fonte: O autor.

As três áreas de estudo em Finanças possuem processos semelhantes para atingir seus objetivos. Inicialmente são identificados os tipos e os volumes dos investimentos para cumprimento das metas, por exemplo: atendimento ao cidadão, quando o agente é o governo; viagem de lazer, quando o agente é a pessoa ou a família; ou a compra de máquinas, quando o agente é a corporação. Em seguida, os agentes captam os recursos para viabilizar os investimentos: o governo institui impostos; a pessoa recebe o salário pelo trabalho realizado; e a corporação usa a reserva de dinheiro ou o crédito disponível. Durante esse processo, o gestor controla aspectos como risco, resultados obtidos, pagamentos e recebimentos de valores e outros, usando os instrumentos disponíveis no mercado. O Quadro 1.2 ilustra o processo de fontes e destinos para cada tipo de agente.

AGENTE	FONTE	DESTINO
Governo	Tributos. Empréstimos contratuais. Venda de títulos públicos.	Educação. Saúde. Segurança pública.
Família	Salário. Pró-labore. Comissão de vendas.	Alimentação. Moradia. Diversão.
Corporação	Vendas. Empréstimos.	Máquinas. Mercadorias. Matérias-primas.

Quadro 1.2. Fluxo de valores de três tipos de agentes, das fontes aos destinos para atingir os respectivos objetivos.
Fonte: O autor.

1.2 Contextualização de finanças na organização

Finanças corporativas é o termo usado para designar a função financeira em uma organização do setor privado formalmente constituída, seja ela uma empresa, uma ONG ou uma associação. Mas o que é uma organização? E como relacionar a administração financeira às demais atividades desempenhadas na organização?

Organização é um conjunto de pessoas que interagem para atingir um objetivo comum. De acordo com essa definição, são exemplos de organizações: o Banco do Brasil, a Natura e o Greenpeace. O objetivo do Banco do Brasil e o da Natura é o resultado financeiro; já o do Greenpeace é assegurar a capacidade da Terra em gerar vida.

A organização existe porque pessoas ou outras organizações demandam o produto (bem ou serviço) que ela oferece. A organização produz esse bem ou serviço a ser oferecido ao transformar diversos insumos — como matéria-prima, mão de obra e energia elétrica. Por exemplo, o objetivo de obter resultados financeiros é atingido pelo Banco do Brasil ao transformar insumos em serviços de intermediação financeira. A Natura transforma insumos em produtos e serviços que promovem o bem-estar. O objetivo de assegurar a capacidade da Terra em gerar vida é atingido pelo Greenpeace ao transformar os insumos nas atividades e nos equipamentos usados para a preservação da vida. As organizações só existem porque os serviços ou bens que oferecem são demandados por pessoas ou outras organizações. As pessoas e as organizações que demandam e consomem os produtos são chamadas de clientes.

Os insumos usados pelas organizações são classificados em:

- Capital (equipamentos e matérias-primas, por exemplo).
- Terra (lugar onde é realizada a produção).
- Trabalho (mão-de-obra e tecnologia).

Conforme mostra a Figura 1.1, a organização transforma a combinação dos insumos no produto (bem ou serviço) demandado pelos clientes.

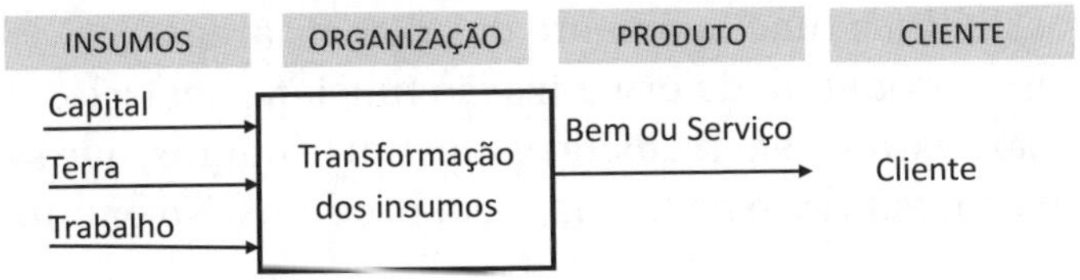

Figura 1.1. Processo de transformação na organização.
Fonte: O autor.

Para oferecer os bens e serviços aos clientes, a organização é estruturada por áreas gerenciais que cumprem sinteticamente as tarefas a seguir:

Marketing

- Identificação da necessidade do cliente.
- Disponibilização do produto que supre essa necessidade.
- Apuração da satisfação da necessidade após o consumo do produto pelo cliente.

Produção

- Planejamento da capacidade de produção de acordo com a demanda.
- Estabelecimento de volume de matéria-prima necessária e do processo produtivo.
- Avaliação da quantidade produzida em relação à demanda.

Finanças

- Estabelecimento das necessidades de investimento.
- Captação de recursos para realizar o investimento.
- Controle do resultado do investimento em relação ao planejado.

Recursos Humanos (RH)

- Identificação do perfil do pessoal de acordo com as funções a serem exercidas.
- Recrutamento e seleção.
- Treinamento.
- Avaliação de desempenho.

As áreas administrativas de Marketing, RH e Produção estão diretamente relacionadas ao processo e transformação dos insumos em produto dentro da organização. A área administrativa de Finanças atua como um meio que possibilita o funcionamento das demais áreas.

O processo produtivo da organização funciona em ciclos. Os insumos são consumidos para serem transformados em produtos, que são transformados em mais insumos, e novamente em produtos. No entanto, as fontes de insumos, como os fornecedores (equipamentos e matérias-primas), os locadores (proprietários de imóveis) e os funcionários (mão de obra), não aceitam entregar tais insumos diretamente em troca do produto da organização. É necessário que primeiro a organização converta o produto em dinheiro — caracterizando a venda — para depois trocá-lo por mais insumos.

A administração financeira corporativa estuda a parte inferior da Figura 1.2 — o fluxo financeiro. A organização recebe dinheiro das vendas, dos donos (capital próprio) e dos credores (capital de terceiros). Esse dinheiro servirá para ser investido nos insumos que serão transformados em produtos. Quando houver a venda dos produtos, o dinheiro será direcionado para remunerar os donos e pagar os credores e os impostos.

Conhecendo o ciclo de funcionamento da organização, fica a pergunta: se a empresa transforma o produto em dinheiro e depois o troca por novos insumos, como, a cada ciclo, se consegue obter mais insumos do que no ciclo anterior? A resposta é que o cliente percebe no produto adquirido um valor maior do que a soma dos preços dos insumos usados naquele produto antes de serem transformados. Ou seja, a satisfação da necessidade do cliente pela empresa é o fator que a faz crescer.

A organização cresce quando identifica a sinergia na qual o cliente se interessa em obter um produto por certa quantidade de dinheiro que é maior que a soma dos custos dos insumos. Por exemplo, o cliente se dispõe a pagar mais por um jantar romântico em um restaurante que a soma dos valores dos insumos — os ingredientes da comida, a mão de obra do garçom e do cozinheiro e o espaço utilizado.

Esse crescimento da empresa pode ser favorecido pela redução do desperdício de insumos. Parte dos insumos adquiridos é gasta por ineficiência gerencial. As empresas desperdiçam recursos em sobras de materiais, desgaste excessivo de máquinas por falta de manutenção, falta de aproveitamento do potencial produtivo dos funcionários e em uso do espaço físico para atividades que não geram valor.

As decisões no âmbito das áreas de Marketing, Produção e Gestão de Pessoas (RH) fazem aumentar ou reduzir o valor adicional gerado pela organização a cada ciclo de produção, repercutindo posteriormente no resultado financeiro. O fluxo financeiro ilustrado na parte inferior da Figura 1.2 representa o processo produtivo da organização.

Figura 1.2. Finanças na organização.
Fonte: O autor.

O tema central do livro é o estudo das finanças em corporações que geram retorno financeiro aos donos da organização. Não é voltado para organizações governamentais, do terceiro setor ou para pessoas e famílias. Por esse motivo, o termo "finanças corporativas" terá o mesmo significado que finanças de empresas, ou simplesmente finanças.

As pessoas criam empresas para receberem parte do valor gerado por elas no processo produtivo. Ao investir capital para criar uma empresa, o dono está abrindo mão de usar o dinheiro para consumo próprio imediato — automóveis, viagens, lazer, roupas e outros gastos —, e ainda corre o risco de a empresa não conseguir dar o retorno esperado. Portanto, a remuneração que a empresa precisa dar ao capital investido pelo dono deve compensar esses dois aspectos — o volume investido e o tempo necessário para fruir o retorno. Se essa compensação não acontecer, o melhor é vender ou liquidar a empresa.

Em vista dos conceitos expostos, as finanças corporativas são definidas como:

> "A área da Administração que gerencia os fluxos de valores com o objetivo de obter a máxima rentabilidade do capital investido pelos donos, durante o maior tempo possível, ao nível adequado de risco".

Há pessoas que criam empresas por motivos outros que não maximizar a própria riqueza, seja diletantismo ou por desejo de atender a algum objetivo social ou ambiental. Tais empresas geralmente precisam de condições extras para captação de recursos de forma a continuarem ativas. Para esses casos, ainda valem os princípios de finanças desenvolvidos neste material, mas com adaptações que não são objeto deste estudo.

2

Objetivo e Áreas de Estudo em Finanças

Gestão significa tomar decisões. As decisões dos gestores nas diversas áreas administrativas devem levar ao objetivo único de aumentar o valor da empresa ao longo do tempo. A pergunta que fica é: quais as decisões a serem tomadas para elevar o valor da empresa?

Para essa pergunta existem várias respostas corretas. Cada empresa apresenta um conjunto de peculiaridades no mercado onde atua e na forma com que organiza a gestão, o que leva a uma variedade de diferentes possibilidades. O importante é conhecer como funciona a lógica do processo de gestão financeira para conseguir os melhores resultados em qualquer tipo de empresa.

2.1 O objetivo das decisões em finanças

O empreendedor cria uma empresa com um propósito em mente — ganhar dinheiro. Ao gerenciar uma empresa, deve-se atender a esse propósito. No entanto, a busca pelo maior retorno possível pode fazer o gestor alocar recursos em projetos com retornos promissores, mas associados a um alto risco de não ocorrerem. Se a empresa não gerar os retornos esperados por muito tempo, certamente chegará o momento em que terá que encerrar as atividades. Nesse caso, o empreendedor perderá dinheiro.

As decisões em finanças devem convergir para o propósito de fazer o empresário ganhar o máximo durante o maior prazo possível. Isso é realizado por meio da combinação entre investimentos com expectativas de retornos elevados e riscos aceitáveis de não os obter.

Sabendo que o objetivo das decisões em finanças é elevar o ganho do dono da empresa no longo prazo — e que esse ganho acompanha o valor da empresa —, pode-se interpretar de forma mais específica que o papel do gestor é elevar o valor da empresa no longo prazo.

O valor da empresa é medido pelo montante que outro investidor estaria disposto a pagar para comprá-la, e assim participar dos retornos que a empresa proporciona. Quanto maior o retorno gerado para o dono no longo prazo, maior será o valor de mercado, pois maior será o valor que outros investidores estarão dispostos a pagar.

O montante do retorno do capital do empresário é resultado de decisões estratégicas e gerenciais nas áreas administrativas. Quando o gestor obtém conquistas — como a satisfação dos clientes e dos funcionários e a relação de confiança com os fornecedores —, favorece a elevação do retorno do capital do dono, levando assim, ao aumento do valor da empresa. A forma como esse processo ocorre está ilustrado na Figura 2.1.

CONQUISTAS ADMINISTRATIVAS

Retorno esperado de caixa.
Número de clientes emcarteira.
Imagem da empresa junto aos clientes.
Imagem da empresa junto à comunidade.
Portfólio de produtos.
Relacionamento com fornecedores.
Relacionamento com clientes.
Relacionamento comconcorrentes.
Capital intelectual.
Grau de transparência com investidores.
Investimento em Pesquisa e Desenvolvimento.

} Expectativa de geração de caixa, comparado ao risco e ao custo do financiamento.

} **VALOR DA EMPRESA**

Figura 2.1. Formação do valor da empresa.
Fonte: O autor.

O retorno repassado ao dono é a razão de a empresa ter sido criada. A empresa deve ser gerida de modo a alcançar as conquistas administrativas. Estas elevam o valor da empresa, aumentando o retorno do empresário.

2.2 Processo de Gestão Financeira

A área de finanças pode ser percebida como um processo de três etapas a fim de facilitar sua compreensão:

a) Investimento.
b) Financiamento.
c) Controle dos fluxos financeiros.

O profissional em finanças deverá desenvolver habilidades para atuar em todas as três etapas.

Investimento

Investimento é qualquer gasto voluntário feito pela empresa com o objetivo de obter retorno no futuro. Ao usar recursos disponíveis, a empresa espera obter um retorno que pode ocorrer após alguns anos ou no momento imediatamente posterior ao gasto.

Em vista do tempo que se espera para que esse retorno ocorra, o investimento pode ser classificado como de curto ou de longo prazo. Os investimentos de curto prazo são aqueles cujo retorno se espera ocorrer em um breve intervalo de tempo. Geralmente, mas nem sempre, estão associados às atividades operacionais — aquelas que se referem diretamente ao funcionamento da empresa, como compra de mercadorias ou matérias-primas, salários, aluguel, energia elétrica, conta de telefone e manutenção de máquinas.

Os investimentos de longo prazo são aqueles cujos retornos são esperados para um prazo maior, mais demoradamente. Geralmente não se referem diretamente ao funcionamento da empresa, mas servem para gerar mais vendas ou reduzir custos. Podem ser considerados exemplos de investimentos de longo prazo: reforma da loja, compra de um novo equipamento, veículo, aquisição de outra empresa e computadores.

Pelo fato de o retorno de um investimento acontecer no futuro, não se pode ter certeza de que ele ocorrerá. Quando se trata de futuro, sempre existe um risco associado. Por exemplo, quando se investe em publicidade, espera-se que no futuro as vendas aumentem em um montante maior do que o gasto efetuado, mas isso só se dará se os clientes passarem a consumir mais produtos — e não há garantia de que eles se comportarão dessa forma. Portanto, a todo investimento é associado um risco específico de não acontecer o retorno que se esperava.

O gestor financeiro deve escolher investimentos cujos valores dos retornos sejam compatíveis com os riscos que se está assumindo e com os momentos em que se prevê que eles ocorrerão.

Financiamento

Após a escolha de quais investimentos a empresa pretende realizar, o gestor financeiro deverá buscar os recursos necessários para viabilizá-los. O financiamento é a etapa de obtenção dos recursos para tornar o investimento planejado uma realidade.

Os recursos levantados no financiamento provêm de fontes classificadas como de curto prazo ou longo prazo, e capital próprio ou capital de terceiros. O entendimento de curto prazo ou longo prazo se refere à urgência para devolução do recurso à fonte.

Fonte de capital próprio é a origem do dinheiro quando gerado pela venda dos produtos ou pela disponibilização de recursos por seus donos. O capital de terceiros é o dinheiro pertencente a outras pessoas ou empresas que, quando usado, enseja o pagamento de juros em determinada data no futuro. O uso de capital de terceiros é a formação de dívida.

Quanto maior a proporção de capital de terceiros em relação ao capital total usado na empresa, maior será o risco assumido de não conseguir honrar os compromissos nas datas devidas. Uma das tarefas da Administração Financeira é encontrar a relação adequada entre o volume de capital de terceiros e de capital próprio (estrutura de capital) para manter o risco de insolvência sob controle.

Controle dos fluxos financeiros

Após decidir quais serão os investimentos e as fontes de financiamento necessários para atingir os objetivos da empresa, o gestor financeiro precisa acompanhar a execução das atividades, de forma a ver se ela condiz com o planejado.

O resultado das decisões em gestão financeira repercute sempre nos fluxos de entrada e saída de dinheiro no caixa. Ao observar os fluxos financeiros, o gestor pode avaliar se os investimentos realizados estão gerando o retorno esperado, se os riscos assumidos foram previstos e se não haverá descasamento de fluxo com maior saída que entrada de dinheiro em determinado período. A partir desse acompanhamento, a empresa pode elevar sua capacidade de gerar retorno e evitar desperdícios de recursos.

O controle dos fluxos trata da avaliação de desempenho financeiro e da gestão dos recursos de curto prazo.

2.3 Organização da área financeira nas empresas

Nas grandes empresas, geralmente as atividades são departamentalizadas de maneira formal em dois setores da estrutura organizacional — a Tesouraria e a Controladoria. As funções relacionadas a investimentos, financiamentos e controle de fluxos financeiros são exercidas normalmente. No entanto, algumas empresas criam os cargos de tesoureiro e *controller* para distribuí-las. As responsabilidades de cada cargo são listadas abaixo:

TESOURARIA	CONTROLADORIA
Fluxos de caixa.	Demonstrativos contábeis.
Relações com bancos.	Acompanhamento de custos.
Investimentos bancários.	Planejamento fiscal.
Recebimento e pagamento de contas.	Sistemas de informações financeiras.
Câmbio.	Orçamentos.
Planejamento financeiro.	

Não há necessidade de todas as empresas estruturarem a área de administração financeira dessa forma. O ponto principal é que a organização da área financeira siga o princípio de haver uma pessoa para executar as tarefas e outra para conferir (controlar) o que foi feito. Dessa forma, consegue-se mais segurança nas transações.

2.4 Ética em finanças

Ética é o conjunto de normas que orientam o comportamento das pessoas em sociedade. A ética nas finanças aborda a discussão das atitudes consideradas corretas ou erradas na gestão de valores, dentro da perspectiva de ser a empresa um ente social. Considerando o objetivo das decisões em finanças de maximizar o valor da empresa, quais os limites das atitudes do gestor impostos pela ética?

Apesar da aparente contradição de buscar resultados financeiros em detrimento de uma conduta moral, essa ultrapassada visão de incompatibilidade entre ética e negócios não condiz com a realidade. As corporações de todos os tamanhos e setores econômicos são constantemente vigiadas por participantes ativos e exigentes — como os acionistas, clientes, fornecedores, funcionários e associações de classe. O resultado financeiro da empresa está intimamente relacionado com a imagem que ela forma no meio social onde atua. O crescente aumento na quantidade de informação e de pessoas em circulação faz repercutir qualquer atitude positiva ou negativa — do ponto de vista social ou ambiental — que a empresa tome.

Assumir uma postura ética nas decisões financeiras não conflita com o objetivo de elevar o valor da empresa — na verdade, até favorece isso. O profissional de qualquer área da empresa, seja ele de finanças, marketing ou RH, ao tomar decisões dentro do postulado ético, tende a tornar o valor da empresa ainda maior.

A construção de uma rede de relações com fornecedores, funcionários, órgãos do governo, investidores, credores e até concorrentes gera oportunidades de negócios rentáveis ao formar a imagem de profissionalismo e confiança com os parceiros. Essas relações só podem ser formadas ao longo do tempo por meio de exemplos de correção na condução da empresa. O aproveitamento de novas oportunidades de negócios proporcionados pelo ambiente de confiança formado ao redor da empresa se constitui em uma força impulsionadora de seu valor de mercado.

Outro motivo que favorece a conduta ética nos negócios é o fortalecimento de órgãos governamentais fiscalizadores em relação ao cumprimento da legislação imposta às empresas — autoridades tributárias, de defesa do consumidor, de fiscalização sanitária, de proteção ambiental, de práticas trabalhistas, entre outras. Se o gestor insistir em burlar regras legais de conduta em qualquer área, assumirá o risco de punição significativa — o que poderá gerar impacto negativo nos resultados financeiros da empresa.

A gestão ética de empresas inclui práticas de Governança Corporativa. Estas são o conjunto de regras para o relacionamento harmônico e seguro de acionistas (donos), gestores e credores. A gestão sob o preceito da Governança Corporativa presume proteger os direitos de todos os participantes ao permitir — entre outras práticas — a divulgação equânime de informação sobre a empresa.

2.5 Carreira profissional em finanças

A carreira do profissional de finanças de empresas é formada pelo conhecimento e habilidades desenvolvidas em uma multiplicidade de áreas.

A área mais importante é a Administração de Empresas. O gestor tem por função gerir os valores que fluem tanto internamente quanto para dentro e para fora da empresa. A finalidade de controlar tais fluxos é garantir a atividade produtiva com vistas a possibilitar sua expansão sustentável ao longo do tempo.

O conhecimento em Administração de Empresas dará ao gestor a capacidade de compreender a constituição e o funcionamento do fenômeno social "organização". O entendimento de como as organizações perseguem os objetivos estabelecidos no planejamento estratégico é imprescindível para contribuir na consecução deles. Da mesma forma, é importante perceber como as organizações se subdividem nas áreas de Marketing, Produção, RH e Finanças. Dentro de cada uma dessas áreas ocorre o processo gerencial de planejar, organizar, dirigir e controlar. As decisões de cunho financeiro inevitavelmente impactarão essas áreas e processos, como também por eles serão impactadas.

Outros campos do conhecimento também são muito desejáveis, como Economia e Contabilidade. A Economia capacitará o gestor financeiro a perceber a movimentação do ambiente externo onde a empresa atua. São elementos do estudo da Economia as dinâmicas de concorrência, o número e comportamento do conjunto de fornecedores e a formação de preços e custos — tanto dos produtos produzidos quanto dos insumos adquiridos na produção.

A empresa sofre influência da taxa básica de juros, da inflação, do câmbio, do Produto Interno Bruto, e de outras variáveis macroeconômicas — seja para seu benefício ou como ameaça. O mesmo se dá com a movimentação do mercado de trabalho, com as decisões do Banco Central e dos recursos movimentados pelo sistema bancário. São todos elementos que invariavelmente o gestor financeiro lidará ao longo de sua carreira.

A Contabilidade é igualmente essencial para o gestor financeiro. De fato, não é função dele elaborar os demonstrativos contábeis, que cabe ao contador. No entanto, a interpretação e, de alguma forma, a conferência dos demonstrativos recebidos são inerentes às tarefas do financeiro.

As peças contábeis são a principal forma de comunicação que a empresa possui com os agentes do mercado financeiro em geral — sejam instituições bancárias, acionistas, debenturistas, ou órgãos de fiscalização tributária.

Como em qualquer carreira que atinge um nível mais alto, o conhecimento das leis pertinentes à área é de grande importância. A legislação pertinente ao gestor financeiro é mais relacionada ao Direito Empresarial, Direito Trabalhista, Direito Tributário, Direito do Consumidor e, em certa medida, ao Código Civil. As decisões em Gestão Financeira precisam estar amparadas pela legislação, visto que há muitas oportunidades de o gestor decidir por algo que venha a beneficiar a empresa, porém havendo dubiedade quanto à licitude da ação.

As habilidades mais requeridas do gestor financeiro são a matemática e o relacionamento interpessoal. Pelo lado da matemática é fácil de perceber as razões. No decorrer de suas atividades, o gestor atuará muito com: matemática financeira, álgebra linear, além de elaboração e interpretação de gráficos e estatística.

Por mais surpreendente que seja, o gestor financeiro — bem como qualquer profissional que venha a galgar posições superiores em uma empresa — precisa ser muito desenvolto nos relacionamentos interpessoais. No seu caso, há muito o que se compreender das necessidades e expectativas de diretores de outras áreas — que disputam mais recursos —, de acionistas, de gerentes de bancos e, claro, dos próprios subordinados.

O profissional de finanças trilha um caminho muito rico em termos de conhecimento geral. Se há de fato uma necessidade de conhecimento em matérias exatas, certamente não é isso o que mais caracteriza o gestor financeiro. Talvez o mais relevante seja entender os ambientes interno e externo à empresa com clareza e amplitude.

3

Formação e Crescimento da Empresa

A formação de uma empresa — desde suas primeiras atividades até se tornar uma grande corporação — passa por diversas fases. Cada uma delas apresenta vulnerabilidades próprias para sua sobrevivência, vantagens específicas para o crescimento, demandas diferentes de capital, e outras características de funcionamento. O gestor financeiro precisa compreender as peculiaridades da fase na qual sua empresa se enquadra para saber melhor responder às carências correspondentes.

Este capítulo apresenta as principais características das fases pelas quais as empresas geralmente passam quanto ao porte, complexidade e necessidade de capital. Além disso, aborda as principais naturezas jurídicas em relação a seu crescimento.

3.1 Regimes jurídicos de empresas

Um regime jurídico é a forma oficial como o negócio é registrado para reconhecimento do Estado. A depender do regime jurídico, a empresa terá uma determinada alíquota de imposto a pagar e mais ou menos acesso a linhas de crédito para tomar dinheiro emprestado. Além disso, no regime jurídico estarão estabelecidos o número de funcionários que ela pode contratar, o número de sócios e a responsabilização do patrimônio pessoal do empreendedor caso a empresa tenha problema e outros aspectos.

A empresa pode alterar seu regime — ou natureza jurídica — ao longo da vida. O contador da empresa é o profissional mais qualificado para recomendar qual a melhor natureza jurídica de acordo com as peculiaridades da empresa e do empreendedor.

A legislação brasileira prevê mais de vinte naturezas jurídicas. As principais e as mais comuns serão descritas a seguir.

Microempreendedor Individual — MEI

É a natureza jurídica mais simples na qual o empreendedor pode se cadastrar.

O limite de faturamento é relativamente baixo para uma empresa e os impostos a serem pagos estão nas faixas mais baixas possíveis.

Faturamento anual máximo:	R$81 mil.
Pode ter sócio:	Não.
Número máximo de funcionários:	1.
Regime de tributação:	Simples Nacional (carga reduzida).
Distinção de patrimônio:	Patrimônio individual se confunde com o empresarial.
Atividade econômica:	Pouco complexas.
Alguns exemplos:	Artesãos, "sacoleiros", produtores caseiros de refeição e manicures.

Empresário Individual — EI

Ao ser classificado como EI, o empreendedor passa a ter um maior espaço para crescer. O faturamento anual pode ser maior que no MEI e podem ser contratados quantos funcionários forem necessários.

Faturamento anual máximo:	R$48 milhões (Empresa de Pequeno Porte — EPP), ou R$360 mil (Microempresa — ME).
Pode ter sócio:	Não.
Número máximo de funcionários:	Sem limite.
Regime de tributação:	Simples Nacional, Lucro Presumido ou Lucro Real.
Distinção de patrimônio:	Patrimônio individual se confunde com o empresarial.
Atividade econômica:	Atividades não regulamentadas.
Alguns exemplos:	Fotógrafos, *web designers*, produtores de eventos e motoristas de aplicativos.

Empresa Individual de Responsabilidade Limitada — EIRELI

A natureza jurídica de EIRELI foi criada em 2011 para resolver o problema de empresas formadas com um dos sócios tendo uma participação baixíssima — às vezes inferior a 1% do capital — e que, na prática, pertencia a um único dono.

A EIRELI só podia ter um único dono, mas sua liberdade de crescimento era maior que a do EI e do MEI. A EIRELI deixou de existir em 2021, passando as empresas nesse regime a adotar a natureza de Sociedade Limitada Unipessoal — SLU.

Faturamento anual máximo:	R$48 milhões (Empresa de Pequeno Porte — EPP), ou R$360 mil (Microempresa — ME).
Pode ter sócio:	Não.
Número máximo de funcionários:	Até 100 (Empresa de Pequeno Porte — EPP), ou até 499 (Empresa de Médio Porte).
Regime de tributação:	Simples Nacional, Lucro Presumido ou Lucro Real.
Distinção de patrimônio:	Responsabilidade do empresário limitada ao capital social da empresa.
Atividade econômica:	Qualquer atividade.

Sociedade Limitada Unipessoal — SLU

A SLU adotou praticamente as mesmas características da antiga EIRELI, exceto pelo fim da obrigatoriedade de se abrir a empresa com capital social mínimo de 100 salários-mínimos e de o empreendedor poder possuir mais de uma empresa como SLU.

Faturamento anual máximo:	R$48 milhões (Empresa de Pequeno Porte — EPP), ou R$360 mil (Microempresa — ME).
Pode ter sócio:	Não.
Número máximo de funcionários:	Até 100 (Empresa de Pequeno Porte — EPP), ou até 499 (Empresa de Médio Porte).
Regime de tributação:	Simples Nacional, Lucro Presumido ou Lucro Real.
Distinção de patrimônio:	Responsabilidade do empresário limitada ao capital social da empresa.
Atividade econômica:	Qualquer atividade.

Sociedade Empresária Limitada — LTDA

É a natureza jurídica mais simples quando se quer ou precisa inserir um sócio na empresa. A depender do porte da empresa e de sua atividade, a LTDA adota um regime diferente de tributação.

Faturamento anual máximo:	Sem limite.
Pode ter sócio:	Pelo menos um outro sócio.
Número máximo de funcionários:	Sem limite.
Regime de tributação:	Simples Nacional, Lucro Presumido ou Lucro Real.
Distinção de patrimônio:	Responsabilidade do empresário limitada ao capital social da empresa.
Atividade econômica:	Qualquer atividade.

Sociedade Anônima — S/A

Quando se pretende inserir novos sócios na empresa LTDA, torna-se necessário alterar o contrato social e obter a assinatura de cada um dos sócios anteriores. Se um sócio não concordar, isso pode dificultar muito a entrada de outros investidores com interesse de levar seu capital ao negócio tornando-se um de seus donos.

Uma das formas de resolver esse problema é transformar a empresa ou constituir uma S/A. As ações — que são os documentos representativos da propriedade da empresa — podem ser compradas e vendidas sem precisar da anuência dos demais acionistas, que são os donos da empresa.

Faturamento anual máximo:	Sem limite.
Pode ter sócio:	Pelo menos um outro sócio.
Número máximo de funcionários:	Sem limite.
Regime de tributação:	Lucro Presumido ou Lucro Real.
Distinção de patrimônio:	Responsabilidade do empresário limitada ao preço das ações.
Atividade econômica:	Qualquer atividade.

Há várias outras naturezas jurídicas no Brasil, inclusive as reservadas ao setor público. As classificações descritas anteriormente são as mais comuns para empresas privadas.

À medida em que o empreendimento cresce em faturamento e em número de sócios, é necessário ajustar o enquadramento da natureza jurídica — geralmente com a assistência de um contador. Haverá uma classificação formal mais adequada de acordo com a fase de crescimento em que o empreendimento se encontra e sua atividade.

3.2 Fases de crescimento

A empresa já pode nascer grande, mas ao se visualizar o início da linha de crescimento a partir da menor versão que um negócio pode nascer, o foco aponta para o empreendedor.

O empreendedor é aquele que executa, que constrói algo, que ao menos tenta tornar real uma ideia. Os dois grandes grupos de empreendedores têm na sua origem dois motivos: a necessidade ou a oportunidade. O primeiro geralmente engloba aqueles que passaram por uma experiência ruim, perderam o emprego ou de outra forma se viram em uma situação que achavam estar sem saída e tiveram que agir para resolver seus problemas. Geralmente são pessoas com muita disposição e dedicadas ao trabalho.

Os empreendedores por oportunidade são aqueles que encontraram uma necessidade de pessoas ou outras empresas que não estava sendo adequadamente atendida e de alguma forma se viram capazes de supri-la.

A necessidade pode haver sido encontrada por acaso ou por meio de estudos, observações e outros tipos de pesquisas. O empreendedor por oportunidade, sabedor de alguma capacidade ou habilidade de atender a essa necessidade, formula um meio de criar um produto — seja um bem ou serviço — e oferecê-lo a tal público.

Tomando como início da empresa o empreendedor, observa-se que ele começa sozinho a oferecer seu produto, geralmente usando recursos próprios.

A Figura 3.1 ilustra as fases gerais do nascimento da empresa e sua possível evolução à medida em que obtém sucesso em levar solução a seus clientes.

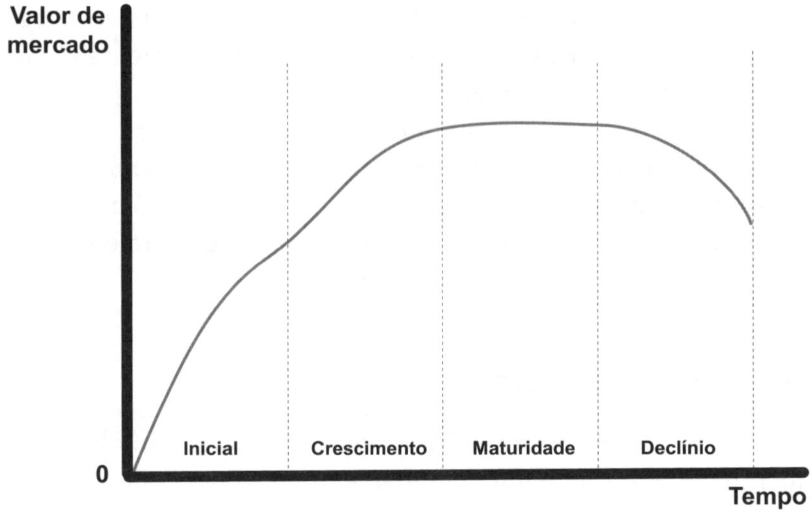

Figura 3.1. Fases gerais de crescimento de uma empresa.
Fonte: O autor.

a) **Inicial**

Supondo-se começar muito pequeno, trata-se daquele empreendedor que sabe como fazer um produto para atender a uma necessidade e o divulga entre esse público. Como exemplo, pode ser alguém que faça saquinhos congelados de açaí batido com frutas. A pessoa criou uma receita, testou entre familiares e amigos e, a partir daí, já começou a receber as primeiras encomendas.

Na fase inicial, o empreendedor age sozinho. Ele mesmo procura fornecedores de açaí, de frutas e de saquinhos. É ele quem prepara o produto para colocar em seu próprio congelador doméstico e contata potenciais clientes para comprar seu produto.

Os recursos financeiros para investir no empreendimento provêm dele mesmo — seja de uma reserva ou de outra atividade. Talvez ele receba ajuda da família e amigos que emprestam pequenos valores a uma taxa reduzida de juros e sem qualquer formalização do empréstimo.

A fase inicial é financeiramente bastante arriscada — não tanto do ponto de vista de deixar de pagar eventuais empréstimos tomados de familiares, mas da falta de segurança de ampliar as vendas. O produto ainda não é conhecido por um número suficiente de consumidores, a forma de divulgação geralmente é ainda precária, há inúmeras possibilidades de o processo produtivo falhar, além de uma variedade de outras ameaças.

O ideal nesta primeira etapa é que o empreendedor avance gradualmente no volume de dinheiro gasto. É muito importante que ele organize cada passo observando o resultado, antes de investir em um novo projeto para ampliação.

Com o crescimento da produção, o empreendedor precisará contratar alguém para ajudar nas tarefas rotineiras e operacionais. Em seguida, ele deverá perceber que os fornecedores e os clientes esperam fazer negociações com uma empresa formalmente registrada. O empreendedor poderá se enquadrar como Microempreendedor Individual (MEI) ou Empreendedor Individual (EI). Assim, ele terá um número de CNPJ e poderá emitir notas fiscais, contratar formalmente funcionários e até ter acesso a linhas de crédito bancárias especiais voltadas a empresas de seu porte.

A depender da atividade da empresa criada, o empreendedor poderá ter que criar uma Sociedade Limitada Unipessoal (SLU), em vez de uma MEI ou EI.

b) **Crescimento**

Na fase de crescimento, o saquinho congelado de açaí batido com frutas já deve ter uma parte da clientela que encomenda de maneira recorrente o produto. As relações com fornecedores já devem estar equilibradas, com contratos de fornecimento; talvez a produção até esteja sendo realizada em um espaço apropriado para isso — e não mais dentro de casa.

Com o aumento da demanda e da necessidade de produzir mais, o empreendedor precisa de recursos para investir em novos congeladores e batedeiras, contratar mais funcionários e profissionais para fazer a divulgação em redes sociais e outros gastos requeridos para expansão.

O volume de recursos requeridos é tão maior do que na primeira fase que os familiares e amigos já não podem mais ajudar. A maior parte do capital é aquele proveniente da operação, mas é possível que o empreendedor precise tomar mais recursos emprestados do banco. Para tanto, deve atentar para escolher linhas a uma taxa de juros baixa, com carência para começar a pagar a amortização alguns meses depois da liberação do empréstimo e com um controle de caixa diário já bastante organizado.

É importante que o empreendedor tome cuidado para não tomar um volume excessivo de recursos emprestados, pois isso acarretará o aumento do risco de não conseguir pagar, no caso de as vendas virem a cair repentinamente.

Para continuar com a expansão sem aumentar o uso de capital de terceiros — aquele proveniente dos empréstimos —, o empreendedor pode convidar outro investidor que tenha dinheiro para colocar na empresa e que acredite no negócio.

Como o empreendedor passará a ter um sócio, ele precisa converter sua empresa em uma Sociedade Empresária Limitada (LTDA).

O contador deverá providenciar o contrato social estabelecendo a proporção de capital de cada um — a partir de uma estimativa do valor da empresa — e as responsabilidades de cada sócio.

Caso a empresa continue a crescer, será necessário capital adicional para se mudar para uma área ainda maior, adquirir mais equipamentos, contratar mais pessoal e demais gastos. Provavelmente a empresa já pensa em oferecer outros produtos a seus clientes além do congelado de açaí batido com frutas. Havendo a possibilidade de convidar outro investidor, que será o terceiro sócio, acarretando uma alteração do contrato social e no recebimento do valor correspondente à participação dele.

O aumento de capital por atração de sócios adicionais passa a ser burocraticamente mais difícil. A cada novo sócio, os anteriores precisam, um a um, autorizar a entrada dele no contrato social. Deve haver uma renegociação das obrigações e responsabilidades de cada um. Quanto maior o número de sócios em uma Sociedade Empresária Limitada (LTDA), mais difícil é a convivência.

Talvez, ainda na fase de crescimento, seja necessário transformar a empresa em Sociedade Anônima (S/A). O capital da S/A é representado pelas ações que a companhia cria. As ações podem ser livremente negociadas sem a necessidade da aprovação dos demais sócios — os acionistas. Dessa forma, a entrada e saída de sócios é facilitada.

c) **Maturidade**

Na fase de maturidade, a empresa está em uma situação de estabilidade na produção e nas vendas. Dificilmente ocorre algum movimento mais forte de queda ou de alta nas vendas. Por isso, a maturidade é uma fase perigosa.

Os donos da empresa e seus gestores podem se acomodar na tranquilidade de apenas conduzir o dia a dia da empresa. Eles podem passar vários anos apenas recebendo resultados financeiros, e deixar de pensar na renovação da empresa.

Invariavelmente, todo empreendimento passa por ciclos no processo de crescimento. Todas as fases descritas acima — ainda que às vezes ocorram de maneira mais rápida ou mais devagar do que em outras empresas — sempre acontecem. Na maturidade é quando há uma clientela consolidada, relações com fornecedores, funcionários e concorrentes amadurecidas, um processo produtivo consistente e uma bem-sucedida linha de produtos. Dentro da empresa, quase tudo está razoavelmente bem construído e funcionando bem.

A questão é que o mercado é dinâmico. Os clientes esperam mudanças nos produtos, na forma de atendimento, na experiência de compra e no acompanhamento de novas necessidades. Ademais, há a movimentação dos concorrentes, que criam produtos substitutos, formam melhores canais de logística, reduzem o custo de produção e tornam os produtos deles mais baratos para os clientes. Por fim, há ainda as várias outras movimentações típicas do mercado.

A Figura 3.2 mostra o que acontece na fase de maturidade.

Ainda na fase de maturidade, a empresa precisa se adaptar a novas condições de mercado. Há situações de empresas que alteram significativamente o produto que lhes permitiu agigantar-se para uma versão muito diferente — como companhias de produção de petróleo que passaram a investir pesadamente em geração de energia limpa. Há empresas que mudam o segmento de público ou a região onde atuavam — como empresas de artigos de luxo que passaram a criar produtos para classes econômicas medianas. Há empresas que se transformaram radicalmente devido ao impacto que a internet impingiu à sociedade.

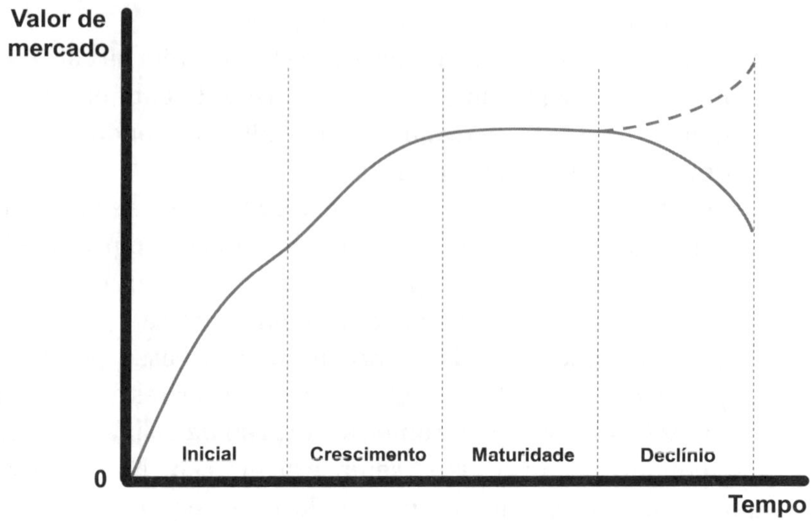

Figura 3.2. Declínio ou reascensão da empresa.
Fonte: O autor.

Para o exemplo da empresa que começou com o congelado de açaí batido com frutas, pode ser que esse produto nem exista mais. Talvez a empresa tenha adaptado a linha de produção e a estrutura logística para oferecer um produto fresco sem ter sido congelado. Possivelmente, a empresa pode ter criado uma assinatura para os clientes receberem o produto em casa após ser escolhido pela internet entre uma variedade de outros itens cujo determinado perfil de cliente possa se interessar.

Se a empresa conseguir se adaptar, poderá iniciar um novo ciclo de crescimento — como mostrado na linha pontilhada da Figura 3.2 — após a fase de maturidade. Se ela não conseguir fazer as mudanças necessárias, inevitavelmente percorrerá a fase de declínio.

Antes mesmo de vir a investir para se renovar, a empresa na fase de maturidade, se for de grande porte, possivelmente será uma S/A — Sociedade Anônima. Quanto maior o porte da empresa, maior a variedade de possibilidades de financiamento para levantar capital para sua operação e expansão. Nessa fase, a companhia de grande porte tem a possibilidade de vender ações — que são documentos representativos da propriedade da empresa —, debêntures — que são papeis representativos de dívida — e outras modalidades de movimentação financeira.

d) **Declínio**

O declínio é a morte da empresa. Por maior e por mais bem estruturada e antiga que ela seja, qualquer organização tende a perecer por uma infinidade de motivos.

As empresas são fenômenos sociais participantes de um tipo de ecossistema com relacionamentos com diversas entidades — chamadas de *stakeholders* —, como fornecedores, clientes, acionistas/donos, consultores, funcionários, concorrentes e o governo. O ambiente de negócios — assim como a natureza — tem suas características alteradas o tempo todo. Em algum momento, é esperado que a empresa não consiga se adaptar adequadamente a ele ou a tempo de continuar funcionando, levando-a à extinção.

O fim de uma empresa pode ocorrer por simples falta de caixa para continuar suas atividades, por falência decretada por um juiz de direito, por aquisição de outra empresa ou por outras formas. Há uma renovação do mercado com benefícios para toda a sociedade quando empresas mais adaptadas suplantam aquelas que já não conseguem gerar o valor que antes conseguiam.

4

Sistemas de Controle de Finanças

O processo de gestão financeira nas empresas é formado por três etapas:

a) Escolha dos investimentos a serem efetuados.
b) Captação de recursos para realizar os investimentos.
c) Controle do uso dos recursos financeiros para assegurar que os investimentos e financiamentos serão realizados conforme planejado.

Os recursos são os bens que a empresa dispõe para gerar o resultado financeiro para o dono. Chama-se de recursos financeiros o dinheiro e os papeis que o representam — como ações, debêntures e outros. Eles são usados para adquirir os insumos consumidos no processo produtivo da empresa (máquinas e equipamentos, mercadorias, pagamento de mão de obra — salários, aluguel, energia elétrica, e outros). Ao vender o produto gerado no processo produtivo, a empresa obtém mais recursos para iniciar um novo ciclo.

O controle dos fluxos financeiros é a etapa do processo de gestão que acompanha onde, em qual volume, e quando os recursos são aplicados e recebidos pela empresa. Para efetuar esse controle, os fluxos financeiros são registrados sempre que houver movimentação de entrada e saída de recursos da empresa. Por exemplo, são efetuados registros de aquisição de insumos, recebimento de vendas, pagamentos de impostos, além da atualização do valor de bens e direitos que compõem o patrimônio.

O gestor usa dois conjuntos diferentes de ferramentas para realizar o controle — o sistema contábil e o sistema financeiro.

O sistema contábil é o conjunto de registros e procedimentos — aperfeiçoados ao longo de mais de 500 anos — que auxilia o gestor financeiro a interpretar a evolução patrimonial e o desempenho das atividades da empresa.

O sistema financeiro é composto por regras recentes de registro das movimentações de recursos. No entanto, ele é cada vez mais usado para auxiliar o gestor em decisões de cunho financeiro.

Destacando que as práticas de administração financeira devem lançar mão dos dois sistemas, os principais demonstrativos são apresentados no Quadro 4.1 abaixo:

SISTEMA CONTÁBIL	SISTEMA FINANCEIRO
Balanço Patrimonial (BP).	Demonstrativo de Fluxo de Caixa (DFC).
Demonstrativo de Resultados do Exercício (DRE).	
Demonstrativo de Fluxo de Caixa (DFC).	

Quadro 4.1. Principais demonstrativos contábeis e financeiro.
Fonte: O autor.

Há de se observar que dois demonstrativos — um do lado contábil e outro do lado financeiro — possuem o mesmo nome. Apesar de o nome ser igual, os demonstrativos são diferentes e apresentam aspectos diversos. A seguir está a descrição de cada um deles.

4.1 Descrição dos principais demonstrativos

Balanço Patrimonial — BP

O Balanço Patrimonial registra o valor do patrimônio da empresa (bens, direitos, obrigações e capital dos donos) em determinado momento.

O Balanço Patrimonial é composto pelo Ativo, Passivo e Patrimônio Líquido. O Ativo mantém os registros referentes aos bens e direitos de recebimentos da empresa no futuro. O Passivo contém as contas das dívidas e demais obrigações financeiras a serem cumpridas. Já o Patrimônio

Líquido apresenta as contas do capital investido pelos donos e as reservas de recursos acumulados de lucros no decorrer do tempo.

O Ativo é a soma do Passivo e do Patrimônio Líquido. Eles são apresentados formalmente conforme a Figura 4.1.

ATIVO	PASSIVO
	PATRIMÔNIO LÍQUIDO

Figura 4.1. Disposição do Balanço Patrimonial.
Fonte: O autor.

Pode-se dizer que o lado esquerdo do Balanço (Ativo) representa as contas de destinação do dinheiro; e o lado esquerdo (Passivo mais Patrimônio Líquido) contém as contas das origens do dinheiro.

Demonstrativo de Resultados do Exercício — DRE

O DRE lista as contas referentes ao processo produtivo da empresa em alocar recursos e obter os retornos decorrentes dentro de determinado período. As receitas são deduzidas pelas despesas e o resultado obtido é o lucro ou prejuízo, como mostra a Figura 4.2.

RECEITAS
– DESPESAS
= LUCRO OU PREJUÍZO

Figura 4.2. Disposição do Demonstrativo de Resultados do Exercício.
Fonte: O autor.

O DRE mostra como se formou o resultado contábil da empresa. Os dados apresentados são úteis para que a pessoa que analisar as contas possa interpretar a situação financeira com base nos fatos ocorridos no passado. As conclusões que podem ser obtidas pelo analista dependem do objetivo da análise. Se for um investidor, pode-se ter a ideia de se o lucro a ser distribuído pela empresa no futuro, ou seu valor de mercado, aumentará ou diminuirá. Se previr que aumentará, o investidor compra participação da empresa. Se previr que diminuirá, e ele tiver participações, provavelmente escolherá vendê-las. Caso o analista seja funcionário de um banco ao qual a empresa esteja solicitando empréstimo, a resposta pode ser negativa à concessão do crédito, se a análise concluir por haver dificuldade de pagamento do empréstimo no futuro; ou por conceder o crédito, caso se conclua que provavelmente a empresa conseguirá pagar a dívida.

Demonstrativo de Fluxo de Caixa — DFC Contábil

O DFC contábil é formado pelos registros em contas referentes às atividades operacionais, atividades de investimento e atividades de financiamento. As primeiras dizem respeito à produção da empresa, como contas de vendas, de matéria-prima ou estoque, de salário e impostos. As atividades de investimento agrupam os registros de aplicações financeiras, máquinas, imóveis e outros ativos semelhantes. As atividades de financiamento congregam as contas de recebimento de empréstimos, recebimento de capital dos donos da empresa e outros registros de captação de recursos.

A Figura 4.3 apresenta a estrutura básica do DFC contábil de determinado mês.

Os valores dos itens do DFC contábil são trazidos especialmente do DRE mensal. Esse é o tipo de DFC que costumeiramente diz ser elaborado pelo método indireto — uma vez seus números são advindos de outro demonstrativo.

Os dados fornecidos pelo DRE, pelo BP e pelo DFC contábil são formados pelo Regime de Competência e não mostram fielmente os fluxos de entrada e saída de dinheiro da empresa. Apesar disso, a análise desses demonstrativos é muito útil para o investidor, para o banco ou para o gestor, visto que permite formar uma visão ampla da saúde financeira da empresa.

ATIVIDADES OPERACIONAIS
+ Recebimento de venda de produto – Pagamento de fornecedores – Pagamento de imposto sobre faturamento – Pagamento de salários
ATIVIDADES DE INVESTIMENTO
– Pagamento de maquinário + Recebimento de venda de maquinário
ATIVIDADES DE FINANCIAMENTO
+ Empréstimo – Amortização de empréstimo – Pagamento de dividendos
= TOTAL

Figura 4.3. Estrutura do DFC contábil.
Fonte: O autor.

Demonstrativo de Fluxo de Caixa — DFC Financeiro

O único demonstrativo do sistema financeiro também se chama Demonstrativo do Fluxo de Caixa (DFC). O nome é o mesmo daquele do sistema contábil, mas as informações que cada um traz são muito diferentes. Da mesma forma que o anterior, a estrutura é formada por contas de tesouraria classificadas em três grupos: operacionais, investimentos e financiamentos. A Figura 4.4 apresenta os grupos de conta cujos registros ocorrem diariamente.

Os itens do DFC financeiro são tecnicamente criados e agrupados dentro do Plano de Contas de Tesouraria para possibilitar ao gestor a visualização de entradas e saídas de caixa referentes aos diversos meios de circulação de valores, como conta bancária, dinheiro, cartão de crédito, fundo de aplicação financeira. Essa é uma das grandes diferenças do DFC financeiro para o contábil. O segundo registra os valores advindos de outros demonstrativos contábeis. O DFC financeiro retrata exatamente o fluxo de entradas e saídas de valores comprováveis pelos meios de circulação. Para isso, o DFC financeiro usa uma tabela de classificação de movimentação, o Plano de Contas de Tesouraria — que é muito diverso do usado no DFC contábil.

	DIA 1	DIA 2
OPERACIONAIS		
Venda		
+ Venda do produto 1		
Mercadoria		
– Mercadoria produto 1		
Salário e encargo		
– Provento		
– Férias		
INVESTIMENTO		
Máquina		
– Aquisição de máquina		
+ Venda de máquina		
FINANCIAMENTO		
Linha de crédito 1		
+ Contratação linha de crédito 1		
– Amortização linha de crédito 1		
Relacionamento com sócio		
+ Aporte de capital do sócio		
– Remuneração de capital próprio		

Figura 4.4. Estrutura do DFC financeiro.
Fonte: O autor.

Outra diferença é que o DFC contábil segue o Regime de Competência, o que significa que os valores lá registrados não necessariamente ocorreram dentro daquele mês referenciado pelo demonstrativo. Por exemplo, se a empresa vende em um certo mês a prazo para receber no mês seguinte, embora não tenha recebido ainda o dinheiro, o DFC Contábil registra como se tivesse ocorrido pelo mês da venda e não pelo mês posterior quando deverá receber o dinheiro. Já o DFC financeiro segue Regime de Caixa. O registro é feito como uma previsão de recebimento do dinheiro em determinado dia no mês seguinte. O mês atual, no DFC financeiro, não absorve qualquer valor dessa venda realizada para recebimento a prazo.

O DFC contábil é elaborado mês a mês — no mínimo —, enquanto o DFC financeiro é atualizado diariamente. Essa peculiaridade também confere uma diferenciação grande no conteúdo dos dois demonstrativos.

Essas são algumas das diferenças fundamentais dos dois sistemas. Há outras considerações a serem levadas em conta pelo gestor financeiro para bem usar as ferramentas à disposição.

4.2 Descrição dos Sistemas Contábil e Financeiro

A administração financeira das empresas pressupõe a utilização dos dois tipos de controles — o financeiro e o contábil.

Cursos de Administração e Contabilidade enfatizam o controle contábil por possuir maior estrutura de demonstrativos, regras de procedimento e tempo de desenvolvimento, além de ter uma imposição legal de elaboração e apresentação a órgãos governamentais e ao mercado.

No entanto, o administrador financeiro gere a capacidade da empresa de transformar a produção em dinheiro e utilizar parte dele para adquirir mais insumos. A gestão financeira necessita de instrumentos que permitam controlar a entrada e saída dos valores referentes a vendas, compra de matéria-prima, salários, impostos, investimentos em treinamento e instalações, e que demonstrem ao gestor o desempenho da empresa nessa capacidade de geração de caixa. O sistema financeiro supre as ferramentas de gestão de caixa no qual o controle contábil é falho em prover. Por outro lado, o sistema contábil permite que o gestor acompanhe a evolução de aspectos da empresa parcamente suprida pelo sistema financeiro, como o patrimônio.

As diferenças entre os dois sistemas estão relacionadas de maneira objetiva abaixo, sendo a primeira delas, quanto aos princípios de elaboração, a origem e explicação da existência das outras.

Quanto aos princípios de elaboração

Financeiro — os demonstrativos financeiros são feitos por Regime de Caixa, que registra a ocorrência de acordo com a data de efetiva movimentação (entrada ou saída) de dinheiro do caixa da empresa.

Contábil — os demonstrativos seguem o Regime de Competência, que registra a ocorrência de acordo com a data do fato gerador — por exemplo, quando uma venda a prazo é registrada pelo dia da venda, e não pelo dia em que a empresa deverá receber o dinheiro.

Quanto aos objetivos

Financeiro — fornece ao administrador dados sobre o volume e os prazos de entradas e saídas de dinheiro do caixa, o desempenho e risco da empresa sob a ótica de geração de recursos e a previsão dos fluxos.

Contábil — fornece ao administrador dados referentes ao valor e composição do patrimônio da empresa.

Quanto ao público a quem se destina

Financeiro — se destina aos administradores e donos da empresa por representar com mais acurácia a situação financeira.

Contábil — os demonstrativos são destinados a prestar informações aos órgãos governamentais de controle tributário (Secretaria da Receita Federal e as Secretarias Estaduais e Municipais da Fazenda), a bancos e entidades de crédito e a operadores de mercado por meio da sua publicação.

Quanto à apresentação de resultados de desempenho

Os sistemas contábil e financeiro normalmente apresentam resultados distintos quanto ao desempenho da empresa devido à diferença nos princípios de elaboração. O sistema financeiro só registra ocorrências com movimentação de dinheiro e outros meios reais de pagamentos e recebimentos, enquanto o sistema contábil registra algumas ocorrências — como depreciação e provimentos — que não envolvem fluxos de dinheiro. Por exemplo, a empresa pode ter expressado prejuízo no resultado contábil do exercício, mas ter apresentado superávit operacional financeiro proveniente das atividades regulares. A razão da diferença é que a empresa pode ter registrado despesas de depreciação no período que não são refletidas no fluxo de caixa por não envolverem saídas de dinheiro.

5

Economia e Mercados

As empresas estão inseridas em um ambiente onde muitos fatores externos e não controláveis afetam o atingimento dos seus objetivos de longo prazo. Os gestores devem constantemente prever a possibilidade de eventuais mudanças na legislação, na entrada e saída de concorrentes no mercado, de comportamento do consumidor, de restrições ambientais, de questões econômicas, culturais e até climáticas. Vários são os fatores externos influenciadores dos resultados das empresas o mais diretamente relacionado com a gestão financeira é o de políticas econômicas do governo e suas repercussões no mercado financeiro.

A definição de mercado é o de um ambiente onde são realizadas trocas. No mercado financeiro é trocado dinheiro e os ativos que o representa — como ações e títulos de dívida. A gestão financeira trata da circulação desses valores na empresa ao viabilizar a compra de insumos para transformação e venda de produtos, e o consequente reinício do ciclo.

O dinheiro e os ativos que o representam são os instrumentos usados na gestão financeira. Todos eles são regulados por órgãos governamentais para garantir sua fluidez.

O Estado administra a moeda para que os bens e serviços sejam trocados facilmente e com segurança. Desse modo, as pessoas e as empresas têm a liberdade de produzir o que querem e de consumir o que necessitam.

A teoria de formação do Estado presume que um povo se organiza para criar uma estrutura administrativa a fim de fornecer serviços e produtos necessários para promover o bem-estar de todos. As decisões do governo, dos órgãos da administração pública direta, das empresas públicas e autarquias são tomadas, em última análise, para promover o bem-estar do povo — ou pelo menos deveriam ser.

As decisões do governo que mais diretamente afetam a gestão financeira das empresas são as de cunho econômico. No arcabouço das ciências econômicas, o bem-estar do povo é obtido ao possibilitar o máximo de consumo no longo prazo. Quanto mais as pessoas usufruem de bens diversos — como automóveis e alimentos — e de serviços — como saúde, educação e lazer —, mais elevam seu bem-estar. O termo econômico para o consumo é demanda agregada.

O governo promove a elevação gradual e consistente da demanda agregada no longo prazo ao interferir na economia executando três funções:

- *Alocação de recursos*
  A alocação de recursos diz respeito às áreas onde são destinados recursos financeiros para produção, como: estradas de ferro, rodovias, usinas hidroelétricas, livros, carne, arroz e fiscalização de serviços.

- *Distribuição de renda*
  A distribuição de renda é entendida como ganhos financeiros e condições de qualidade de vida. Portanto, ao se investir em redes de esgoto para população de menor poder aquisitivo — ou quando se constrói uma escola ou hospital —, o Estado também está promovendo a distribuição de renda. Normalmente o mercado não consegue distribuir em pouco tempo e a todas as pessoas os salários e as condições sociais que caracterizam essa distribuição de renda. Nesse caso, a sociedade compele o Estado a atuar para corrigir tais desequilíbrios.

- *Estabilização econômica*
  A estabilização econômica pressupõe um ambiente favorável ao investimento e ao consumo. As empresas confiam mais em seus planejamentos de investimentos no setor produtivo quando existe certa estabilidade na taxa de inflação, taxa de câmbio da moeda, política de juros e demais fatores econômicos. Dessa forma, pode-se prever com mais segurança os ganhos e riscos incorridos. Quando as empresas investem, os empregos aumentam, as pessoas consomem mais, as empresas lucram e o Estado arrecada mais dinheiro com impostos.

Ao tomar decisões para cumprir as três funções e promover o bem-estar, o governo altera o ambiente de mercado onde as empresas atuam. Por exemplo, pode haver redução de impostos para empresas que investirem na construção de fábricas em determinada região do país. Essa medida poderia desviar investimentos antes programados para outra região, ou poderia pressionar para baixo o preço do produto pelo aumento da oferta. O aumento dos benefícios de programas sociais para promover a distribuição de renda pode levar à necessidade de elevação da arrecadação tributária. Quanto maior o imposto pago pela população, menor a receita de venda das empresas.

O gestor financeiro deve estar atento às decisões econômicas do governo. O ambiente externo às empresas se torna bastante dinâmico devido ao aumento do volume de informação, mercadorias e pessoas em circulação pelo mundo, maior velocidade de desenvolvimento tecnológico e mudanças culturais. Todos esses fatores são influenciados em maior ou menor grau por medidas econômicas tomadas por governos de diversos países.

5.1 Políticas Fiscal e Monetária

A Política Fiscal é o conjunto de decisões referentes ao destino dos recursos públicos e as fontes de onde são provenientes. O governo formaliza a alocação dos gastos no orçamento da União e indica qual o volume deverá ser proveniente de arrecadação de tributos e quanto deverá ser captado por formação de dívida.

Os exemplos do tópico anterior — conceder estímulo tributário para instalação de fábricas em determinada região e aumentar gastos com benefícios de programas sociais — são parte da Política Fiscal.

A Política Monetária é o controle do fluxo e da quantidade de moeda em circulação no país, tanto em espécie quanto em depósitos em contas. As intervenções do governo pelo lado monetário da economia incluem, dentre outras medidas, o nível da taxa básica de juros, a emissão de moeda, a compra e venda de títulos representativos de dívida pública, o depósito compulsório dos bancos no Banco Central.

Com os instrumentos de Política Monetária, o governo federal consegue estimular a economia quando o consumo estiver desaquecido ou manter um ambiente favorável a investimentos produtivos com o controle da inflação.

Inflação

O controle da inflação é uma das funções mais relevantes na gestão da economia devido à alta gravidade de seus efeitos. Dentre eles, destacam-se a concentração de renda na camada mais rica da população, a diminuição dos investimentos para produção, o desemprego e a insegurança das pessoas — todos acabam provocando uma redução do consumo.

Existem várias causas para a inflação. A mais comum é o aumento da demanda por bens e serviços sem a respectiva elevação do nível de oferta. A velocidade do aumento da demanda tende a ser maior que o aumento da oferta, provocando uma temporária elevação dos preços, até que os produtores elevem a produção. A demora no aumento da oferta de bens e serviços acontece devido à necessidade de realizar investimentos que só geram resultados no longo prazo — é necessário construir fábricas, lojas, estradas, armazéns, portos e aeroportos, além de qualificar o pessoal. Tudo isso exige tempo para ser feito.

Os índices de inflação mais usados no Brasil são:

- IPCA — Índice de Preços ao Consumidor Amplo (índice oficial).
- INPC — Índice Nacional de Preços ao Consumidor.
- IGP-M — Índice Geral de Preços do Mercado.
- IGP-DI — Índice Geral de Preços — Disponibilidade Interna.

Os índices de inflação são calculados pela variação percentual do preço de diversos produtos e serviços entre dois períodos em diferentes regiões do país.

A maioria dos países com estrutura econômica mais desenvolvida — incluindo o Brasil — adota o sistema de metas inflacionárias como uma das principais formas de equilíbrio de produção. Nesse sistema, o principal instrumento para controle da inflação é o planejamento da taxa de juros básica da economia.

Taxas de juros

Juros são a remuneração pelo uso do dinheiro no tempo. As pessoas e empresas usufruem qualquer bem ou serviço somente mediante a troca por algo. Sempre se tem um preço a pagar por tudo o que se recebe. E sempre existe algo a receber por qualquer coisa que é entregue. Os juros são o preço a pagar pelo uso do dinheiro, ou aquilo que é recebido pela eventual entrega para outra pessoa ou empresa. A taxa de juros é o percentual aplicado sobre o volume de dinheiro para se determinar o valor dos juros.

A taxa de juros básica da economia é a referência que bancos e demais empresas usam para formar expectativas de retorno de investimentos e juros de empréstimos. Ou seja, a taxa de juros básica é o parâmetro de comparação para julgar se a rentabilidade de determinado investimento ou custo de financiamento está alto ou baixo. No Brasil, a taxa de referência da economia é chamada de taxa SELIC[1]. A cada 45 dias, os diretores e alguns chefes de departamento do Banco Central do Brasil se reúnem formando o Comitê de Política Monetária (COPOM) para determinar o nível da taxa SELIC anual. Se houver expectativa de elevação do índice de inflação, a taxa é aumentada para conter o consumo e os investimentos. Se a expectativa for de baixa da inflação, o COPOM tende a reduzir a taxa, de maneira a tornar os investimentos produtivos mais atraentes e o crédito mais barato para estimular o consumo.

A taxa SELIC é um tipo de média das taxas de juros dos títulos públicos federais em negociação no mercado. Quando o Banco Central altera a taxa, as remunerações desses títulos tendem a ser realinhadas. (Os títulos públicos serão mais bem explicados mais adiante.)

O nível da taxa de juros básica de um país é um fator muito importante para balizar as decisões financeiras das empresas e das pessoas. Quando a taxa de juros está elevada, as empresas tendem a reduzir bastante o investimento produtivo e redirecionar o dinheiro para a compra de títulos públicos. Assim, as empresas fornecedoras de máquinas e matérias-primas reduzem as vendas, o nível de emprego diminui e a menor renda da população faz com que se consuma menos. Os gestores que não estiverem atentos à tendência de consumo no seu ramo de atuação podem ver um grande investimento realizado gerar resultado negativo e comprometer a sobrevivência da empresa. Por outro lado, uma taxa de juros reduzida pode estimular o consumo e encomendas do produto oferecido. Se a empresa não estiver preparada para atender à demanda, pode perder espaço para concorrentes mais atentos aos fatores econômicos.

Além da taxa SELIC, existem outras taxas de juros importantes para o gestor financeiro: a CDI, a TJLP e as taxas de juros dos bancos para empréstimos.

---

1 SELIC é a sigla para Sistema Especial de Liquidação e Custódia, que registra as negociações com títulos públicos emitidos pela Secretaria do Tesouro Nacional e os custodia.

Certificado de Depósito Interfinanceiro — CDI

A taxa CDI é formada por um tipo de média de taxas de juros para empréstimos entre bancos no decorrer do dia. Ao longo do dia, os clientes depositam cheques de outros bancos em suas contas correntes; pagam boletos bancários emitidos por outros bancos no caixa do banco onde mantêm conta; emitem DOC (transferência bancária) de suas contas para contas em outros bancos; além de diversas outras operações de transferências de valores entre bancos.

No decorrer do dia, é normal determinado banco apresentar maior volume de pagamentos do que recebimentos em relação a outros bancos. Em outros dias, a situação se inverte, com fluxos positivos de compensação. No entanto, no Brasil nenhum banco pode ficar com saldo negativo. Quando um banco tende a pagar mais que receber, deve obter um empréstimo junto a outro banco para honrar seus compromissos. Esses empréstimos são realizados com taxas de juros negociadas em cada operação. A taxa CDI é composta por um cálculo que representa os níveis de taxas de juros negociadas para os empréstimos realizados no dia entre os bancos. Portanto, há uma taxa CDI diferente a cada dia.

O efeito da taxa CDI está na remuneração que o banco proporciona aos clientes que aplicam seu dinheiro e na taxa de juros dos empréstimos às pessoas e empresas. Como o banco sempre tem a possibilidade de emprestar recursos no Interfinanceiro, caso empreste para uma pessoa ou empresa, cobrará uma taxa de juros maior que a taxa CDI — visto que a segurança de não receber o dinheiro de volta é menor.

Pelo outro lado, como o banco pode tomar recursos emprestados no Interfinanceiro — caso os obtenha por aplicação financeira de seus clientes —, pagará remuneração menor que a taxa CDI.

É comum as pessoas e empresas se referirem a custos de empréstimos e rentabilidade de aplicações financeiras por meio de uma proporção da taxa CDI. Por exemplo, o custo do financiamento pelo Banco Ômega está em 105% do CDI no período, ou o Banco Ômega remunera aplicação financeira a 80% do CDI.

Taxa de Longo Prazo — TLP

É a taxa de juros usada para operações de empréstimos bancários de linhas de crédito do Banco Nacional de Desenvolvimento Econômico e Social (BNDES).

O BNDES é um banco público que empresta recursos a empresas para investimentos em produção. O custo das operações é balizado pela TLP.

Taxas de juros de bancos para empréstimos
Os bancos captam recursos dos depósitos dos clientes e os repassam na forma de empréstimos a pessoas e empresas. Cada banco estabelece as condições dos empréstimos — como a taxa de juros, o prazo, alguma garantia para ser vendida em caso de inadimplência e eventual carência antes do início das prestações.

O gestor financeiro deve estar atento às linhas de crédito em geral para procurar reduzir o custo dos empréstimos ou aproveitar alguma oportunidade de queda nas taxas de juros.

5.2 Mercado Financeiro

Mercado é o ambiente onde são realizadas trocas entre quaisquer artigos de valor, sejam bens, serviços, dinheiro, trabalho, ou outro objeto. O valor dos bens e serviços é dado pela utilidade em suprir as necessidades das pessoas.

A parte do mercado onde os elementos financeiros são trocados é chamada de mercado financeiro. Os elementos financeiros são dinheiro, ações, caderneta de poupança, cheque, nota promissória, além de diversos outros descritos mais adiante.

Os elementos financeiros suprem dois tipos de necessidades — a de meio de troca e a de reserva de valor. Os elementos meios de troca são o dinheiro, o cheque e outras ordens de pagamento à vista amplamente aceitas para quitação de outro elemento financeiro ou algum produto real, seja um bem ou um serviço.

Ao guardar algum meio de troca — dinheiro por exemplo — adiando a aquisição de um produto ou insumo, as pessoas e empresas correm o risco de não conseguirem mais aproveitar o mesmo produto ou insumo no futuro. Isso pode acontecer por diversos motivos: o produto ou insumo pode deixar de existir, perda do dinheiro por furto ou roubo, ou inclusive a morte da pessoa. Para compensar o risco de não aproveitar os benefícios do produto ou insumo, as famílias e empresas só guardam o meio de troca se perceberem poder aumentar esses benefícios ao adiar a compra. Os elementos financeiros reserva de valor são: a caderneta de poupança, o Certificado de Depósito Bancário (CDB), as quotas de fundos de investimento, os derivativos, e vários outros listados na próxima seção.

O mercado financeiro existe para facilitar a produção de bens e serviços demandados pelas pessoas por meio da circulação dos elementos que o compõe. Esses bens e serviços — denominados genericamente de produtos — são necessários às pessoas, e seu ciclo de criação e consumo é expandido e lubrificado pelo fluxo dos elementos do mercado financeiro.

A Figura 5.1 mostra como funciona a interação entre as empresas e as pessoas em geral — chamadas de famílias — para formar o ciclo de produção.

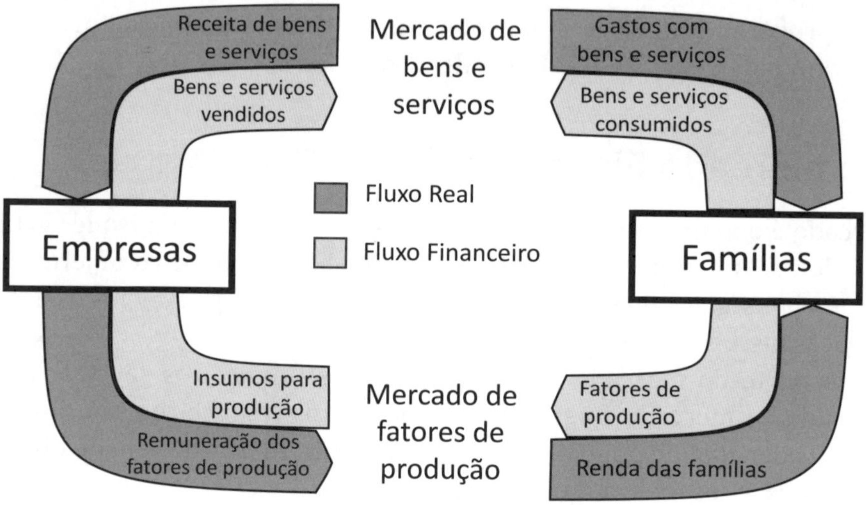

Figura 5.1. Fluxo Monetário e Fluxo Real.
Fonte: Adaptado de VASCONCELLOS, 2002, p. 24.

As famílias são as detentoras dos fatores de produção, que são os itens usados para produzir qualquer bem ou serviço. Esses fatores são classificados em capital, terra e trabalho. Mesmo que uma empresa seja detentora de um terreno (terra) ou de máquinas usadas na produção (capital), em última análise, quem detém a empresa são as pessoas — as famílias. Portanto, o grupo proprietário dos insumos usados em qualquer processo produtivo é formado pelas pessoas.

As famílias oferecem os fatores de produção no mercado, onde são adquiridos pelas empresas como insumo para a produção. O produto obtido da transformação dos insumos é vendido no mercado de bens e serviços para o consumo das famílias, e assim por diante. Esse ciclo é chamado de Fluxo Real da economia.

É no Fluxo Real que o objetivo da atividade humana acontece. É por meio da produção — e principalmente do consumo de bens e serviços

— que a sobrevivência das pessoas e a qualidade de vida são viabilizadas. No Fluxo Real são produzidos e consumidos o alimento, a segurança física, o abrigo, as roupas, a educação e todos os demais bens e serviços indispensáveis para o estilo de vida que leva ao bem-estar das pessoas.

O Fluxo Financeiro existe para promover a circulação dos fatores de produção e dos bens e serviços entre pessoas e empresas. Antes do advento da moeda, os artigos demandados pelas pessoas eram trocados por meio do escambo, mantendo os volumes de produção e consumo baixos. O Fluxo Financeiro lubrifica e amplia o Fluxo Real. Como efeito disso, os bens e serviços são trocados mais rapidamente, em maior quantidade e para um número maior de pessoas, numa área maior de abrangência. Assim, a circulação de dinheiro e outros ativos que o representam permite um maior acesso das famílias a bens e serviços necessários à sobrevivência e à qualidade de vida.

No Fluxo Financeiro, as famílias recebem renda em troca dos fatores de produção oferecidos às empresas. A renda será gasta para consumo de bens e serviços.

Pelo lado das empresas, a aquisição dos insumos para produção implica em pagamento da remuneração dos fatores de produção às famílias. Isso corresponde a juros e lucros no caso do capital, aluguel no caso da terra, e salário no caso do trabalho.

Como troca pelo produto vendido no mercado de bens e serviços, as empresas recebem receita de vendas. Pelo lado das famílias, o consumo dos produtos fornecidos pelas empresas tem o gasto como contrapartida.

Convém notar que o Fluxo Real é a razão para o Fluxo Financeiro existir. A finalidade dessa dinâmica está no consumo de bens e serviços pelas famílias. Todo o ciclo deve funcionar para esse objetivo. O sistema produtivo foi formado paulatina e naturalmente porque as pessoas sempre possuíram necessidades a serem satisfeitas — seja de alimentação, moradia, lazer, educação, transporte roupas, dentre outras. A evolução do modo como as pessoas supriam tais necessidades levou à formação de empresas na maior parte do mundo ocidental.

5.3 Elementos do Fluxo Financeiro

O Fluxo Financeiro promove o ciclo do Fluxo Real pela circulação dos elementos que suprem duas necessidades das famílias e empresas:

- *Uso de meio de troca*
  É mais fácil adquirir um produto ou um insumo quando se pode usar algum meio de troca amplamente aceito pelas pessoas — senão seria preciso fazer escambo.

- *Compensação pelo risco de adiar a troca*
  As famílias e empresas podem não necessitar de imediato de algum produto ou insumo. Seria importante então conseguir guardar o meio de troca para usá-lo no futuro. Ocorre que, no futuro, existe o risco de não se conseguir mais ser beneficiado por esse produto ou insumo. Como o futuro é incerto, as pessoas adiam as compras somente se acreditarem que receberão um benefício maior como compensação pelo risco assumido. Essa compensação acontece na forma de um valor adicional que se espera receber.

Os elementos do Fluxo Financeiro podem ser classificados segundo o mercado ao qual pertencem. A classificação está abaixo, mas tem pouco efeito prático para compreensão dos produtos financeiros ofertados.

- *Mercado Monetário*
  Operações de curto prazo envolvendo aplicações financeiras.

- *Mercado de Crédito*
  Financiamentos de curto e médio prazos com instituições financeiras.

- *Mercado de Capitais*
  Negociações com ativos representativos de propriedade ou de dívida das empresas para revenda por meio de uma bolsa de valores.

- *Mercado de Câmbio*
  Operações de troca de moedas estrangeiras.

Os quatro tipos de mercados acima são tópicos inseridos de maneira conceitual no mercado financeiro.

5.4 Sistema Financeiro Nacional

O Sistema Financeiro Nacional (SFN) é o conjunto de instituições que regulam, fiscalizam e realizam operações com dinheiro e os ativos que o representam. O Fluxo Monetário da economia circula por regulamentação e intermédio das entidades constituintes do SFN — originalmente instituídas pela Lei nº 4.595/1964.

O funcionamento do SFN permite ao gestor da empresa usar produtos financeiros oferecidos no mercado para elevar a rentabilidade dos investimentos, obter financiamentos e proteger valores contra a instabilidade econômica. Os produtos financeiros serão explicados mais adiante; antes segue a descrição das entidades do SFN.

Segundo o Banco Central, as instituições do SFN podem ser classificadas como apresentado no Quadro 5.1.

ÓRGÃOS NORMATIVOS	ENTIDADES SUPERVISORAS	OPERADORES
Conselho Monetário Nacional — CMN.	Banco Central do Brasil — BACEN. Comissão de Valores Mobiliários — CVM.	Instituições Financeiras.
Conselho Nacional de Seguros Privados — CNSP.	Superintendência de Seguros Privados — SUSEP.	
Conselho de Gestão da Previdência Complementar — CGPC.	Secretaria de Previdência Complementar — SPC.	

Quadro 5.1. Composição do Sistema Financeiro Nacional.
Fonte: Banco Central do Brasil.

Órgãos Normativos

- *Conselho Monetário Nacional — CMN*
  O CMN é composto pelo ministro da Fazenda — como presidente —, ministro do Planejamento, Orçamento e Gestão e presidente do Banco Central do Brasil.

  As principais funções do CMN incluem o estabelecimento de diretrizes para a circulação da moeda, operações de câmbio com moedas estrangeiras, operações de crédito, a autorização da emissão de papel-moeda e a regulamentação da fiscalização das instituições financeiras.

- *Conselho Nacional de Seguros Privados — CNSP*
  A função do CNSP é estabelecer diretrizes e normas para as atividades de seguros e entidades abertas de previdência complementar[2].

- *Conselho Nacional de Previdência Complementar — CNPC*
  A função do CNPC é verificar e regular as atividades das entidades fechadas de previdência privadas atuantes no país.

Entidades Supervisoras

- *Banco Central do Brasil — BACEN*
  Chamado de banco dos bancos.

  Sinteticamente, o principal objetivo do BACEN é garantir a manutenção da moeda nacional (o Real) para cumprir as funções de meio de troca, reserva de valor e instrumento de comparação comum de valores. Para que esse objetivo seja alcançado, há normas especificando suas funções de emissor de papel-moeda, fiscalizador das instituições financeiras, emprestador aos bancos, controlador do fluxo de moedas estrangeiras no Brasil, depositário das reservas monetárias nacionais, dentre outras.

- *Comissão de Valores Mobiliários — CVM*
  O objetivo da CVM é promover o crescimento do mercado de capitais do Brasil.

  O mercado de capitais é muito importante para uma economia devido à possibilidade de as empresas obterem recursos para financiar seus investimentos produtivos. A CVM atinge o objetivo de fortalecer o mercado de capitais brasileiro ao inspirar a confiança para negociar títulos representativos de dívida e de

---

2 O Brasil possui dois tipos de previdência, a Previdência Social — cujos benefícios são definidos por lei — e a Previdência Complementar — para permitir a poupadores acumular mais recursos e acrescer posteriormente à renda da Previdência Social. As entidades fechadas de previdência complementar são mantidas exclusivamente por funcionários de determinada empresa. As entidades abertas de previdência complementar são mantidas pelo público em geral.

propriedade das empresas. Para cumprir tal objetivo, a CVM tem como funções principais: disciplinar o lançamento de títulos, fiscalizar as corretoras e fiscalizar as companhias de capital aberto.

- *Superintendência de Seguros Privados — SUSEP*
  A SUSEP é uma autarquia vinculada ao Ministério da Fazenda e é o órgão responsável pelo controle e fiscalização dos mercados de seguro, previdência privada aberta, capitalização e resseguro.
  As principais funções da SUSEP incluem: fiscalizar a constituição e o funcionamento de sociedades seguradoras, de capitalização, e de entidades abertas de previdência complementar, zelar pela defesa do interesse dos consumidores dos serviços supervisionados e promover o aperfeiçoamento das instituições e dos instrumentos vinculados ao mercado segurador.

- *Superintendência Nacional de Previdência Complementar — PREVIC*
  Autarquia vinculada ao Ministério do Trabalho. É responsável pelas atividades das entidades fechadas de previdência complementar.

Operadores

Os operadores do SFN são as instituições financeiras diretamente relacionadas com a efetivação das intermediações financeiras nas diversas modalidades. A descrição das instituições é feita de acordo com sua classificação pelo ramo de atuação. Antes de apresentar as classes, convém citar as instituições que, além de operadoras, funcionam também como autoridades de apoio do SFN. São elas o BNDES, a Caixa Econômica Federal e o Banco do Brasil.

- *Banco Nacional de Desenvolvimento Econômico e Social — BNDES*
  Incluso na classe Banco de Desenvolvimento, o BNDES é uma empresa pública cujo objetivo formal é apoiar empreendimentos que contribuam para o desenvolvimento do Brasil.
  O BNDES atinge o objetivo ao oferecer linhas de crédito para investimentos produtivos e fortalecimento do mercado de capitais.

- *Caixa Econômica Federal — CEF*
  Inclusa na classe Caixa Econômica, a CEF é uma empresa pública vinculada ao Ministério da Fazenda. Atua como agente das políticas públicas do governo federal para pagamentos do FGTS, PIS, seguro-desemprego, programas sociais, loterias, financiamento habitacional e saneamento básico.
  A CEF — assim como as demais caixas econômicas — exerce funções semelhantes a banco múltiplo, associada a atividades de cunho social.

- *Banco do Brasil — BB*
  Incluso na classe Banco Múltiplo, o BB foi o primeiro banco fundado no Brasil e o quarto banco emissor de moeda no mundo.
  Historicamente, a principal função do BB era o de agente financeiro do Tesouro Nacional — para receber e pagar valores a empresas e pessoas. Atualmente, o BB atua como banco múltiplo concorrendo no mercado com as demais instituições similares, apesar de procurar atender a certas demandas financeiras não atrativas a outros bancos, como uma forte posição no financiamento agrícola e microcrédito.

Segue a classificação dos demais operadores do SFN e sua principal função.

- *Bancos Comerciais*
  Serviço de depósitos à vista (conta corrente), fornecimento de cheques, transferências de valores e câmbio.

- *Caixas Econômicas*
  Serviço de carteira comercial e agente do sistema de poupança; apoio ao financiamento habitacional e saneamento básico.

- *Cooperativas de Crédito*
  Possibilitam acesso ao crédito a custo mais baixo que as demais instituições por não possuir fim lucrativo.

- *Bancos Cooperativos*
  São bancos comerciais ou múltiplos constituídos por cooperativas de crédito, cuja função é inseri-las no sistema bancário.

- *Bancos Múltiplos*
  Atuam com pelo menos duas das seguintes carteiras de serviços: comercial (de investimento e/ou de desenvolvimento, de crédito imobiliário, de arrendamento mercantil) e de crédito (financiamento e investimento). Além disso, uma das carteiras precisa ser comercial ou de investimento.
  Os grandes conglomerados bancários brasileiros são bancos múltiplos.

- *Bancos de Investimento — BI*
  Atuam com investimento em participação societária de empresas em caráter temporário e prestam assessoria financeira para atuação no mercado de capitais.

- *Bancos de Desenvolvimento*
  Financiam projetos de investimento de longo prazo prioritariamente do setor privado em setores que proporcionem desenvolvimento econômico e social da região em questão.

- *Sociedades de Arrendamento Mercantil*
  Atuam com *leasing* de bens móveis ou imóveis, que se caracterizam como aluguel para uso de empresas e pessoas durante período mínimo de 24 meses.

- *Sociedades de Crédito, Financiamento e Investimento*
  Prestam serviços de financiamento para aquisição de bens e serviços (para pessoas) e capital de giro (para empresas).

- *Companhias Hipotecárias*
  Financiamento de projetos de investimento referentes à construção e reforma de imóveis residenciais, comerciais e industriais.

- *Sociedades Corretoras de Títulos e Valores Mobiliários — CTVM*
  Realizam operações de intermediação de compra, venda e distribuição de títulos e valores mobiliários. Os títulos e valores mobiliários são documentos representativos de propriedade ou dívida de empresas que podem ser revendidos em Bolsa de Valores ou Bolsa de Mercadorias e Futuros.

- *Sociedades Distribuidoras de Títulos e Valores Mobiliários — DTVM*
  Fazem a intermediação da oferta pública e a distribuição de títulos e valores mobiliários; administram e custódia de carteiras de títulos e valores mobiliários; organizam e administram fundos e clubes de investimento; operam no mercado acionário — comprando, vendendo e distribuindo títulos e valores mobiliários, inclusive ouro financeiro —; fazem a intermediação com as bolsas de valores e de mercadorias, além de operações de câmbio.

- *Sociedades Corretoras de Câmbio*
  Exclusivamente fazem a intermediação de operações de câmbio.

- *Corretores de Mercadorias*
  Fazem a intermediação de operações de compra e venda de ativos em bolsas de mercadorias e futuros.

- *Bolsas de Valores*
  Mantêm um ambiente adequado para a realização de transações de compra e venda de títulos e valores mobiliários pelas Sociedades Corretoras.

- *Bolsas de Mercadorias e Futuros*
  Exercem a mesma função das Bolsas de Valores. No entanto, os ativos negociados são mercadorias padronizadas e índices, taxas de juros e moedas.

- *Sistema Especial de Liquidação e Custódia — SELIC*
  Faz a custódia e registro da emissão, resgate e pagamento dos juros dos títulos do Tesouro Nacional.

- *Central de Custódia e Liquidação Financeira de Títulos — CETIP*
  É uma sociedade privada com função de câmara de compensação e liquidação, custódia e registro de títulos mobiliários públicos e privados.

- *Fundos Mútuos de Investimentos*
  São formados por um condomínio de investidores que adquirem cotas para aplicações em diferentes tipos de ativos, como ações e títulos públicos, administrado por uma entidade especializada.

- *Agências de Fomento ou de Desenvolvimento*
  Atuam no financiamento de projetos de investimento na unidade federação onde tenha sede. São constituídas sob a forma de sociedade anônima de capital fechado sob o controle de Unidade da Federação.

- *Sociedades Seguradoras*
  São sociedades anônimas especializadas em assumir a obrigação de pagar ao contratante (segurado) — ou a quem este designar — uma indenização na ocorrência do risco indicado, recebendo em contrapartida o prêmio estabelecido.

- *Sociedades de Capitalização*
  São sociedades anônimas que negociam contratos (títulos de capitalização) para depósito periódico de prestações pecuniárias pelo contratante. Este terá o direito de resgatar parte dos valores corrigidos por uma taxa de juros depois de cumprido o prazo contratado. Quando previsto, há ainda o direito de concorrer a sorteios de prêmios em dinheiro.

- *Entidades Abertas de Previdência Complementar*
  São sociedades anônimas cujo objetivo é instituir e operar planos de benefícios de caráter previdenciário. Esses planos — acessíveis a qualquer pessoa física — são concedidos em forma de renda continuada ou pagamento único.

- *Entidades Fechadas de Previdência Complementar*
  Também chamadas de Fundos de Pensão, são organizadas sob a forma de fundação ou sociedade civil sem fins lucrativos. Elas são acessíveis exclusivamente aos empregados de uma empresa, grupo de empresas ou aos servidores da União, dos Estados, do Distrito Federal e dos Municípios para instituir e operar planos de benefícios de caráter previdenciário, concedidos em forma de renda continuada ou pagamento único.

- *Sociedades Administradoras de Planos de Seguro-Saúde*
  Criam e administram planos de saúde conforme risco de ocorrência de necessidades de assistência médica, recebendo prêmio como contrapartida.

- *Corretoras de Seguros*
  Fazem a intermediação da operação de contratação de seguros entre o segurado e a sociedade seguradora, recebendo comissão pela atividade.

- *Sociedades Administradoras de Cartão de Crédito*
  Realizam serviços de administração de cartão de crédito. São consideradas pelo BACEN como um dos serviços financeiros não regulamentados.

- *Sociedades de Fomento Mercantil*
  Exercem a atividade mais conhecida como *factoring* — comprar títulos representativos de direitos de recebimentos futuros por vendas de mercadorias ou serviços, para adiantamento mediante cobrança de desconto estabelecido em contrato. Também são consideradas pelo BACEN como um serviço financeiro não regulamentado.

PARTE II

Investimento

PARTE II — Investimento

A primeira parte do livro foi dedicada à exploração do ambiente ao redor do qual o gestor financeiro trabalha. Foram analisados os conceitos gerais em finanças, o objetivo principal da administração financeira, os sistemas de controle financeiro, as entidades financeiras que com as quais o profissional precisa tratar e outros assuntos acessórios à gestão propriamente dita.

Os capítulos desta Parte II entram no cerne da gestão financeira, naquilo que constitui o trabalho do gestor financeiro, as decisões tomadas no dia a dia, o planejamento das atividades, a execução das tarefas e o controle para manter os resultados financeiros como desejados. Então, após haver compreendido os elementos do ambiente no qual a empresa está inserida, é hora de se voltar para dentro dela.

A parte acerca de investimentos começa apresentando o mapa da gestão empresarial — não apenas a financeira. O gestor deve ter a compreensão do funcionamento de toda a empresa e de como se planeja atingir os objetivos rigorosamente mensurados para conduzir sua área de fluxos de recursos. Em seguida, é explorado o entendimento do que é investimento, suas propriedades e de como embasar a seleção das oportunidades a serem aproveitadas.

Descendo ao detalhe, é apresentada a compreensão geral que se tem sobre investimento dentro da perspectiva das obras clássicas tradicionalmente usadas nas aulas de finanças. Apesar de a gestão financeira por fluxo de caixa não adotar exatamente os mesmos conceitos, é relevante ao profissional conhecê-los a fim de manter uma comunicação viável.

Somente em seguida é que os elementos da fase de decisão de investimentos na ótica do fluxo de caixa — tema do livro — são aprofundados. Ali o leitor poderá constatar a relação com a etapa de escolha das fontes de financiamento para realizar os investimentos e o controle necessário para atingir os objetivos.

6

O Processo de Gestão Financeira

Ao se olhar para dentro da empresa, o que primeiro se vê é o Planejamento Estratégico e depois as quatro áreas gerenciais — sendo a financeira apenas uma delas. É muito importante que o gestor conheça como funciona a empresa de uma maneira geral, iniciando pelo Planejamento Estratégico e passando pelas áreas indispensáveis a qualquer organização.

A seguir, o Planejamento Estratégico será tratado de forma condensada — sem detalhamento — e, na sequência, serão abordadas as áreas gerenciais.

6.1 Planejamento Estratégico e Finanças

O Planejamento Estratégico é a expressão formal do que é a empresa, do motivo pelo qual ela foi criada, o que se pretende dela no futuro e por quais caminhos deverá seguir.

Para dar a verdadeira ênfase para o Planejamento Estratégico, considera-se ele como a espinha dorsal da empresa. Antes mesmo de o investidor abrir um negócio, o Planejamento Estratégico já deve estar pronto. Lamentavelmente, é muito raro isso ocorrer, e esse é um dos motivos pelos quais tantas empresas fecham prematuramente.

Ele conterá as direções para cada uma das quatro áreas gerenciais. Os planos de atuação dessas quatro áreas são criados justamente para garantir a execução do Planejamento Estratégico.

Os tópicos que constituem o Planejamento Estratégico são:

- **Missão**
  É a razão de existir da empresa. Deve ser uma frase sucinta que a define para guiar todas as ações dela. Precisa ser estrita o

suficiente para dar clareza, e ampla o suficiente para manter certa flexibilidade de ação.

- **Visão**
  É a expressão do que se pretende ser no futuro.

- **Mercado**
  É o que oferece para venda, para quem oferece e por qual canal de vendas.

- **Valores**
  São aqueles valores principais que realmente definem a atuação da empresa, como: compromisso, transparência e profissionalismo.

- **Tendências do ambiente externo para os próximos anos**
  São tendências de mudanças de itens específicos que afetam a empresa quanto a comportamento do cliente (pessoa ou organização), dispositivos tecnológicos, legislação, economia, circulação da informação e cultura, dentre outros. É muito importante que os dados levantados para os tópicos apresentados sejam provenientes de pesquisas aprofundadas com fundamentação teórica.

- **Deficiências da empresa**
  São aspectos que a empresa não lida tão bem quanto seus concorrentes diretos, por exemplo, nível de detalhamento do banco de dados de clientes, facilidade para fazer publicidade, controle de processos internos para entregar o produto, capacidade financeira para novos investimentos e qualificação dos funcionários.

- **Competências da empresa**
  São aspectos que a empresa lida melhor que seus concorrentes diretos. Como exemplo, há a capacidade de treinamento do pessoal, equipamentos novos e eficientes, localização e reconhecimento do público.

- **Objetivos estratégicos**
  Uma vez que se visualiza como deve estar o ambiente externo para o horizonte de tempo programado, e de saber quais são as competências e deficiências da empresa para adequadamente configurar os passos que podem ser dados, é hora de estabelecer os objetivos estratégicos. Os objetivos devem ser mensuráveis e

facilmente compreensíveis. Dentre eles, pode-se destacar o faturamento bruto, número de atendimentos médios anuais, valor do ticket médio de venda e grau de satisfação do cliente. Convém que os objetivos não sejam muito inferiores a cinco nem muito superiores a quinze. Dessa forma, será melhor para os gestores e demais funcionários tê-los em mente para atingi-los com maior facilidade.

- **Estratégias**
  São as políticas de atuação geral para o atingimento dos objetivos. Fundamentalmente, há dois tipos de estratégias — a de diferenciação e a de massificação. A primeira é caracterizada pelo fato de a empresa se dedicar a oferecer um produto em pequena escala, mas com alto nível de destaque em relação a outros, como uma famosa marca de relógios, de automóvel, de pratos de um restaurante. No outro polo está a estratégia de massificação, em que há uma produção em grande volume, mas o produto é muito assemelhado a outros concorrentes, como uma caneta popular, uma escova de dentes comum, e os combustíveis para automóvel.

- **Ações para atingir os objetivos**
  É elaborada uma lista de ações específicas, com datas para seu cumprimento, e com as justificativas pelos quais os objetivos estratégicos serão atingidos.

Os quadros abaixo trazem exemplos simples. Além do período de execução, devem estar inseridas também as justificativas pelas quais as ações promovem o atingimento do respectivo objetivo estratégico.

OBJETIVO ESTRATÉGICO	Elevar o faturamento anual para R$10 milhões
AÇÕES	**PERÍODO DE EXECUÇÃO**
Criar um produto para atender a uma necessidade recém-descoberta.	De 01/03/20XX a 30/04/20XX.
Adquirir máquinas para produzir os novos produtos.	De 01/05/20XX a 31/05/20XX.
Aumentar a publicidade do novo produto.	De 15/06/20XX a 31/12/20XX.
Treinar o pessoal para produzir o novo produto.	De 15/05/20XX a 31/05/20XX.
Treinar o pessoal para vender o novo produto.	De 15/05/20XX a 31/05/20XX.

OBJETIVO ESTRATÉGICO	Redução do custo com administrativo em 20%
AÇÕES	**PERÍODO DE EXECUÇÃO**
Implantação de Sistema de Informação Gerencial.	De 01/06/20XX a 31/07/20XX.
Contratação de pessoal qualificado.	De 01/06/20XX a 15/06/20XX.
Desligamento de pessoal pouco qualificado.	De 01/08/20XX a 15/08/20XX.
Treinamento de pessoal.	De 01/06/20XX a 31/07/20XX.

Os quadros acima exemplificam somente algumas das ações que compõem um Planejamento Estratégico. Observe que cada ação é, na verdade, um investimento a ser realizado — e, em geral, estão dentro de uma área gerencial.

Os tópicos descritos podem ser vistos como sendo a consolidação de estudos em várias frentes para estabelecer o que é a empresa na essência, para onde se direciona e por qual caminho.

O Planejamento Estratégico expressa a visualização de como deverá ser o mundo no futuro, em relação ao mercado de atuação, ao comportamento das pessoas e outros aspectos concernentes à atividade da empresa. Com isso, a empresa poderá identificar oportunidades de crescimento e ameaças à sua sobrevivência.

Sendo o ambiente externo uma força à qual se deve adaptar, a empresa deve fazer uma autoavaliação para melhor conhecer as características que a tornam forte e aquelas que a tornam fraca em relação à concorrência e a como o mercado deverá se comportar.

Conhecido como o mundo deve funcionar e quais são suas competências e deficiências, pode-se escolher os caminhos a seguir e os objetivos a alcançar de uma forma mais embasada. Assim, a empresa corre menos risco, tanto de agir sem ter capacidade para obter sucesso, quanto de se omitir em sanar alguma falha — que associada a uma ameaça poderia causar seu fechamento.

6.2 Descrição das áreas gerenciais

Toda organização — incluindo as empresas — é composta de quatro áreas gerenciais: Marketing, Produção/Operação, Recursos Humanos e Finanças. Mesmo que as equipes, divisões dos espaços físicos ou cargos não levem esses nomes, as funções correspondentes a essas quatro áreas gerenciais sempre estão presentes em qualquer organização. A seguir, elas serão mais bem detalhadas.

É dentro das quatro áreas gerenciais que são aplicadas as ações gerenciais — o Planejamento, a Organização, a Direção e o Controle.

O Planejamento Estratégico é parte da ação gerencial de Planejamento e foi logo anteriormente abordado pela sua relevância. As demais ações são explicadas brevemente dentro de cada área gerencial de Marketing, Produção/Operação, Recursos Humanos e Finanças.

Área gerencial de Marketing

O processo na área de Marketing é composto pelas seguintes atividades:

a) *Identificação da necessidade de um segmento de público*
Deve-se procurar saber exatamente quais são os problemas daquele público específico. Por exemplo, quais poderiam ser os problemas das pessoas de determinado bairro que costumam fazer caminhadas? Talvez elas se sintam inseguras ao passar por certos trechos, ou podem estar de alguma forma provocando um desgaste excessivo do corpo, ou talvez percebam estar acima do peso e por isso fazem caminhadas. Existe uma infinidade de problemas/necessidades, que essas pessoas possam estar enfrentando.

A identificação da necessidade do público deve delinear com exatidão o que ele precisa. Além disso, é necessário que ela eventualmente possa ser sanada pela empresa. Suponha que a necessidade identificada seja a de que algumas das pessoas se percebam acima do seu peso ideal. Só após saber precisamente qual é o problema, pode-se passar à próxima etapa, que é a disponibilização de um produto para atender a essa necessidade.

b) *Disponibilização do produto para o público-alvo*
Uma vez que se sabe com precisão qual a necessidade daquele público-alvo escolhido, a etapa seguinte é levar uma solução a ele, ou seja, o produto. Claro que a empresa deve direcionar os esforços para identificar a necessidade quanto ao estabelecimento do produto que venha a supri-la, relacionando-os com seu domínio de conhecimento e capacidade de produção. Não adiantaria a empresa identificar como solução a melhoria do pavimento da rua para sanar um problema identificado para aquele público, se ela não terá condições de repará-la e nem obter receita com isso.

A disponibilização do produto começa com o desenho — a descrição do bem ou do serviço que se pretenda oferecer e que venha a atender à necessidade identificada. O que exatamente será oferecido ao público? Qual a forma, as cores, o funcionamento, o processo de execução do serviço, e assim por diante. No exemplo usado, o problema identificado é o de que algumas pessoas se percebem acima do peso e por isso fazem caminhadas. Supondo-se que a empresa atue na área de alimentação, pode-se definir como um produto a oferecer refeições prontas e balanceadas para redução de peso quando associadas àquele tipo de exercício.

O desenho do produto é a especificação exata de como as refeições serão compostas. Será determinado como os pratos serão variados a cada dia, em qual tipo de recipiente será servido, se será acompanhado de alguma bebida, se haverá uma avaliação física periódica para acompanhar os resultados, e assim por diante.

Para o público saber que o produto existe, é necessário que a empresa o divulgue, que informe suas características, que foi planejado para redução de peso para quem faz caminhadas no bairro, além de outras informações que ela julgue pertinentes. Assim, as pessoas poderão avaliar se o produto de fato atenderá às suas necessidades para tomar a decisão de comprá-lo ou não. Essa é a publicidade do produto — componente indispensável para empresa disponibilizar uma solução para o problema e assim gerar vendas.

Outro aspecto importante na disponibilização do produto para o público é a escolha do canal de vendas. Trata-se de determinar onde as pessoas interessadas efetivamente obterão o produto — se estará em lojas próprias de rua, se por encomenda pela internet, se em lojas de itens variados, e tantas outras formas de deixar o produto disponível. O canal de vendas, ou também chamado de “praça”, faz uma grande diferença no volume de vendas e no resultado financeiro em geral.

O outro ponto relacionado à disponibilização do produto ao público é o estabelecimento do preço. A empresa deve, de alguma forma, verificar o grau de necessidade do público, a capacidade de pagamento dele e a possibilidade da substituição do produto da empresa pelo de um concorrente. O preço deverá ser a representação do valor percebido pelo cliente em relação a esses fatores. Se a necessidade for elevada, ele estará disposto a pagar mais, caso haja nível de renda compatível e se houver poucos ou nenhum produto substituto no mercado.

c) *Mensuração da satisfação do cliente*
Dá-se o nome de cliente à parcela do público que consumiu o produto oferecido pela empresa. A última etapa do processo da área de Marketing é medir se o produto de fato atendeu à necessidade do cliente que a empresa pretendia atender. Caso a necessidade tenha sido suprida, a empresa precisará realizar poucas ações para melhorar ainda mais a satisfação do cliente. Caso a necessidade tenha sido insuficientemente atendida, é essencial redobrar os esforços para melhorar o produto, de maneira que ele passe a gerar satisfação.

Área gerencial de Produção/Operação

A área de Produção/Operação é responsável por efetivamente fazer o produto. Para o caso de o produto ser um bem — um item físico —, a área é chamada de Produção. Quando o produto é um serviço, o nome da área é Operação.

O processo na área de Produção/Operação precisa:

a) *Dispor dos recursos necessários à produção*
A área de Produção/Operação recebe da área de Marketing a quantidade de cada produto a ser produzido para atender à demanda identificada. A primeira etapa do processo dessa área é providenciar os recursos por meio da aquisição, estocagem — quando for o caso — e organização para que sejam consumidos seguindo-se um plano de produção. Como exemplo, os recursos podem ser: matérias-primas, máquinas e equipamentos, mercadorias, espaço físico, energia elétrica, água, mão de obra e conhecimento.

b) *Produzir*
Ao dispor de todos os insumos de forma organizada, o próximo passo é partir para a produção — para a transformação desses insumos em um produto. No caso de o produto ser um serviço, caso no qual a área é chamada de Operação o principal insumo é a mão de obra.

c) *Levar ao cliente*
O produto está pronto. Agora é preciso levar o produto ao cliente, à rede de distribuição ou outros canais de venda. O último elo da corrente é armazenar o produto acabado e transportá-lo para ser

vendido. As funções de estoque e transporte presentes no processo da área Produção/Operação são chamadas de Logística.

Área gerencial de Recursos Humanos — RH

A área de Recursos Humanos — algumas vezes chamada de Gestão de Pessoas — é um processo composto resumidamente pelas seguintes etapas:

a) *Identificar o perfil do profissional*
A contratação de pessoas tem o propósito de tornar possível a realização de tarefas dentro da empresa. De acordo com a natureza das tarefas, um ou outro perfil de profissional é mais adequado para executá-las. A primeira etapa do processo de RH é identificar o perfil do profissional que se deseja. O perfil será traçado por habilidades, capacidade, área de conhecimento, traços de comportamento, dentre vários outros aspectos. Há técnicas e ferramentas usadas pelos selecionadores para mapear esse perfil.

b) *Recrutar e selecionar o colaborador*
Sabendo-se as características requeridas, o próximo passo é divulgar que a empresa está contratando aquele perfil de profissional para que as pessoas possam se candidatar. A empresa analisará os perfis dos candidatos que tenham enviado currículo e selecionará aquele que mais se aproximar do que está sendo buscado.

c) *Treinar os colaboradores*
Assim que entra na empresa, a pessoa precisa ser treinada para conhecer como tudo funciona, como executar as tarefas, quais são as regras da empresa, e outras informações para que possa desempenhar bem seu trabalho.

d) *Realizar avaliações de desempenho*
Continuamente a empresa deve acompanhar como está o desempenho do colaborador. Ela também deve, periodicamente, informar quais pontos ele está desenvolvendo bem, quais precisam ser melhorados e quais as impressões do próprio colaborador em relação ao ambiente no qual está trabalhando.

Ao identificar os pontos a serem desenvolvidos pelo colaborador, a empresa oferece novo ciclo de treinamento. Essa dinâmica deve ser realizada de forma sucessiva para criar um ambiente favorável ao crescimento profissional de todos da equipe.

e) *Desligamento do colaborador*
Eventualmente o colaborador se desliga ou é desligado da empresa. Esse desligamento pode ser devido a um desempenho abaixo do requerido (apesar dos esforços para melhoria oferecidos nos treinamentos), ou porque ele recebeu uma proposta de trabalho melhor em outra empresa — além de tantas outras causas possíveis.

O desligamento de qualquer colaborador deve ser acompanhado com muito cuidado pelos gestores da empresa por causa do efeito — tanto negativo quanto positivo — que isso pode ter no moral dos demais membros da equipe.

Ao longo do processo de gestão de pessoas, há outros programas que são geralmente implantados pela empresa. Dentre eles, destacam-se a motivação do pessoal para a elevação da satisfação no trabalho — o que tende a elevar a produtividade — e o rodízio de funções e tarefas entre os colaboradores, quando couber.

Área gerencial de Finanças

O processo na área de Finanças é o tema principal do livro, e evidentemente será decomposto em detalhes. No entanto, um resumo como é colocado a seguir pode representar uma grande ajuda para compreender a gestão financeira. Antes de começar, preste atenção na Figura 6.1.

A figura ilustra o funcionamento de uma organização, incluindo as empresas. Na parte de baixo, os participantes — o dono, o credor e o governo — direcionam recursos para a empresa funcionar. O dono faz aportes de capital, o credor empresta dinheiro e o governo participa provendo serviços públicos.

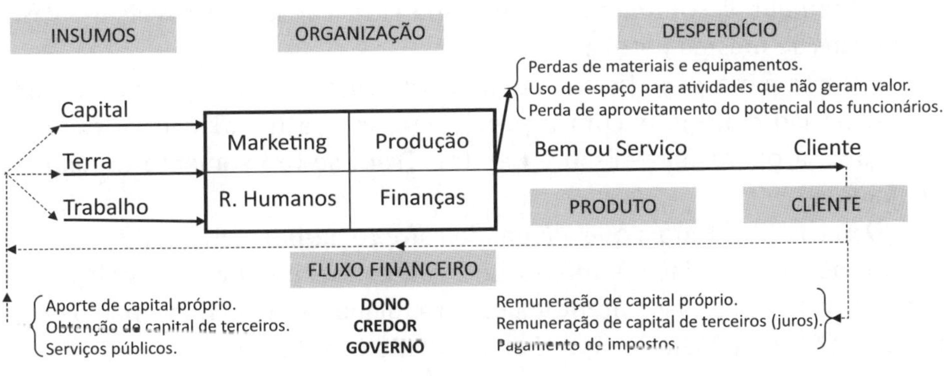

Figura 6.1. Finanças na organização.
Fonte: O autor.

Com exceção do governo, os participantes alocam recursos porque têm por objetivo o retorno de seus investimentos — representado na parte direita da figura. O retorno do dono da empresa recebe o nome de "Remuneração do Capital Próprio". Ele é semelhante ao conceito de lucro, mas não é exatamente a mesma coisa, como visto no capítulo Introdução às Finanças. O retorno do credor é a "Remuneração de Capital de Terceiros" — mais conhecido como "Juros".

O objetivo dos participantes está no lado direito da figura — as remunerações. Para isso ocorrer, eles realizam os investimentos com seu capital — ilustrado à esquerda.

O governo aparece de uma forma diferente, visto que o sentido é o inverso. O objetivo do governo é prestar o serviço público — que está à esquerda na figura — e para isso, precisa cobrar impostos — ilustrado no lado direito. Pode-se criticar a qualidade do serviço público, mas o fato é que nenhuma empresa pode sobreviver sem os serviços de segurança pública, tribunais de justiça, circulação de meios de pagamento (como o próprio dinheiro), e muitos outros serviços fornecidos exclusivamente pelo Estado.

De uma forma simples, a empresa existe porque o dono vislumbrou uma oportunidade de obter uma remuneração pelo seu capital que é maior que qualquer outra possibilidade de aplicação — como compra de imóveis, fundos de aplicação financeira e ações de outras empresas. Para isso, ele precisa ter percebido uma necessidade de determinado público para ser atendida, ter conhecimento sobre como produzir algo para supri-la (ou contratar quem conheça), e providenciar os insumos para iniciar a produção.

Os insumos são classificados em Capital, Terra e Trabalho. O Capital é composto por matérias-primas, mercadorias, máquinas, qualquer tipo de equipamentos, computadores, energia elétrica, água, imóveis e outros elementos de mesma natureza.

A Terra é o espaço físico ocupado pela empresa para produzir. É importante não confundir com o prédio em, com a instalação física onde se realiza a operação — isso é Capital. Trata-se tão somente do espaço ocupado.

O Trabalho é tudo o que advém do esforço humano. Ele pode ser força braçal, pesquisa, relacionamento pessoal, conhecimento e tecnologia de forma geral (nesse caso entendida como a forma de fazer algo e não o objeto de cunho tecnológico — que é classificado como Capital).

O dono percebe que uma oportunidade gera maior retorno que outras. Ele pode juntar seu próprio capital a recursos tomados emprestados junto a credores, e então usar todo esse volume para adquirir insumos e iniciar a produção.

Os insumos são transformados dentro da empresa e geram o produto — um bem ou um serviço — para ser oferecido àquele público que se percebeu certa necessidade. A parcela do público que adquire o produto é chamada de cliente.

O processo na área financeira está todo contido nesse ciclo. A seguir, está o resumo de cada etapa.

a) *Escolha dos investimentos na empresa*

Consiste na definição de onde exatamente alocar os recursos financeiros a serem providenciados nos três tipos de insumos existentes: Capital, Terra e Trabalho. A empresa decide o quanto alocar para comprar equipamentos, matéria-prima, a área do espaço onde deverá trabalhar e sua localização, além de definir a quantidade de pessoas e a qualificação que devem possuir.

É relevante observar que esses gastos são programados para serem realizados dentro do ambiente das outras três áreas administrativas. A empresa deve planejar o quanto gastar para poder conhecer a necessidade do público-alvo, fazer publicidade, produzir o bem ou o serviço, e todas as outras atividades presentes nas áreas de Marketing, Produção/Operação e Recursos Humanos.

A decisão de onde aplicar recursos no mercado financeiro — seja em fundos de aplicação bancária, títulos públicos, debêntures, e até ações da bolsa de valores — não é função da etapa de escolha dos investimentos, mas do controle de fluxos financeiros.

A proporção e o momento para se gastar com os diversos insumos fazem parte de complexas decisões tomadas pelo gestor financeiro. Inicialmente, faz-se projetos de investimento para atingir os objetivos estabelecidos no Planejamento Estratégico. A depender de como se decida qual montante alocar para cada projeto — e mais especificamente, para cada insumo dentro daquele projeto —, o resultado da empresa será diferente, para cima ou para baixo.

b) *Escolha das fontes de financiamento*

A primeira etapa é escolher os investimentos, onde alocar os recursos financeiros — mas somente no papel. Antes de fazer qualquer desembolso, deve-se planejar de onde virão esses recursos. Essa é a segunda etapa — a escolha das fontes de financiamento.

As fontes de financiamento são os canais de onde os recursos são buscados para chegar à empresa. O gestor pode usar qualquer fonte de financiamento que esteja disponível para a empresa. No entanto, é muito importante lembrar que qualquer valor obtido de uma fonte deverá ser devolvido à mesma fonte, acrescido do preço por havê-lo usado, e até uma data programada.

Ou seja, o gestor pode levantar determinada quantia de uma fonte, mas precisa devolvê-la à mesma fonte. Deve-se pagar por haver usado aquele valor, e isso precisa ser feito até uma data limite.

Existem diversas fontes de financiamento. Elas são classificadas em capital próprio ou capital de terceiros, e em fontes de curto prazo ou de longo prazo. Cada fonte de financiamento possui suas próprias características, não sendo indiferente em relação ao resultado para a empresa de qual fonte o gestor obterá recursos. A depender qual fonte de financiamento é usada para determinado projeto de investimento, o resultado para a empresa será positivo ou negativo.

c) *Controle dos fluxos financeiros*

A terceira etapa do processo de gestão na área financeira é o controle dos resultados. Uma vez que o plano de investimento e as fontes de financiamento tenham sido definidos — e efetivamente partido para a execução daquilo que foi planejado —, a etapa natural a seguir é o monitoramento dos resultados obtidos comparado com o que foi planejado.

O Controle dos Fluxos Financeiros procura atender a dois problemas específicos: o fluxo de dinheiro no tempo e os excedentes financeiros.

O primeiro diz respeito tanto ao casamento no tempo entre desembolsos e entradas de valores, quanto ao desempenho de cada projeto de expansão, unidade de negócio da empresa, contrato de prestação, ou outra forma de análise individual dos investimentos feitos. Ou seja, não convém que a empresa receba mais do que desembolsa — se esse recebimento ocorrer após os gastos. A falta de controle pode levar ao déficit de caixa, o que pode ocasionar — em uma situação mais grave — o fechamento da empresa.

Pelo lado do desempenho, o gestor deve estar atento ao retorno obtido de cada projeto de investimento. Ele deve analisar se esses retornos estão dentro do que se esperava, se estão necessitando de novos aportes de capital, se vale a pena manter o projeto em funcionamento ou se talvez seja mais adequado encerrá-lo.

Os excedentes financeiros são as disponibilidades de recursos em caixa provenientes de resultados positivos de investimentos realizados ou de reserva criada para ser usada em projetos futuros de investimento. O gestor financeiro tem como uma de suas atividades o acompanhamento dos saldos de caixa de forma a garantir que não sejam excessivos nem insuficientes para a operação da empresa. Ambos os casos geram elevação de custos e redução da rentabilidade do capital dos donos.

A gestão do regime de crédito é o estabelecimento das características das compras que a empresa faz a prazo do fornecedor e daquelas correlatas quando vende a prazo para o cliente.

A Figura 6.2 demonstra o processo da área financeira da empresa.

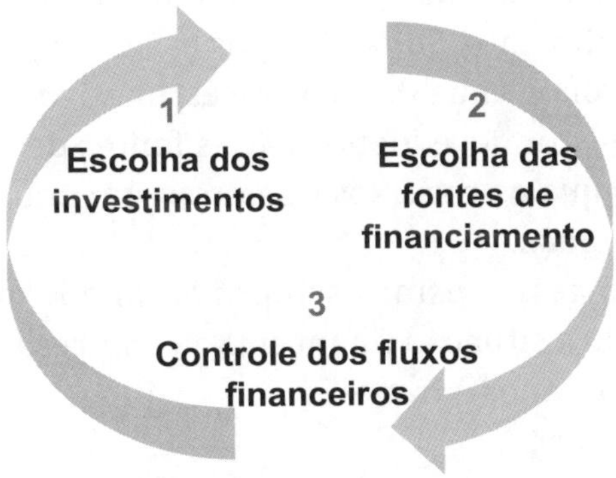

Figura 6.2. Processo de Gestão Financeira.
Fonte: O autor.

De maneira geral, o gestor atua de forma inversa de como deveria atuar. Em virtude da necessidade de tomar decisões rapidamente para atender aos compromissos diários da empresa, o gestor quase sempre subordina o investimento aos recursos disponíveis. Por exemplo, a empresa tende a somente identificar oportunidades de investimento quando percebe haver alguma nova disponibilidade de recursos que podem ser usados — como uma sobra inesperada de caixa ou uma linha de crédito oferecida pelo banco com uma condição especial. Deveria ser o contrário. O ideal seria a empresa manter a ordem do processo de gestão financeira, encontrando as oportunidades de investimento, para então identificar as fontes de financiamento a fim de realizá-las.

Essa inversão comumente observada ocorre porque a maior parte do tempo dos gestores financeiros é dedicada à busca de soluções para problemas cotidianos — em geral, são pessoas excessivamente ativas. Eles vivem em busca de recursos para pagar contas na semana seguinte; negociam com fornecedores para reduzir preços e para aumentar a quantidade de parcelas; participam de reuniões com gerentes de banco para conseguir taxas de juros mais baixas; buscam constantemente aplicações financeiras mais rentáveis — e a imensa lista continua com atividades consumidoras de tempo e cujos resultados são muito limitados.

O gestor tem por principal função estar à procura de oportunidades para montar projetos de investimento referentes à atividade principal da empresa. São exemplos de projetos de investimento: a melhoria da qualidade do produto, a redução do custo do processo produtivo pelo uso de máquinas mais eficientes, a expansão da empresa pela abertura de uma nova unidade em outra cidade e o treinamento do pessoal para melhorar a qualidade do atendimento. Somente após esses projetos serem definidos — cada qual com cronograma de gastos e estimativas de recebimentos no tempo —, é que o gestor deve identificar as fontes de financiamento mais adequadas, mesmo que os recursos demorem um pouco mais para serem efetivamente levantados.

Dessa forma, o gestor estará sempre atuando como se estivesse no futuro — modelando a situação financeira da empresa para oito meses, ou quinze meses, ou dois anos à frente.

7

O Investimento

Nesta Parte II do livro, os capítulos precedentes mostraram as bases para compreender o investimento. A Figura 7.1 resume o que foi mostrado acerca do Planejamento Estratégico. Ele é o guia direcionador de todas as ações dentro das quatro áreas gerenciais: Marketing, Operação/Produção, Recursos Humanos e Finanças.

Figura 7.1. Relação entre Planejamento Estratégico e ações nas áreas gerenciais
Fonte: O autor.

Todas as atividades e tarefas dentro de cada uma das quatro áreas gerenciais devem estar subordinadas ao Planejamento Estratégico. Como ilustra a Figura 10.1, ele é o guia e a espinha dorsal ao redor do qual a empresa atua. O ideal é pensá-lo mais como sendo um processo de construção contínua — e que nunca acaba —, de que como um documento escrito e que por tantas vezes corre o risco de ser esquecido em uma gaveta qualquer.

O Planejamento Estratégico é a declaração daquilo que a direção se compromete a tornar a empresa no futuro. Para isso, devem ter sido estudadas tendências sobre o ambiente externo ao longo dos próximos anos: economia, mercado de trabalho, avanços tecnológicos, legislação, comportamento do consumidor, e outros tópicos. Além disso, a direção precisa ter revisto os pontos nos quais a empresa possui competência e deficiência competitiva. Alguns desses pontos são: nível de qualidade do produto, empenho dos colaboradores, controle financeiro e capacidade de fazer publicidade.

Conhecendo-se profundamente a capacidade de ação da empresa e como deve se comportar o ambiente externo sobre o qual atua, o Planejamento Estratégico estabelece quais são os objetivos mensuráveis que devem ter sido atingidos quando chegar à data alvo — como faturamento anual, número de clientes, regiões atendidas pela empresa e número de filiais.

A parte do Planejamento Estratégico que trata dos cursos de ação enumera cada esforço a ser empreendido para que a empresa atinja esses objetivos. Tudo isso dentro de uma estratégia previamente definida.

Os cursos de ação referem-se exatamente aos investimentos que a empresa deve fazer em cada área gerencial. Portanto, o Planejamento Estratégico é o principal definidor de quais investimentos a empresa realizará.

7.1 Definição de investimento

A definição de investimento proposta neste livro é bastante diferente do que usualmente é entendido.

Infelizmente não há um dicionário de gestão que todos devem seguir para facilitar o entendimento quando se refere a um termo ou uma palavra específica. Muitas vezes, a mesma palavra tem diferentes significados a depender de quem seja o interlocutor ou a ocasião. Uma dessas palavras é "investimento". Em geral, há diferentes compreensões do que a palavra significa, tais como:

- Gasto feito para gerar retorno em um futuro mais distante.
- Gasto para adquirir ativos fixos, como: máquinas, imóveis, equipamentos, computadores e veículos.
- Aplicações bancárias para obter retorno no mercado financeiro.

A definição proposta aqui pode até envolver tudo isso, mas é bastante diferente.

Para fins de estudo de Gestão Financeira por Fluxo de Caixa, a definição proposta é:

> "Investimento é todo gasto voluntário para se obter um benefício no futuro."

Compreende-se facilmente que os exemplos abaixo entram nessa definição. Todos eles são gastos, são voluntários e são feitos com o intuito de obter retorno no futuro:

- Máquinas.
- Mobiliário.
- Veículos.
- Imóveis.
- Publicidade.
- Aplicações bancárias.

Tudo isso atende aos critérios propostos do que é investimento.

Entretanto, também entram nesses critérios outros gastos menos facilmente percebidos como tal:

- Aluguel.
- Salário.
- Energia elétrica.
- Água.

Todos os exemplos acima são gastos voluntários — ou seja, escolhe-se quanto gastar — e são realizados com o objetivo de se obter um retorno no futuro.

É fácil compreender que os gastos com máquinas, veículos e publicidade, por exemplo, são voluntários. Esses gastos são mais flexíveis e o gestor consegue estabelecer o quanto gastar com certa facilidade. Contudo, os gastos do tipo salários e aluguel também são voluntários. O gestor tem o poder de decidir o quanto gastar com essas contas. Se ele percebe a possibilidade de usar menos tempo de mão de obra para executar certa função, o gestor pode realizar demissões, pagar as rescisões e passar a trabalhar com uma folha de pagamento menos onerosa.

Da mesma forma, o gestor pode decidir pagar menos aluguel. Basta para isso mudar o endereço da empresa para um local mais barato. Isso vale para energia elétrica, água e condomínio, por exemplo. Claro que para esses itens é indispensável gastar um mínimo para a empresa funcionar, porém é possível encontrar meios para se consumir uma menor quantidade de tal insumo. Há sempre a possibilidade de se pensar em como tornar a empresa mais eficiente.

Por sinal, essa é a principal vantagem em se pensar o investimento como sendo um gasto voluntário para obter um benefício — um retorno — no futuro. A conscientização dessa definição chama a atenção do gestor para sempre pensar no motivo de se realizar qualquer gasto. Os desembolsos não devem ser feitos de forma automatizada, por exemplo, a troca de uma lâmpada queimada, a pintura de uma parede descascada ou a substituição de um computador antigo. A justificativa deve ser porque a troca por uma lâmpada nova promoverá o aumento das vendas da loja, visto que o ambiente estará mais agradável ao cliente. A lâmpada queimada em si não justifica o desembolso para trocá-la. Da mesma forma, a parede deve ser repintada porque proporcionará um ambiente melhor para elevar a produtividade dos funcionários. O fato de a parede estar com aspecto ruim não é motivo suficiente para o gasto de repará-la.

O gestor deve sempre estar atento às possibilidades de tornar sua empresa mais eficiente — reduzir custos pela elevação da produtividade. Todo gasto precisa ser bem planejado e constantemente reavaliado em relação a sua justificativa.

Assim devem ser pensados os investimentos da empresa. Eles visam tanto promover seu crescimento no mercado de forma a elevar as vendas, a melhorar a qualidade do produto e a aumentar a produção; quanto reduzir custos com processos produtivos que consumam menos insumos, tenham um melhor controle de estoque, uma maior redução de desperdícios e outras medidas que reduzam os gastos sem comprometer a produção ou a qualidade. Os investimentos devem ser direcionados eminentemente para a expansão da empresa, porque lá é onde o empresário encontra a oportunidade de alocação de seus recursos que lhe gerará maior rentabilidade em relação à segurança para seu capital.

Aplicações de reservas de caixa no mercado financeiro — como fundos bancários, títulos públicos ou de outras empresas — são investimentos, mas não devem ser a prioridade da empresa.

Para facilitar o entendimento do que são investimentos, talvez seja melhor entender o que não são. Não são investimentos impostos, taxas obrigatórias para funcionamento da empresa, multas e desembolsos forçados por perdas de ações judiciárias. Todos esses gastos são involuntários. O gestor não os faz porque decidiu fazê-los, mas porque houve uma imposição prática. Se o gasto não é voluntário, não é um investimento.

7.2 Propriedades do investimento

Cada investimento possui características próprias, como se pode intuitivamente se depreender. Evidentemente um investimento não é igual ao outro, mas o que no geral os difere?

O investimento possui três propriedades:

- Rentabilidade.
- Liquidez.
- Segurança.

A rentabilidade é o quanto se espera de retorno em relação ao que foi gasto. Se houve um gasto de R$100 para uma expectativa de retorno de R$2 após um mês, então a rentabilidade é de 2% a.m. Por sinal, é importante estabelecer que a palavra retorno se refere ao valor (R$2) e rentabilidade se refere ao percentual (2% a.m.).

A liquidez é o tempo em que se espera que o retorno ocorra. Se a expectativa é de que o retorno ocorra em dois meses, então esse investimento tem maior liquidez que outro no qual se espera retorno para três meses.

Quanto mais líquido se diz ser o investimento, mais rápido se espera que o retorno ocorra.

A segurança é o tamanho da confiança que o gestor possui de que o retorno realmente ocorrerá. Quanto maior essa confiança, maior a segurança do investimento. Por exemplo, há maior confiança de que ocorrerá o retorno por um investimento em aquisição de mercadorias do que em um investimento em treinamento de pessoal para melhorar o atendimento. Comparativamente, para o caso de uma pessoa física, o investimento em poupança é mais seguro que o investimento em ações na Bolsa de Valores.

Cada investimento possui diferentes níveis para cada uma das propriedades, e elas se comportam como se fossem vasos comunicantes — como mostra a Figura 7.2. Se determinado investimento é mais rentável que outro, ele pode, no entanto, ser menos seguro. Há uma combinação de níveis de propriedades para cada investimento em relação aos demais.

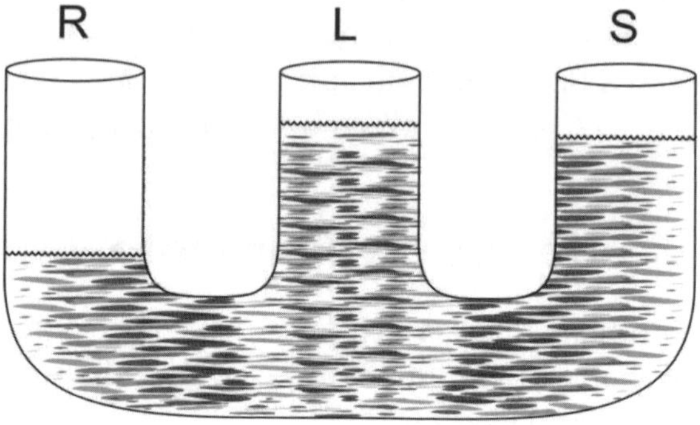

Figura 7.2. Níveis de Rentabilidade (R), Liquidez (L) e Segurança (S).
Fonte: O autor.

Na Figura 7.2, o investimento em questão possui baixa rentabilidade em relação a outros investimentos, mas alta liquidez e alta segurança. É sempre assim, se o investimento possui alta liquidez, ele possui baixa rentabilidade, ou baixa segurança ou ambos um pouco mais baixos.

Os níveis das propriedades são tidos como altos ou baixos sempre em relação a outras oportunidades. Quando se diz que um investimento possui alta segurança, significa que o é em relação às outras oportunidades — ou seja, a outros investimentos ao alcance da empresa. Se o investimento apresenta baixa rentabilidade, é porque os demais investimentos acessíveis, de maneira geral, proporcionam maior rentabilidade.

A combinação de níveis das propriedades ocorre por um motivo simples. Em geral, não se encontram investimentos com rentabilidade, liquidez e segurança com níveis simultaneamente altos. Nas raras oportunidades em que isso acontece, rapidamente há um grande afluxo de empresas ou pessoas realizando o mesmo investimento; e então as propriedades voltam ao equilíbrio — com uma ou duas delas diminuindo seus níveis. Por exemplo, em dado momento foi percebido que as pessoas estão consumindo mais açaí. As primeiras lojas que oferecerem o produto deverão aproveitar bastante a oportunidade, mas em pouco tempo várias outras lojas concorrentes deverão surgir — reduzindo a rentabilidade que de início era alta, junto com as outras propriedades.

Inversamente, os investimentos com as três propriedades com níveis simultaneamente baixos não oferecem atrativo algum em serem realizados. Assim, tendem a não ser considerados.

Todos os investimentos seguem essa regra de apresentar uma combinação de níveis de propriedades. Sempre que se pretende obter o benefício para uma propriedade, o gestor deve estar certo de que terá de abrir mão de uma das outras propriedades — ou, no mínimo, de um pouco das outras duas juntas.

Por exemplo, para pessoas físicas, o investimento em Poupança tradicional leva baixa rentabilidade, alta liquidez e alta segurança. Observe que, como o aplicador é beneficiado tanto pela liquidez quanto pela segurança, ele precisa abrir mão bastante da rentabilidade.

As aplicações em ações em geral, possuem alta rentabilidade, alta liquidez, mas muito baixa segurança. Claro que depende especificamente da ação e do momento, mas, na regra geral, o comportamento de investimento em ações da bolsa de valores é assim.

É muito comum o empresário ser apresentado a oportunidades à primeira vista muito atraentes — com altos níveis nas três propriedades. No entanto, é necessário ficar atento, porque geralmente é algum engodo. Há uma lógica muito forte e constante pelo qual os investimentos se comportam na forma de sistema de compensação.

Os níveis se comportam como se fossem vasos comunicantes, mas na verdade não os são. O nível de uma propriedade não interfere positiva ou negativamente no nível de outra. Se um investimento apresenta alta rentabilidade, não é por esse motivo que ela possui baixa segurança, ou vice-versa. Não é porque um investimento tem alta liquidez, que uma eventual baixa rentabilidade é causada.

O que determina os níveis dos investimentos são sua própria natureza em relação ao ambiente de mercado. A natureza de se investir em uma loja de açaí — ou seja, a margem de lucro do produto, a facilidade de se encontrar bons fornecedores e oferta de mão de obra qualificada — determinará de maneira indireta os níveis das propriedades. O ambiente externo também influi nos níveis. Alguns desses aspectos são o volume de demanda na região, a quantidade de concorrentes e os fatores sazonais.

Depreende-se então que a combinação dos níveis das propriedades do investimento varia com o tempo em função justamente das alterações do ambiente externo. Se em dado momento um investimento possui rentabilidade elevada em relação a outros investimentos, no futuro essa rentabilidade pode se reduzir, caso a concorrência se acirre na região.

Os níveis das propriedades podem ser objetivamente medidos pelos indicadores de viabilidade:

Rentabilidade
- VPL — Valor Presente Líquido
- TIR — Taxa Interna de Retorno

Liquidez
- *Payback*

Segurança
- Desvio padrão
- VaR — *Value at Risk*

Os indicadores de viabilidade podem ser usados para medir de forma objetiva os níveis das propriedades dos investimentos — mas ainda há muito o que ser melhorado neles ou na criação de novas técnicas. Apesar da possibilidade de serem usados para estabelecer se a rentabilidade ou a liquidez de um investimento é maior que a de outro — do ponto de vista matemático — ainda não são suficientemente satisfatórios para dar plena confiança ao gestor financeiro em seu uso. Contudo, é o que se tem atualmente.

Para alguns tipos de investimento, nem todos os indicadores podem ser usados e, às vezes, o resultado de um indicador não pode ser diretamente comparado ao resultado de outro. Na falta de meios mais adequados para estabelecer de modo confiável e objetivo os níveis das propriedades dos investimentos, essas são as ferramentas disponíveis.

7.3 Estrutura de investimento

O investimento é a ação de desembolsar recursos com o objetivo de obter retorno no futuro. Essa é a ideia, e até este ponto foram apresentadas a definição e as propriedades do investimento dentro do contexto de Planejamento Estratégico e áreas gerenciais da empresa. Tudo isso é muito importante — mas teórico. Para efetivamente tornar o investimento algo prático, é necessário conhecer como o processo funciona e quais as ferramentas a serem utilizadas.

Os investimentos devem ser entendidos dentro de uma estrutura com elementos mais visíveis com os quais trabalhar, tais como: os projetos de investimento, os programas de investimento e as carteiras de investimento.

Projeto de Investimento

Projeto de investimento é o conjunto de ações que possui um objetivo mensurável e datas — tanto para ser iniciado quanto para ser finalizado. O projeto de investimento tem início e fim bastante definidos.

Os exemplos de projetos de investimento incluem:

- Compra e instalação de uma nova máquina na linha de produção.
- Pesquisa e desenvolvimento para a criação de um novo produto.
- Campanha publicitária para elevação das vendas no Natal.
- Abertura de nova unidade em outra região do país.
- Campanha publicitária para divulgar o produto em outra região.
- Pesquisa para encontrar matéria-prima substituta de melhor qualidade.
- Aprimoramento do processo produtivo para reduzir o tempo de produção.
- Implantação de sistema de informação gerencial.
- Procura de um novo local para transferência da empresa com vistas à redução de aluguel.

Cada um dos exemplos acima possui caráter temporário. Existe uma data para conclusão do projeto, e o objetivo deve ser determinado de forma bastante clara para não haver dúvidas sobre sua consecução.

Todo investimento precisa ter intrinsecamente em sua concepção a expectativa de retorno financeiro. Como já explicado, todo desembolso somente pode ser feito se tiver por finalidade a obtenção de um retorno. Os exemplos acima demonstram exatamente isso. Cada um deles compreende um conjunto de gastos cujo propósito é gerar retorno. O mesmo conceito vale para os programas de investimento.

Programa de Investimento

O programa de investimento é uma atividade — um conjunto de ações contínuas — com data para iniciar, mas sem data de finalização. É possível que dentro do programa de investimento haja vários projetos de investimento.

Os programas de investimento são criados, em princípio, para permanecerem funcionando ao longo do tempo. Há objetivos mensuráveis bem definidos. Quando esses objetivos são atingidos dentro do prazo de finalização do programa, novos objetivos são estabelecidos. Da mesma forma, se ao longo da execução do programa houver mudança do ambiente ou de outro fator que exija uma revisão, os objetivos devem ser ajustados às novas circunstâncias.

Dentro desses programas estão investimentos realizados de modo contínuo. No entanto, para atingir os objetivos, eventualmente é necessário que diversos projetos de investimento com período definido de execução sejam executados.

Como exemplos de programas de investimento, tem-se:

- Produção de determinado bem vendido pela empresa.
- Ampliação geográfica de atuação da empresa.
- Melhoria da qualidade de determinado produto.
- Redução de custo administrativo.
- Programas de treinamento de pessoal.

Como cada um dos programas possui data para iniciar, mas não possui data para serem encerrados, o programa de produção de bens em uma indústria permanecerá funcionando enquanto a própria empresa existir. Da mesma forma, pode-se estabelecer que a empresa continuará ampliando sua área de atuação — inclusive para fora do país — sem data de conclusão.

Já no exemplo da produção industrial de bens, há o investimento na aquisição das matérias-primas, na energia elétrica para fazer funcionar as máquinas, na mão de obra e na manutenção do galpão industrial. Esses são gastos voluntários realizados continuamente, sem data para extinguirem-se.

Por outro lado, é possível que dentro do programa haja projetos com início e fim bem definidos. No programa de produção de bens, pode haver um projeto de compra e instalação de uma nova máquina, um projeto de pesquisa e desenvolvimento para criação de novo produto, e uma campanha publicitária para elevar as vendas no próximo Natal.

O mesmo ocorre com os outros programas exemplificados.

Programa de ampliação geográfica de atuação da empresa

Projetos:

- Abertura de uma nova unidade em outra região do país.
- Campanha publicitária para divulgar o produto em outra região.

Programa de melhoria de qualidade de determinado produto

Projetos:

- Pesquisa para encontrar uma matéria-prima substituta de melhor qualidade.
- Aprimoramento do processo produtivo para reduzir o tempo de produção.

Programa de redução de custo administrativo

Projetos:

- Implantação de sistema de informação gerencial.
- Procura de novo local para transferência da empresa com vistas à redução do aluguel.

Os projetos de investimento podem estar inseridos em programas de investimento, mas os programas podem também conter gastos de natureza continuada e sem prazo para finalização.

O detalhamento dos investimentos — sejam eles dentro de projetos de investimento ou em programas de investimento — é feito por um documento chamado de Plano de Investimento, que também pode ser chamado de Plano de Negócio. Ele é o documento que formaliza os detalhes da ação que será ou está sendo executada por meio de diversos tópicos como os descritos a seguir. A depender da natureza do investimento, vários dos itens a seguir não precisarão ser preenchidos.

Estrutura do Plano de Investimento

1. Conceito do negócio
    1.1. Contexto econômico
        Síntese do ambiente econômico relacionado ao core business *do negócio.*

1.2. Mercado consumidor nacional

Levantamento de características de demandas no mercado nacional.

1.3. Mercado consumidor regional

Levantamento de características de demandas no mercado regional.

1.4. Tendências de comportamento do consumidor

Estudo da estrutura de mercados amadurecidos, como EUA e UE.

1.5. Agregação de valor ao produto

Estabelecimento da diferenciação do produto a ser produzido para ganho de vantagem competitiva.

1.6. Ambiente concorrencial

Levantamento de características de firmas concorrentes — seus produtos, operação e estratégias.

2. Produto / preço

Recomendação de estratégias para gestão do preço do produto.

3. Descrição dos produtos

Base para posterior elaboração do Plano de Marketing.

4. Praça

4.1. Localização do empreendimento

Levantamento das características da localização para o Plano de Logística.

4.2. Layout da planta industrial

Cuidados a serem tomados na instalação do maquinário.

5. Público-alvo

Base para posterior elaboração do Plano de Marketing.

6. Publicidade (estratégias)

Estabelecimento de premissas para futura elaboração de publicidade e para gestão de imagem da empresa.

7. Processos de trabalho

7.1. Processo produtivo

Descrição do processo industrial e de logística conforme repasse do responsável pela área.

7.2. Processos administrativos

Listagem dos principais processos para o funcionamento da área administrativa (financeiro, marketing, recursos humanos e gestão de materiais).

8. Plano de Recursos Humanos

Listagem dos subsistemas referentes à gestão de Recursos Humanos.

9. Plano financeiro

9.1. Cálculo de viabilidade financeira

Cálculo de indicadores de viabilidade (VPL e TIR), análise do ponto de equilíbrio e considerações sobre liquidez da operação.

9.2. Fontes de financiamento

Recomendações de fontes de financiamento e estrutura de capital a serem realizadas.

9.3. Cronograma financeiro

Elaboração da Demonstração de Fluxo de Caixa mensal para cinco anos para o acompanhamento dos desembolsos e recebimentos — sob regime de caixa — para elevar nível de solvência da operação.

10. Processo de implantação

Cronograma das etapas para implantação do projeto.

11. Riscos e mitigação

Levantamento de riscos inerentes ao empreendimento (operacionais, financeiros e ambientais) e possibilidades de mitigação.

A estrutura acima foi formulada visando a elaboração de plano para investimentos mais complexo — como abertura de uma nova loja ou de nova fábrica, de aquisição de um concorrente, ou do início de uma nova empresa. Os tópicos abrangem todos os aspectos a serem levados em conta para elevar a chance de sucesso.

Quando se tratar de investimentos com uma menor quantidade de elementos — como aquisição de uma nova máquina para a indústria, pesquisa e desenvolvimento de um novo produto, campanha publicitária para a divulgação de um produto em outra região, implantação de um sistema de informação gerencial —, vários dos tópicos do Plano de

Investimento não precisarão ser levantados, dado o impacto pouco relevante no investimento.

O Plano de Investimento — ou Plano de Negócio — abrange todas as áreas gerenciais. O ponto mais diretamente relacionado ao gestor financeiro é o item 9 — o Plano Financeiro.

O item Plano Financeiro detalha todos os passos do processo de gestão financeira, que são:

- Descrição do investimento.
- Definição das fontes de financiamento.
- Ferramentas e diretrizes do controle do fluxo financeiro.

Nesta parte, o assunto é o primeiro passo — a descrição do investimento. Os dois últimos passos são tratados ao longo do livro.

Em se tratando de um investimento mais complexo como os exemplificados, é necessário separar os gastos que deverão ser feitos antes mesmo de a operação estar em funcionamento. Esses são os chamados gastos pré-operacionais.

Nem sempre é necessário relacionar os gastos pré-operacionais. No entanto, quando for o caso, o Quadro 7.1 demonstra alguns dos gastos que provavelmente deverão ser requeridos tomando como exemplo a abertura de uma loja em determinado bairro.

GASTOS PRÉ-OPERACIONAIS	VALOR DO INVESTIMENTO
Reforma	300.000
Mercadorias	100.000
Gastos com contratação de pessoal	5.000
Treinamento de pessoal	5.000
Custos de abertura de empresa	1.000
Computadores	6.000
Impressoras	800
Softwares	1.500
Equipamentos para rede de dados	1.200
Aparelhos de telefone	750

GASTOS PRÉ-OPERACIONAIS	VALOR DO INVESTIMENTO
Publicidade de inauguração	8.000
Material de escritório	300
Material de limpeza	300
Móveis	12.000
Decoração	3.000
Forno micro-ondas	500
Filtro de água	600
Geladeira	1.100
Outros equipamentos para uso dos funcionários	500
Equipamento para segurança interna	2.000
Reserva operacional	48.510
Reserva de caixa (10% do total acima)	49.806

Quadro 7.1. Gastos Pré-Operacionais.
Fonte: O autor.

Cada gasto precisa ser minuciosamente identificado e o orçamento solicitado a mais de um fornecedor por item. O objetivo é que se obtenha os valores mais precisos possíveis.

As duas últimas linhas se referem à Reserva Operacional e à Reserva de Caixa — que serão explicadas a seguir.

Reserva Operacional

A Reserva Operacional deve ser composta pela soma dos valores que precisarão estar disponíveis para que a loja possa funcionar enquanto as vendas não são suficientes para cobrir os gastos mensais. Desembolsos com salários, aluguel, energia elétrica, água e outros, devem ser realizados mesmo que os resultados com as vendas não sejam suficientes para cobri-los. É necessário haver uma reserva para isso. Esses são chamados de Gastos Operacionais, e são exemplificados no Quadro 7.2.

GASTOS OPERACIONAIS	VALOR MENSAL
Salários	8.000
Aluguel	2.500
Energia elétrica	200
Água	150
Condomínio	300
Telefone	200
Mensalidade terminal cartão	120
Publicidade	2.000
Contabilidade	1.000
Manutenção de equipamentos	120
Material de escritório	100
Material de copa	100
Material de limpeza	200
Serviço de vigilância à distância	600
Serviços gráficos	120
Serviço de proteção ao cliente	300
Associação de classe / sindicato	50
Tarifas bancárias	110

Quadro 7.2. Gastos Operacionais.
Fonte: O autor.

Os valores acima são os gastos mensais com que a loja precisa arcar mesmo que as vendas não sejam suficientes para cobri-los. Por isso a necessidade de haver uma reserva que possa dar suporte à unidade até que o aumento de suas vendas a tornem financeiramente autônoma.

A displicência de empreendedores em deixar de planejar a Reserva Operacional é um dos principais motivos para insuficiência de caixa no futuro.

De maneira a compô-la, deve-se primeiro estimar o quanto a loja deverá vender mês a mês durante determinado período — 24 meses, por exemplo. As vendas devem ser muito baixas no primeiro mês e espera-se que cresçam de maneira gradativa ao longo do tempo. O ideal é ter acesso a técnicas quantitativas para se estimar o incremento nas vendas — por exemplo, uma pesquisa de campo do mercado. Quanto mais confiáveis os valores da estimativa de vendas mensais, maior segurança terá o investimento.

A recomendação de se aplicar técnicas quantitativas de estimação também vale para outros tipos de investimento — como a aquisição de máquina para elevar produção ou uma campanha publicitária. Também para esses casos, possivelmente não existam gastos pré-operacionais, só aqueles referentes à execução do investimento propriamente dito.

Conhecendo-se os Gastos Operacionais mensais e as estimativas mensais de recebimento por vendas, pode-se confrontar valores e é conhecer — entre outras coisas — quanto tempo deverá levar até que os desembolsos estejam cobertos. A Figura 7.3 ilustra o comportamento das entradas e saídas de valores mensais.

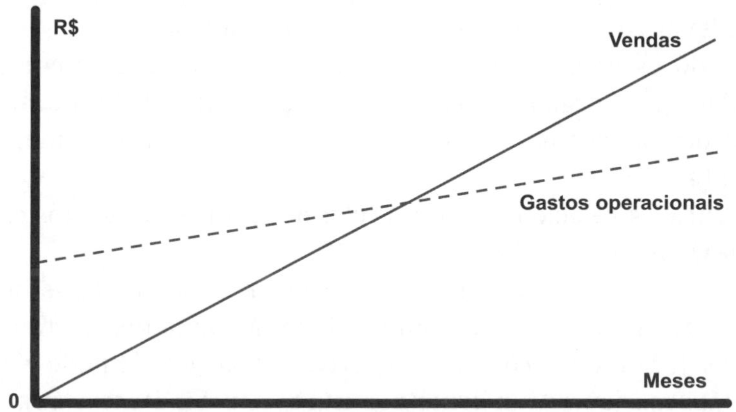

Figura 7.3. Relação entre Gastos Operacionais e Vendas mensais.
Fonte: O autor.

O valor da Reserva Operacional é a diferença entre os gastos e as vendas até que a nova loja passe a se sustentar pela sua operação.

Reserva de Caixa

A Reserva de Caixa é um amortecedor criado para absorver eventuais desembolsos não previstos, como: elevações de preços de insumos a serem adquiridos na fase pré-operacional, falha de não listar itens necessários e tempo de elevação das vendas superior ao originalmente estimado. A

Reserva de Caixa é essencial para a segurança do investimento, mas não existe uma proporção exata para ser adotada. Na prática ela pode ser estabelecida entre 10% e 20% do total dos gastos relacionados acima dela — incluindo a Reserva Operacional —, dependendo do grau de segurança do investimento. Assim, quanto mais arriscado o investimento, maior deve ser a Reserva de Caixa.

A soma dos valores pré-operacionais — incluindo as Reservas Operacional e de Caixa — corresponde ao total dos recursos a serem levantados para o investimento ser realizado. O gestor deve iniciar os gastos somente após garantir que o total dos recursos estejam completamente à disposição.

É muito comum empresários iniciarem projetos de investimento sem ainda possuir os recursos à mão para concluí-los, confiando em alguma eventual liberação de empréstimos bancários ou outras fontes no decorrer da operação. Para esses casos, qualquer atraso na chegada dos recursos provocará uma significativa elevação dos custos financeiros totais — o que pode levar sua viabilidade a se tornar deficitária.

Estando os gastos relacionados e as vendas mensais estimadas, o gestor deve agora organizá-los pelo Plano de Contas de Tesouraria (PCT) — de acordo com sua natureza, classificação — ou, mais comumente chamado, contas.

A Figura 7.4 relaciona as contas classificadoras dos gastos exemplificados nos Quadros 7.1 e 7.2.

A organização dos gastos a serem realizados classificando-os nas contas já em uso no dia a dia de fluxo de caixa permitirá ao gestor integrá-los. Juntamente com os respectivos retornos, ele pode vislumbrar como a empresa deverá funcionar no futuro — na hipótese de realizar esse investimento.

Em seguida, o gestor deve ampliar mês a mês o que deve ser gasto usando a classificação do PCT, além de inserir as estimativas mensais de vendas, como mostrado na Figura 7.5.

	SOMA DOS GASTOS PRÉ-OPER E OPER	-149.920
OPERACIONAIS	Mercadoria	-100.000
	Salário	-8.000
	Aluguel	-2.500
	Energia elétrica	-200
	Água	-150
	Condomínio	-300
	Telefone	-200
	Mensalidade terminal cartão	-120
	Publicidade	
	Publicidade de inauguração	-8.000
	Contador	-1.000
	Manutenção de equipamento	-120
	Material de escritório	-300
	Material de copa	-100
	Material de limpeza	-300
	Serviço de vigilância à distância	-600
	Serviços gráficos	-120
	Serviço de proteção ao cliente	-300
	Associação de classe / sindicato	-50
	Tarifas bancárias	-110
	Gastos com contratação de pessoal	-5.000
	Treinamento de pessoal	-5.000
	Custos de abertura de empresa	-1.000
INVESTIMENTOS	Reforma	
	Computadores	-6.000
	Impressoras	-800
	Software	-1.500
	Equipamento para rede de dados	-1.200
	Aparelhos de telefone	-750
	Móveis	
	Decoração	-1.500
	Micro-ondas	-500
	Filtro de água	-600
	Geladeira	-1.100
	Outros equipam para uso do pessoal	-500
	Equipamento para segurança interna	-2.000
FINANCIAMENTOS	Aporte de capital do empresário	547.866
	Reserva de caixa (10% do total acima)	-49.806
	Reserva operac (para gastos oper)	-48.510
	Uso da reserva operacional	

Figura 7.4. Relação de gastos pré-operacionais no PCT.
Fonte: O autor.

PROJETO:	Abertura de loja no bairro Prosperidade	
PÚBLICO-ALVO:	Moradores da região com famílias cujos filhos estão em idade escolar.	
Início do projeto:	jan/23	
TMA (Taxa Mínima de Atratatividade)	1,00% a.m.	12,68% a.a.
VPL (Valor Presente Líquido)	67.249	
TIR (Taxa Interna de Retorno)	1,81%	

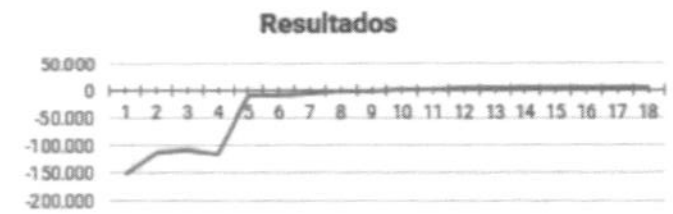

MÊS	jan/23	fev/23	mar/23	abr/23	mai/23	jun/23	jul/23	ago/23	set/23	out/23	nov/23	dez/23	jan/24	fev/24	mar/24	abr/24	mai/24	jun/24	--
	Previsto	Previsto	Previsto	Previsto	Previsto	Previsto	Previsto	Previsto	Previsto	Previsto	Previsto	Previsto	Previsto	Previsto	Previsto	Previsto	Previsto	Previsto	
VENDAS	0	10.000	11.800	14.160	16.992	19.541	22.472	24.719	27.191	28.551	29.978	31.477	32.107	32.749	33.404	33.738	34.075	34.416	
RESULTADO MENSAL	-149.320	-111.670	-108.370	-113.510	-7.678	-6.129	-3.448	-1.201	1.021	2.381	3.308	4.807	4.937	5.579	5.734	6.068	5.905	6.246	624.582
SOMA DOS GASTOS PRÉ-OPER E OPER	-149.320	-121.670	-120.170	-127.670	-24.670	-25.670	-25.920	-25.920	-26.170	-26.170	-26.670	-26.670	-27.170	-27.170	-27.670	-27.670	-28.170	-28.170	
OPERACIONAIS																			
Mercadoria	-100.000	0	0	-7.500	-8.500	-9.500	-9.750	-9.750	-10.000	-10.000	-10.500	-10.500	-11.000	-11.000	-11.500	-11.500	-12.000	-12.000	
Salário	-8.000	-8.000	-8.000	-8.000	-8.000	-8.000	-8.000	-8.000	-8.000	-8.000	-8.000	-8.000	-8.000	-8.000	-8.000	-8.000	-8.000	-8.000	
Aluguel	-2.500	-2.500	-2.500	-2.500	-2.500	-2.500	-2.500	-2.500	-2.500	-2.500	-2.500	-2.500	-2.500	-2.500	-2.500	-2.500	-2.500	-2.500	
Energia elétrica	-200	-200	-200	-200	-200	-200	-200	-200	-200	-200	-200	-200	-200	-200	-200	-200	-200	-200	
Água	-150	-150	-150	-150	-150	-150	-150	-150	-150	-150	-150	-150	-150	-150	-150	-150	-150	-150	
Condomínio	-300	-300	-300	-300	-300	-300	-300	-300	-300	-300	-300	-300	-300	-300	-300	-300	-300	-300	
Telefone	-200	-200	-200	-200	-200	-200	-200	-200	-200	-200	-200	-200	-200	-200	-200	-200	-200	-200	
Mensalidade terminal cartão	-120	-120	-120	-120	-120	-120	-120	-120	-120	-120	-120	-120	-120	-120	-120	-120	-120	-120	
Publicidade		-2.000	-2.000	-2.000	-2.000	-2.000	-2.000	-2.000	-2.000	-2.000	-2.000	-2.000	-2.000	-2.000	-2.000	-2.000	-2.000	-2.000	
Publicidade de inauguração	-8.000																		
Contador	-1.000	-1.000	-1.000	-1.000	-1.000	-1.000	-1.000	-1.000	-1.000	-1.000	-1.000	-1.000	-1.000	-1.000	-1.000	-1.000	-1.000	-1.000	
Manutenção de equipamento	-120	-120	-120	-120	-120	-120	-120	-120	-120	-120	-120	-120	-120	-120	-120	-120	-120	-120	
Material de escritório	-300	-100	-100	-100	-100	-100	-100	-100	-100	-100	-100	-100	-100	-100	-100	-100	-100	-100	
Material de copa	-100	-100	-100	-100	-100	-100	-100	-100	-100	-100	-100	-100	-100	-100	-100	-100	-100	-100	
Material de limpeza	300	-200	-200	-200	-200	-200	-200	-200	-200	-200	-200	-200	-200	-200	-200	-200	-200	-200	
Serviço de vigilância à distância	-600	-600	-600	-600	-600	-600	-600	-600	-600	-600	-600	-600	-600	-600	-600	-600	-600	-600	
Serviços gráficos	-120	-120	-120	-120	-120	-120	-120	-120	-120	-120	-120	-120	-120	-120	-120	-120	-120	-120	
Serviço de proteção ao cliente	-300	-300	-300	-300	-300	-300	-300	-300	-300	-300	-300	-300	-300	-300	-300	-300	-300	-300	
Associação de classe / sindicato	-50	-50	-50	-50	-50	-50	-50	-50	-50	-50	-50	-50	-50	-50	-50	-50	-50	-50	
Tarifas bancárias	-110	-110	-110	-110	-110	-110	-110	-110	-110	-110	-110	-110	-110	-110	-110	-110	-110	-110	
Gastos com contratação de pessoal	-5.000																		
Treinamento de pessoal	-5.000																		
Custos de abertura de empresa	-1.000																		
INVESTIMENTOS																			
Reforma		-100.000	-100.000	-100.000															
Computadores	-6.000																		
Impressoras	-800																		
Software	-1.500																		
Equipamento para rede de dados	-1.200																		
Aparelhos de telefone	-750																		
Móveis		-4.000	-4.000	-4.000															
Decoração	-1.500	-1.500																	
Micro-ondas	-500																		
Filtro de água	-600																		
Geladeira	-1.100																		
Outros equipam para uso do pessoal	-500																		
Equipamento para segurança interna	-2.000																		
FINANCIAMENTOS																			
Aporte de capital do empresário	543.015																		
Reserva de caixa (10% do total acima)	-44.955																		
Reserva operac (para gastos oper)	-48.510																		
Uso da reserva operacional		8.085	8.085	8.085	8.085	8.085	8.085												

Figura 7.5. Plano de Investimento e a relação entre entradas e saídas de um projeto.
Fonte: O autor.

Na Figura 7.5, os gastos mensais foram relacionados e confrontados com as estimativas de recebimentos. Como já deve ter sido apurado, somente no sexto mês é previsto que a loja passe a se tornar sustentável financeiramente.

Com os fluxos de caixa organizados, é possível calcular os indicadores de viabilidade financeira, como o Valor Presente Líquido (VPL), em R$67.249, e a Taxa Interna de Retorno (TIR), em 1,81% a.m., considerando-se um custo de capital próprio, dado pela Taxa Mínima de Atratividade (TMA), de 1% a.m. O projeto é financeiramente viável. A Figura 7.6 destaca parte do Plano de Investimento com os indicadores de viabilidade.

PROJETO:	**Abertura de loja no bairro Prosperidade.**	
PÚBLICO-ALVO:	**Moradores da região com famílias cujos filhos estão em idade escolar.**	
Início do projeto:	**jan/23**	
TMA (Taxa Mínima de Atratatividade):	**1,00% a.m.** →	**12,68% a.a.**
VPL (Valor Presente Líquido):	**67.249**	
TIR (Taxa Interna de Retorno):	**1,81%**	

Figura 7.6. Destaque dos indicadores de viabilidade.
Fonte: O autor.

O Plano de Investimento deve ser feito para todas as oportunidades de investimento da empresa, ainda que à primeira vista pareça que algumas delas não venham a ser implementadas. A função mais importante do empresário ou gestor mais elevado é manter uma rigorosa busca por oportunidades de crescimento da empresa no mercado que seja referente à sua atividade principal. Essa vigilância deve se estender à tendência de comportamento do ambiente externo — como necessidades do consumidor, evolução tecnológica, ameaças e tantos outros elementos listados no Planejamento Estratégico.

Assim, o gestor possuirá Planos de Investimento — ou Planos de Negócio, — com diferentes datas para implantação dentro de uma carteira de investimentos que formam o conjunto da empresa e a visão de como ela deverá funcionar no futuro. À medida em que o tempo passe — e se eventualmente as condições da empresa e do mercado venham a mudar —, o gestor vai ajustando os planos à nova realidade, mas sempre tomando as decisões para guiar o futuro do negócio.

7.4 Considerações sobre a escolha de investimentos

Pelo exposto até agora, a escolha dos investimentos parece ser bastante natural. Contudo, pela importância da decisão, convém deixar algumas práticas bastante claras.

Primeiramente, os investimentos devem atender ao Planejamento Estratégico. Este, por sua vez, deve atender ao objetivo principal do gestor em promover a elevação do valor de mercado da empresa — ou em outras palavras, favorecer a maximização da riqueza do dono no longo prazo.

A rigor, os projetos e os programas de investimento devem ser provenientes somente da elaboração ou revisão do Planejamento Estratégico. Como já explicado, os cursos de ação estabelecidos para o atingimento dos objetivos estratégicos são os projetos de investimentos que a empresa se compromete a realizar.

No entanto, poucas empresas de fato elaboram e revisam o Planejamento Estratégico e, aquelas que já o fizeram, na maioria das vezes não dedicaram o esforço e o cuidado requeridos para usufruírem do resultado que o processo proporciona. Na maior parte das vezes, só escreveram páginas para as chamarem de Planejamento Estratégico.

Para aquelas que cumpriram seu dever, a escolha dos investimentos e quando iniciá-los já está feita. São os projetos e programas de investimento elaborados. Ainda assim — mesmo com o Planejamento Estratégico continuamente revisado —, há inevitáveis mudanças de cenário no ambiente externo e de posições na dinâmica interna da empresa que exigem ajustes nos projetos e programas de investimento.

Tanto nesses casos quanto para empresas que não possuem Planejamento Estratégico, os critérios para identificar ou ajustar investimentos são referentes aos níveis das propriedades dos investimentos em relação ao que se prevê de comportamento do mercado no futuro.

Cada investimento possui uma combinação de níveis de Rentabilidade, Liquidez e Segurança em relação a outros investimentos. Se houver tendência de redução da atividade no mercado para os próximos meses, o gestor deve adotar o critério de priorizar investimentos com maior nível de segurança, ainda que em detrimento da rentabilidade. O mesmo cenário deve favorecer a adoção de investimentos com maior liquidez.

Se a previsão do mercado é de estabilidade ou até de alta da demanda, o gestor pode priorizar iniciar investimentos com maior rentabilidade — ainda que precise abrir mão da segurança.

É intuitivo perceber que se o futuro parecer favorável à empresa, pode-se buscar maiores retornos com investimentos que apresentem maior rentabilidade. Para previsões de queda nas vendas, aparecimento de concorrentes fortes ou outras ameaças, o gestor deve priorizar investimentos que tragam uma maior chance de sobrevivência da empresa, escolhendo aqueles com maior segurança ou liquidez. O problema é que nada é tão fácil como parece.

Apesar de a lógica fazer bastante sentido, a decisão ainda terá bastante subjetividade e faltará muita informação. Essa é a realidade do empresário e do gestor financeiro. Apesar de procurar ter controle daquilo que for possível, sempre se chega a um ponto em que o risco estará mais presente do que o desejado. Por isso, é importante cercar-se ao máximo possível de técnica.

A elaboração bem-feita e o ajuste constante do Planejamento Estratégico dão ao empresário uma base mais ampla de informações para reduzir o risco de perder dinheiro com investimentos malsucedidos. Sempre haverá risco na atividade empresarial; o entanto, ao se seguir as orientações sobre gestão financeira como as aqui expostas, muitos problemas podem ser facilmente evitados.

8

Risco e Retorno

A parte sobre investimentos em Gestão Financeira foi tratada até este ponto de forma bastante prática. Os conceitos foram expostos e contextualizados em situações realísticas de empresas e pessoas. Contudo, a abordagem teórica geralmente mostrada nos livros tradicionais de finanças traz várias diferenças em relação ao que está sendo demonstrado neste livro.

As informações trazidas aqui são voltadas para dentro da empresa — são relativas à sua atividade produtiva e em como os fluxos financeiros são usados na produção. Já a literatura tradicional de finanças teve sua atenção voltada para o mercado de capitais — para fora da empresa.

Renomados pesquisadores em diversas áreas como economia, matemática e até engenharia estudaram o comportamento de preços de ações e outros títulos do mercado de capitais. Ao longo do tempo, esses estudos foram sendo incorporados à base teórica do que viria a ser chamado de Finanças Corporativas. Dessa forma, praticamente todos os livros-texto de Finanças Corporativas dedicam a maior parte de seu conteúdo a apresentá-los e decifrá-los para o público.

Certamente o comportamento dos títulos no mercado de capitais é pertinente a finanças, mas de forma alguma pode ser entendido como ponto central de Gestão Financeira ou Finanças Corporativas.

A Gestão Financeira e as Finanças Corporativas devem ter por principal objetivo entender o comportamento dos fluxos financeiros usados na produção — e não na aplicação de dinheiro no mercado de capitais. A empresa foi criada para produzir bens e serviços; e é para isso que ela deve dirigir sua atenção, não para enriquecer no mercado de capitais.

O estudo do mercado de capitais — foco da literatura tradicional — destaca dois elementos para compreender o comportamento dos títulos:

o retorno e o risco. Neste capítulo, é discutida a abordagem da literatura tradicional a respeito do que é cada um deles.

É necessário tomar cuidado para não confundir as ideias. Os conceitos a seguir são referentes ao que a literatura tradicional expõe. Eles são diferentes do que vem sendo apresentado neste material.

Apesar de as ideias aqui discutidas serem bastante diferentes daquelas tradicionalmente abordadas, é de grande relevância compreender a visão que esses estudos anteriores propuseram. Afinal, eles foram as sementes que possibilitaram o entendimento dos fluxos financeiros voltados à atividade produtiva das empresas.

8.1 O que é retorno?

Em finanças, retorno é o que se espera receber em unidades monetárias como consequência da transformação de insumos que foram anteriormente obtidos por meio de uma aplicação, também em unidades monetárias.

Por exemplo, a empresa compra mercadoria por R$100 e a revende por R$110. O retorno é de R$10.

O retorno, portanto, é o resultado da transformação do insumo em valores absolutos — que no exemplo é de R$10.

A rentabilidade é a proporção do retorno em relação ao que se investiu. Assim, a rentabilidade é de R$10/R$100 = 0,1 — o que dá 10%.

Ao longo deste estudo, cada palavra — retorno e rentabilidade — tem seu próprio significado como expresso nos dois parágrafos acima. No entanto, as informações deste material são diferentes das trazidas na literatura tradicional de finanças.

Na literatura tradicional, as duas palavras são usadas indistintamente para significar uma coisa ou outra — o resultado de um investimento em valor absoluto ou a proporção do resultado em relação ao investido.

Infelizmente há muitas dessas situações nos textos anteriores de finanças e no mercado em geral — em que uma mesma palavra pode significar mais de uma coisa — e uma mesma coisa pode ser representada por mais de uma palavra. Como dito anteriormente, ainda não existe um dicionário que todos os profissionais do ramo usem.

Os primeiros estudos sobre finanças foram dirigidos para elevar o conhecimento sobre como ações de empresas e outros títulos do mercado se comportavam. O objetivo era o de elevar os resultados financeiros por meio das melhores estratégias de atuação. A melhor forma de aumentar resultados com aplicações no mercado era conseguir predizer com a maior precisão possível quando — e quanto — o preço de um título iria subir ou cair.

Os retornos de ações de empresas passaram a ser estatisticamente analisados e toda uma base conceitual/teórica foi paulatinamente sendo construída. Posteriormente, quando os textos sobre Gestão Financeira — ou Finanças Corporativas — vieram a ser publicados, essa base de conhecimento foi incorporada como se as decisões de aplicações no mercado de capitais fizessem parte do dia a dia do gestor financeiro.

E de fato, as aplicações de recursos da empresa em títulos do mercado de capitais fazem parte do trabalho do gestor. Porém, a atividade mais importante é a de gerenciar os recursos das operações dentro da própria empresa. Para isso, os elementos como retorno e risco precisam ser adaptados para melhor encontrar a dinâmica que ocorre da porta para dentro no negócio. Esse é um tema que será mais bem discutido mais adiante.

Antes de abordar o que são retorno e risco em operações de empresas, é conveniente compreender o que são esses elementos de forma mais pura — como foram originalmente propostos na literatura. E nesse sentido, a palavra retorno deverá ser entendida neste capítulo da mesma forma como nos textos tradicionais — ou seja, a proporção de resultado financeiro em relação a um investimento feito.

Retorno de uma ação

O retorno é calculado com os preços diários de ações ou outros títulos. O Gráfico 8.1 apresenta os preços de duas ações.

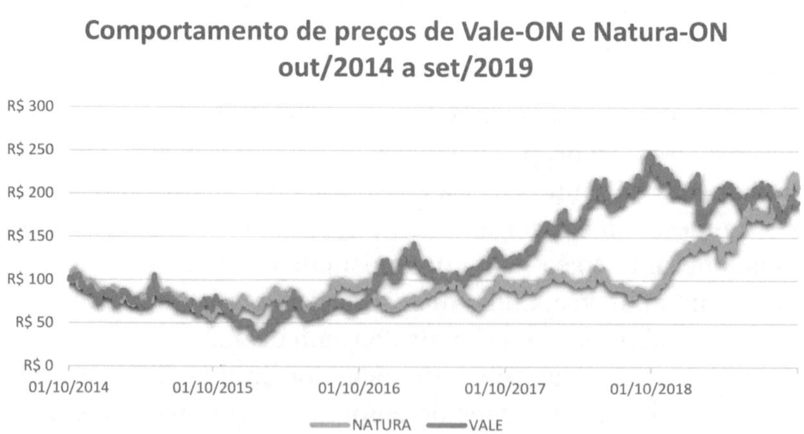

Gráfico 8.1. Preços diários de Vale-ON e Natura-ON.
Fonte: O autor.

A designação "-ON" após o nome da empresa indica o tipo de ação — nesse caso, são ações do tipo "Ordinária Nominativa".

O gráfico ilustra o comportamento dos preços de duas ações — da Vale-ON e da Natura-ON. Considerando um investidor que tenha comprado R$100 em Natura e outros R$100 em Vale em 01/10/2014, quanto ele teria em 30/09/2019?

Pela Vale, ele teria R$190,23. Pela Natura, a aplicação teria se valorizado para R$207,66[1]. Ou seja, pode-se dizer que a ação da Vale valorizou 90,23% ((190,23 / 100) - 1) em cinco anos; e, no mesmo período, a ação da Natura valorizou 107,66% ((207,66 / 100) - 1).

Essa é a ideia de retorno como normalmente menciona-se na literatura de finanças em geral — ou seja, o correspondente ao resultado obtido em comparação com o que foi aplicado, em formato percentual.

No período de cinco anos usado no exemplo, a ação da Vale-ON (90,23%) apresentou um retorno menor que a da Natura-ON (107,55%).

As medidas representam os retornos que ocorreram com as duas ações no período passado entre outubro/2014 e setembro/2019.

No Gráfico 8.2, a comparação corresponde ao comportamento dos preços diários de diversas ações para o período de apenas dois anos (de outubro de 2017 a setembro de 2019).

Os diversos preços apresentam retornos muito diferentes uns dos outros. Ao se comparar o comportamento dos retornos — quando todos partindo de uma mesma base R$100 em 01/10/2017 —, observa-se um retorno bastante diverso em 30/09/2019.

Isso é perfeitamente normal. O Gráfico 8.2 mostra o retorno de várias ações. O valor de cada uma carrega um conjunto de eventos — positivos e negativos — ocorridos na empresa, em particular, e no mercado, em geral, que interferiram nos resultados financeiros e nas expectativas dos investidores do mercado. Isso é o que compõe o preço da ação em cada dia. A variação do preço da ação forma o seu retorno.

As ações que obtiveram melhores resultados financeiros para os acionistas — dadas as características das respectivas empresas — tenderam a ser aquelas que apresentaram maior retorno.

---

1 As aplicações foram colocadas com valores brutos, sem correções ou ajustes de qualquer natureza. O objetivo não é comparar a rentabilidade de ações de empresas, mas explicar o conceito e comportamento do retorno.

Gráfico 8.2. Retorno de várias ações.
Fonte: O autor.

O investidor que aplica dinheiro em várias ações simultaneamente obtém o retorno geral proporcional à quantidade de recursos alocados em cada uma — e, claro, no retorno que cada ação apresentou.

Retorno de uma carteira de ações

Ao conjunto de ativos financeiros investidos — inclusive ações — dá-se o nome de carteira ou portfólio. Uma carteira é um conjunto de ativos (ações, debêntures e outros itens) em que um investidor aplica recursos financeiros.

O cálculo do retorno de uma carteira é feito pela proporção de recursos aplicados em cada ativo em relação ao retorno individual daquele mesmo ativo. Por exemplo, uma carteira na qual se investe R$1.000 — sendo R$400 em Vale-ON e R$600 em Natura-ON — teria rendido no final do período:

$$\text{Retorno da carteira} = \frac{400}{400 + 600} \times 90{,}23\% + \frac{600}{400 + 600} \times 107{,}55\%$$

Retorno da carteira = 100,62% no período de 01/10/2014 a 30/09/2019.

De forma simples, o retorno de uma carteira é a média ponderada dos retornos dos ativos que a compõe em relação à sua respectiva proporção. Tal proporção é referente ao valor aplicado e não à quantidade de itens (ações) de cada empresa.

O mesmo procedimento ocorre para o retorno esperado de uma carteira. Investidores, instituições financeiras, empresas com recursos aplicados no mercado financeiro e outros agentes podem ter a necessidade de identificar como deve se comportar o retorno de uma carteira de ativos no futuro para variados propósitos. De um modo ou de outro — por meio de cálculos estatísticos de previsão, experiência, análise técnica de comportamento das ações, ou qualquer outra forma de projeção dos preços —, pode-se pretender estimar o retorno de uma carteira para embasar a tomada de decisões.

O cálculo do retorno esperado de uma carteira segue o mesmo formato apresentado, porém os retornos dos ativos não são mais os que já ocorreram em um período no passado, mas os estimados para o futuro. A única diferença da representação do retorno esperado para o passado está na notação.

Por exemplo, suponha uma carteira formada por:

- 20% dos recursos a serem investidos na ação A, em que se prevê um rendimento de1,4% a.m.
- 25% dos recursos a serem investidos na ação B, em que se prevê um rendimento de 2,2% a.m.
- 55% dos recursos a serem investidos na ação C, em que se prevê um rendimento de 1,8% a.m.

Aplica-se a equação do retorno esperado de carteira:

$$\overline{\mathrm{R}}_{Cart} = X_A\overline{\mathrm{R}}_A \quad + \quad X_B\overline{\mathrm{R}}_B \quad + \quad X_C\overline{\mathrm{R}}_C$$

Sendo,

$\overline{\mathrm{R}}_{Cart}$ = Retorno esperado da carteira formada pelas ações A, B e C

X_A = Proporção de recursos investidos na ação A

$\overline{\mathrm{R}}_A$ = Retorno esperado da ação A

X_B = Proporção de recursos investidos na ação B

$\overline{\mathrm{R}}_B$ = Retorno esperado da ação B

X_C = Proporção de recursos investidos na ação C

$\overline{\mathrm{R}}_C$ = Retorno esperado da ação C

A diferença na notação está somente na barra sobre o "R", que representa um valor esperado — ou seja, para o futuro. Assim se reconhece ser uma estimativa de retorno, e não um retorno já ocorrido.

O cálculo do retorno esperado da carteira então ficaria assim:

$$\overline{R}_{Cart} = 0{,}2\ x\ 0{,}014 \ + \ 0{,}25\ x\ 0{,}022 \ + \ 0{,}55\ x\ 0{,}018 \ = \ 0{,}0182$$

ou seja, 1,82% a.m.

Uma carteira pode ser formada por várias ações, e para calcular o retorno dela, basta multiplicar a proporção de recursos a serem investidos nela pelo respectivo retorno esperado e depois somar tudo. A rentabilidade esperada de uma carteira é a média ponderada dos retornos esperados de cada ação.

8.2 O que é risco?

Vale lembrar que a palavra "retorno" está sendo usada neste capítulo com o mesmo significado da literatura tradicional — ou seja, a proporção do resultado em relação ao investimento feito. Esse não é o significado trazido ao longo dos outros capítulos deste texto em geral, no qual retorno significa o valor absoluto como resultado de um investimento. A proporção do resultado, pela nova abordagem, é chamada de "rentabilidade".

A compreensão de risco nos livros tradicionais de finanças — e excepcionalmente neste capítulo de maneira mais específica — também é diferente em relação ao que está sendo desenvolvido no restante deste material. O risco para a literatura tradicional equivale à segurança nos demais capítulos deste material — e isso será devidamente abordado. É importante conhecer o que foi proposto no passado e que faz parte da base teórica de finanças. Nesse sentido, o significado de risco a seguir é referente à teoria tradicional de finanças.

O risco é o potencial de ocorrer algo em dado momento. Como um exemplo simples: qual o risco de chover hoje? Seria o mesmo que dizer: qual a chance de chover até o fim do dia?

Risco diz respeito a algo específico, informa sobre a possibilidade da sua ocorrência em um intervalo de tempo, e não possui intrinsecamente uma conotação de juízo de valor — de ser algo bom ou ruim.

Ao se referir a risco em finanças, procura-se identificar qual a chance de o retorno da ação de uma empresa ou outro tipo de título ficar em determinada faixa no futuro. Quanto maior a chance de se errar, maior se diz ser o risco. Quanto menor a chance de errar, menor se diz ser o risco.

Um risco maior não está associado a uma perda maior, mas à insegurança maior de se acertar em quanto ficará o retorno de um título no futuro. Uma ação com um risco menor é aquela em que há uma maior segurança em se prever em quanto ficará o retorno dela no futuro. Como mencionado anteriormente, risco não é uma palavra necessariamente associada a um juízo negativo de valor.

Em geral, o risco é medido pelo comportamento passado do item que se está analisando. Por exemplo, se no mês de agosto costuma chover muito pouco na cidade, e se em maio for marcado um evento ao ar livre para agosto, o risco de chover durante o evento é muito baixo. Isso é dado por causa do comportamento das chuvas em agosto nos anos anteriores. Se o retorno diário de uma ação ou outro título tiver variado muito no passado, o risco dele é mais elevado do que outro que não tenha variado tanto.

Ou seja, o risco está relacionado a quanto foi a variação — a oscilação — do título no passado. Quanto mais os retornos diários do título no passado houverem variado, mais difícil será conseguir apurar o retorno desse título em certa data no futuro. E quanto menos os retornos de fechamento diários houverem variado, maiores as chances de acertar qual será o preço do título no futuro.

O Gráfico 8.3 apresenta os retornos diários de duas ações fictícias. Fazendo-se uma experiência de tentar prever quanto seria o retorno no dia 120 — no futuro portanto —, para qual das ações se tem maior chance de acertar, para a ação A ou para a ação B?

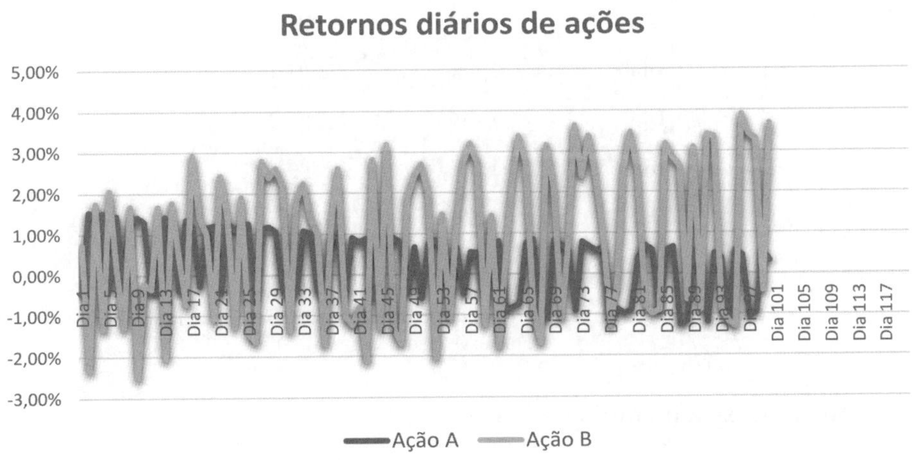

Gráfico 8.3. Retornos diários de duas ações fictícias.
Fonte: O autor.

É mais provável acertar quanto será o retorno da ação A do que a ação B para o dia 120. Os retornos da ação A variam bem menos que os retornos da ação B.

Significa dizer que quanto maior a oscilação do preço do título no passado, maior o risco. E quanto menor a oscilação, menor o risco.

O gráfico revela outra informação importante — a de que não importa que o retorno da ação A esteja tendendo a diminuir ao longo do tempo, ainda assim o risco dela é menor. Aplicar na ação B pode até proporcionar um maior resultado financeiro, mas a oscilação de seus retornos é maior — então também oferece maior risco. Como já explicado, risco não está associado a algo negativo como perda de dinheiro, mas à confiança em se prever corretamente o comportamento no futuro.

A oscilação é tomada por medidas estatísticas. As medidas de oscilação mais usadas para medir o risco em finanças são a variância e o desvio padrão.

Variância dos retornos de uma ação

A variância de um título é calculada pela média dos quadrados das diferenças dos retornos desse título em cada dia, em relação ao retorno médio do período analisado.

Por exemplo, os retornos diários daquelas duas ações fictícias do gráfico são apresentados na Tabela 8.1.

DIA	AÇÃO A	AÇÃO B
Dia 1	-0,4%	0,7%
Dia 2	1,5%	-2,3%
Dia 3	1,4%	1,7%
Dia 4	1,5%	-1,3%
Dia 5	-0,2%	2,0%
Média	**0,76%**	**0,16%**

Tabela 8.1. Exemplos de retornos diários de ações fictícias.
Fonte: O autor.

Aplicando-se a fórmula da variância,

$$\sigma^2 = \frac{\sum (R_n - \bar{R})^2}{n}$$

Onde:

σ^2 = Variância da rentabilidade da ação

R_n = Rentabilidade da ação no dia n

$\bar{R}$ = Média da rentabilidade das ações nos dias analisados

n = Número de dias do período analisado

obtém-se o resultado a seguir.

$$\sigma^2{}_A = \frac{(-0{,}004 - 0{,}0076)^2 + (0{,}015 - 0{,}0076)^2 + (0{,}014 - 0{,}0076)^2 + (0{,}015 - 0{,}0076)^2 + (-0{,}002 - 0{,}0076)^2}{5}$$

$$\sigma^2{}_A = 0{,}00007544$$ [2]

O resultado da variância por si só não diz muita coisa, e nem sequer seria possível comparar com a variância da ação B no período, cujo cálculo segue.

$$\sigma^2{}_B = \frac{(0{,}007 - 0{,}0016)^2 + (-0{,}023 - 0{,}0016)^2 + (0{,}017 - 0{,}0016)^2 + (-0{,}013 - 0{,}0016)^2 + (0{,}02 - 0{,}0016)^2}{5}$$

$$\sigma^2{}_B = 0{,}00028464$$

A variância é uma medida muito voltada para dentro dos próprios dados. Para se efetuar alguma comparação com o conjunto de dados de outra ação, é necessário usar o desvio-padrão.

O desvio-padrão é obtido pela raiz quadrada da variância. Sua fórmula é:

$$\sigma = \sqrt{\frac{\sum (R_n - \bar{R})^2}{n}}$$

Assim, os desvios-padrões das ações são:

$$\sigma_A = \sqrt{0{,}00007544} = 0{,}8685\%\text{ a.d.}$$

$$\sigma_B = \sqrt{0{,}00028464} = 1{,}6871\%\text{ a.d.}$$

Os desvios-padrões são informados com uma unidade de medida, ao contrário da variância, que não é associada a nenhuma métrica. Nesse

---

2 O cálculo foi feito utilizando-se percentuais arredondados dos retornos. Fazendo-se a conta à mão, pode haver uma pequena diferença em relação ao que está no texto.

caso, a unidade de medida do desvio-padrão é percentual ao dia — já que os dados originais foram os retornos percentuais diários das duas ações.

O desvio-padrão dos retornos da ação com menor oscilação (ação A), é de 0,86% a.d. — bem menor que o desvio-padrão dos retornos de B, de 1,68% a.d. Isso significa que a média das diferenças entre os retornos de cada dia em relação à média de 0,76%, é de 0,86% a.d. Portanto, risco da ação A é menor que o risco da ação B.

Variância dos retornos de uma carteira com duas ações

Para se medir o risco de uma carteira — ou seja, um conjunto com dois ou mais ativos a exemplo de ações —, o cálculo é feito de forma muito diferente daquela do retorno de uma carteira.

O retorno de uma carteira é a média ponderada dos retornos das ações individuais de acordo com a proporção de recursos aplicados em cada uma.

Para o cálculo do risco de uma carteira, não é possível se fazer uma média ponderada comum. Ocorre que quando se juntam duas ações, a variação do retorno de uma interfere na variação do retorno da outra.

Enquanto o retorno de uma ação está subindo, o retorno da outra pode estar caindo. Dessa forma, o retorno de uma estaria diminuindo o efeito do retorno da outra, talvez até anulando-se mutuamente de modo que não haja variância. Por exemplo, se uma ação tiver um retorno esperado de 1% a.d. e a outra tiver um retorno esperado de –1% a.d. — e mesmo que a variação de cada ação seja relativamente elevada —, quando combinadas, a variação da carteira seria bem mais baixa. Eventualmente, grandes variações dos retornos de duas ações podem se compensar e gerar uma carteira com uma pequena variação do retorno dela.

Da mesma forma, se os retornos das duas ações se comportarem de forma semelhante — por exemplo, enquanto uma sobe 1% a.d. a outra tende a subir próximo de 1% a.d. —, a variação da carteira seria maior que a variação de cada uma.

Talvez os retornos das duas ações se comportem de forma independente uns dos outros; isso também interferiria na variação da carteira das duas combinadas.

Esse fenômeno não se aplica quando se observa o retorno de uma carteira. Não há interferência mútua entre os retornos individuais de duas ações para extrair o retorno da carteira; mas, quando se analisa a variação dela, esse efeito precisa ser considerado.

A equação que fornece a intensidade de variação de uma carteira inclui um elemento que considera essa interferência mútua da variação individual dos retornos das ações — a covariância.

A variância da carteira com duas ações é calculada pela equação,

$$\sigma_{Cart}^2 = X_A^2\sigma_A^2 + 2X_AX_BCOV_{A,B} + X_B^2\sigma_B^2$$

Sendo,

σ_{Cart}^2 = Variância da carteira formada pelas ações A e B

X_A = Proporção de recursos investidos em A

σ_A^2 = Variância dos retornos da ação A

$COV_{A,B}$ = Covariância dos retornos entre as ações A e B

X_B = Proporção de recursos investidos em B

σ_B^2 = Variância dos retornos da ação B

O elemento que representa a semelhança de comportamento entre os retornos das ações A e B é $COV_{A,B}$ — que significa a covariância de A em relação a B.

O cálculo da covariância é dado pela equação:

$$COV_{A,B} = \frac{\sum[(R_{i,A} - \bar{R}_A)(R_{i,B} - \bar{R}_B)]}{n}$$

Com os dados do exemplo usado, a covariância é calculada como:

$$COV_{A,B} = \frac{\begin{gathered}[(-0{,}004 - 0{,}0076)\ x\ (0{,}007 - 0{,}0016)] + \\ [(0{,}015 - 0{,}0076)\ x\ (-0{,}023 - 0{,}0016)] + \\ [(0{,}014 - 0{,}0076)\ x\ (0{,}017 - 0{,}0016)] + \\ [(0{,}015 - 0{,}0076)\ x\ (-0{,}013 - 0{,}0016)] + \\ [(-0{,}002 - 0{,}0076)\ x\ (0{,}02 - 0{,}0016)]\end{gathered}}{5}$$

$COV_{A,B}$ = -0,00008616

Para usar a equação da variância com os dados do exemplo, considera-se como sendo:

X_A = Proporção de recursos investidos em A de 60%

X_B = Proporção de recursos investidos em B de 40%

$COV_{A,B}$ = −0,00008616

$$\sigma_A = \sqrt{0{,}00007544} = 0{,}8685\% \text{ a.d.}$$
$$\sigma_B = \sqrt{0{,}00028464} = 1{,}6871\% \text{ a.d.}$$

Para esses dados, a equação ficaria assim:

$$\sigma^2_{Cart} = X^2_A\sigma^2_A + 2X_AX_BCOV_{A,B} + X^2_B\sigma^2_B$$

$$\sigma^2_{Cart} = 0{,}6^2 \, x \, 0{,}008685^2 + 2 \, x \, 0{,}6 \, x \, 0{,}4 \, x \, (-0{,}00008616) + 0{,}4^2 \, x \, 0{,}016871^2$$

$$\sigma^2_{Cart} = 0{,}00003134$$
$$\sigma_{Cart} = \sqrt{0{,}00003134} = 0{,}5598\% \text{ a.d.}$$

Uma outra forma de calcular a variância da carteira é usar o coeficiente de correlação em vez da covariância.

O coeficiente de correlação — ou simplesmente correlação — é proveniente da covariância e tem como grande vantagem ser de mais fácil entendimento para perceber a semelhança de comportamento entre dois tipos de variáveis.

O coeficiente de correlação é representado pela letra grega ρ (Rô). Para se informar a semelhança de comportamento entre os retornos das duas ações, pode-se usar a notação $\rho_{A,B}$ (diz-se, correlação entre A e B).

A maior facilidade para se entender o Coeficiente de Correlação em relação à covariância é porque seu resultado fica somente entre –1 e 1. Quanto mais próximo de –1, maior a semelhança negativa entre os retornos. Quanto mais próximo de 1, maior a semelhança positiva entre os retornos.[3]

Por exemplo, se o coeficiente de correlação entre os retornos de duas ações for 1, quando uma ação apresenta retorno de 5%, a outra tenderia a apresentar retorno de 5% também[4]. Se a primeira ação apresenta retorno de –0,3%, a outra tenderia a apresentar retorno de –0,3%. Se a correlação

---

[3] Semelhança negativa significa que enquanto o retorno de uma ação tende a subir, o da outra tenderia a cair na mesma proporção; por outro lado, enquanto uma tende a cair a outra tende a subir na mesma intensidade. Na correlação positiva, os retornos das duas ações tendem a subir ou a cair juntos no mesmo período.

[4] Ressalta-se que o retorno tende a ser de 5%, mas não necessariamente será de 5%.

for de 0,7, enquanto uma subir 10%, a outra tenderia a subir 7%, e assim por diante. Ocorre o inverso quando o coeficiente de correlação for negativo — enquanto o retorno de uma ação sobe, o da outra tenderia a cair, conforme o valor de sua correlação.

Quanto mais próximo de zero for o coeficiente de correlação — tanto com sinal positivo quanto com sinal negativo —, menor a semelhança entre os retornos.

A equação do coeficiente de correlação é:

$$\rho_{A,B} = \frac{COV_{A,B}}{\sigma_A \ \sigma_B}$$

Ou seja,

$$\rho_{A,B} = \frac{-0{,}00008616}{0{,}008685 \ x \ 0{,}016871}$$

$\rho_{A,B}$ = -0,58

O coeficiente de correlação de −0,58 indica que quando a ação A subir 1%, a ação B tenderá a cair 0,58%.

Conhecendo-se o coeficiente de correlação entre os retornos das ações, a variância da carteira poderia ser reescrita assim:

$$\sigma^2_{Cart} = X_A^2\sigma_A^2 + 2X_AX_B\rho_{A,B}\sigma_A\sigma_B + X_B^2\sigma_B^2$$

$$\sigma^2_{Cart} = 0{,}6^2 \ x \ 0{,}008685^2 + 2 \ x \ 0{,}6 \ x \ 0{,}4 \ x \ (-0{,}58) \ x \ 0{,}008685 \ x \ 0{,}016871 + 0{,}4^2 \ x \ 0{,}016871^2$$

$\sigma^2_{Cart} = 0{,}00003134$ (o mesmo resultado daquele calculado com a covariância)

$\sigma_{Cart} = \sqrt{0{,}00003134} = 0{,}5598\%$ a. d.

A semelhança de comportamento — medido pela covariância e pelo coeficiente de correlação — provoca um efeito muito importante na composição da variância da carteira. A correlação de −0,58 é considerada uma correlação com intensidade intermediária negativa — não é uma semelhança forte nem fraca.

Hipoteticamente, caso a correlação fosse forte e positiva, de 0,88, a variância da carteira ficaria bastante diferente, apresentando maior risco.

$$\sigma_{Cart}^2 = 0{,}6^2\ x\ 0{,}008685^2\ +\ 2\ x\ 0{,}6\ x\ 0{,}4\ x\ 0{,}88\ x\ 0{,}008685\ x\ 0{,}016871\ +\ 0{,}4^2\ x\ 0{,}016871^2$$

$$\sigma_{Cart}^2 = 0{,}00013459$$

$$\sigma_{Cart} = \sqrt{0{,}00013459} = 1{,}1601\%\ \text{a. d.}$$

A carteira hipotética com correlação de 0,88 apresenta uma variação muito maior que a carteira de exemplo com correlação de −0,58. A hipotética apresentou desvio-padrão de 1,16% a.d., enquanto a de exemplo, 0,55% a.d. A média das distâncias de cada elemento em relação à sua média na carteira hipotética é praticamente o dobro do que na primeira carteira. Assim, a carteira hipotética apresenta maior risco.

As variações dos retornos de duas ações que se comportam de forma muito semelhante tendem a potencializar a variação da carteira formada pelas duas. Por outro lado, com uma fraca semelhança observa-se um efeito de compensações mútuas entre as variações.

Variância de carteira com mais de duas ações

Para uma carteira com mais de duas ações — ou qualquer outro tipo de título na verdade —, a equação para variância é um pouco diferente.

Os termos da equação de variância com duas ações podem ser escritos da seguinte maneira:

$$\sigma_{Cart}^2 = X_A^2\sigma_A^2 + X_B^2\sigma_B^2 + 2X_AX_BCOV_{A,B}$$

Acrescentando-se mais um título na carteira, a equação segue como abaixo:

$$\sigma_{Cart}^2 = X_A^2\sigma_A^2 + X_B^2\sigma_B^2 + X_C^2\sigma_C^2 + 2X_AX_BCOV_{A,B} + 2X_AX_CCOV_{A,C} + 2X_BX_CCOV_{B,C}$$

E, assim por diante, termos à equação são acrescentados à medida que o *número de títulos na carteira* aumenta.

A covariância dos retornos entre cada par de ações está presente, e aumenta sua relevância para compor o risco da carteira.

8.3 Os tipos de risco em uma carteira de ações

O fato de a semelhança de comportamento dos retornos das ações impactarem tanto no risco da carteira formada por elas, faz com que se formem dois tipos de risco — o Risco Sistemático e o Risco Não Sistemático.

Quanto maior a variedade de empresas cujas ações estejam em uma mesma carteira, maior o efeito de que as quedas nos retornos de umas sejam compensadas — ao menos em parte — pelas altas nos retornos das outras. A Figura 8.1 mostra esse efeito.

Quando uma carteira possui poucos tipos de ações, as compensações mútuas são ainda pequenas e o risco é mais elevado — como no início da curva à esquerda. À medida que se acrescentam outros tipos de ações, o efeito de compensação entre altas e quedas dos retornos tende a ser maior. Quanto maior for a variedade de ações na carteira, menor tende a ser o risco dela com o risco diminuindo — como na curva mais à direita.

O risco diminui porque quando se aumenta a variedade de ações, há uma tendência de a correlação diminuir entre os retornos delas. A não ser que haja a intenção de inserir ações de empresas com forte correlação — adquirindo-se ações de empresas diferentes —, a semelhança de comportamento do conjunto dos retornos passa a ser cada vez mais fraca. Dessa forma eles passam a se compensar mutuamente.

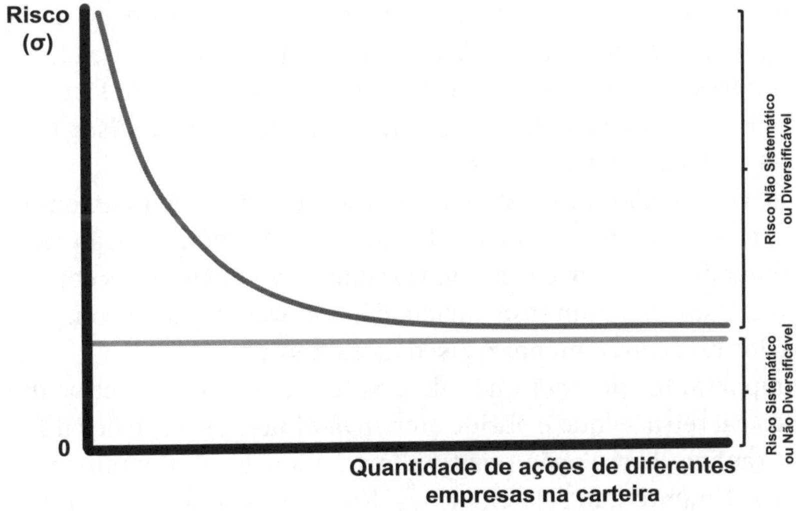

Figura 8.1. Risco Sistemático e Risco Não Sistemático.
Fonte: O autor.

O efeito da redução da variância da carteira só vai até certo ponto. A partir daí, não adianta muito acrescentar ações de outras empresas, porque a redução do risco não diminui mais tanto quanto antes. Isso acontece porque os retornos das ações são provenientes dos resultados financeiros das empresas e das expectativas dos agentes do mercado que as compram e as vendem na bolsa de valores. Se houver a expectativa de aumento das receitas de uma empresa, a tendência é de aumento na demanda por compra dessa ação e o preço dela aumenta, causando uma elevação do retorno diário — e vice-versa. Quando há expectativa de queda nos resultados financeiros, o mercado se antecipa e procura vender as ações. Isso faz com que o retorno da ação seja negativo — ou seja, o preço do dia ficou menor que o do dia anterior.

O que faz as pessoas criarem expectativas positivas em relação ao resultado de uma empresa é se ela está sendo bem administrada, se há investimentos na criação de novos produtos que possam vender bastante no futuro, se houve a descoberta de alguma nova tecnologia que venha a reduzir os custos de produção — ou outros eventos favoráveis. Todos esses exemplos são pertinentes somente àquela empresa. Enquanto ela está vivendo uma fase de boas notícias, outra empresa pode estar passando por uma situação oposta — com má gestão dos negócios, aumento dos custos de produção, e outras vicissitudes.

Por isso, o movimento do retorno da ação de uma empresa acaba por compensar um movimento eventualmente oposto do retorno da ação de outra empresa. São eventos relacionados particularmente a cada uma daquelas empresas, e que não dizem respeito ao mercado e ao sistema como um todo. Essa é a razão pela qual esse risco é chamado de Risco Não Sistemático — ou Risco Diversificável.

Esse risco é não sistemático porque se refere especificamente às empresas e não ao sistema de mercado em geral. A diversificação em risco é a possibilidade de um investidor variar empresas cujas ações compra para a carteira. Quanto maior essa variedade, maior o efeito de compensações mútuas dos retornos e menor o risco da carteira.

É importante entender que a diversificação tem por objetivo diminuir o risco da carteira — que é obtido com investimentos em ações diferentes, que não tenham correlação positiva forte. É possível diversificar mesmo que o investimento não seja em ações. No entanto, o ato de simplesmente investir em projetos de naturezas diferentes, não necessariamente reduz o risco da carteira. É preciso que os retornos esperados dos projetos tenham uma correlação negativa forte ou correlação fraca.

Voltando à Figura 8.1, o investidor pode aumentar paulatinamente a variedade de ações, mas vai se percebendo que em certo momento a redução do risco já não é mais tanto quanto no início. Os retornos das ações se compensam porque cada uma está sujeita às suas próprias vitórias e derrotas quanto aos resultados financeiros, mas em dado momento, o risco que sobra é aquele referente a todas as empresas do mercado. Esse é o Risco Sistemático, e ele não é diversificável; portanto, não se reduz com o aumento da variedade de ações.

As empresas estão de alguma forma sujeitas a circunstâncias que são comuns a todas elas. Quando o país sofre com uma recessão econômica — com queda no Produto Interno Bruto (PIB) —, por exemplo, cada uma delas será impactada. O mesmo acontece com a taxa de inflação, com a taxa básica de juros, com as variações do câmbio, com os períodos de turbulência no cenário político, e outros eventos que se referem ao sistema como um todo.

Para esses eventos — que atingem a todas as empresas — não há uma solução para reduzir o risco. Uma empresa pode até ser mais ou menos atingida do que outra com tais circunstâncias externas, mas todas elas são atingidas. A essa parte do risco dá-se o nome de Risco Sistemático — ou Risco Não Diversificável.

9

Relação entre Risco e Retorno

O capítulo anterior tratou de apresentar o retorno e o risco para o investimento. O objetivo deste capítulo é abordar a interação entre os dois elementos à luz da literatura de finanças.

A melhor forma de discorrer sobre a relação entre retorno e risco é por meio da Teoria do Portfólio fundada por Harry Markowitz (1952). Em seu artigo *Portfolio Selection*, ele assume que o retorno é algo desejável e a variância dos retornos (risco) é algo indesejável na seleção de títulos mobiliários para uma carteira de investimentos (portfólio).

A pressuposição de aumentar retorno e reduzir risco é bastante óbvia; e o estudo inicia com a intenção de formular diretrizes para escolher as aplicações no mercado de capitais para o investidor. A Teoria do Portfólio é referência para explicar a relação entre retorno e risco — sendo o foco original a composição de títulos mobiliários do mercado. Após compreender a teoria, pode-se interpretá-la sob a circunstância de investimento operacional de uma empresa.

Uma carteira é formada por pelo menos dois ativos. Para facilitar a explicação, tomam-se duas ações de empresas — ação da empresa A e ação da empresa B.

A ação A possui um menor retorno esperado e um menor risco; enquanto a ação B possui um maior retorno esperado e um maior risco.

9.1 Curva de representação retorno-risco

A Figura 9.1 apresenta o comportamento da relação entre risco e retorno de uma carteira formada por ações A e ações B. Cada ponto da linha entre A e B representa uma proporção entre as duas ações na carteira. Por exemplo, o ponto "x" pode representar 60% do valor aplicado em A e 40% aplicado em B. O ponto "y" pode representar 40% investido em A e 60% em B. Quanto mais próximo de A, maior a proporção de valor investido nessa ação, e quanto mais próximo o ponto estiver de B na linha, maior a proporção dessa última ação. Os pontos da curva são proporções de valores investidos, e não o número de ações de cada empresa.

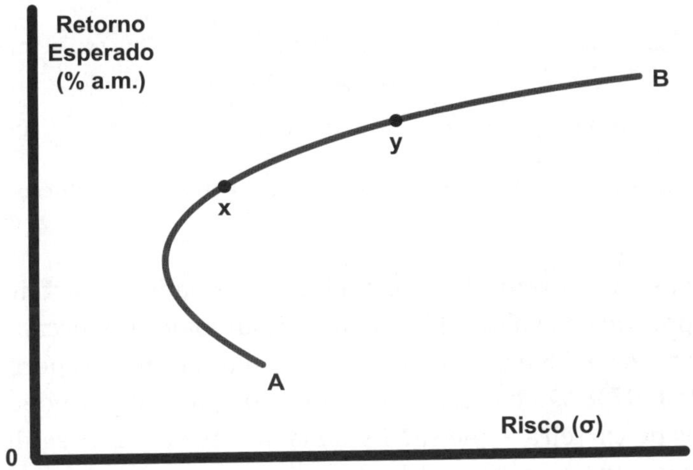

Figura 9.1 Relação entre Retorno e Risco de duas ações.
Fonte: O autor.

Considerando que a ação A possui um menor retorno esperado, uma carteira com maior composição de A também terá um menor retorno esperado. Contudo — como mostra a Figura 9.1 —, o investidor terá um risco menor para a carteira descendo a linha até o ponto em que o desvio-padrão volta a crescer para a direita.

O formato da curva é determinado pelo coeficiente de correlação entre os retornos das ações. Quanto mais os retornos das ações se comportam de forma oposta, enquanto o retorno de uma sobe e o da outra cai — situação na qual a correlação se aproxima de –1 —, maior a distorção da curva — como demonstrado no Gráfico 9.1. Quanto mais os retornos das ações se comportam subindo junto ou caindo junto na mesma intensidade — correlação mais próximo de 1 —, mais esticada é a curva.

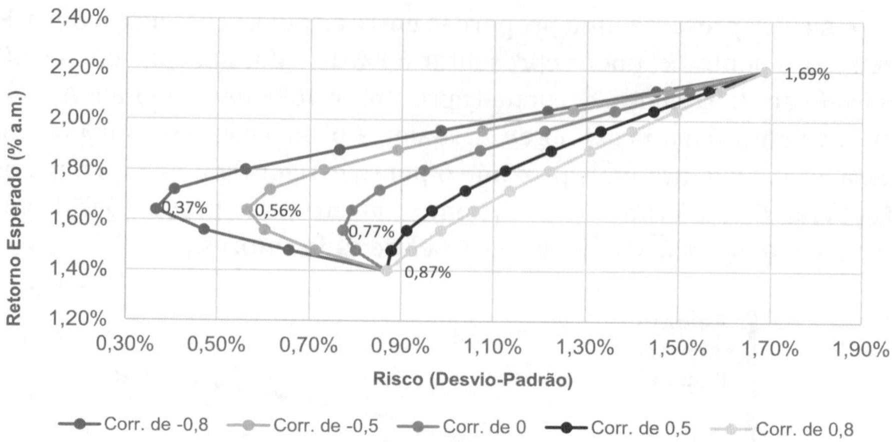

Gráfico 9.1. Formato da curva de relação entre risco e retorno.
Fonte: O autor.

Entre os cinco exemplos de correlação ensaiados, a carteira cuja correlação hipotética de valor −0,8 é a que possui maior distorção, e a carteira com correlação 0,8 é a mais parecida com uma reta. Os percentuais de 0,37% e de 0,87% são os respectivos desvios-padrão para determinadas proporções de carteira e que são listadas na Tabela 9.1 a seguir. O propósito de apresentar o Gráfico 12.1 é reforçar que, quanto mais próximo de um comportamento simetricamente oposto forem os retornos das ações, maior a possibilidade de redução de risco. A maior distorção da curva gerada pela correlação mais próxima de −1 significa maior possibilidade de composição proporcional da carteira com a obtenção de um menor risco.

A Tabela 9.1 foi construída a partir das características de duas ações fictícias.

$\overline{R}_A$ = 1,4% a.m.

$\overline{R}_B$ = 2,2% a.m.

σ_A = 0,8685%

σ_B = 1,6871%

X_A	X_B	CORR. DE −0,8		CORR. DE −0,5		CORR. DE 0		CORR. DE 0,5		CORR. DE 0,8	
		RET. ESP.	D.P. CART.	RET. ESP.	D.P. CART.	RET. ESP.	D.P. CART.	RET. ESP.	D.P. CART.	RET. ESP.	D.P. CART.
100%	**0%**	1,40%	0,87%	1,40%	0,87%	1,40%	0,87%	1,40%	0,87%	1,40%	0,87%
90%	**10%**	1,48%	0,65%	1,48%	0,71%	1,48%	0,80%	1,48%	0,88%	1,48%	0,92%
80%	**20%**	1,56%	0,47%	1,56%	0,60%	1,56%	0,77%	1,56%	0,91%	1,56%	0,99%
70%	**30%**	1,64%	0,37%	1,64%	0,56%	1,64%	0,79%	1,64%	0,97%	1,64%	1,06%
60%	**40%**	1,72%	0,41%	1,72%	0,61%	1,72%	0,85%	1,72%	1,04%	1,72%	1,14%
50%	**50%**	1,80%	0,56%	1,80%	0,73%	1,80%	0,95%	1,80%	1,13%	1,80%	1,22%
40%	**60%**	1,88%	0,76%	1,88%	0,89%	1,88%	1,07%	1,88%	1,22%	1,88%	1,31%
30%	**70%**	1,96%	0,99%	1,96%	1,07%	1,96%	1,21%	1,96%	1,33%	1,96%	1,40%
20%	**80%**	2,04%	1,22%	2,04%	1,27%	2,04%	1,36%	2,04%	1,44%	2,04%	1,49%
10%	**90%**	2,12%	1,45%	2,12%	1,48%	2,12%	1,52%	2,12%	1,56%	2,12%	1,59%
0%	**100%**	2,20%	1,69%	2,20%	1,69%	2,20%	1,69%	2,20%	1,69%	2,20%	1,69%

Tabela 9.1. Relação de retorno esperado e desvio-padrão para cada proporção de investimentos em ações de carteira com diferentes correlações.

Fonte: O autor.

O desvio-padrão de 0,37% da carteira hipotética com correlação de −0,8 corresponde à proporção de 70% do valor investido na ação A e de 30% investido na ação B. Todas as proporções da Tabela 9.1 estão representadas no Gráfico 9.1, com os respectivos percentuais de retorno esperado da carteira e desvio-padrão.

Os cálculos dos percentuais de retorno esperado e desvio-padrão podem ser feitos aplicando-se as equações:

Retorno Esperado

$$\overline{R}_{Cart} = X_A\overline{R}_A + X_B\overline{R}_B + X_C\overline{R}_C$$

Sendo:

$\overline{R}_{Cart}$ = Retorno esperado da carteira formada pelas ações A e B

X_A = Proporção de recursos investidos na ação A

$\overline{R}_A$ = Retorno esperado da ação A

X_B = Proporção de recursos investidos na ação B

$\overline{R}_B$ = Retorno esperado da ação B

Para carteiras com mais de dois ativos, basta inserir tantos quantos sejam os conjuntos de proporção investida na nova ação e respectivo retorno esperado. Na equação a seguir, a carteira é composta por ações de quatro diferentes empresas.

$$\overline{R}_{Cart} = X_A\overline{R}_A + X_B\overline{R}_B + X_C\overline{R}_C + X_D\overline{R}_D$$

Sendo:

$\overline{R}_{Cart}$ = Retorno esperado da carteira formada pelas ações A, B, C e D

X_A = Proporção de recursos investidos na ação A

$\overline{R}_A$ = Retorno esperado da ação A

X_B = Proporção de recursos investidos na ação B

$\overline{R}_B$ = Retorno esperado da ação B

X_C = Proporção de recursos investidos na ação C

$\overline{R}_C$ = Retorno esperado da ação C

X_D = Proporção de recursos investidos na ação D

$\overline{R}_D$ = Retorno esperado da ação D

Desvio-padrão de carteira com dois ativos

$$\sigma^2_{Cart} = X^2_A\sigma^2_A + 2X_AX_BCOV_{A,B} + X^2_B\sigma^2_B$$

Sendo:

σ^2_{Cart} = Variância da carteira formada pelas ações A e B

X_A = Proporção de recursos investidos em A

σ^2_A = Variância dos retornos da ação A

$COV_{A,B}$ = Covariância dos retornos entre as ações A e B

X_B = Proporção de recursos investidos em B

σ^2_B = Variância dos retornos da ação B

Para carteiras com mais de duas ações, a equação do desvio-padrão da carteira passa a ser como segue. A *última* equação representa o desvio-padrão de uma carteira composta por ações de quatro empresas.

$$\sigma^2_{Cart} = X^2_A\sigma^2_A + X^2_B\sigma^2_B + X^2_C\sigma^2_C + X^2_D\sigma^2_D$$
$$2X_AX_BCOV_{A,B} +$$
$$2X_AX_CCOV_{A,C} +$$
$$2X_AX_DCOV_{A,D} +$$
$$2X_BX_CCOV_{B,C} +$$
$$2X_BX_DCOV_{B,D} +$$

$$\sigma_{Cart} = \sqrt[2]{\sigma^2_{Cart}}$$

O movimento de queda no preço da ação de uma empresa tende a ser compensado pela elevação do preço da ação de outra empresa da carteira. Esse efeito de compensação é medido pela correlação entre os retornos de cada par de ação. Quanto maior o número empresas cujas ações são adquiridas, maior é esse efeito — ainda que não se procure intencionalmente adicionar ações com comportamento oposto ao das ações já inseridas na carteira.

O aumento do efeito da compensação dos retornos das ações é o que se chama de diversificação. Quanto maior a variedade de empresas cujas ações houver na carteira, menor tende a ser a variância — logo também o desvio-padrão da carteira de investimento.

9.2 Diversificação por incremento do número de títulos

Ao se pretender diversificar uma carteira, o investidor tem por objetivo reduzir o risco total, medido pela variância da carteira.

O cálculo da variância da carteira com mais de dois ativos (ações) pode ser trabalhoso quando feito pela equação apresentada anteriormente. Uma forma mais fácil para obter o desvio-padrão de uma carteira multiativo é por cálculos de matrizes.

O primeiro passo é listar os preços de fechamentos da ação de cada empresa na carteira pelo período *m*. A Matriz S abaixo relaciona o preço final para cada dia: 1, 2, 3, *m*, da ação de cada empresa: A, B, C, *n*.

$$S = \begin{bmatrix} P_{1A} & P_{1B} & P_{1C} & P_{1D} & P_{1n} \\ P_{2A} & P_{2B} & P_{2C} & P_{2D} & P_{2n} \\ P_{3A} & P_{3B} & P_{3C} & P_{3D} & P_{3n} \\ P_{4A} & P_{4B} & P_{4C} & P_{4D} & P_{4n} \\ \vdots & \vdots & \vdots & \vdots & \vdots \\ P_{mA} & P_{mB} & P_{mC} & P_{mD} & P_{mn} \end{bmatrix}_{mXn}$$

Em seguida, obtém-se a média dos preços para cada ação. Com essa média, cria-se outra matriz com *m* linhas e uma coluna, para assim subtraí-la da matriz de preços.

Este é o cálculo da média dos preços diários da ação da empresa A.

$$M_A = (P_{1A} + P_{2A} + P_{3A} + P_{4A}, \ldots, P_{mA})/m$$

Após encontrar a média dos preços de cada ação, a matriz com os preços diários e a respectiva média subtraída fica assim:

$$S\text{-}M = \begin{bmatrix} P_{1A}-M_A & P_{1B}-M_B & P_{1C}-M_C & P_{1D}-M_D & \cdots & P_{1n}-M_n \\ P_{2A}-M_A & P_{2B}-M_B & P_{2C}-M_C & P_{2D}-M_D & \cdots & P_{2n}-M_n \\ P_{3A}-M_A & P_{3B}-M_B & P_{3C}-M_C & P_{3D}-M_D & \cdots & P_{3n}-M_n \\ P_{4A}-M_A & P_{4B}-M_B & P_{4C}-M_C & P_{4D}-M_D & \cdots & P_{4n}-M_n \\ \vdots & \vdots & \vdots & \vdots & & \\ P_{mA}-M_A & P_{mB}-M_B & P_{mC}-M_C & P_{mD}-M_D & \cdots & P_{mn}-M_n \end{bmatrix}_{mXn}$$

Pela equação da variância em carteiras de ativos, prevê-se que o preço de fechamento diário de cada ação seja subtraído da média dos preços de todos os dias observados. Essa diferença deve ser multiplicada pela mesma diferença observada em cada dia para outra ação.

Os produtos dos pares de diferenças entre o preço e a respectiva média são somados, como demonstrado abaixo, e depois divididos pela quantidade de dias observados.

$$COV_{A,B} = \frac{\sum[(P_{i,A} - M_A)(P_{i,B} - M_B)]}{m}$$

Para multiplicar cada par de diferença, usa-se a matriz transposta da original, como ilustrado abaixo:

$$S\text{-}M = \begin{bmatrix} P_{1A}-M_A & P_{1B}-M_B & P_{1C}-M_C & P_{1D}-M_D & \cdots & P_{1n}-M_n \\ P_{2A}-M_A & P_{2B}-M_B & P_{2C}-M_C & P_{2D}-M_D & \cdots & P_{2n}-M_n \\ P_{3A}-M_A & P_{3B}-M_B & P_{3C}-M_C & P_{3D}-M_D & \cdots & P_{3n}-M_n \\ P_{4A}-M_A & P_{4B}-M_B & P_{4C}-M_C & P_{4D}-M_D & \cdots & P_{4n}-M_n \\ \vdots & \vdots & \vdots & \vdots & & \\ P_{mA}-M_A & P_{mB}-M_B & P_{mC}-M_C & P_{mD}-M_D & \cdots & P_{mn}-M_n \end{bmatrix}_{mXn} \quad x \quad (S\text{-}M)^t = \begin{bmatrix} P_{1A}-M_A & P_{2A}-M_A & P_{3A}-M_A & P_{4A}-M_A & \cdots & P_{mA}-M_A \\ P_{1B}-M_B & P_{2B}-M_B & P_{3B}-M_B & P_{4B}-M_B & \cdots & P_{mB}-M_B \\ P_{1C}-M_C & P_{2C}-M_C & P_{3C}-M_C & P_{4C}-M_C & \cdots & P_{mC}-M_C \\ P_{1D}-M_D & P_{2D}-M_D & P_{3D}-M_D & P_{4D}-M_D & \cdots & P_{mD}-M_D \\ \vdots & \vdots & \vdots & \vdots & & \vdots \\ P_{1n}-M_n & P_{2n}-M_n & P_{3n}-M_n & P_{4n}-M_n & \cdots & P_{mn}-M_n \end{bmatrix}_{nXm}$$

Após dividir os elementos da matriz resultado por *m* — o número de dias observados —, obtém-se a matriz de covariância da carteira.

$$(S\text{-}M)t \times (S\text{-}M) / m = \begin{bmatrix} \sigma^2_A & \sigma_{AB} & \sigma_{AC} & \sigma_{AD} & \cdots & \sigma_{An} \\ \sigma_{BA} & \sigma^2_B & \sigma_{BC} & \sigma_{BD} & \cdots & \sigma_{Bn} \\ \sigma_{CA} & \sigma_{CB} & \sigma^2_C & \sigma_{CD} & \cdots & \sigma_{Cn} \\ \sigma_{DA} & \sigma_{DB} & \sigma_{DC} & \sigma^2_D & \cdots & \sigma_{Dn} \\ \vdots & \vdots & \vdots & \vdots & & \vdots \\ \sigma_{nA} & \sigma_{nB} & \sigma_{nC} & \sigma_{nD} & \cdots & \sigma^2_n \end{bmatrix}_{nXn}$$

O próximo passo é elaborar a matriz das proporções *W* de valores investidos nas ações de cada empresa e multiplicá-la pela matriz da média de retornos das ações. O resultado é o retorno esperado da carteira.

$$\bar{R}_{Cart} = (M_A \; M_B \; M_C \; M_D \; \ldots \; M_n) \quad x \quad \begin{bmatrix} W_A \\ W_B \\ W_C \\ W_D \\ \vdots \\ W_n \end{bmatrix}$$

A variância da carteira é dada pela multiplicação abaixo:

$$\sigma^2_{Cart} = (W_A \; W_B \; W_C \; W_D \; \dots \; W_n) \times \begin{bmatrix} \sigma^2_A & \sigma_{AB} & \sigma_{AC} & \sigma_{AD} & \dots & \sigma_{An} \\ \sigma_{BA} & \sigma^2_B & \sigma_{BC} & \sigma_{BD} & \dots & \sigma_{Bn} \\ \sigma_{CA} & \sigma_{CB} & \sigma^2_C & \sigma_{CD} & \dots & \sigma_{Cn} \\ \sigma_{DA} & \sigma_{DB} & \sigma_{DC} & \sigma^2_D & \dots & \sigma_{Dn} \\ \vdots & \vdots & \vdots & \vdots & & \vdots \\ \sigma_{nA} & \sigma_{nB} & \sigma_{nC} & \sigma_{nD} & \dots & \sigma^2_n \end{bmatrix} \times \begin{vmatrix} W_A \\ W_B \\ W_C \\ W_D \\ \vdots \\ W_n \end{vmatrix}$$

O processo para encontrar o retorno esperado e a variância da carteira usando matrizes é praticamente o mesmo que usando as equações apresentadas anteriormente. As variáveis e o tratamento dado a elas são os mesmos. A diferença está em que, uma vez estruturada a abordagem por matrizes, a tarefa de obter os resultados tende a se tornar mais rápido e fácil. Há ferramentas gratuitas que automatizam o processo.

Ao se ensaiar o cálculo de variância inserindo mais ações de novas empresas, é importante perceber o efeito provocado na tendência de redução da variância da carteira — a diversificação.

A Figura 9.2 ilustra o efeito da diversificação. Quanto maior o número de empresas cujas ações são inseridas na carteira, menor tende a ser o risco.

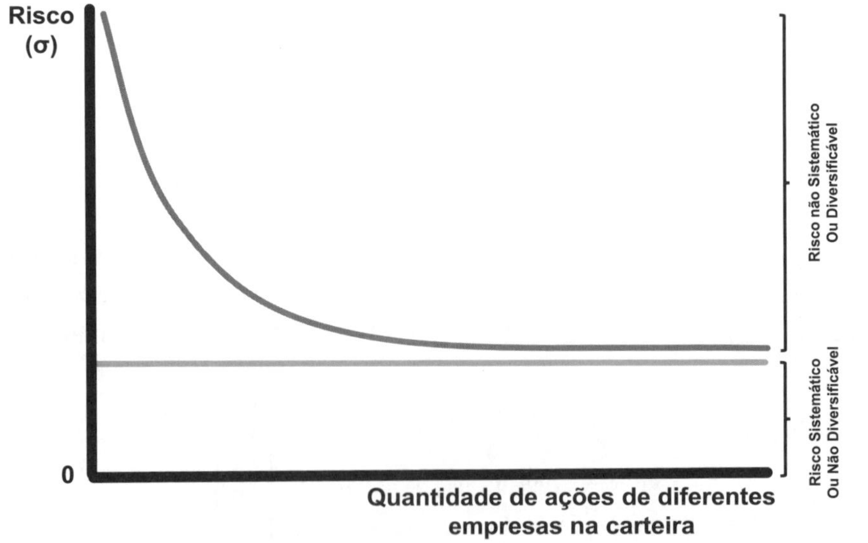

Figura 9.2. Risco Sistemático e Risco Não Sistemático.
Fonte: O autor.

A curva de Risco Não Sistemático diminui até se estabilizar de maneira assintótica com a linha do Risco Sistemático. Os movimentos de alta e queda das diversas ações são mutuamente compensados à medida em que se eleva a variedade de empresas. A correlação entre cada par de ações mede a semelhança do comportamento entre os preços diários — assim como sua intensidade.

Quanto maior a variedade de empresas cujas ações são adquiridas para a carteira, não importando tanto a correlação entre cada par de ações, menor é o risco total.

O risco total de uma carteira formada somente por ações não pode ser reduzido para menos que a linha abaixo do Risco Sistemático porque não é possível reduzir a influência de fatores externos às empresas. Tais fatores são: inflação, taxa básica de juros, Produto Interno Bruto, taxa de câmbio e outras variáveis macroeconômicas que interferem no mercado como um todo, ou seja, sistematicamente[1].

Pode-se reduzir o risco total da carteira com acréscimo de ações de outras empresas — até certo ponto. Porém, é preciso estar ciente que o benefício da redução do risco provoca também a redução do retorno esperado da carteira.

Existem formas de observar como o risco e retorno interagem dentro de uma carteira de ações a depender de seus respectivos retornos esperados, desvio-padrão e proporção de cada uma no portfólio.

9.3 A Fronteira Eficiente

O investidor tem por objetivo encontrar um equilíbrio entre o maior retorno que possa esperar da carteira e o nível de risco por ele estabelecido. Os aspectos a serem considerados são o retorno esperado de cada ação, o risco individual medido pelo desvio-padrão, a correlação entre cada par de ações e a proporção de dinheiro que o investidor alocará em cada uma. Voltando ao gráfico de relação entre retorno e risco, observa-se que há

---

1 Os fatores externos afetam todas as empresas, mas em proporção diferente. O preço da ação de uma empresa exportadora pode tender a subir caso a taxa de câmbio se eleve (e vice-versa para o preço de uma empresa importadora). Assim como as empresas são impactadas com as oscilações de variáveis aleatórias, mas em intensidades diferentes, também suas ações o são. O Coeficiente Beta — conceito a ser apresentado posteriormente — mede a intensidade de variação do preço da ação em razão da oscilação do mercado em geral.

situações em que não convém ao investidor se posicionar em determinadas proporções de investimento. Na Figura 9.3 — abaixo do ponto de Mínima Variância até o ponto A —, observa-se que não compensa investir em tais combinações de carteira. Para esses pontos, o investidor poderia se posicionar — com o mesmo risco acima da Mínima Variância — e obter um retorno esperado maior para a carteira.

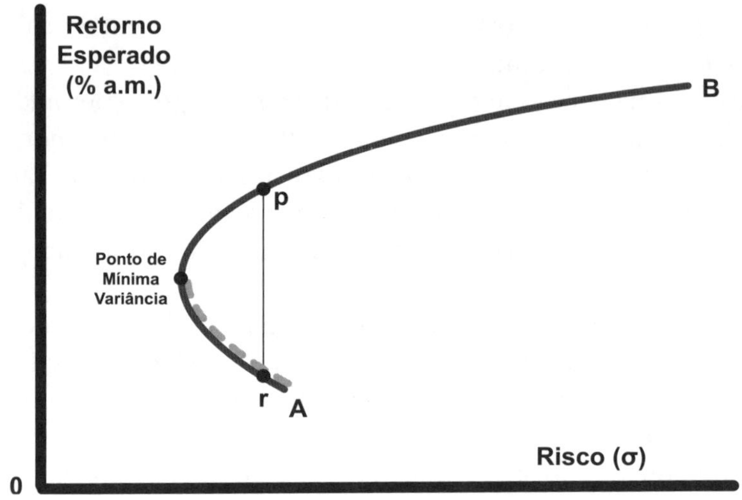

Figura 9.3. Ponto de Mínima Variância.
Fonte: O autor.

Chama-se de Mínima Variância[2] porque é a combinação de proporções da carteira com ações de A e de B que gera o menor risco.

O investidor não se posicionaria em "r" porque — assumindo o mesmo risco — poderia obter um retorno maior se se posicionasse em "p".

A próxima constatação é a de que o investidor só se posicionará entre o ponto de Mínima Variância e B.

Essa é a região chamada de Fronteira Eficiente — Figura 9.4.

---

[2] Os desvios-padrão de 0,37%, de 0,56%, de 0,77% e de 0,87%, da Figura 12.1 não são os pontos de menor desvio-padrão — pontos de Mínima Variância — para as respectivas carteiras, apesar de estarem próximos desses pontos. A equação para obtenção de mínima variância não é tema deste capítulo.

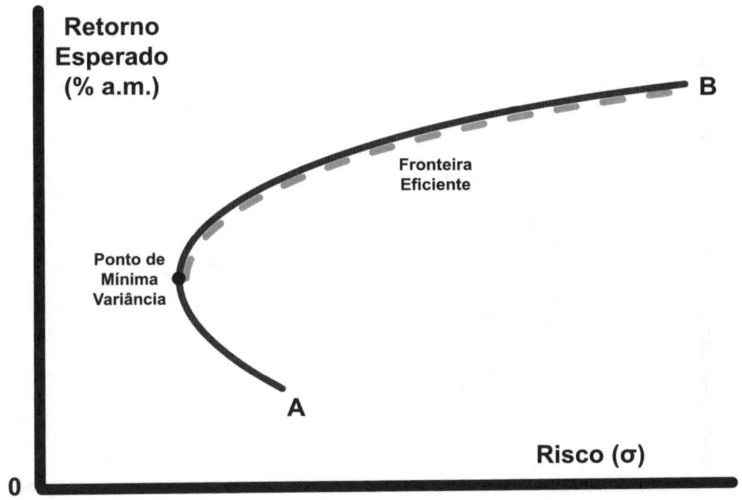

Figura 9.4. Fronteira Eficiente.
Fonte: O autor.

Ao longo desse segmento, não importando em qual combinação de proporção de carteira o investidor se posicione — do ponto de vista exclusivamente técnico de retorno e risco do portfólio —, eles se compensam. A escolha da combinação de proporções dependerá da maior ou menor aversão ao risco e da meta de retorno esperado que o investidor pretenda estabelecer.

9.4 Carteira com mais de duas ações

Quando a carteira passa a ser composta por mais de dois ativos, forma-se uma área de pontos representativos das diversas combinações de proporções dos valores investidos nas ações. Na Figura 9.5, cada um dos infinitos pontos da área sombreada é uma diferente combinação de proporções na carteira de investimento. Da mesma forma, há a fronteira eficiente delimitando como conviria ao investidor se posicionar.

As combinações de proporções no ponto "p" levam a um menor retorno para o mesmo risco que o ponto "u". O ponto "w" tem menos risco para o mesmo retorno esperado que o ponto "p". Portanto, não faria sentido um investidor compor sua carteira de ações aplicando os recursos em proporções que significam estar fora da Fronteira Eficiente.

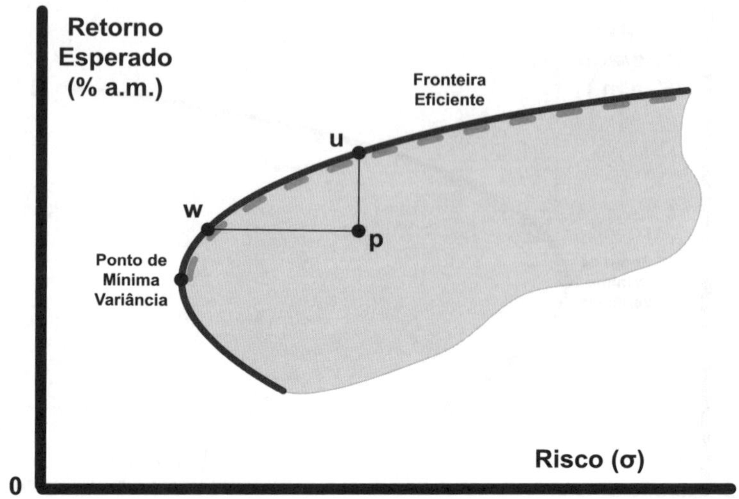

Figura 9.5. Relação entre risco e retorno para uma carteira com várias ações.
Fonte: O autor.

Uma carteira formada por determinadas proporções de diferentes ações se comporta como um investimento individual — com seu próprio retorno esperado e com seu desvio-padrão. Ao se compor infinitas combinações de proporções de investimentos com um certo número de ações, formam-se infinitos pares ordenados de retorno esperado e desvio-padrão representadas pela área sombreada da Figura 9.5.

O objetivo da análise — devemos lembrar — é o de sempre encontrar uma combinação adequada entre o maior retorno e o menor risco possíveis. É fácil ver pela figura que qualquer ponto fora do segmento da linha da Fronteira Eficiente não é interessante para o investidor. Para qualquer um desses pontos sempre se pode ter um maior retorno com o mesmo risco ou um menor risco com o mesmo retorno.

9.5 Carteira com títulos públicos e a Linha de Mercado de Capitais

O investidor pode conseguir diminuir ainda mais o risco se adicionar à sua carteira uma determinada proporção de títulos públicos. Os papeis pré-fixados emitidos pelo Tesouro Nacional referenciando a taxa básica SELIC são considerados como virtualmente sem risco — mesmo sendo títulos brasileiros. Quando o investidor acrescenta títulos públicos sem risco à carteira de ações, ele aumenta a possibilidade de combinações entre risco e retorno.

Antes de mostrar graficamente como ocorre a redução do risco, é importante descrever a equação de risco-retorno de títulos públicos e como ela é obtida transformando equações já apresentadas para carteiras de ações.

O retorno médio de uma carteira de dois ativos é $R_{Cart} = X_A R_A + X_B R_B$. Alterando o significado das variáveis e tomando A como sendo a carteira de proporções de ações e B como sendo a proporção de títulos sem risco, uma nova equação pode ser composta como se X_B fosse $(1 - X_A)$.

$$\overline{R}_{Cart} = X_A \overline{R}_A + (1 - X_A) R_F$$

Sendo:

R_F = retorno do título sem risco

O risco medido pelo desvio-padrão da carteira A — da combinação de ações e títulos públicos — é expresso da seguinte maneira:

$$\sigma_{Cart} = \sqrt[2]{X_A^2 \sigma_A^2 + 2X_A(1 - X_A)\rho_{A,F}\sigma_A\sigma_F + (1 - X_A)^2\sigma_F^2}$$

Sendo:

σ_{Cart} = Desvio-padrão da carteira formada por A e títulos públicos

X_A = Proporção de recursos investidos em A

σ_A^2 = Variância dos retornos da ação A

$\rho_{A,F}$ = Correlação dos retornos entre a carteira A e títulos públicos

$(1 - X_A)$ = Proporção de recursos investidos em títulos públicos

σ_F^2 = Variância dos retornos dos títulos públicos

Como títulos públicos são considerados sem risco, seu desvio-padrão é zero ($\sigma_F = 0$). Ao se reescrever a equação de risco da carteira, a formulação fica como segue:

$$\sigma_{Cart} = \sqrt{X_A^2 \sigma_A^2} = X_A \sigma_A$$

A equação pode ser alterada para:

$$X_A = \frac{\sigma_{Cart}}{\sigma_A}$$

Levando X_A para a equação de retorno esperado da carteira composta de ações e títulos públicos, a formulação fica da seguinte maneira:

$$\overline{R}_{Cart} = \frac{\sigma_{Cart}}{\sigma_A}\overline{R}_A + \left(1 - \frac{\sigma_{Cart}}{\sigma_A}\right)R_F$$

Modificando a equação, obtém-se:

$$\overline{R}_{Cart} = R_F + \left(\frac{\overline{R}_A - R_F}{\sigma_A}\right)\sigma_{Cart}$$

Essa é uma equação de reta com intercepto em R_F — que pode ser representada como na Figura 9.6 —, e é chamada de Linha de Mercado de Capitais (*Capital Market Line* — CML).

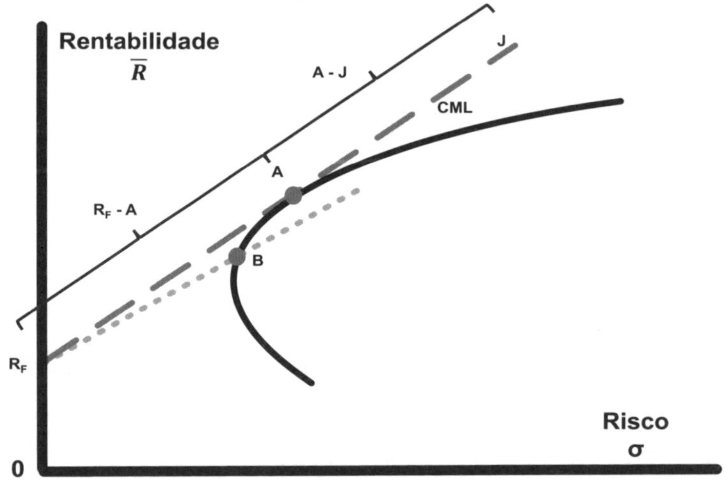

Figura 9.6. Interação de ativos sem risco com a carteira de ações.
Fonte: O autor.

O acréscimo de títulos públicos às possibilidades do investidor faz com o número de combinações à sua disposição se eleve. Dessa forma, ele pode encontrar a relação retorno-risco melhor e mais adequada à sua necessidade.

O investidor também tem a possibilidade de alocar seus recursos somente em títulos públicos, posicionando-se no intercepto R_F. Nesse caso, o risco será mínimo, assim como também o retorno. À medida que o investimento se desloca pela reta inferior em sentido ao ponto B, tanto o risco quanto o retorno esperado aumentam. A proporção de dada carteira composta exclusivamente por ações em relação à carteira geral — que a integra e que também é composta por títulos públicos —, aumenta, o que eleva a expectativa de retorno, assim como o risco.

Contudo, ao chegar no ponto B, representando-se a alocação somente na carteira de ações, o investidor deverá perceber que não vale a pena manter essa posição. Afinal, se ele deslocar a inclinação da reta para a esquerda — sentido anti-horário —, encontrará o ponto A que está no segmento da Fronteira Eficiente da composição de carteiras exclusivamente de ações. Como não é possível aumentar a inclinação para além do ponto A — visto estar fora da região de domínio —, essa é a combinação de proporções de ações com melhor relação risco-retorno que pode ser associada aos títulos públicos.

A linha que parte de R_F segue até tocar em A e estende-se até J é a Linha de Mercado de Capitais (*Capital Market Line* — CML).

No segmento $R_F \leftrightarrow A$, o investidor combina títulos públicos com a carteira de ações A, demonstrando certa aversão ao risco.

O ponto A representa um investimento unicamente na carteira de ações, sem participação de títulos públicos. Logo, ele é muito mais arriscado que qualquer ponto do segmento $R_F \leftrightarrow A$.

Se o investidor escolher investir em uma combinação representada pelos inúmeros pontos do segmento $A \leftrightarrow J$, significa que sua aversão a risco é muito baixa. O investidor soma a seu próprio capital recursos tomados emprestados e aloca tudo na carteira de ações da combinação em A[3].

Como se pode depreender, o critério de escolha da carteira dependerá de questões pessoais do investidor — como sua aversão ao risco e seus objetivos na operação. O investidor pode estar propenso a aceitar um pouco mais de risco se lhe compensar obter um pouco mais de retorno — e vice-versa. Para ele, existem diversas combinações de carteira com respectivos níveis de risco e retorno, que tornam indiferente em qual ponto permanecer.

---

3 Presume-se não haver risco financeiro na operação de crédito para levantamento dos fundos adicionais a serem alocados em A junto com o capital próprio do investidor.

A representação dos pontos de indiferença forma o que tecnicamente se chama de Curva de Utilidade. A Figura 9.7 ilustra diversas dessas curvas.

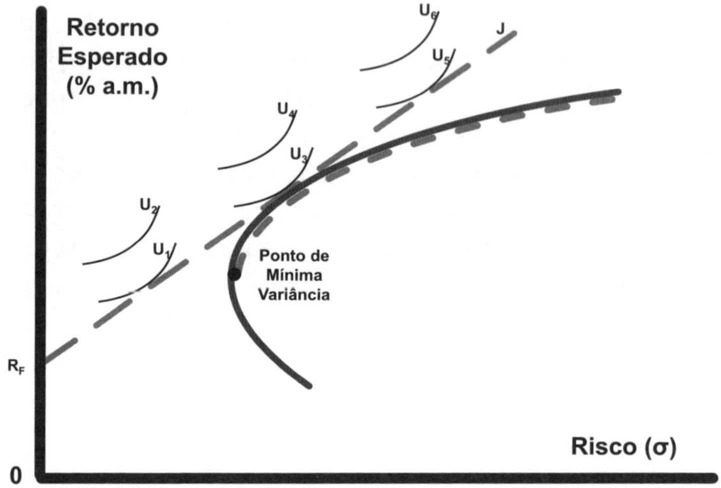

Figura 9.7. Curvas de Utilidade entre Retorno e Risco.
Fonte: O autor.

As curvas de utilidade U_1 e U_2 representam um investidor bastante averso ao risco. Considerando as peculiaridades do investidor, este se posicionaria no ponto de tangência com a Linha de Mercado de Capitais na curva U_1. Como a curva U_2 não toca na linha de investimento, é como se não houvesse razão para sua existência, visto estar fora da região de domínio de resultados possíveis — apesar de representar possibilidades de combinações de risco e retorno para esse investidor em particular.

A curva U_3 representa os pontos de indiferença para um investidor moderadamente averso ao risco. Os recursos são alocados exclusivamente em ações.

O investidor com pouca aversão ao risco estará mais bem representado pela curva U_5. No ponto que encosta na Linha de Mercado de Capitais, há recursos próprios e tomados emprestados para alocação na carteira de ações.

As Curvas de Utilidade podem estar posicionadas em qualquer parte da área do gráfico e com distintas inclinações. O formato e a localização dependerão das características e objetivos de cada investidor.

9.6 Considerações sobre retorno e risco

A relação entre retorno e risco e compreensão de seu comportamento é um dos principais campos de estudo de finanças.

Há inúmeros trabalhos procurando compreender, representar e indicar as decisões para o melhor benefício do investidor no mercado de capitais. O aprendizado é aplicável tanto a ações de empresas — principal ativo analisado —, quanto a outras modalidades de investimento como títulos públicos, taxa de câmbio e outros. A lógica do funcionamento da relação risco-retorno é sempre a mesma.

É por meio dessa lógica que os gestores financeiros podem fundamentar sua decisão para atingir o objetivo de maximizar o valor de mercado da empresa de forma sustentável. Os princípios aprendidos pelo estudo da relação risco-retorno com ações são os mesmos aplicáveis ao se investir na atividade principal da empresa — a produção.

Os projetos de expansão da empresa que podem gerar maiores retornos provavelmente serão também os que submeterão o capital ao maior risco e vice-versa. O importante para o gestor é levantar informações sobre cada oportunidade de investimento e sobre a própria empresa para que a decisão seja a mais adequada para seu objetivo.

A falta de informação pode levar a situações de um atingimento duvidoso dos objetivos estratégicos. Por exemplo, é bastante comum empresas que atingem certo porte promover investimentos em duas ou três atividades completamente estranhas à original. O objetivo declarado normalmente é a diversificação. O intuito de diversificar é reduzir o risco, mas para isso é necessária uma variedade relativamente grande de modalidades de investimento — talvez acima de vinte ou trinta operações em setores econômicos diferentes. Para uma empresa que nasceu, por exemplo, como uma construtora investir na criação de uma concessionária de veículos e no agronegócio é dissipar energia que poderia ser empregada na atividade que melhor conhece. Além do mais, a alocação em outros poucos setores não estará efetivamente gerando o benefício de redução de risco que a diversificação pretende atender.

O maior conjunto de informações sobre o próprio mercado onde atua consiste em uma importante fonte de segurança para a operação da empresa, mas que muitas vezes é ignorada. Talvez a elevação da segurança financeira esteja não em direcionar recursos para outras atividades econômicas, mas em se aprofundar ainda mais na operação que já é tão bem conhecida.

O arcabouço da Teoria do Portfólio é bastante sólido e trouxe significativas contribuições à gestão financeira das empresas; no entanto, é necessário adaptá-la para uma adequada aplicação nas decisões de fluxos financeiros corporativos. Dois dos principais aspectos são o uso da variância para a medida do risco e a ausência da variável tempo.

Um projeto na atividade da empresa contempla a análise do risco associado — ou, em outras palavras, da propriedade de segurança inerente a qualquer investimento. O uso da variância para designar a segurança de um projeto não é a medida mais adequada para representar a confiança do retorno da operação. Para um projeto de investimento na operação, o fator tempo é de alta relevância para estabelecer o momento de retorno do capital aplicado. A abordagem tradicional de investimento em títulos apresentada geralmente não considera o tempo, visto que se presume que as operações de compra e venda dos ativos sejam instantâneas.

10

Investimento na Atividade Principal

Os capítulos anteriores da Parte II — Investimento tiveram por função apresentar conceitos basilares em finanças corporativas. Eles serão integrados com outros neste capítulo para que o gestor financeiro possa percorrer um caminho que permita estabelecer os investimentos da empresa em sua atividade principal.

Os conceitos apresentados foram:

- Processo de gestão financeira — Investimento, Financiamento e Controle dos Fluxos Financeiros.
- Definição de investimento.
- Propriedades do investimento.
- Planejamento estratégico.
- Conceitos de projeto e programa de investimento.
- Risco e retorno, e sua relação.

O processo de gestão financeira é o guia das decisões tomadas pelo gestor para elevar o valor de mercado da empresa. Ele inicia com a identificação de quais investimentos a empresa deverá realizar em sua atividade principal — tema deste capítulo — considerando as condições dela e do ambiente. Uma vez definida a alocação dos recursos financeiros, decide-se de onde vêm os recursos, qual o equilíbrio do uso de capital próprio e de terceiros junto com outros aspectos — e que vêm a compor a segunda etapa de financiamento. No fim de cada ciclo, está o controle dos fluxos financeiros para monitorar a diferença entre resultados obtidos com aqueles esperados, de modo a se promover correções de rumo.

O investimento é definido em Gestão Financeira por Fluxo de Caixa como todo "gasto voluntário com o objetivo de obter benefício no futuro". Na prática, não são considerados investimentos somente os gastos referentes a multas, perdas em ações judiciais e outros poucos tipos de desembolsos (todos eles involuntários). Todos os outros gastos são investimentos — desde a escolha do material de limpeza até a construção de uma planta fabril. Essa definição faz com que o gestor financeiro não seja o único a tomar decisões em relação à alocação de recursos. Essas decisões envolvem praticamente todos os funcionários da empresa, uma vez que cada gasto deve rigorosamente estar dentro da estrutura do planejamento estratégico — cujo processo de formulação e ajuste contínuo está a cargo de toda a empresa.

Os gastos são definidos pelos funcionários, dentro da estrutura de formulação constante do planejamento estratégico, considerando a combinação dos níveis das propriedades dos investimentos. As propriedades de qualquer investimento são rentabilidade, liquidez e segurança. A combinação de seus níveis deve estar de acordo com a necessidade da empresa formulada no planejamento estratégico. Se o ambiente e a empresa demandarem mais rentabilidade no futuro, deve-se dar prioridade a investimentos com tal propriedade em maior nível. Se for segurança, essa propriedade deve prevalecer — e assim por diante.

A partir do planejamento estratégico surgem os projetos de investimento e os programas de investimento. Um projeto de investimento é um conjunto de tarefas com objetivos mensuráveis, data para iniciar e para finalizar, e cujo cronograma de fluxos de entrada e saída de caixa são estimados de modo geralmente autônomo em relação ao restante da empresa. Por exemplo, a abertura de uma filial da empresa em outro bairro é um projeto. As ações relacionadas à procura do local, reforma, aquisição de mercadoria inicial, contratação e treinamento de funcionários — e outros itens para deixar tudo funcionando — constituem um projeto. Depois de inaugurada a unidade, o projeto é finalizado.

O programa de investimento é uma atividade — ou conjunto de atividades — que, na maior parte das vezes, está relacionada diretamente à atividade principal da empresa, não se exigindo data de início ou de finalização. Por exemplo, o processo de fabricação de um produto exige a aquisição da matéria-prima, pagamento de funcionários, energia elétrica, transporte do produto aos clientes e outras ações, em ritmo contínuo. O programa de investimento não possui data para ser finalizado.

Sendo projeto ou programa, os investimentos devem ser criados eminentemente por um processo bem conduzido pelos gestores da empresa. É verdade que surgem oportunidades não previstas, mas toda empresa deveria estabelecer uma sistematização de geração de investimentos.

10.1 Geração de investimentos

Uma das principais funções do dono da empresa e do gestor financeiro é esquadrinhar oportunidades para o aumento do valor de mercado da empresa por meio de possibilidades de investimento em sua atividade primária.

A maioria dos investimentos — sendo eles em projetos ou programas — deve ser gerada dentro da rotina de ajuste permanente do planejamento estratégico da empresa. Os investimentos já devem estar mapeados, justificados e descritos de maneira detalhada, com as estimativas de fluxos de entradas e saídas de caixa dentro do respectivo cronograma. O gestor financeiro tem por função executar a programação estabelecida no planejamento estratégico e realizar os ajustes em caso de incidência no mercado e na própria empresa de eventualidades não previstas.

O planejamento estratégico é a declaração do motivo de existência da empresa, de sua razão de ser. O documento é iniciado, mas nunca terminado. Há alterações constantes de ações estratégicas e operacionais, de datas, de valores, de leitura do ambiente externo e dos objetivos, de forma a adaptar os rumos de acordo com o ambiente. A estrutura do planejamento estratégico pode ser simplificada por meio dos tópicos de:

a) Missão.
b) Descrição do ambiente externo.
c) Descrição do ambiente interno.
d) Estratégia.
e) Objetivos.
f) Cursos de ação.

No tópico "cursos de ação" estão os investimentos que a empresa decidiu realizar para alcançar os objetivos mensuráveis estabelecidos no item anterior[1].

---

1 No capítulo "Processo de Gestão Financeira", há mais informações sobre planejamento estratégico, projetos de investimento e programas de investimento.

De acordo com as mudanças no ambiente externo — mercado consumidor, fornecedor, concorrência, legislação, tecnologia e outros — e no ambiente interno, o planejamento estratégico deve ser ajustado para garantir o atingimento dos objetivos estabelecidos.

Dentro do âmbito do planejamento estratégico — a depender do porte e nível de maturidade gerencial da empresa —, pode-se designar uma equipe para prospectar oportunidades de investimento. A equipe pode ser criada especificamente para esse propósito ou podem ser atribuídas atividades a pessoas de áreas diferentes para tal.

Por exemplo, para uma empresa varejista com várias unidades na cidade, a equipe mantém um mapa de dados demográficos por região atualizado, preferências do consumidor, preços mais adequados para cada produto, localização de concorrentes, além de outras informações. Dessa forma, a empresa agiria com mais inteligência ao se antecipar a tendências de mercado para estabelecer em quais pontos poderia abrir nova unidade, com qual portfólio de produtos, preço e comunicação na região.

A variedade de oportunidades de investimento que se poderia encontrar é virtualmente infinita. Eventualmente a equipe pode conhecer um concorrente em condições favoráveis para ser comprado, pode achar um novo fornecedor com preços ou qualidade mais apropriados, manter atualizados custos de transporte e armazenamento de produtos e propor mudanças da logística para elevação da eficiência financeira. Há inúmeras oportunidades no mercado para a empresa que envida esforços de forma a encontrar possibilidades de crescimento.

A diretoria da empresa deve manter uma relação de oportunidades de investimento na atividade principal, de modo a configurar que a realização de todas elas só não ocorre por fatores não controláveis — como momento apropriado, escassez de recursos ou falta de algum insumo. Dessa forma, a empresa sempre tem caminhos para elevar o resultado dentro de seu mercado com projetos e programas cujas condições ainda não estão postas para que justifiquem seu início.

A promoção do levantamento das oportunidades de investimento é de responsabilidade da área financeira, apesar de precisar da participação de outras áreas gerenciais como o marketing e a produção/operação.

A empresa que mantém a prospecção de oportunidades estruturada ainda é beneficiada com aquelas que surgem de modo ocasional. Para qualquer atividade — especialmente se bem atendidas as expectativas de clientes e outros agentes envolvidos na operação —, as oportunidades aparecem sem que haja planejamento ou previsão. A mesma equipe designada para ativamente encontrar possibilidades de investimentos tenderá a possuir maior capacidade de reconhecimento da oportunidade e dar o encaminhamento devido para aproveitá-la.

É relevante destacar que as aplicações em produtos do mercado financeiro — como ações na bolsa de valores, opões de ações, títulos públicos, debêntures, opções de índices e mercadorias, fundos de aplicação financeira, índices como iBovespa, taxa de câmbio e *commodities* — não são relativas à operação da empresa. Em princípio, a empresa aloca seus recursos em investimentos referentes somente à sua atividade principal. O que eventualmente se direciona ao mercado financeiro são reservas de caixa formadas para atender às necessidades de composição de volume para investir no futuro ou para o colchão de liquidez, de modo a possuir capacidade de arcar com desembolsos não previstos. No caso de composição de reserva de caixa, a empresa deve aplicar os respectivos recursos em modalidades que apresentem liquidez diária e elevada segurança — ainda que a rentabilidade seja muito baixa. O objetivo da composição da reserva não é gerar retorno com aplicação, mas sim formar capital para investir no futuro e conseguir fazer pagamentos emergenciais por ocorrências adversas.

O volume de recursos aplicados em modalidades de alta liquidez e alta segurança — como em renda fixa —, em tese, é o menor possível. Há modelos de cálculo de saldo de caixa ótimo para o gestor manter as reservas em equilíbrio — nem tão altas e nem tão baixas — de modo a assegurar a realização dos investimentos identificados como oportunidades.

O passo seguinte à identificação do investimento — seja um projeto ou programa — proveniente de uma prospecção ou do acaso é fazer uma detalhada descrição e análise de impacto na empresa.

10.2 Descrição do investimento

O investimento precisa tomar forma no papel antes de ser efetivamente iniciado. O planejamento de o quê, como e quando será o investimento tende a reduzir significativamente o risco de perda e aproveitar melhor o potencial de retorno almejado.

O plano de investimento se aplica tanto a projetos quanto a programas. Como cada um deles possui seu próprio conjunto de peculiaridades muito específicas, não há modelos para padronizar a descrição. Tal documento, contudo, é muito importante para comunicar aos diversos participantes — diretores, fornecedores, sócios, credores e funcionários — o que se pretende realizar. A estruturação dos dados e análises referentes ao investimento facilita sua realização.

A orientação mais detalhada sobre elaboração do plano de investimento está no capítulo sobre Investimento. Os dados gerais a compor o documento são:

a) Conceito do projeto ou programa.
b) Produto/preço.
c) Descrição dos produtos.
d) Praça.
e) Público-alvo.
f) Publicidade.
g) Processos de trabalho.
h) Plano de RH.
i) Plano financeiro.
j) Processo de implantação.
k) Risco e mitigação.

Uma vez que o investimento está detalhadamente descrito, os gestores têm pela frente a decisão de realizá-lo ou não.

10.3 Decisão de realizar o projeto

A decisão de realizar ou não o investimento é mais eficaz e contribui para a elevação do valor da empresa quando o máximo de informações sobre ele é organizado de maneira adequada.

Os critérios de decisão recaem especialmente sobre três aspectos:

a) Grau de alinhamento do projeto ou programa de investimento ao planejamento estratégico.
b) Circunstâncias imediatas do ambiente externo.
c) Níveis de propriedades.

A necessidade de adequação ao planejamento estratégico já foi discutida e sua justificativa reside na possibilidade de perda de foco da empresa no emprego de recursos financeiros escassos. Permitir que oportunidades destoantes da atividade principal da empresa recebam dinheiro e tempo do pessoal da empresa é o mesmo que indiretamente sabotá-la no objetivo de torná-la mais valiosa e segura no futuro. Quanto mais coerente com o planejamento estratégico o investimento estiver — dado por garantidos os ajustes contínuos —, maior a chance de ele contribuir com o aumento do valor da empresa no mercado.

As circunstâncias do ambiente externo já devem ter sido levantadas e continuamente acompanhadas na execução do planejamento estratégico. Voltada a determinado novo projeto ou programa, a revisão do ambiente externo consiste prioritariamente em formar a percepção de haver um cenário favorável à obtenção de maior retorno — ou se ele enseja cuidados por conter maior incerteza. Em geral, o ambiente pode estar mais propício a investimentos com maior rentabilidade e liquidez — no caso de fases de estabilidade e tendência de aumento da demanda do produto vendido, por exemplo —, ou pode requerer maior cautela por parte da empresa. Cenários mais turbulentos — com dificuldades de previsão do comportamento da demanda do produto vendido, com variáveis macroeconômicas muito oscilantes, possibilidade de restrição no fornecimento de insumos, alteração de legislação, ou quaisquer outros eventos de incerteza — levam o gestor a ponderar sobre a realização investimentos que priorizem a segurança, em vez de retorno e liquidez.

Uma vez analisado o cenário, o último critério de decisão é identificar os níveis das propriedades do projeto ou programa de investimento, ou seja, rentabilidade, liquidez e segurança. A depender de quais níveis das propriedades estejam mais elevados para o investimento em vista das perspectivas do ambiente externo, o gestor decidirá se realizará o projeto ou programa. Caso o ambiente esteja economicamente favorável, o gestor pode dar preferência a investimentos com maior nível de rentabilidade. Se o ambiente estiver instável ou for ameaçador à operação, o mais apropriado são investimentos com maior nível de segurança ou liquidez.

O capítulo Investimento explicou o que são as propriedades de investimento: Rentabilidade, Liquidez e Segurança.

A **rentabilidade** é o retorno em valor que se espera obter do investimento em proporção ao que foi alocado.

A **liquidez** é o momento em que se espera que o retorno ocorra.

A **segurança** é o a medida da confiança de receber o retorno esperado.

Qualquer investimento apresenta as três propriedades em diferentes combinações de níveis. O gestor deverá realizar o investimento cuja propriedade seja a mais elevada, de acordo com o que se verifica da análise do ambiente no momento. Se o cenário permitir maior rentabilidade, assim deverá priorizar o investimento. Se o cenário for incerto ou tendendo à queda de vendas, por exemplo, convém priorizar investimentos com maior segurança ou, talvez, maior liquidez.

Em geral, os investimentos apresentam níveis diferentes das propriedades. Se a rentabilidade é alta, a segurança ou a liquidez deverá estar muito baixa, ou as duas últimas relativamente baixas em conjunto. Se a segurança é alta, a rentabilidade ou a liquidez é muito baixa, ou um pouco baixa as duas outras. A Figura 10.1 foi apresentada no capítulo Investimento para facilitar o entendimento do comportamento dos níveis das propriedades de investimento.

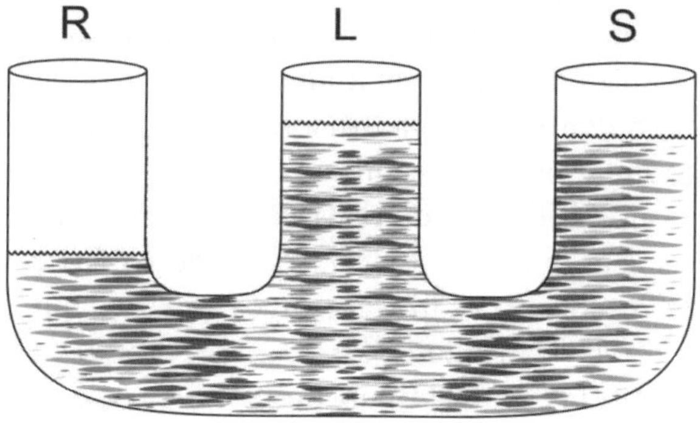

Figura 10.1. Níveis de Rentabilidade (R), Liquidez (L), e Segurança (S).
Fonte: O autor.

A ilustração de funcionamento dos níveis das propriedades em duas dimensões, como se fossem vasos comunicantes, facilita a compreensão por se tratar de um conceito já conhecido. A seguir, a representação do comportamento da interação entre os níveis das propriedades será descrita como um gráfico tridimensional e mais completo. A ideia principal é compreender a natureza de compensação existente entre os níveis. O gestor raramente encontrará algum investimento com altos níveis simultâneos de rentabilidade, liquidez e segurança — a não ser por acaso. Eventualmente uma oportunidade acontece sem previsão ou intenção e que concede níveis altos das três propriedades, mas é tão incomum que não se deve contar com sua ocorrência.

As propriedades de investimento formam um conceito muito parecido com aquele declarado na literatura tradicional e que é objeto do capítulo

Risco e Retorno e do capítulo Relação entre o Risco e o Retorno. Especialmente tratado na Teoria do Portfólio, de identificação da carteira ótima de títulos, o retorno esperado e o risco são as variáveis analisadas para estabelecer o quanto e em quais títulos mobiliários alocar o dinheiro. O objetivo de encontrar a carteira ótima, aquela que proporciona o maior retorno esperado pelo menor risco admitido, é atingido em função de quais ações de empresas e títulos públicos comprar e quanto de cada uma.

O estudo na literatura tradicional sobre retorno e risco tem como foco a aplicação no mercado de capitais, ações de empresas, debêntures, títulos públicos e outros tipos de ativos, para formar a carteira ótima. Ao longo de seu desenvolvimento, o objetivo não foi o de compreender a dinâmica dos investimentos na atividade principal da empresa e, por isso, alguns aspectos não foram considerados como variáveis dos modelos.

A variável que talvez seja a mais importante e que não está presente nos estudos tradicionais é o *tempo*. As propostas de modelos de carteira ótima assumem como uma de suas premissas que a compra e venda de títulos mobiliários são realizadas com liquidez imediata. Muito pouco se discute na literatura tradicional sobre o período que o investidor precisa aguardar para obter o retorno do ativo mobiliário investido — tacitamente presumindo-se que a liquidez é imediata ou irrelevante.

No investimento da empresa em sua atividade, raramente os projetos ou programas apresentam retorno imediato. O tempo para começar a auferir retorno é quase sempre bastante significativo. Em outras palavras, a liquidez de um investimento na atividade da empresa é bem menor que a liquidez que se presume haver na aplicação em títulos mobiliários.

Todo investimento possui as três propriedades de rentabilidade, liquidez e segurança. Os níveis das propriedades são combinados de modo que, quando o investimento apresentar alta em uma ou duas das propriedades, as demais tendem a ser baixas. Sempre, pelo menos uma das propriedades compensa negativamente o que as outras trazem de benefício.

A premissa de que os títulos mobiliários têm liquidez de compra e venda imediata pode fazer supor que o retorno também ocorre de forma imediata, o que faz concentrar a atenção somente na rentabilidade e na segurança. Por esse motivo, os gráficos ilustrativos do comportamento de carteira possuem apenas os dois eixos de risco (o inverso da segurança) e retorno (rentabilidade), como ilustrado na Figura 10.2.

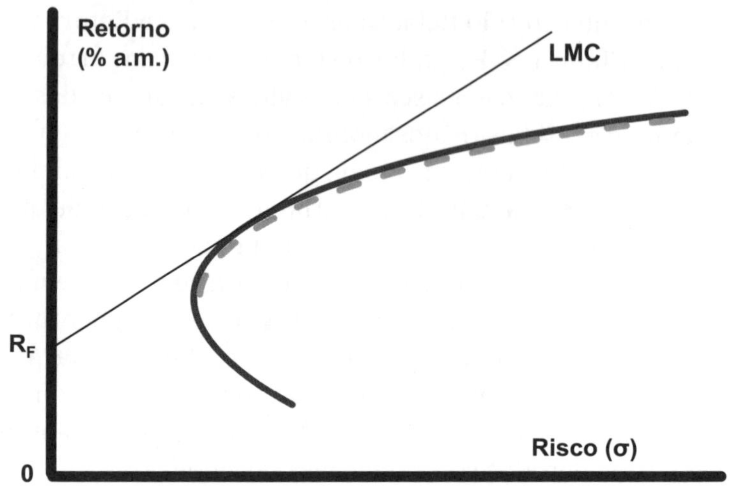

Figura 10.2. Linha de Mercado de Capitais.
Fonte: O autor.

A emblemática Linha de Mercado de Capitais na Figura 10.2 é a linha que tangencia a fronteira eficiente de combinações de proporções de ações de empresas em uma carteira. O investidor pode se posicionar no mínimo de risco, ao aplicar todo o seu recurso no ponto r_f — de título público livre de risco —, ou em algum ponto ao longo da reta que é a própria Linha de Mercado de Capitais. Quanto mais alto o ponto ao longo da reta, mais arriscada é a carteira de títulos da aplicação, mas maior o retorno esperado.

Para representar a liquidez do investimento na atividade da empresa, a representação gráfica precisa conter outro eixo — o de tempo — como na Figura 10.3-A.

Todo tipo de investimento — não apenas o feito pelas empresas — é composto por uma combinação de níveis das propriedades a ele relacionadas. A Figura 10.3-A ilustra a interação das propriedades formando um gráfico de 3 eixos. Todos os pontos de coordenada (R — Rentabilidade, L — Liquidez, S — Segurança) no espaço são possíveis de ocorrência e representam as infinitas combinações de níveis das propriedades. Quanto mais afastado do vértice 0, maior o nível da propriedade.

A região sombreada é o conjunto de pontos do espaço viável dentro do qual estão as combinações de níveis de propriedades dos investimentos acessíveis ao gestor financeiro e que otimizam R, L e S. Cada uma das três orlas da superfície sombreada encosta na parede mais próxima formada pelas duas propriedades respectivas, como mostrado na Figura 10.3-B.

Ou seja, quando o investimento apresenta duas propriedades com níveis elevados, a outra propriedade tende a ser minimizada (pontos encostados nas paredes).

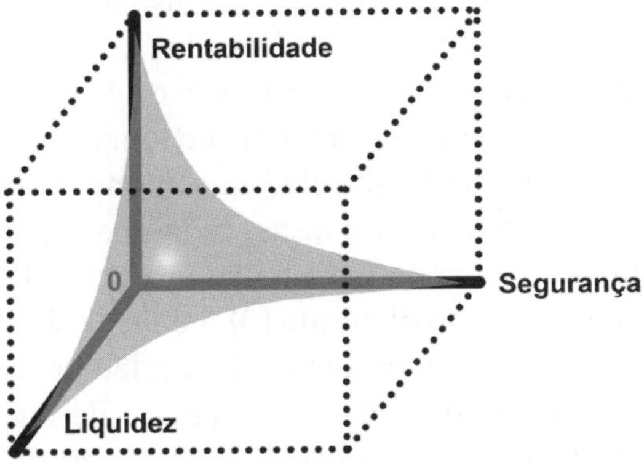

Figura 10.3-A. Composição das propriedades de investimento.
Fonte: O autor.

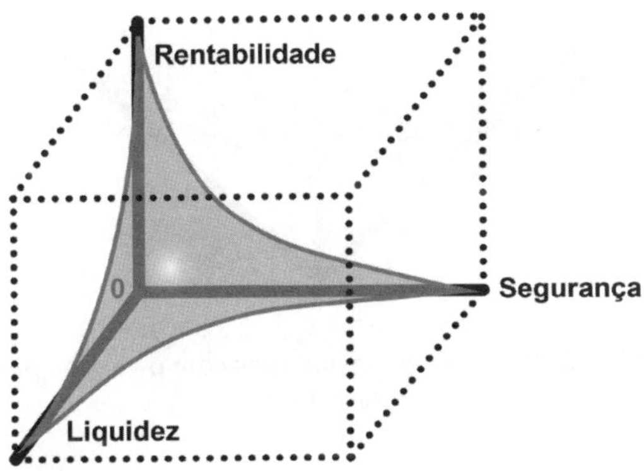

Figura 10.3-B. Orlas da superfície de soluções ótimas.
Fonte: O autor.

Para trás da superfície sombreada tridimensional, há o conjunto de pontos do espaço viável com combinações inadequadas para o gestor se posicionar. São investimentos com níveis de R, L e S mais baixos do que ele poderia obter se escolhesse outros investimentos com combinações mais altas dc propriedades, e que estão na região sombreada. Tanto os pontos da superfície sombreada quanto aqueles por trás dela estão dentro do espaço viável de escolha para o gestor — mas não conviria a ele escolher investimentos cujas combinações de propriedades estivessem por trás da superfície.

Os pontos à frente da superfície sombreada são possíveis de ocorrerem, mas muito improváveis. Representam investimentos que por mero acaso geram combinações com altos níveis de R, L e S simultaneamente. Tais oportunidades são ocasionadas pela sorte e não podem ser planejadas ou sistematizadas para serem sustentáveis no longo prazo.

Girando o vértice de modo que ele fique apontado para baixo, a área se assemelha a uma rede de três pontas, cada qual presa à extremidade de um eixo, e cujo centro pende para baixo. A Figura 10.3-C ilustra essa posição. Quanto mais próximo do fundo (0) menores são os níveis das propriedades. Abaixo da rede sombreada está a região de investimentos inadequados ao gestor. Acima da rede está a região de investimentos cujas combinações de altos níveis de propriedades não são planejadas, embora sejam possíveis.

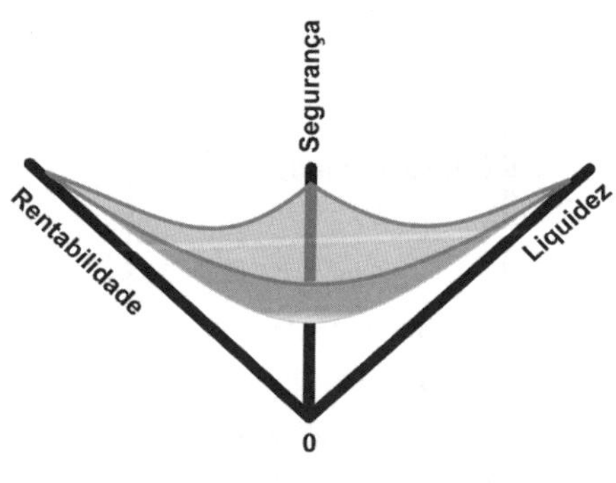

Figura 10.3-C. Níveis de propriedades com o vértice para baixo.
Fonte: O autor.

O gráfico não possui escala. As figuras foram apresentadas como modelos visuais do comportamento das propriedades quando analisados investimentos na atividade da empresa. Talvez não venha a surgir tão cedo um modelo matemático que seja genérico o suficiente para representar adequadamente as infindáveis circunstâncias inerentes aos investimentos e às peculiaridades das empresas representadas pela rede de níveis de propriedades.

Até mesmo a medição individual dos níveis das propriedades de investimento ainda há que ser mais bem desenvolvida.

Tradicionalmente, é estabelecido se um investimento possui maior ou menor nível de determinada propriedade em relação a outro, pelos já consagrados métodos na prática em finanças.

Rentabilidade

- VPL — Valor Presente Líquido.
- TIR — Taxa Interna de Retorno.

Liquidez

- *Payback Period.*

Segurança

- Desvio padrão.
- VaR — *Value at Risk.*

Apesar do amplo uso em todo o mundo para comparar características entre diferentes investimentos, as medidas acima, suas derivações e outras não citadas não são plenamente capazes de representar os respectivos conceitos das propriedades inerentes.

10.4 Controle de desempenho do investimento

Controle significa medir a diferença entre o planejado e a realidade, a fim de tomar as medidas necessárias para reduzir essa diferença.

No caso do investimento, o controle inicia logo que o projeto ou o programa é formalmente aprovado na empresa — ou seja, antes mesmo de iniciar os gastos. Nesse momento, o investimento já possui o fluxo de caixa definido. O monitoramento para acompanhar a distância do fluxo de caixa realizado em relação ao plano é feito com o uso do Demonstrativo de Fluxo de Caixa (DFC), criado na descrição do investimento, e que é apresentado como exemplo pela Figura 10.4.

Todos os fluxos de entrada e saída previstos para o projeto ou programa deverão constar do DFC em sua descrição.

Para realizar o controle, ao DFC são incorporados novos elementos como mostra a Figura 10.5. A coluna dos fluxos de caixa previstos passa a ser ladeada por outra coluna — a de realizados — para cada mês do investimento. A diferença entre o realizado e o planejado/previsto é exposta em outra coluna criada à direita — a de fluxos cumpridos — para municiar o gestor com informações de forma a ser capaz de reduzir o valor do resultado na coluna de cumprido ao mínimo possível.

PROJETO: Abertura de loja no bairro Prosperidade
PÚBLICO-ALVO: Moradores da região com famílias cujos filhos estão em idade escol
Início do projeto: jan/20
TMA (Taxa Mínima de Atratatividade) 1,00% a.m. → 12,68% a.a.

VPL (Valor Presente Líquido) 67.249
TIR (Taxa Interna de Retorno) 1,81%

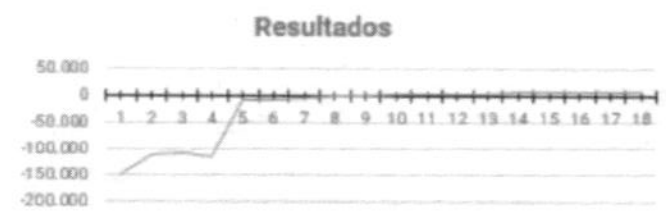

	jan/20	fev/20	mar/20	abr/20	mai/20	jun/20	jul/20	ago/20	set/20	out/20	nov/20	dez/20	jan/21	fev/21	mar/21	abr/21	mai/21	jun/21	—
VENDAS	0	10.000	11.800	14.160	16.992	19.541	22.472	24.719	27.191	28.551	29.978	31.477	32.107	32.749	33.404	33.738	34.075	34.416	
MÊS	Previsto	Previsto	Previsto	Previsto	Previsto	Previsto	Previsto	Previsto	Previsto	Previsto	Previsto	Previsto	Previsto	Previsto	Previsto	Previsto	Previsto	Previsto	
RESULTADO MENSAL	-149.920	-111.670	-108.370	-113.510	-7.678	-6.129	-3.448	-1.201	1.021	2.381	3.308	4.807	4.937	5.579	5.734	6.068	5.905	6.246	624.582
SOMA DOS GASTOS PRÉ-OPER E OPER	-149.920	-121.670	-120.170	-127.670	-24.670	-25.670	-25.920	-25.920	-26.170	-26.170	-26.670	-26.670	-27.170	-27.170	-27.670	-27.670	-28.170	-28.170	
OPERACIONAIS																			
Mercadoria	-100.000			-7.500	-8.500	-9.500	-9.750	-9.750	-10.000	-10.000	-10.500	-10.500	-11.000	-11.000	-11.500	-11.500	-12.000	-12.000	
Salário	-8.000	-8.000	-8.000	-8.000	-8.000	-8.000	-8.000	-8.000	-8.000	-8.000	-8.000	-8.000	-8.000	-8.000	-8.000	-8.000	-8.000	-8.000	
Aluguel	-2.500	-2.500	-2.500	-2.500	-2.500	-2.500	-2.500	-2.500	-2.500	-2.500	-2.500	-2.500	-2.500	-2.500	-2.500	-2.500	-2.500	-2.500	
Energia elétrica	-200	-200	-200	-200	-200	-200	-200	-200	-200	-200	-200	-200	-200	-200	-200	-200	-200	-200	
Água	-150	-150	-150	-150	-150	-150	-150	-150	-150	-150	-150	-150	-150	-150	-150	-150	-150	-150	
Condomínio	-300	-300	-300	-300	-300	-300	-300	-300	-300	-300	-300	-300	-300	-300	-300	-300	-300	-300	
Telefone	-200	-200	-200	-200	-200	-200	-200	-200	-200	-200	-200	-200	-200	-200	-200	-200	-200	-200	
Mensalidade terminal cartão	-120	-120	-120	-120	-120	-120	-120	-120	-120	-120	-120	-120	-120	-120	-120	-120	-120	-120	
Publicidade		-2.000	-2.000	-2.000	-2.000	-2.000	-2.000	-2.000	-2.000	-2.000	-2.000	-2.000	-2.000	-2.000	-2.000	-2.000	-2.000	-2.000	
Publicidade de inauguração	-8.000																		
Contador	-1.000	-1.000	-1.000	-1.000	-1.000	-1.000	-1.000	-1.000	-1.000	-1.000	-1.000	-1.000	-1.000	-1.000	-1.000	-1.000	-1.000	-1.000	
Manutenção de equipamento	-120	-120	-120	-120	-120	-120	-120	-120	-120	-120	-120	-120	-120	-120	-120	-120	-120	-120	
Material de escritório	-300	-100	-100	-100	-100	-100	-100	-100	-100	-100	-100	-100	-100	-100	-100	-100	-100	-100	
Material de copa	-100	-100	-100	-100	-100	-100	-100	-100	-100	-100	-100	-100	-100	-100	-100	-100	-100	-100	
Material de limpeza	-300	-200	-200	-200	-200	-200	-200	-200	-200	-200	-200	-200	-200	-200	-200	-200	-200	-200	
Serviço de vigilância à distância	-600	-600	-600	-600	-600	-600	-600	-600	-600	-600	-600	-600	-600	-600	-600	-600	-600	-600	
Serviços gráficos	-120	-120	-120	-120	-120	-120	-120	-120	-120	-120	-120	-120	-120	-120	-120	-120	-120	-120	
Serviço de proteção ao cliente	-300	-300	-300	-300	-300	-300	-300	-300	-300	-300	-300	-300	-300	-300	-300	-300	-300	-300	
Associação de classe / sindicato	-50	-50	-50	-50	-50	-50	-50	-50	-50	-50	-50	-50	-50	-50	-50	-50	-50	-50	
Tarifas bancárias	-110	-110	-110	-110	-110	-110	-110	-110	-110	-110	-110	-110	-110	-110	-110	-110	-110	-110	
Gastos com contratação de pessoal	-5.000																		
Treinamento de pessoal	-5.000																		
Custos de abertura de empresa	-1.000																		
INVESTIMENTOS																			
Reforma		-100.000	-100.000	-100.000															
Computadores	-6.000																		
Impressoras	-800																		
Software	-1.500																		
Equipamento para rede de dados	-1.200																		
Aparelhos de telefone	-750																		
Móveis		-4.000	-4.000	-4.000															
Decoração	-1.500	-1.500																	
Micro-ondas	-500																		
Filtro de água	-600																		
Geladeira	-1.100																		
Outros equipam para uso do pessoal	-500																		
Equipamento para segurança interna	-2.000																		
FINANCIAMENTOS																			
Aporte de capital do empresário	543.015																		
Reserva de caixa (10% do total acima)	-44.955																		
Reserva operac (para gastos oper)	-48.510																		
Uso da reserva operacional		8.085	8.085	8.085	8.085	8.085	8.085												

Figura 10.4. DFC — Demonstrativo dos Fluxos de Caixa do plano de investimento.
Fonte: O autor.

	jan/23	fev/23			mar/23			abr/23	mai/23	jun/23
MÊS	Cumprido	Previsto	Realizado	Cumprido	Previsto	Realizado	Cumprido	Previsto	Previsto	Previsto
VENDAS	0		10.000			11.800		14.160	16.992	19.541
RESULTADO MENSAL	-70	-111.670	-108.780	2.890	-108.370	0	0	-113.510	-7.678	-6.129
SOMA DOS GASTOS PRÉ-OPER E OPER	-70	-121.670	-118.780	2.890	-120.170	0	0	-127.670	-24.670	-25.670
OPERACIONAIS										
Mercadoria		0	0	0	0		0	-7.500	-8.500	-9.500
Salário	-1.000	-8.000	-10.000	-2.000	-8.000		0	-8.000	-8.000	-8.000
Aluguel		-2.500	-2.500	0	-2.500		0	-2.500	-2.500	-2.500
Energia elétrica	10	-200	-150	50	-200		0	-200	-200	-200
Água	15	-150	-100	50	-150		0	-150	-150	-150
Condomínio		-300	-300	0	-300		0	-300	-300	-300
Telefone	-20	-200	-230	-30	-200		0	-200	-200	-200
Mensalidade terminal cartão		-120	-120	0	-120		0	-120	-120	-120
Publicidade		-2.000	-2.100	-100	-2.000		0	-2.000	-2.000	-2.000
Publicidade de inauguração	-1.500		0	0			0			
Contador		-1.000	-1.000	0	-1.000		0	-1.000	-1.000	-1.000
Manutenção de equipamento	50	-120		120	-120		0	-120	-120	-120
Material de escritório		-100	-20	80	-100		0	-100	-100	-100
Material de copa	-10	-100	-80	20	-100		0	-100	-100	-100
Material de limpeza	-5	-200	-220	-20	-200		0	-200	-200	-200
Serviço de vigilância à distância		-600	-600	0	-600		0	-600	-600	-600
Serviços gráficos	20	-120	-100	20	-120		0	-120	-120	-120
Serviço de proteção ao cliente		-300	-300	0	-300		0	-300	-300	-300
Associação de classe / sindicato		-50	-50	0	-50		0	-50	-50	-50
Tarifas bancárias		-110	-110	0	-110		0	-110	-110	-110
Gastos com contratação de pessoal	1.000			0						
Treinamento de pessoal	1.500			0						
Custos de abertura de empresa				0						

Figura 10.5. DFC para controle de resultado de investimento.
Fonte: O autor.

A ação de controlar é reduzir a diferença entre o que se planejou fazer e o que está realmente acontecendo. É admitida uma certa diferença por cada investimento e cada empresa conforme suas peculiaridades, mas, em princípio, esse valor deve ser o mínimo possível — ou pelo menos positivo, o que pode indicar que o resultado financeiro é superavitário. A função do gestor financeiro é tentar alcançar os valores do planejado via alterações do que está sendo executado ou, em último caso, alterar o que havia sido planejado para ajustar-se a uma realidade não prevista quando o projeto ou o programa foi formulado.

O encontro dos números via alteração do planejamento é uma ação mais difícil de ser feita, porque admite que o processo de criação do investimento não refletiu o que estaria ocorrendo quando posto em prática. É natural que algumas circunstâncias de mercado e da empresa se alterem de maneira um tanto imprevisível, mas, a rigor, o trabalho do gestor e sua equipe é prever qualquer tipo de evento que afete o fluxo de caixa do investimento.

PARTE III

Financiamento e Proteção

PARTE III — Financiamento e Proteção

A Parte I do livro foi dedicada a apresentar o ambiente no qual as atividades gerenciais de finanças estão inseridas e conceitos básicos. A Parte II tratou da primeira etapa do processo de gestão financeira, que é a decisão de investimento. A Parte III aborda a segunda etapa do processo de gestão financeira — a escolha das fontes de financiamento.

O termo *fontes de financiamento* é usado de forma genérica para se referir não somente à origem dos recursos para realizar os investimentos, mas também aos fenômenos decorrentes dessas escolhas. Por exemplo, a depender de quais fontes de financiamento o gestor priorize o uso, pode-se gerar maior resultado para o investimento, ou maior segurança financeira, ou outro efeito que se pretenda obter para a empresa.

A escolha das fontes de financiamento não se limita a atender à realização dos investimentos programados, mas também a uma miríade de outras circunstâncias igualmente relevantes para o crescimento da empresa no futuro.

O primeiro passo é apresentar cada uma das fontes de financiamento e como elas podem ser classificadas conforme suas principais características. Em seguida, é proposto um processo de decisão de qual ou quais fontes de recursos o gestor pode usar, de acordo com as peculiaridades do investimento que se pretende realizar. Os últimos capítulos da Parte III tratam de temas mais específicos e igualmente relevantes para o crescimento sustentável da empresa — como custo do capital e proporção de endividamento.

11

Fontes de Financiamento

A primeira etapa do processo de gestão em finanças corporativas é a decisão relacionada a quais projetos a empresa realizará investimentos. Cada oportunidade de investimento possui diferentes níveis para as propriedades de rentabilidade, liquidez e segurança. Se um investimento se caracteriza por beneficiar uma das propriedades, as demais compensam esse ganho com níveis mais reduzidos.

A escolha dos investimentos a serem realizados depende da necessidade da empresa em obter benefício em quaisquer das propriedades. A identificação de qual ou quais das propriedades a empresa precisa priorizar é feita no planejamento estratégico. Ao estabelecer as tendências do ambiente externo e confrontá-las com as habilidades e deficiências competitivas da empresa, surge a caracterização dos investimentos que devem ser feitos. A escolha de priorizar uma ou duas das propriedades de investimento não impede ou posterga a concretização de projetos com ênfase nas demais.

Após a escolha dos investimentos a serem realizados, a segunda etapa das três existentes do processo de gestão financeira é a de decidir de onde obter os recursos necessários.

A origem dos recursos para fazer os investimentos é chamada de fontes de financiamento, e dentre as mais conhecidas estão:

- Geração de dinheiro pelas vendas de produtos.
- Acréscimo de capital por parte dos sócios.
- Empréstimos tomados em bancos e outras fontes.

Quando uma empresa realiza um investimento, ela está retirando recursos de um lugar e os colocando em outro. O lugar de onde os recursos foram retirados é a fonte de financiamento — que os fornece para serem transferidos ao projeto de investimento escolhido pela empresa. As fontes de financiamento são sempre externas à empresa. Quando a empresa faz um financiamento, ela está aumentando o nível dos recursos que fluem ao longo de seu ciclo produtivo. Se esse aumento não ocorrer, não pode ser dito que se trata de um financiamento — como se percebe na Figura 11.1. Por exemplo, não se pode considerar que a venda de um imóvel para que se invista na aquisição de uma nova máquina seja uma fonte de financiamento. Neste caso, está havendo somente a conversão de um tipo de investimento em outro.

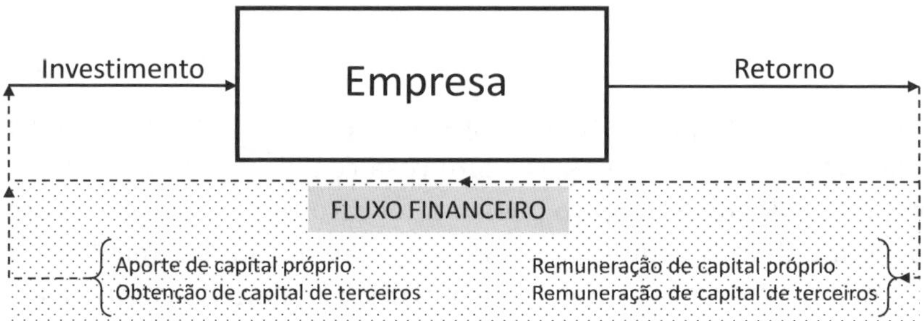

Figura 11.1. As fontes de financiamento são externas à empresa.
Fonte: O autor.

O cliente é um elemento externo à empresa e repassa recursos quando compra o produto. No entanto, não se pode dizer que ele seja um financiador, visto que, ao realizar a compra, o cliente está somente trocando recursos por um produto que ele precisa — e não propriamente cumprindo um objetivo de elevar os recursos em circulação na empresa. Nesse caso, a fonte de financiamento é a reserva de caixa formada pelo acúmulo dos superávits de caixa — ou seja, a diferença entre o recebimento pela venda do produto e o quanto se gastou para produzi-lo e vendê-lo.

No sistema contábil, a diferença entre o valor da venda e o gasto para produzir o produto é chamada de lucro. Em finanças corporativas, é chamada de superávit e é gerada a partir do benefício intangível que o cliente se dispõe a pagar para ter uma sensação — a satisfação pela compra, o status em possuir o bem ou usufruir o serviço ou outros benefícios percebidos. O superávit é a diferença entre o valor das vendas e todos os gastos necessários para a empresa funcionar, incluindo os juros de empréstimos e impostos. A cada superávit, a empresa pode guardar o dinheiro em uma reserva de caixa para uso em algum momento futuro.

Ao se realizar um investimento — seja de curto ou de longo prazo —, sempre há o uso de uma ou mais fontes de financiamento. O uso de fontes de financiamento implica em duas condições que necessariamente precisam ser obedecidas:

- O dinheiro originário de determinada fonte de financiamento deve ser devolvido à mesma fonte em uma data programada.
- Juntamente à devolução do capital usado, deve haver remuneração para a fonte de financiamento pelo uso do dinheiro.

A remuneração pelo uso é condição para o detentor do dinheiro cedê-lo à empresa. O banco somente cede dinheiro por empréstimo, porque cobra certo valor adicional, chamado de juros. O mesmo ocorre quando os recursos pertencem à empresa. O motivo de a empresa usar o dinheiro em reserva — ou de o empresário injetar mais recursos — é a previsão de que haverá remuneração adequada em forma de retorno do investimento.

O planejamento para uso de recursos de qualquer fonte de financiamento deve prever a data para sua devolução, juntamente com a remuneração devida — mesmo que o dinheiro pertença à empresa. Se a empresa não conseguir remunerar adequadamente os donos do capital (credores ou sócios), em algum momento ela será fechada.

As fontes de financiamento serão descritas mais adiante. Contudo, é importante antes conhecer como elas são classificadas, para apresentá-las na devida ordem. Assim, a assimilação fica mais fácil. As fontes de financiamento são classificadas de acordo com a origem dos recursos e com a data prevista para sua devolução.

11.1 Classificação das fontes de financiamento

Quanto à origem dos recursos

A relevância da classificação em razão da origem dos recursos diz respeito às implicações legais caso haja falha na reposição do dinheiro à respectiva fonte na data previamente determinada. Existem dois tipos de fontes de financiamento de acordo com sua origem:

- *Capital próprio*
  É o dinheiro pertencente à empresa. Pode ser originário das atividades produtivas após as vendas dos produtos ou pode ser proveniente de seus donos.

- *Capital de terceiros*
  O dinheiro pertence a outras pessoas ou instituições que o emprestam para uso da empresa em troca de juros.

Pelo lado do investimento, não importa onde o dinheiro para realizá-lo tenha se originado. Dinheiro para fazer algum investimento é o mesmo não importando sua procedência — se de fonte pertencente à própria empresa ou não. Na prática, a diferença entre capital próprio e capital de terceiros está nas consequências no caso de a empresa não conseguir devolver à fonte de financiamento, na data prevista, os recursos usados. Se a empresa usa capital próprio para fazer um investimento e não o repõe à fonte junto com a remuneração pelo uso do dinheiro, não sofrerá sanções pecuniárias por causa do atraso. Afinal a dona do dinheiro é a própria empresa.

Por outro lado, caso a empresa não consiga devolver o capital de terceiros e sua respectiva remuneração no prazo acordado, há o risco de ser forçada a desembolsar, além do capital tomado e os juros, um valor adicional como consequência do atraso. Esse valor adicional é uma sanção — uma punição — por não haver cumprido o compromisso.

A sanção pecuniária pode ser de diversos tipos. Algumas delas são:

- Multa por atraso de pagamento.
- Custas do processo judicial movido pelo credor.
- Honorários de advogados.
- Tempo de mão de obra de funcionários deslocados para cuidar das contas em atraso.
- Perda de condições de pagamento a fornecedor por deterioração no relacionamento, em caso de atraso de prestação.

As consequências negativas em usar capital de terceiros e não o devolver à fonte são maiores que se houvesse usado capital próprio.

Quanto ao prazo para devolução à fonte de financiamento

A empresa pode usar o dinheiro oriundo das fontes de financiamento por determinado período. O tempo de uso até a devolução dos recursos às respectivas fontes, junto com a remuneração do capital, é chamado de prazo de pagamento.

O prazo de pagamento do dinheiro usado para investir vale, inclusive, para o capital próprio. Mesmo usando recursos pertencentes à empresa, o administrador financeiro deve programar o momento em que o valor deverá retornar à fonte de financiamento com a devida remuneração.

As fontes são classificadas em curto prazo ou longo prazo, de acordo com o tempo que a empresa tem para devolver o dinheiro e a remuneração pelo uso. Os sentidos desses termos não são precisos. Não existe regra amplamente aceita para designar qual o tempo exato em que se deve classificar a fonte de financiamento como sendo de curto ou longo prazo. O objetivo da classificação é apenas o de dar maior clareza ao gestor financeiro para escolher o tipo de fonte de financiamento a ser usada para realizar um investimento com determinada liquidez.

Os investimentos de alta liquidez são geralmente associados a gastos operacionais (mercadorias, salários, aluguel, energia elétrica e outros), que se repetem em ciclos com tempos semelhantes. As fontes de financiamento de curto prazo devem ter seus recursos repostos em período semelhante ao tempo dos ciclos.

As fontes de financiamento de longo prazo podem ter os recursos repostos após o tempo de atividade operacional da empresa.

Para facilitar a compreensão de curto e longo prazos, pode-se adotar o seguinte conceito:

- *Fontes de curto prazo*
  Os recursos são devolvidos dentro do período operacional da empresa, associado à frequência de gastos diretos no processo produtivo e às vendas dos produtos. Geralmente as fontes de curto prazo têm maior giro.

- *Fontes de longo prazo*
  Os recursos devem ser devolvidos após o período médio operacional.

Dadas as classificações das fontes de financiamento, a empresa deve escolher especificamente quais serão usadas para realizar os investimentos programados.

11.2 Fontes de financiamento

As fontes de financiamento são apresentadas de acordo com as classificações de capital próprio ou capital de terceiros, e recursos de curto prazo ou recursos de longo prazo. Todas as fontes de financiamento que uma empresa pode usar estão listadas abaixo:

Fonte de capital próprio de curto prazo

- *Reserva de caixa de curto prazo*
  A reserva de caixa é formada pelo acúmulo de superávit de caixa ao longo de um ou mais períodos (ciclos de caixa). O superávit de caixa é o resultado do recebimento da venda menos os desembolsos (matéria-prima, mercadorias, salários, juros e outros) para produzir o produto (bem ou serviço). O ciclo de caixa é o tempo médio compreendido entre o recebimento do dinheiro pelas vendas do período e o pagamento dos insumos para produção. A cada ciclo, a empresa pode separar o superávit de caixa para compor um fundo de reserva, criando assim, a fonte de financiamento reserva de caixa.

  A Quadro 11.1 demonstra a formação da reserva de caixa. Neste caso, a empresa transfere o superávit de R$40 para a reserva de caixa, acumulando recursos que poderão ser usados quando for necessário. No Ciclo 2, a empresa gera R$32 de superávit de caixa e os adiciona aos R$40 anteriormente armazenados no ciclo anterior, elevando a reserva de caixa para R$72.

CICLO 1		CICLO 2	
Vendas	140	Vendas	112
Desembolsos	–100	Desembolsos	–80
Superávit de caixa	40	Superávit de caixa	32
Reserva de caixa de curto prazo	40	Reserva de caixa de curto prazo	72

Quadro 11.1. Formação da reserva de caixa — o superávit de caixa é revertido para a reserva de caixa para ser usado no futuro.
Fonte: O autor.

O período de pagamento é classificado de acordo com o tempo em que se planeja permanecer com os recursos para investimento. As fontes de financiamento são de curto prazo quando se planeja repor os recursos no curto prazo — ou seja, em período semelhante ao ciclo de caixa da empresa. A reserva de caixa é classificada como de curto prazo quando o gestor intenciona repor essa fonte de financiamento no curto prazo. Da mesma forma, seria possível programar a recomposição da fonte no longo prazo

— em período superior ao curto prazo. Neste caso, a fonte de financiamento seria outra e se chamaria de reserva de caixa de longo prazo.

Já foi citado que o superávit de caixa — formador da reserva — é a diferença entre o que o cliente está disposto a pagar e o quanto custou para a empresa fazer e entregar o produto. A empresa troca dinheiro por insumos: capital, terra e trabalho (mão de obra). O valor pago por esses insumos, que quando trabalhados geram o produto a ser vendido, é menor do que o cliente está disposto a pagar. Ocorre que para o cliente, aquele produto tem valor superior à soma dos insumos que o compõem. Usando o mesmo exemplo do capítulo Introdução às Finanças, quando um casal se senta à mesa de um restaurante para um jantar romântico, aquele momento vale para eles muito mais do que a soma do dinheiro gasto pela empresa para comprar os ingredientes dos pratos, pagar o tempo do cozinheiro para aquela refeição, o vinho, o tempo do garçom, a energia elétrica e todos os demais insumos em conjunto. A diferença entre o que o casal está disposto a pagar para ter aquele momento romântico e o que realmente custou para o restaurante produzir e entregar o produto é o superávit.

Ao acumular os resultados dos superávits, a empresa aumenta a reserva de caixa, como fonte de financiamento que poderá ser usada para realizar algum investimento.

Fontes de capital próprio de longo prazo

- *Reserva de caixa de longo prazo*

  A reserva de caixa de longo prazo segue as mesmas características da reserva de caixa de curto prazo, com exceção do tempo de uso dos recursos. O prazo programado pelo gestor para repor a fonte de financiamento é para o longo prazo — ou seja, após o período referente ao ciclo de caixa.

  As reservas de caixa de curto prazo ou de longo prazo possuem a mesma origem de recursos — o superávit de caixa (diferença entre a entrada de dinheiro das vendas e dos pagamentos dos insumos, juros e impostos). Neste caso, por que considerar como duas fontes diferentes de financiamento? A escolha de se separar as reservas para uso no curto e no longo prazo auxilia o gestor a controlar os resultados dos investimentos para medidas corretivas quando necessárias. Quando a reserva de caixa de curto prazo é usada, o gestor está planejando repor a fonte neste período. Portanto, o investimento a ser realizado tende a ser de alta liquidez, para o retorno ocorrer antes da necessidade de devolução dos recursos à fonte de financiamento que os cedeu. Realizando investimentos de alta liquidez com reserva de caixa de curto prazo, o gestor acompanhará a evolução da operação para que de fato, o retorno ocorra no tempo esperado, antes da devolução dos recursos à reserva de caixa. Com a recomposição da reserva de caixa no período programado, a empresa poderá sempre girar os recursos com novos investimentos de curto prazo.

Ao compor a reserva de caixa de longo prazo separadamente da reserva de curto prazo, a empresa sabe quanto acumulou para conseguir realizar determinado investimento no futuro que possua baixa liquidez. Sabendo-se que o investimento levará um longo período para gerar o retorno pretendido, convém que a empresa use recursos que poderão ser repostos à fonte de financiamento apenas no longo prazo. Dessa forma, os fluxos de caixa do financiamento e do investimento ocorreriam no mesmo momento.

O Quadro 11.2 apresenta a formação da reserva de caixa de longo prazo, que segue o mesmo processo da reserva de curto prazo.

CICLO 1		CICLO 2		CICLO 3	
Vendas	140	Vendas	112	Vendas	168
Mercadorias	–100	Mercadorias	–80	Mercadorias	–120
Superávit de caixa	40		32		48
Res. de caixa de CP	0	Res. de caixa de CP	32	Res. de caixa de CP	32
Res. de caixa de LP	40	Res. de caixa de LP	40	Res. de caixa de LP	88

Quadro 11.2. Formação da reserva de caixa de longo prazo.
Fonte: O autor.

No primeiro ciclo, o superávit de caixa foi revertido para a reserva de caixa de longo prazo. No segundo ciclo, o superávit foi revertido para a reserva de curto prazo. No terceiro ciclo, o superávit foi transferido para a reserva de longo prazo, acumulando o valor de R$88.

- *Aumento de capital social*
  Aporte de capital por parte dos sócios para a empresa. O aumento de capital pode ocorrer de duas formas:
  - Venda de ações no mercado — se a empresa for uma Sociedade Anônima, ela pode vender ações (títulos representativos da propriedade da empresa) no mercado para captar mais recursos dos atuais ou de novos sócios.
  - Integralização de capital — se a empresa for uma Sociedade Limitada, ou seja, sócios nominados no contrato social. Os sócios repassam dinheiro ou outros tipos de bens para a empresa.

Fontes de capital de terceiros de curto prazo

- *Linha de crédito bancário de curto prazo*
  São os empréstimos tomados pelas empresas nos bancos e financeiras em geral. Como intermediário financeiro, um dos produtos oferecidos para venda aos clientes (pessoas e empresas) é a linha de crédito — comumente chamada de empréstimo bancário. O banco destina parte dos recursos que possui para emprestá-los às pessoas e empresas para devolução no futuro, mediante o pagamento de juros.

  Cada banco possui um conjunto de diferentes linhas de crédito voltadas para determinados segmentos de mercado de acordo com as diversas necessidades de pessoas e empresas. Cada linha de crédito tem suas próprias características, como taxa de juros, exigência de garantia, carência para pagamento do capital emprestado e prazo para devolução do dinheiro.

  Os principais tipos de linhas de crédito para o setor empresarial são:

  - Crédito para capital de giro — empréstimo concedido pelo banco para elevar a compra de mercadorias, matérias-primas, aumento da produção, ou sem destinação específica, a fim de cobrir necessidades de desembolsos emergenciais. É necessário ter cautela ao usar essa fonte de recursos. No Brasil, a taxa de juros costuma ser muito elevada e só compensa à empresa usar crédito para capital de giro quando encontra oportunidades de investimentos mais rentáveis — o que na prática é difícil de conseguir.

- Desconto de recebíveis — os recebíveis são documentos que representam o direito de a empresa receber determinado valor em uma data no futuro (cheque pré-datado, duplicata, nota promissória, letra de câmbio e venda por cartão de crédito). Os recebíveis podem ser descontados em bancos ou em empresas de fomento comercial (*factoring*) adiantando o recebimento dos valores mediante o pagamento de juros. O banco empresta à empresa e pede seus recebíveis como garantia de pagamento.
- Crédito rotativo — Os bancos fornecem às empresas crédito pré-aprovado (como o limite do cheque especial) que pode ser utilizado quando e por quanto tempo necessitar, sem informar o destino dos recursos. Periodicamente, os juros referentes ao valor emprestado são cobrados, mas a empresa pode permanecer com o principal tomado por períodos sucessivos de renovação automática do contrato. São normalmente recursos mais caros ao tomador.

Os tipos de linhas de crédito de curto prazo acima listados são uma classificação geral. A fim de chamar a atenção das empresas e do público, os bancos procuram destacar suas linhas de crédito da concorrência escolhendo nomes criativos e realizando grandes campanhas publicitárias em rádios, televisão e mídia impressa.

- *Crédito de fornecedores*

Empresas comerciais e industriais costumam encomendar as mercadorias ou os insumos em determinado dia e pagar após um mês ou mais, a depender da negociação. Nesse caso, o fornecedor está emprestando dinheiro à empresa com a condição de usá-lo na compra de seus produtos. A operação ocorre como mostrado na Figura 11.2.

Rigorosamente, o fornecedor, ao vender a prazo mercadoria ou matéria-prima para a empresa cliente, fecha um contrato de empréstimo. A empresa que compra a prazo, na verdade, está tomando recursos emprestados do fornecedor na condição de usar o dinheiro exclusivamente para comprar produtos à vista dele. Quando compra o produto à vista e o recebe, a operação na parte inferior da Figura 11.2 é liquidada. A empresa paga e recebe o produto. O empréstimo concedido pelo fornecedor é liquidado posteriormente quando vencer o prazo combinado (parte superior da Figura 11.2) — que pode ser de um mês ou mais.

Por este ponto de vista, pode-se depreender que não existe compra a prazo. Na verdade, o que ocorre na prática é o empréstimo do fornecedor para o cliente pagar à vista pelo produto comprado e a futura liquidação da dívida com juros acordados.

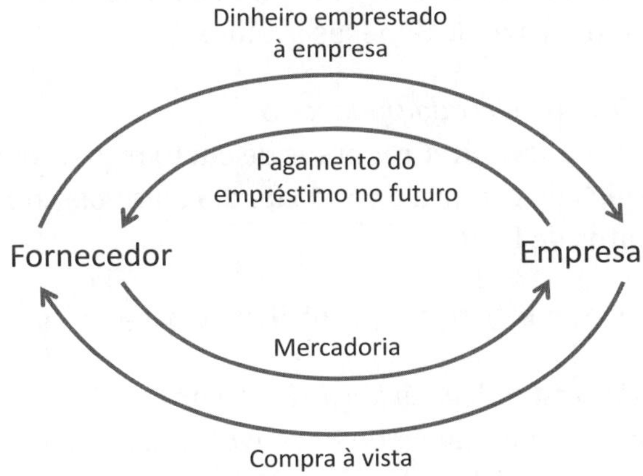

Figura 11.2. Relação de empréstimo do fornecedor à empresa cliente — o fornecedor empresta dinheiro ao cliente na condição de usar o valor para comprar-lhe produto à vista. No futuro acordado, a empresa paga o empréstimo com juros devidos.
Fonte: O autor.

A mesma soma em dinheiro apresenta um valor diferente a cada instante no tempo. Não é possível tomar uma soma de dinheiro à vista (por exemplo, R$100) e dividi-lo em parcelas sem acréscimo de juros (4 vezes de R$25). As quatro parcelas contêm os juros remuneratórios do recebimento no futuro do dinheiro por parte do vendedor. Esses juros são referentes ao empréstimo concedido para o cliente comprar o produto à vista.

- *Emissão de Notas Comerciais ou Notas Promissórias (NC)*
É um documento confeccionado pela empresa reconhecendo uma dívida a ser paga no futuro e que pode ser vendido no mercado. O documento — um título mobiliário (pode ser revendido diversas vezes até a data de liquidação) — contém o valor e a data futura para quando a empresa promete pagar a quem comprá lo. A

empresa oferece a NC no mercado para investidores que a compram com deságio, ou seja, compram por um valor abaixo do que aquele que a empresa pretende pagar para liquidar a NC no dia do vencimento. A diferença entre o valor da compra e o valor do recebimento no dia do vencimento é a remuneração do investidor. A empresa somente passa a contrair a dívida no momento em que vende os títulos no mercado. A partir de então, quem detiver o título no dia do vencimento será credor da empresa emissora e terá direito a receber a quantia estipulada no documento. Geralmente, as NCs têm prazo de 3 meses a 1 ano.

- *Operações no mercado financeiro*
  A empresa pode obter recursos de curto prazo com determinadas estratégias de compra e venda de derivativos, como *swap*, opções e contratos de futuro.

Fontes de capital de terceiros de longo prazo

- *Linhas de crédito bancárias de longo prazo*
  Os bancos comerciais e de desenvolvimento oferecem às empresas linhas de crédito para financiar investimentos de longo prazo. Cada linha de crédito possui características próprias de custos, prazos, carências e exigências de reciprocidade.

- *Emissão de Debêntures*
  São títulos semelhantes às NCs, mas são lançados com prazos mais longos de vencimento — 3 anos ou mais —, têm garantias de pagamento aos credores e geralmente remuneram de acordo com a variação de uma taxa de juros no período.

As empresas podem fazer investimentos combinando fontes de financiamento com o *leasing* de máquinas, equipamentos e veículos. Nessa modalidade, a empresa aluga algum bem e usa dinheiro de reservas, superávit de caixa, empréstimos ou outra fonte de financiamento para investir nos demais insumos ou matérias-primas para produzir. No final do contrato de *leasing*, a empresa tem a opção de adquirir o bem ou não.

O *leasing* não é considerado como fonte de financiamento por não representar acréscimo de recursos à empresa, mas apenas a contratação de um serviço financeiro.

11.3 Propriedades das fontes de financiamento

Assim como cada investimento possui três propriedades: rentabilidade, liquidez e segurança, cada fonte de financiamento também possui três propriedades:

- Custo.
- Prazo.
- Risco[1].

As propriedades das fontes de financiamento são simétricas às dos investimentos. Se os investimentos são caracterizados de acordo com a forma como o retorno é esperado ocorrer (tamanho do retorno, tempo de retorno e confiança), os financiamentos são caracterizados de acordo com a forma como o capital e a remuneração pelo seu uso devem retornar à respectiva fonte (tamanho do custo, tempo de devolução e consequência caso não sejam devolvidos).

A seguir, estão descritas as propriedades das fontes de financiamento. Cada fonte de financiamento possui uma combinação diferente de níveis de cada propriedade.

Custo

O custo é a remuneração devida pelo uso do dinheiro. A empresa precisa devolver à fonte de financiamento o valor tomado para investir, acrescido de uma remuneração — afinal, o dono do capital o cedeu com o objetivo de obter essa remuneração. O pagamento do custo do dinheiro é mais facilmente visível ao se usar recursos de terceiros, pois é claramente separado do principal e é chamado de juros. Os juros são a remuneração dos credores por haver emprestado dinheiro à empresa.

O uso de capital próprio também gera um custo que a empresa deve honrar e é chamado de "remuneração de capital próprio". A falta de pagamento da remuneração do capital próprio não gera punições em dinheiro, visto que o recurso pertence a ela própria ou a seus donos. Ainda assim, qualquer projeto de investimento programado para usar capital próprio

---

1 Nos capítulos sobre investimento, a palavra risco foi usada de acordo com o significado trazido na literatura tradicional em finanças — que corresponde à possibilidade de perda ou ganho de investimento. Ao longo deste capítulo, a palavra risco está relacionada somente à fonte de financiamento e possui outro significado — que será explicado a seguir.

só deve ser realizado se for possível prever quando haverá o retorno e quanto será a remuneração pelo seu uso.

Analogamente, o custo do financiamento equivale ao oposto da rentabilidade do investimento. Se no investimento espera-se obter um valor adicional pelo capital aplicado, espera-se pagar valor adicional à fonte de financiamento pelo uso do capital.

Sob o ponto de vista do dono do dinheiro, esse valor adicional é o retorno a receber. Sob o ponto de vista de quem usou o dinheiro, é o custo a ser pago.

Cada fonte de financiamento tem um custo diferente. A crença geral é a de que ao tomar dinheiro emprestado, a empresa paga juros mais altos do que o custo de se usar seu próprio dinheiro. Pode ser que os juros sejam altos, mas o normal é que o custo do capital próprio seja ainda mais elevado. E a explicação é bastante simples.

O investidor procura alocar seu dinheiro na oportunidade que melhor combine, — na percepção dele — as propriedades de rentabilidade, liquidez e segurança. Deve-se partir do pressuposto de que uma empresa existe porque é o investimento com a maior rentabilidade possível para o empresário, para certo nível de segurança e tempo de retorno exigidos. Se não fosse, o empresário racional deveria vender o negócio e realocar os recursos em alguma alternativa mais rentável.

Uma possibilidade de investimento é emprestar dinheiro ao público. Pelo lado do banco, a concessão de crédito é um tipo de investimento que possui seus próprios níveis de rentabilidade, liquidez e segurança. Qualquer empresário pode vender a empresa e fundar ou comprar um banco para emprestar dinheiro — basta que cumpra os requisitos exigidos pelo Banco Central e seja autorizado a fazê-lo.

Em situação de normalidade do sistema econômico, se a empresa existe, e partindo do pressuposto de que o empresário sempre busca o maior retorno dentro do nível de segurança exigido, supõe-se que a empresa é a opção mais rentável de investimento. Mais rentável inclusive do que emprestar dinheiro ao público.

Mas se investir na empresa é mais rentável que o empréstimo bancário, por que os banqueiros não vendem os bancos e criam outros tipos de empresas? Porque a intermediação financeira significa captar recursos de fontes baratas — por exemplo, depósitos à vista e caderneta de poupança — e emprestá-los mediante recebimento de juros mais altos. A diferença entre os valores recebidos dos tomadores de empréstimo e pagos aos depositantes e aplicadores é uma das remunerações do banco, chamada de *spread* bancário. Os bancos podem fazer esse repasse em volume de dinheiro muito superior ao seu capital, já que usa dinheiro dos clientes. Apesar de a taxa do *spread* ser somente uma parte da taxa de juros de empréstimo, a incidência dela sobre um volume elevado de recursos pertencentes aos clientes gera uma remuneração adequada ao capital do banco.

Além disso, cada oportunidade de investimento apresenta diferentes níveis de rentabilidade, liquidez e segurança para cada investidor. O empresário de determinado ramo provavelmente não conseguirá o mesmo resultado financeiro que empresas de outro ramo de atividade. Os níveis das propriedades de investimento estão relacionados a condições peculiares a cada empresa: conhecimento do mercado, rede de relacionamento, habilidades profissionais, localização, imagem junto aos clientes e vários outros fatores. Se um empresário decide mudar para a atividade bancária, não é certo que conseguirá os mesmos resultados que os bancos instalados há mais tempo.

No Brasil, a regra de que a rentabilidade do capital próprio é maior que a taxa de juros de empréstimo bancário pode não ser válida. O motivo é a alta taxa de juros básica da economia que frequentemente é praticada no Brasil. Como os bancos têm a opção de comprar títulos públicos e receber os elevados juros pagos pelo governo com alta segurança, se eles decidissem emprestar às empresas — com menor segurança de retorno do investimento —, cobrariam taxas ainda maiores. As empresas em geral têm poucas oportunidades de investimento cujas rentabilidades sejam superiores às taxas de juros para empréstimos oferecidos pelos bancos.

A rentabilidade conjunta dos projetos e programas de investimento forma a rentabilidade da empresa, que, por sua vez, compõe o custo do capital próprio[2]. Se o custo do empréstimo é maior que a rentabilidade da empresa, pode ocorrer de o capital de terceiros ser mais caro que o capital próprio. No entanto, há de se perceber isso como um desequilíbrio econômico do Brasil e que em dado momento deverá ser resolvido.

A Figura 11.3 mostra a situação da taxa de juros para empréstimo no Brasil (Figura 11.3-A) em comparação com a situação normal encontrada

---

[2] A rentabilidade da empresa é igual ou menor que a rentabilidade do capital próprio quando há situação de nível normal de taxa básica de juros — ou seja, quando não é excessivamente alta. A causa está na proporção de capital de terceiros em relação ao capital total da empresa. Maiores explicações são dadas no capítulo Discussão sobre Estrutura de Capital.

em países com economia mais equilibrada (Figura 11.3-B). A tendência natural é que a rentabilidade da empresa seja maior que o custo de capital de terceiros.

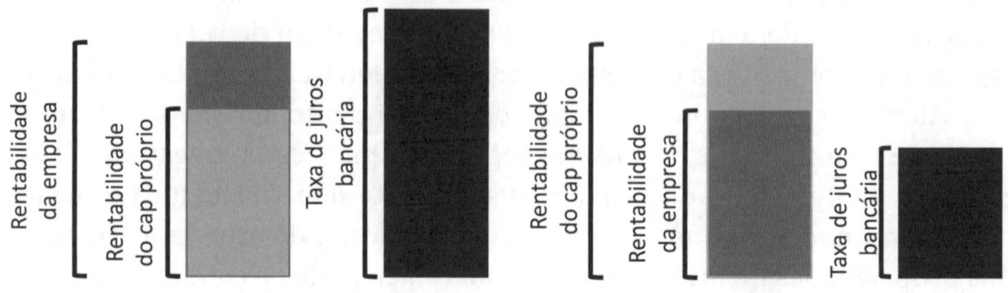

A- Taxa de juros maior que rentabilidade da empresa.

B- Taxa de juros menor que rentabilidade da empresa.

Figura 11.3. Comparação da taxa de juros bancária com rentabilidade de uma empresa no Brasil e em situação normal de economia mais equilibrada. Fonte: O autor.

Para compreender a Figura 11.3, é preciso entender que a rentabilidade da empresa e a rentabilidade do capital próprio devem ser tomadas exatamente como custos de capital. A rentabilidade que a empresa consegue gerar aos donos do capital — sócio e credor — é o que eles exigirão de retorno, convertendo-se então em custo pelo ponto de vista da empresa. A mesma lógica está em observar somente a rentabilidade do capital próprio. Aquilo o que a empresa poderá auferir de rentabilidade ao sócio, é o que ele exigirá receber. Rentabilidade e custo de capital são palavras diferentes com significados correlatos.

Passando à Figura 11.3-B, em condições normais de taxa básica de juros, o custo (rentabilidade) de capital próprio é maior que o custo de capital de terceiros. E mais, a empresa incorre no custo de capital próprio mesmo sem usá-lo — bastando que o possua. O motivo é que a empresa com dinheiro em reserva de caixa tem a opção de investi-lo na atividade principal, recebendo uma remuneração superior à rentabilidade da aplicação em uma alternativa. A renúncia da maior remuneração pelo investimento na empresa para receber menos de outra aplicação é o custo de oportunidade incorrido.

O gestor financeiro pode manter certo nível de reserva de caixa para aumentar a segurança de pagamento dos compromissos ou acumular saldo para certo investimento no futuro, mas deve estar ciente que está reduzindo a rentabilidade da empresa durante esse período.

Prazo

O prazo é o período em que a empresa pode permanecer no uso dos recursos antes de devolvê-lo à fonte de financiamento de origem. O valor devolvido à fonte deve corresponder ao principal tomado para fazer o investimento somado à remuneração que seu uso implica. A reposição do capital e do seu custo à fonte de financiamento pode ser programada para ocorrer no curto prazo ou no longo prazo.

Analogamente, o prazo da fonte de financiamento equivale ao oposto do conceito de liquidez. No investimento, a liquidez é o tempo esperado para que o retorno ocorra. Já no financiamento, o prazo é o tempo em que a empresa pode usar os recursos antes de devolvê-los à fonte com a respectiva remuneração.

Risco

Para a literatura tradicional de finanças, o risco está relacionado ao investimento; no entanto, no presente estudo, corresponde somente às fontes de financiamento. O risco associado à fonte de financiamento é o peso das consequências negativas para a sobrevivência da empresa quando não se devolve os recursos usados dentro do prazo e com a remuneração devida.

Quando a empresa não devolve recursos de terceiros com os respectivos juros na data contratada, ela pode sofrer sanções pecuniárias imediatas e ser obrigada a não só devolver o capital tomado e os juros, mas também arcar com outros gastos decorrentes do atraso — honorários de advogados, multas, custas judiciais, perda de condições favoráveis de compra junto a fornecedores, queda nas vendas provocadas pela degeneração da imagem junto a clientes e funcionários, perda de bens dados em garantia de empréstimo e até falência decretada por juiz de direito. Esse ônus pode até anular o retorno do investimento com os recursos emprestados.

Precisa-se salientar que não é o volume de dívidas em si que aumentam o risco do capital, mas o valor das sanções e as probabilidades de elas ocorrerem. Uma empresa pode ter bastante capital de terceiros com risco reduzido se as eventuais sanções em caso de inadimplência forem reduzidas ou improváveis. É por isso que as fontes de capital próprio são as menos arriscadas. Em caso de não se devolver o dinheiro no prazo planejado, as sanções pecuniárias incorridas não são imediatas e formais.

Em todo o caso, é necessário ao gestor programar a devolução dos recursos. A empresa, que não remunera no longo prazo os donos do capital conforme planejado, não tem mais motivo para existir. Afinal, foi para isso que a empresa foi constituída.

Simetria entre propriedades de investimento e de financiamento

As propriedades das fontes de financiamento são simetricamente opostas às dos investimentos. Se no investimento, a rentabilidade representa quanto se espera de retorno, na fonte de financiamento, o custo representa o quanto se paga pelo uso do dinheiro. A liquidez é quando se espera ocorrer o retorno do investimento, e o prazo é considerado como a urgência de pagamento do dinheiro usado. No investimento, a segurança é o nível de confiança de que o retorno ocorrerá, e o risco é a expectativa das consequências negativas para a empresa caso não se devolva os recursos à fonte de financiamento na data prevista. O Quadro 11.3 resume a relação inversa entre investimento e financiamento.

FINANCIAMENTO			INVESTIMENTO
Custo	Quanto pagar pelo uso do dinheiro da fonte de financiamento.	Quanto de retorno se espera receber pelo investimento.	**Rentabilidade**
Prazo (urgência de pagamento)	Quando devolver o dinheiro usado e a respectiva remuneração à fonte de financiamento.	Quando se espera receber o retorno pelo investimento.	**Liquidez**
Risco	Consequências negativas caso o dinheiro usado da fonte de financiamento não seja devolvido.	Confiança de que o retorno acontecerá em determinada data .	**Segurança**

Quadro 11.3. Simetria entre as características do investimento e das fontes de financiamento.
Fonte: O autor.

11.4 Equilíbrio entre as propriedades das fontes de financiamento

Assim como existe equilíbrio entre os níveis de rentabilidade, liquidez e segurança no lado do investimento, as fontes de financiamento apresentam compensações entre custo, prazo e risco. Quando a fonte de financiamento oferece uma vantagem em uma das propriedades — baixo risco por exemplo —, pelo menos uma das outras duas propriedades é desfavorável — como alto custo ou alta urgência para devolução dos recursos (prazo). As fontes de financiamento nunca apresentam vantagens de modo simultâneo para as três propriedades — ou seja, baixo custo, baixo risco e baixa urgência de pagamento.

A Figura 11.4 mostra uma fonte de financiamento com custo baixo. A compensação está na alta urgência em efetuar a devolução dos recursos (fonte de curto prazo) e no risco elevado caso a empresa não consiga devolver o valor usado e a remuneração na data prevista.

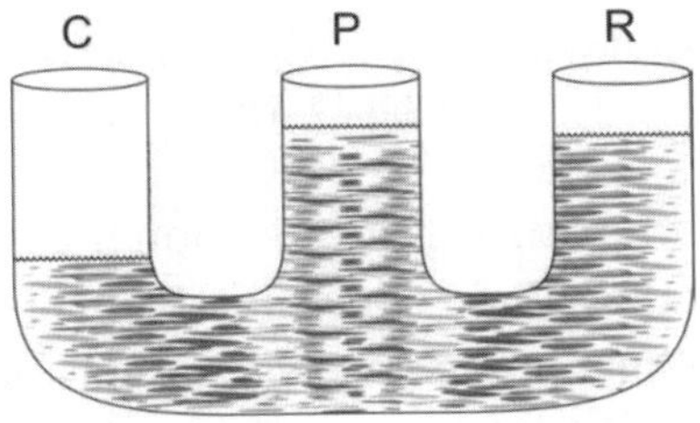

Figura 11.4. Compensações entre Custo, Urgência de pagamento e Risco da fonte de financiamento.
Fonte: O autor.

Não existe uma fonte de financiamento com as três propriedades baixas. Se houvesse, haveria uma procura tão grande para uso destes recursos que logo estariam esgotados. Da mesma forma, não existe fonte de financiamento com as três propriedades em níveis elevados, visto que o tomador não obteria qualquer benefício em relação às outras fontes.

A figura anterior em duas dimensões é mais facilmente compreendida, em especial quando se pretende observar o efeito de compensação de ser o nível baixo de uma das propriedades quase sempre acompanhado de níveis altos nas outras duas. De forma mais técnica — assim como foi feito para explicar as propriedades do investimento no capítulo Investimento na Atividade Principal —, a Figura 11.5 a seguir ilustra de modo mais completo as infinitas combinações de níveis de propriedades que um conjunto de fontes de financiamento pode apresentar.

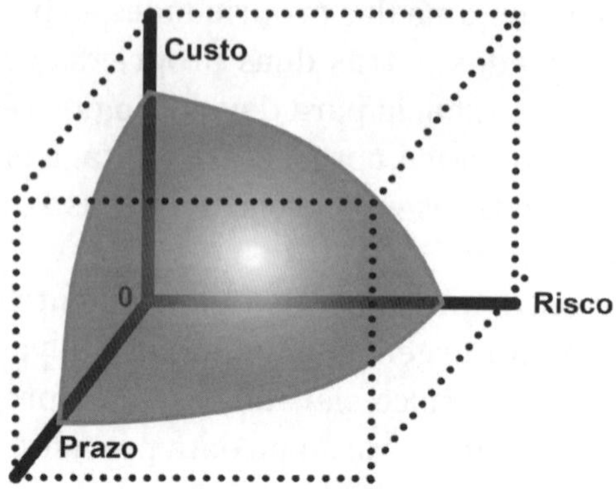

Figura 11.5. Composições dos níveis de propriedades das fontes de financiamento.
Fonte: O autor.

A Figura 11.5 é um gráfico tridimensional cujos eixos representam cada uma das propriedades. Cada curva entre um eixo e outro é uma borda que encosta na parede formada pelas respectivas propriedades. Nos pontos da borda, as combinações apresentam uma das propriedades com nível mínimo, enquanto as outras duas apresentam níveis maiores. Quanto mais próxima a combinação de níveis de propriedades estiver da área mais clara — próxima ao vértice oposto à origem 0 —, mais equilibrados os níveis conjuntos das propriedades.

A Figura 11.6 é a mesma figura anterior, só que de um outro ponto de vista.

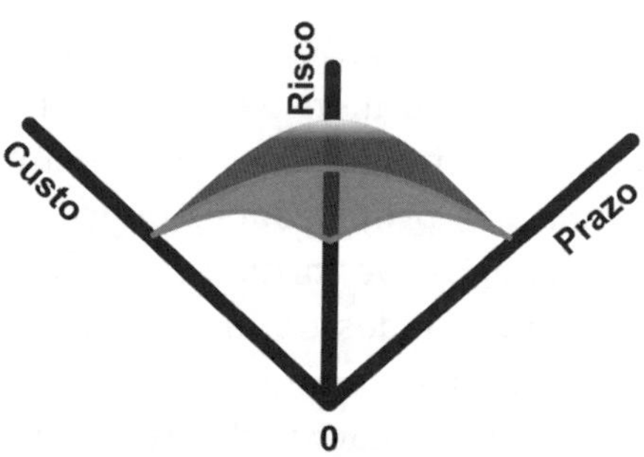

Figura 11.6. Composição dos níveis de propriedades de financiamento com vértice para baixo.
Fonte: O autor.

Os pontos entre o vértice 0 e a área côncava sombreada representam as combinações improváveis dos três níveis baixos de propriedades de fontes de financiamento. São consideradas improváveis, porque fontes com os três níveis baixos se esgotam rapidamente.

Os pontos acima da área convexa sombreada representam as fontes de financiamento — que devido aos altos níveis das propriedades — não convêm serem usadas pelo gestor da empresa.

As fontes de financiamento viáveis para uso da empresa são as correspondentes às combinações de níveis de propriedades que formam a área sombreada.

O que determina o nível de cada propriedade da fonte de financiamento é a natureza da fonte em comparação com outras fontes. O custo baixo não ocorre porque a urgência de pagamento é alta ou porque o risco é alto. Uma propriedade não interfere no nível da outra. Os níveis das propriedades dependem das peculiaridades da fonte de financiamento. Os níveis de propriedades apenas parecem se comportar como vasos comunicantes — mas não os são.

Toda fonte de financiamento possui um titular, o dono do dinheiro. Do ponto de vista de quem cede os recursos, está sendo realizado um investimento. Se a prioridade dele for rentabilidade, o custo do financiamento para o tomador será maior; se a prioridade for liquidez, o tomador precisará devolver mais cedo os recursos para o financiador; e se a prioridade do investidor for segurança em receber de volta o capital e o retorno, implica dizer que o tomador incorrerá maior risco de perder patrimônio caso não devolva os recursos usados na data contratada. Portanto, a causa do nível de cada propriedade de financiamento é a expectativa do dono dos recursos em obter rentabilidade, liquidez ou segurança ao cedê-los ao tomador.

É possível estabelecer algumas relações de lógica na determinação dos níveis das propriedades das fontes de financiamento. Se um fornecedor de matéria-prima concede prazo para pagamento de uma compra por uma empresa que se supõe não estar bem financeiramente, provavelmente elevará o preço para compensar a baixa segurança em receber o dinheiro no futuro. Outro exemplo é o de investidores que compram ações da empresa sabendo que o retorno deverá ocorrer somente no longo prazo — certamente só as compram porque esperam alta rentabilidade ou maior segurança de que o retorno acontecerá.

Segue um exemplo peculiar ao Brasil. Se um banco investe priorizando rentabilidade ao emprestar recursos para empresas, ele sabe que perderá liquidez ou segurança — ou um pouco de ambos. Considerando a segurança sempre constante, os empréstimos com alta rentabilidade concedidos pelo banco tendem a apresentar uma liquidez baixa, ou seja, o empréstimo é de longo prazo. Portanto, para empresas tomadoras de recursos, em tese, os empréstimos de longo prazo tendem a ter custo maior. Em tese, porque a realidade do Brasil nem sempre é assim. Os empréstimos de longo prazo no Brasil podem ter custo menor para a empresa tomadora que os de curto prazo, a depender do momento econômico.

Os empréstimos de longo prazo são mais baratos no Brasil, porque a taxa de juros básica da economia (taxa SELIC), às vezes, é das mais altas do mundo. O governo aumenta a taxa de juros quando percebe tendência de aumento da inflação. O Tesouro Nacional e o Banco Central vendem títulos com o compromisso de pagar o valor captado remunerado àquela taxa de juros definida. Os bancos, em geral, só emprestam recursos a empresas e pessoas caso consigam cobrar uma taxa de juros ainda maior do que receberiam se comprassem títulos do governo. Sendo a taxa de juros básica já bastante elevada, as taxas de empréstimos cobradas pelos bancos das empresas são ainda mais altas — mesmo para contratos de curto prazo. Soma-se ainda a esse custo o *spread* excessivo do Brasil — que é a diferença entre o que o banco recebe quando empresta recursos e o quanto ele paga para captá-lo.

Existe demanda para empréstimos de curto prazo mesmo sendo caros. As empresas ainda conseguem encontrar oportunidades de investimento de curto prazo cuja rentabilidade é maior que a taxa de juros e, por outro lado, algumas necessitam dos empréstimos para cobrir as emergências de déficits de caixa. No entanto, as linhas de crédito de longo prazo teriam custos ainda maiores que as de curto prazo. Tão maiores que as empresas não conseguiriam encontrar projetos de investimento com uma rentabilidade superior. Como consequência, as empresas não demandam recursos de linhas de crédito de longo prazo dos bancos. Logo, os bancos não as oferecem. De modo geral, os bancos no Brasil não têm linhas de crédito de longo prazo para as empresas a partir do repasse do dinheiro dos depositantes e aplicadores.

Sem empréstimos de longo prazo, as empresas não fazem investimentos de longo prazo — como a construção de prédios, hidroelétricas, serviços de transporte aéreo, fábricas de roupas e produção de alimentos. No entanto, sem investimentos de longo prazo, o país para. A fim de contornar o problema, o Governo Federal permite aos bancos credenciados usarem dinheiro público para repassá-lo às empresas sob a forma de empréstimo de longo prazo com taxas de juros reduzidas, subsidiadas (porque parte da taxa é paga pelo governo). Usando recursos públicos para emprestar, as linhas de crédito de longo prazo existentes são muito mais baratas do que se os bancos repassassem dinheiro dos depositantes e aplicadores.

Cada linha de crédito bancária de longo prazo oferecida no Brasil pelos bancos credenciados usa recursos públicos para emprestar às empresas, conforme resume Quadro 11.4.

LINHAS DE CRÉDITO	ORIGEM DOS RECURSOS (*FUNDING*)
Fundos Constitucionais de Financiamento: ▹ FNO — Norte. ▹ FNE — Nordeste. ▹ FCO — Centro-Oeste.	Fundo formado por 3% da arrecadação dos impostos sobre a renda e proventos (IR), e sobre produtos industrializados (IPI).
Diversas linhas de crédito do PROGER — Programa de Geração de Emprego e Renda.	Usa recursos do FAT (Fundo de Amparo ao Trabalhador), cobrado compulsoriamente das empresas junto com os pagamentos ao INSS.
BNDES: ▹ Cartão BNDES. ▹ BNDES Giro. ▹ FINAME. ▹ FINEM. ▹ Outras linhas.	Recursos do FAT, PIS/PASEP, repasses do Tesouro Nacional e outras fontes de recursos públicos.

Quadro 11.4. Principais linhas de crédito de longo prazo no Brasil.
Fonte: O autor.

Os recursos emprestados pelo governo federal são provenientes de diversas fontes — como o BNDES, com vendas de títulos e recolhimento de contribuições específicas, fundos constitucionais de desenvolvimento regionais (Norte, Nordeste e Centro-Oeste), Fundo de Amparo ao Trabalhador (FAT) e FGTS. Essas fontes são usadas para realizar empréstimos às empresas que solicitam os recursos prioritariamente para investimentos de longo prazo por meio dos bancos da rede credenciada pelo governo.

Os empréstimos de longo prazo estão acessíveis a empresas de qualquer porte e setor, contanto que demonstrem a viabilidade técnica, econômica e comercial do investimento, ofereçam as garantias e demonstrem capacidade de pagamento.

Como parte dos juros é paga pela empresa tomadora com recursos públicos, na prática tais empréstimos de longo prazo no Brasil passam a ter custos muito mais baixos que empréstimos de curto prazo. Em países cuja taxa básica de juros é baixa, a maior parte das linhas de crédito de longo prazo dos bancos é oferecida com recursos da própria instituição financeira. Logo, as taxas de longo prazo são mais caras que as de curto prazo, o que seria natural em uma economia mais equilibrada que a brasileira.

11.5 Níveis das propriedades das fontes de financiamento

As propriedades possuem diferentes níveis de acordo com a natureza de sua classificação.

Pelo Quadro 11.5, é possível conhecer os níveis das propriedades.

	CAPITAL PRÓPRIO	CAPITAL DE TERCEIROS
CURTO PRAZO	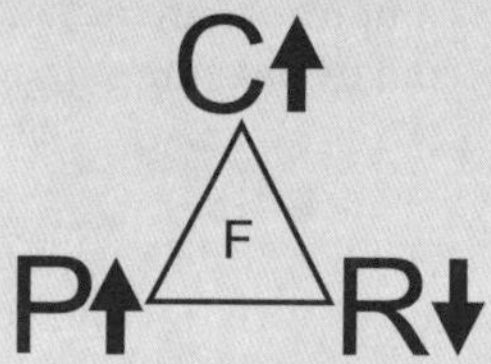 ▹ Reserva de caixa.	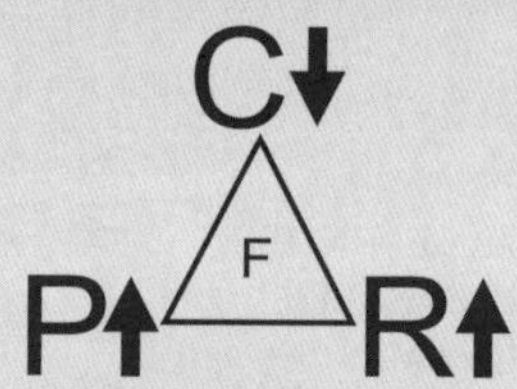 ▹ Crédito rotativo. ▹ Desconto de recebíveis. ▹ Linhas de crédito bancário de curto prazo. ▹ Crédito de fornecedores. ▹ Venda de Notas Comerciais. ▹ Operações no mercado financeiro.
LONGO PRAZO	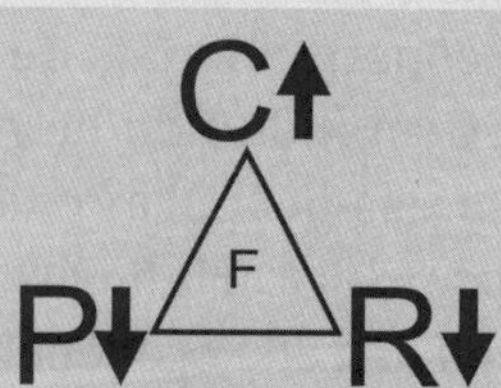 ▹ Reserva de caixa. ▹ Venda de ações. ▹ Aumento do capital social.	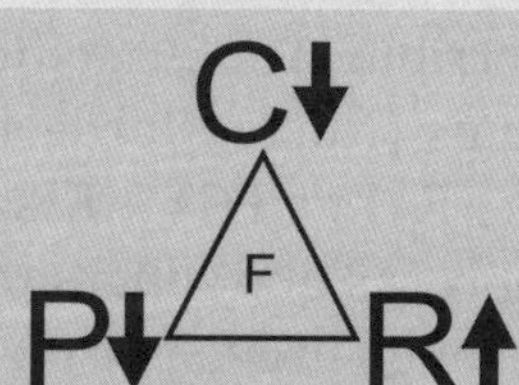 ▹ Linhas de crédito bancárias de longo prazo. ▹ Venda de debêntures.

Quadro 11.5. Níveis das propriedades das fontes de financiamento.
Fonte: O autor.

As fontes de curto prazo têm maior urgência para devolução à fonte. Para as fontes de longo prazo — seja capital próprio ou de terceiros —, a urgência para devolução é menor, o que implica a empresa poder permanecer por mais tempo com os recursos.

O risco do capital de terceiros é maior que o do capital próprio. Se a empresa não pagar de volta aos credores os recursos tomados com os devidos juros até a data de vencimento, a punição em forma de multa, juros de mora e custas processuais são imediatas. Para o uso de recursos da própria empresa ou advindos dos donos, há também uma punição se os recursos não forem devolvidos até a data programada — afinal, a empresa precisa remunerar os donos, mas ela não ocorre de imediato. Por isso o risco por uso de capital próprio é menor que o de capital de terceiros.

O custo de capital próprio é maior que o custo pelo uso de capital de terceiros. Por mais estranho que pareça, o uso de empréstimos bancários e outras fontes de terceiros é mais barato para a empresa que o capital próprio.

O motivo decorre das oportunidades de investimento do dono do negócio. Há várias possibilidades de investimento: ações de outras empresas, imóveis, títulos públicos e outros. Se o investidor efetivamente possui a empresa, é de se esperar que essa é a oportunidade de aplicação mais rentável à sua disposição. Deve-se pensar em comparar oportunidades com níveis semelhantes de segurança e liquidez. Se a empresa não fosse a melhor oportunidade de investimento, seria racional que ele a vendesse e aportasse os recursos naquela que lhe traria maior retorno pelo valor aplicado. Portanto, a empresa é a oportunidade de investimento com maior rentabilidade para o capital do empresário.

Uma outra possibilidade de investimento é emprestar dinheiro no mercado. Fazendo isso, o empresário obteria a rentabilidade correspondente à taxa de juros de empréstimos correntes. Quem empresta dinheiro, em princípio não consegue obter uma taxa de juros superior ao que os demais ofertantes do mercado estão praticando. A taxa de juros de empréstimos é estabelecida pelas forças de oferta e demanda do mercado.

Se a taxa de juros para empréstimo fosse superior à rentabilidade da empresa, o empresário também deveria vender a empresa e emprestar dinheiro. Na prática as condições não são tão fáceis assim, mas o princípio permanece válido. Conclui-se, então, que a rentabilidade da empresa é superior à taxa de mercado.

A rentabilidade da empresa é o quanto ela é capaz de gerar de caixa em relação a seu valor, dada a eficiência da atividade produtiva que ela exerce. Se a produção da empresa consegue oferecer uma rentabilidade ao capital superior às outras modalidades de aplicação que o empresário tem à disposição, então essa é a rentabilidade que o empresário exige para seu capital. Se a empresa pode gerar dada rentabilidade — do ponto de vista da empresa —, essa rentabilidade passa a ser o quanto ela precisa remunerar o dono do capital, ou seja, passa a ser seu custo de capital próprio[3].

A Figura 11.7 facilita esse entendimento.

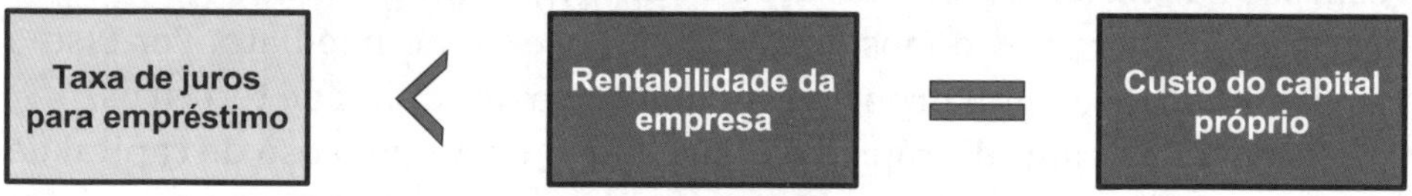

Figura 11.7. Relação entre Taxa de Juros, Rentabilidade da empresa e Custo de capital próprio.
Fonte: O autor.

A taxa de juros é a remuneração para a oportunidade de investimento emprestar dinheiro. A rentabilidade da empresa é superior por natureza a qualquer outra oportunidade. Pelo outro lado, o empresário exige tudo o que a empresa pode repassar pelo capital investido, o que representa para a empresa um custo de capital. Assim, o custo do capital próprio é maior que a taxa de juros de empréstimo.

[3] A rentabilidade da empresa é equivalente ao custo do capital próprio quando a empresa não faz uso de capital de terceiros. Quando o faz, a rentabilidade da empresa é equivalente ao custo do capital total, medido pelo *Weighted Average Cost of Capital* (WACC) ou, em português, Custo Médio Ponderado de Capital.

12

Escolha das Fontes de Financiamento

12.1 Critérios de escolha das fontes de financiamento

A escolha da fonte de financiamento é feita em função das características do investimento a ser realizado. São as características do investimento que direcionam o tipo de fonte de financiamento recomendado para uso. Se o gestor medir — por meio do VPL e da TIR — que a rentabilidade do investimento pretendido é baixa, deve-se usar alguma fonte de financiamento com custo baixo. Se a liquidez — medida pelo *Payback* — for baixa, deve-se procurar usar uma fonte de financiamento com urgência de pagamento também baixa. E se a segurança — medida pelo VaR — for baixa, é recomendado ao gestor escolher uma fonte de financiamento com risco baixo. Para cada combinação de rentabilidade, liquidez e segurança do projeto de investimento, a empresa pode decidir por fonte de financiamento que atenda a esses atributos, conforme mostra a Figura 12.1. Esta é apenas uma recomendação cuja justificativa será explicada a seguir — não se trata de uma exigência gerencial ou teórica.

A escolha da fonte de financiamento deve partir da verificação da fragilidade do investimento. Na Figura 12.1, o investimento possui a propriedade de segurança baixa. Nesse caso, recomenda-se que a fonte de financiamento tenha risco baixo. Se houvesse duas propriedades do investimento com nível baixo, a fonte de financiamento precisaria ter as duas propriedades correlatas também em níveis baixos.

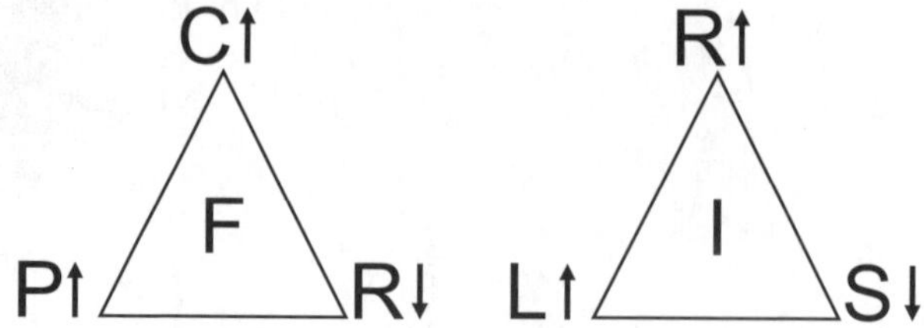

Figura 12.1. Relação entre propriedades de investimento e de financiamento. Destaque para a correspondência do sentido das setas de investimento (R, L, S) respectivamente com as de financiamento (C, P, R).
Fonte: O autor.

A relevância na escolha da fonte de financiamento para realizar o investimento está no resultado do processo para a empresa. Se um investimento de longo prazo for feito com uma fonte de financiamento de curto prazo, provavelmente a data para reposição do recurso usado ocorrerá antes do retorno do investimento. Poderá haver insuficiência de caixa para pagar de volta a fonte de financiamento.

Se a rentabilidade do investimento for baixa, e o custo do dinheiro usado for alto, a empresa poderá ter que pagar à fonte de financiamento um valor maior que o recebido do retorno do investimento. Nesse caso, seria melhor não fazer esse investimento, já que faria a empresa desembolsar mais que do que receberia.

Investir em projetos de baixa segurança com fonte de financiamento de alto risco sujeitará a empresa a uma forte consequência negativa — visto que a confiança no recebimento do retorno é baixa. Possivelmente a empresa seria alvo de cobranças judiciais ou outros tipos de ônus financeiros pela falta de pagamento em dia dos compromissos com credores.

O Quadro 12.1 resume o que pode acontecer quando a fonte de financiamento não é adequadamente escolhida.

O objetivo principal ao se escolher a fonte de financiamento é o mesmo para qualquer decisão em finanças corporativas: aumentar ao máximo o valor da empresa. Ao investir com recursos condizentes com as expectativas de retorno, a empresa aumenta as chances de gerar valor no decorrer do tempo.

De maneira a identificar exatamente qual ou quais das fontes de financiamento serão usadas para efetuar um investimento, convém organizá-las conforme suas características de custo, urgência de pagamento e risco.

FINANCIAMENTO		INVESTIMENTO		OCORRÊNCIAS
Custo (C)	↑	Rentabilidade (R)	↓	Gastar mais para repor o financiamento que receber pelo investimento.
Urgência de pagamento (P)	↑	Liquidez (L)	↓	Pagar o financiamento antes de receber retorno do investimento.
Risco (R)	↑	Segurança (S)	↓	Incorrer em consequências negativas pela baixa confiança em receber retorno.

Quadro 12.1. Resumo das ocorrências ao usar fontes de financiamento com características inadequadas para o investimento.

Fonte: O autor.

As fontes de financiamento são caracterizadas de acordo com a origem. O capital próprio tem custo maior que o capital de terceiros. Os recursos de curto prazo têm urgência de pagamento maior que os de longo prazo. E o capital próprio oferece menor risco que o capital de terceiros. As características das fontes de financiamento são resumidas no Quadro 12.2.

Um investimento não precisa usar somente uma fonte de financiamento. O conjunto de fontes de financiamento usado para viabilizar o investimento é chamado de estrutura de financiamento. A estrutura de financiamento pode ser composta por apenas uma fonte ou por várias fontes. A escolha da estrutura de financiamento deve ser compatível com as características do investimento escolhido.

Na Figura 12.1, como o investimento oferece vantagens tanto na rentabilidade quanto na liquidez, que são altas, pode-se supor que a segurança é bastante baixa. Para contrabalançar tão baixa segurança, a fonte de financiamento deve possuir risco muito baixo. Para se conseguir o menor risco possível do financiamento, o gestor precisa assumir alto custo e elevada urgência de pagamento (curto prazo). Seguem outros exemplos de composição da estrutura de financiamento. Observe que as propriedades de investimento são estimadas segundo os indicadores de viabilidade tradicionais: VPL, TIR, *Payback* e VaR.

Observa-se nos exemplos a seguir que a estrutura de financiamento é escolhida a partir do ponto mais frágil do investimento. Se o investimento possuir baixa rentabilidade, deve-se escolher estrutura de financiamento com baixo custo. Se a segurança do investimento for baixa, o risco do financiamento deve ser baixo, e assim por diante.

	CAPITAL PRÓPRIO	**CAPITAL DE TERCEIROS**
CURTO PRAZO	C↑ P↑ R↓ (F) ▹ Reserva de caixa.	C↓ P↑ R↑ (F) ▹ Crédito rotativo. ▹ Desconto de recebíveis. ▹ Linhas de crédito bancário de curto prazo. ▹ Crédito de fornecedores. ▹ Venda de Notas Comerciais. ▹ Operações no mercado financeiro.
LONGO PRAZO	C↑ P↓ R↓ (F) ▹ Reserva de caixa. ▹ Venda de ações. ▹ Aumento do capital social.	C↓ P↓ R↑ (F) ▹ Linhas de crédito bancárias de longo prazo. ▹ Venda de debêntures.

Quadro 12.2. Fontes de financiamento com respectivos conjuntos de características.
Fonte: O autor.

12.2 Exemplos de escolha de fontes de financiamento

Exemplo 1

Contexto

A TopSaúde, clínica médica de pequeno porte com mais de dez anos de funcionamento, com uma clientela já formada, mas com capacidade de ampliação de atendimento, pretende fazer sua primeira campanha publicitária para aumentar a carteira de clientes.

Investimento
A clínica colocou em uma planilha os gastos com a campanha durante dois meses e estimou os recebimentos mensais por até seis meses adiante. Ela tomou o cuidado para as vendas serem decrescentes mensalmente — daqueles atendimentos provenientes somente da campanha.

Supondo-se que as medidas das propriedades de investimento tenham ficado em: Alta Rentabilidade, Alta Liquidez e Baixa Segurança, qual fonte de financiamento deveria ser utilizada?

Faz sentido que a segurança seja baixa. Considerando que a clínica deve obedecer às restrições de publicidade do Conselho de Medicina e considerando não haver experiência anterior sobre os resultados de campanhas publicitárias, é de se concordar que a confiança do retorno no investimento seja baixa em relação a outras modalidades.

Valor do Investimento: R$35.000

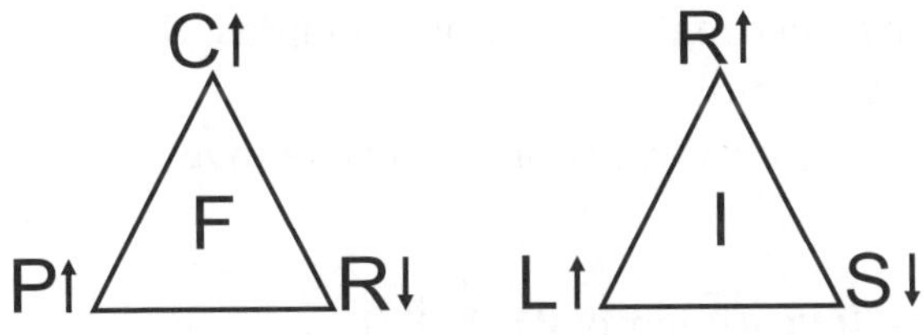

Financiamento
Considerando a baixa segurança e a fragilidade do investimento, convém buscar uma fonte cujo risco seja também baixo. Assim, caso a campanha de publicidade não obtenha o retorno esperado, haverá menos impacto negativo se a empresa não conseguir devolver no prazo estabelecido o dinheiro levantado.

A combinação de níveis de propriedade da fonte de financiamento corresponde no Quadro 12.2 a capital próprio de curto prazo.

Estrutura de Financiamento

a) Reserva de caixa de curto prazo (100%) — R$35.000

Caso a campanha publicitária não consiga elevar as vendas como esperado, a clínica não sofreria uma consequência negativa de imediato pelo fato de não devolver o dinheiro investido à conta de reserva, na data programada. Como o capital pertence à própria clínica, o atraso na devolução não implica um grande ônus imediato.

Exemplo 2

Contexto

A Pizzaria Formaggio possui um salão com 40 mesas e faz entregas na região. Devido à boa qualidade da pizza, ela está recebendo pedidos de outros bairros; no entanto, sua capacidade já está quase no limite. Assim, a pizzaria pretende comprar um novo forno.

Investimento

O dono da pizzaria fez a planilha dos gastos em uma adequação do espaço onde ficará o novo forno, o forno próprio, e os confrontou com as estimativas de novas vendas. Não haverá necessidade de contratar pessoal novo.

As medições das propriedades de investimento ficaram como à direita.

Valor do Investimento: R$18.000

Financiamento

Nesse caso, há duas propriedades de investimento com fragilidades — a segurança e a liquidez. Convém que a pizzaria escolha uma fonte de financiamento com baixa urgência de devolver os recursos, ou seja, uma fonte de longo prazo. Além disso, é importante que o risco também seja baixo, para o caso de não ser capaz de devolver o dinheiro à fonte.

O custo na fonte de financiamento poderá ser elevado, mas conseguirá atender às fragilidades do investimento.

Estrutura de Financiamento

a) Reserva de caixa de longo prazo (100%) — R$18.000

Exemplo 3

Contexto

Uma pequena loja de artigos para casa e decoração irá encomendar enfeites para o Natal. As mercadorias da loja são, de maneira geral, de baixo preço e há algumas lojas na região que também vendem esses itens. A loja já possui uma clientela estável, mas sabe que não pode colocar os preços muito mais altos que a concorrência.

Investimento

A loja encomendará os enfeites de Natal para vendê-los ao longo dos meses de novembro e dezembro. Como os preços não poderão ser elevados, a margem será estreita e a rentabilidade do investimento baixa.

Valor do Investimento de R$28.000.

Financiamento

Sendo a fragilidade do investimento na baixa rentabilidade, a fonte de financiamento precisa ter um custo baixo. Os níveis das propriedades do financiamento sugerem — como equivalente no Quadro 16.2 — o capital de terceiros de curto prazo.

Estrutura de Financiamento
a) Crédito de fornecedor (100%) — R$28.000

As fontes de financiamento de capital de terceiros de curto prazo incluem a linha de crédito bancária, o que poderia ser uma escolha em vista da facilidade de uso. No entanto, no Brasil, o crédito de curto prazo ainda é excessivamente caro por desequilíbrio de mercado, o que o torna inadequado para uso. Para esse exemplo, poderá ser negociado com o fornecedor o parcelamento do pagamento da mercadoria em três ou quatro meses. Provavelmente se achará um fornecedor com capacidade financeira para parcelar a compra sem elevar demasiadamente o preço.

Poderá haver situações em que a combinação de níveis das propriedades das fontes de financiamento não corresponda a quaisquer dos quadrantes do Quadro 16.2. Nesse caso, poderá ser utilizada a fonte de uma das classificações — a depender da natureza do investimento — ou até mesmo duas fontes — cada qual de um quadrante diferente.

Exemplo 4

Contexto
A Padaria Pão de Sal está há muito tempo estabelecida. Ao longo dos anos, o bairro melhorou muito — com mais arborização e outras instalações públicas. Várias lojas de melhor nível também se instalaram por lá por causa da vinda de moradores com maior renda.

A padaria decidiu fazer uma reforma no ambiente de atendimento para atrair uma parcela maior desse novo público.

Investimento
A padaria investirá em melhoria do piso, do revestimento das paredes, do mobiliário, da iluminação, dos mostruários e de outros equipamentos de exposição dos produtos. O projeto de arquitetura prevê tornar o ambiente mais sofisticado para atrair a atenção dos moradores de mais alta renda.

Valor do Investimento: R$52.000

Financiamento
A composição das propriedades de financiamento não corresponde a uma classificação específica em capital próprio/terceiros ou curto/longo prazo. A fragilidade do investimento está na baixa liquidez.

O processo de escolha das fontes não segue uma regra única e padronizada para todas as situações. A observação da fragilidade do investimento para guiar a seleção da fonte é uma recomendação embasada — que pode ser flexibilizada a depender da ocasião.

Uma de pelo menos duas estruturas de financiamento poderia ser usada no exemplo.

Estrutura de Financiamento 1

a) Reserva de Caixa de Longo Prazo (100%) — R$52.000

ou

Estrutura de Financiamento 2

a) Linha de crédito bancária de longo prazo (100%) — R$52.000

A primeira estrutura de financiamento torna o custo dos recursos maiores, mas o risco passa a ser menor.

A segunda estrutura de financiamento torna o risco maior, mas o custo dos recursos passa a ser menor.

O gestor pode escolher uma ou outra estrutura, ou até criar outras possibilidades para financiar o investimento. A escolha dependerá muito das condições circunstanciais da empresa.

Exemplo 5

Contexto

Uma empresa possui várias máquinas de café expresso. Suas receitas provêm do aluguel recebido de bares e restaurantes que as usam e da venda do pó de café como suprimento das máquinas. A empresa descobriu um produto de um fornecedor que funciona na máquina da mesma forma que o suprimento de café — um tipo de chá com sabor especial.

Os clientes ainda não conhecem o produto e o fornecedor só consegue fornecer uma quantidade elevada de chá. Há o risco de a empresa ficar com o estoque do chá encalhado se o público não gostar do produto.

Investimento

A empresa pretende comprar um lote de chá e vender para os estabelecimentos clientes. Como o chá pode ser usado na mesma máquina que faz o café sem a necessidade de qualquer ajuste, não há outros gastos para o projeto.

O preço de venda é semelhante ao do café — o que não gera grande retorno para a empresa. A vantagem é que o giro é elevado.

Valor do Investimento: R$28.000

Financiamento

As fragilidades do investimento estão tanto na rentabilidade quanto na segurança. As fontes de financiamento poderiam ser de capital de terceiros — para obter baixo custo — ou capital próprio — para obter baixo risco.

A empresa pode também optar por mesclar os dois tipos de capital.

Estrutura de Financiamento

a) Reserva de caixa de curto prazo (40%) — R$11.200
b) Crédito de fornecedor (60%) — R$16.800

A reserva de caixa de curto prazo influenciará na redução do risco do financiamento — uma vez que não se sabe ao certo se os consumidores gostarão do chá.

Pode-se esperar que o fornecedor deseje ampliar sua rede de distribuidores e conceda crédito para a empresa pagar pelo chá após um mês, sem elevar muito o custo total do produto. Assim, a empresa conseguiria reduzir o custo da estrutura de financiamento.

As proporções da estrutura de financiamento do exemplo podem ser outras, assim como o uso de outras fontes. O exemplo apenas oferece uma recomendação sobre como a escolha de fontes pode ser feita.

Os exemplos mostrados apresentam investimentos simples, com gasto em apenas um elemento, como campanha publicitária, forno, mercadorias, reforma e chá. Em geral, os investimentos requerem gastos em mais de um elemento — compondo um projeto mais completo.

Projetos de investimentos com gastos em vários elementos geralmente pressupõem o uso de várias fontes de financiamento, como demonstrado nos exemplos a seguir.

Exemplo 6

Contexto

A Plastimil é uma fabricante de artigos de plástico. A área de Marketing constatou uma necessidade do público-alvo em determinada linha de produtos para cozinha com um design mais sofisticado.

Investimento

Os gastos deverão ocorrer majoritariamente na aquisição de novos equipamentos, novos tipos de insumos plásticos, consultoria técnica em design, pessoal especializado em produção, pesquisa de mercado, além de uma grande campanha publicitária.

O cálculo dos dados financeiros do projeto apontou para alta rentabilidade, alta liquidez e baixa segurança.

Valor do Investimento: R$120.000

Financiamento
O aspecto mais frágil do investimento é a segurança (muito baixa). O risco da fonte de financiamento também deve ser baixo. O atendimento ao custo e à urgência de pagamento passam a ser menos relevantes. A desvantagem de usar fonte de financiamento com alto custo e alta urgência de pagamento é compensada pelo baixo nível de risco.

Estrutura de Financiamento

a) Linha de crédito de longo prazo (15%) — R$18.000
b) Crédito de fornecedor (10%) — R$12.000
c) Reserva de caixa de curto prazo (75%) — R$90.000

A reserva de caixa de curto prazo poderá ser usada para pagar os serviços de consultoria técnica em design, de pessoal especializado em produção, de pesquisa de mercado e a campanha publicitária. Os investimentos em pessoas — como conhecimento e mão de obra — são, por natureza, de baixa segurança. Por isso, é recomendado que os recursos tenham baixo risco.

Por haver diversos elementos no projeto de investimento, é possível abrir a possibilidade para a escolha das fontes ficar mais alinhada com as propriedades dos gastos. Por exemplo, a aquisição dos equipamentos pode ser realizada com linha de crédito de longo prazo, que pode servir para bancar a instalação e eventual treinamento do pessoal para usá-los. Os efeitos de usar essa fonte são, tanto o de reduzir um pouco a urgência para devolução, quanto o de manter para baixo o risco. Apesar de a fonte ser de alto risco — pelo fato de a proporção ser de apenas 15% —, não deverá interferir tanto no conjunto da estrutura.

Os novos insumos plásticos a serem tratados nas máquinas podem ser adquiridos por meio da negociação com o fornecedor. Apesar de o custo do financiamento não ser prioridade, essa fonte trabalhará para puxar para baixo o custo da estrutura de financiamento.

A estrutura de financiamento foi composta com 75% de capital próprio, garantindo a redução do risco, mas permitindo com que os 25% de capital de terceiros diminuíssem o custo no que fosse possível. Os 15% de capital de longo prazo influenciam um pouco na redução da urgência para devolução dos recursos à fonte.

As propriedades do investimento poderiam fazer com que o gestor decidisse por usar 100% de recursos próprios de curto prazo — como corresponde no Quadro 16.2. Contudo, a composição de diversas fontes de financiamento para projetos de investimento com múltiplos elementos pode resultar em um melhor equilíbrio.

Exemplo 7

Contexto

A confeitaria Bom-bocado é uma loja tradicional e conhecida pela qualidade de seus produtos. Ela pretende criar uma linha de tortas e doces sem açúcar, sem lactose e sem glúten.

Investimento

O projeto de investimento é composto pela aquisição de alguns novos equipamentos, treinamento dos confeiteiros, novos ingredientes, horas-extras para criar as receitas e campanha publicitária. A avaliação do investimento feito a partir dos dados coletados junto à clientela estimou baixa rentabilidade, alta liquidez e alta segurança.

Valor do Investimento: R$30.000

Financiamento
O custo do financiamento precisa ser bastante baixo.

Estrutura de Financiamento

a) Linha de crédito bancária de curto prazo (50%) — R$15.000
b) Linha de crédito bancária de longo prazo (30%) — R$4.500
c) Reserva de caixa de curto prazo (20%) — R$10.500

A estrutura de financiamento permite atender à baixa rentabilidade do investimento ao ser composta de 80% de recursos de terceiros. A linha de crédito de curto prazo precisa ser algum empréstimo com taxa de juros subsidiada.

O uso da reserva de caixa de curto prazo trabalhará para reduzir um pouco o risco do financiamento — mesmo que tenda a elevar o custo.

A linha de crédito de longo prazo pode ser usada para adquirir os equipamentos. A linha de curto prazo e a reserva de caixa podem ser somadas para pagar o treinamento, os novos ingredientes, as horas-extras para criar as receitas e a campanha publicitária.

Exemplo 8

Contexto
A Metalúrgica Vale do Cotinguiba pretende ampliar a produção por meio da instalação de um novo centro de usinagem e de um novo torno mecânico.

Investimento
Os gastos consistem em duas máquinas, reforma para o local onde elas serão instaladas, aquisição de mais um computador, treinamento de pessoal, aquisição de matéria-prima adicional e programa de manutenção.

As vendas adicionais estimadas pelo uso das duas novas máquinas, em comparação com os gastos levantados, foram os números necessários para os cálculos dos níveis das propriedades abaixo.

Valor do Investimento: R$200.000

Financiamento
Considerando os múltiplos elementos do investimento, a Cotinguiba pode compor a estrutura de financiamento com diversas fontes. A prioridade é atender à baixa liquidez.

Estrutura de Financiamento

a) Linha de crédito bancária de longo prazo (60%) — R$120.000
b) Reserva de caixa de longo prazo (30%) — R$60.000
c) Crédito de fornecedor (10%) — R$20.000

As duas principais fontes de financiamento são de longo prazo. O crédito proveniente do fornecedor pode ser usado para aquisição de matéria-prima adicional ao volume de produção antes da instalação das máquinas. Apesar de ser uma fonte de curto prazo, ela ajudará a reduzir um pouco o custo do financiamento geral.

Exemplo 9

Contexto
A Supervarejo é uma rede de médio porte de supermercados e pretende abrir uma nova unidade.

Investimento
A unidade incorrerá em gastos com obras civis, equipamentos, gôndolas de prateleiras, mercadorias, contratação e treinamento de pessoal e campanha publicitária. Com as vendas estimadas mensalmente e cálculo dos indicadores de viabilidade, a

combinação de níveis de propriedades do investimento ficaram assim.

Valor do Investimento: R$1.200.000

Financiamento

As obras civis serão executadas por um fundo de investimentos que adquiriu o terreno e construirá o edifício do supermercado em troca de um contrato de recebimento de aluguel no longo prazo, operação conhecida como *build-to-suit*. Nesse caso, a Supervarejo não precisará se preocupar em obter financiamento para erguer o prédio, visto que o investimento em obras civis não está computado para medir as propriedades do projeto.

Considerando a baixa rentabilidade do investimento — devido provavelmente às baixas margens dos produtos no varejo —, os financiamentos precisam ter um custo bastante baixo.

Estrutura de Financiamento

a) Crédito de fornecedor (60%) — R$720.000
b) Linha de crédito bancária de longo prazo (30%) — R$360.000
c) Reserva de caixa de longo prazo (10%) — R$120.000

Os 90% de capitais de terceiros devem garantir o baixo custo do financiamento. A linha de crédito bancária servirá para adquirir parte dos equipamentos. Por ser de longo prazo, ajudará a reduzir a urgência para devolução à fonte. A reserva de caixa, embora com proporção pequena, funcionará para diminuir um pouco o risco do financiamento.

A alta proporção de crédito de fornecedor advém da disposição dos distribuidores e fabricantes em conceder condições especiais para aquisição das mercadorias. Afinal, será mais um ponto de venda de seus próprios produtos.

Exemplo 10

Contexto
A Xisum, empresa desenvolvedora de sistemas altamente especializados para aplicações industriais e agrícolas, planeja criar um setor de Pesquisa e Desenvolvimento. O objetivo do setor é criar tecnologias que eventualmente possam ser convertidas em produtos.

Investimento
A estimativa de vendas é bastante alta, visto haver grande demanda para redução de custo de processos industriais dos clientes e de aumento de produtividade de empresas do agronegócio. Os gastos serão em maior parte na contratação de pessoal e treinamento. Será necessário adquirir novos equipamentos e computadores e uma área do prédio deverá ser reformada.

A combinação de níveis de propriedades do investimento foi medida como segue.

Valor do Investimento: R$150.000

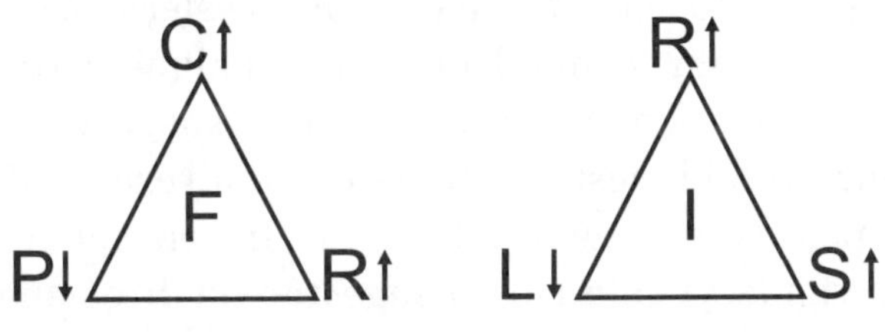

Financiamento
A baixa liquidez do projeto demanda fontes de longo prazo.

Estrutura de Financiamento

a) Linha de crédito bancária de longo prazo (70%) — R$105.000
b) Reserva de caixa de longo prazo (30%) — R$45.000

Ambas as fontes são de longo prazo. Considerando a segurança elevada do investimento, a Xisum pode confiar uma maior parte do financiamento a capitais de terceiros de longo prazo, o que contribuirá para uma significativa redução do custo de capital.

> Os recursos da linha de crédito deverão ser usados para aquisição dos equipamentos, computadores e na reforma da área onde a equipe trabalhará.
>
> A reserva de caixa deverá ser essencialmente usada na contratação e treinamento do pessoal.

Nos dez exemplos, as propriedades dos investimentos são dadas. Do ponto de vista didático — visto que o que se pretende mostrar é o lado do financiamento —, fica mais apropriado não se estender muito sobre o investimento. É preciso ressaltar que as propriedades dos investimentos foram supostamente mensuradas nos exemplos pelo VPL, TIR, *Payback*, Desvio-padrão, VaR e outros indicadores de viabilidade. Esses cálculos não foram mostrados nos exemplos, mas em situações reais eles devem ser feitos. Os níveis das propriedades dos investimentos são previamente estimados de modo criterioso. Os níveis das propriedades dos financiamentos são — estes sim — escolhidos, de acordo com os níveis dos investimentos.

As escolhas de fontes de financiamento dos exemplos têm em comum a mensagem de que não há regra objetiva e clara sobre quais fontes devem ser usadas. O que se pode assumir é que a seleção das fontes determina o resultado financeiro de toda a operação. A abordagem de identificar a fragilidade do investimento como direcionador da seleção é consistente, mas não pode ser tomada como compulsória para qualquer situação.

Mesmo as indicações para direcionar recursos de determinada fonte para certo elemento do investimento — como a reserva de caixa para a contratação do pessoal no exemplo 10 — não devem ser entendidas como uma prescrição rígida. O objetivo da sugestão de direcionamento é mostrar como as características das fontes acabam sendo mais relacionadas a determinados tipos de investimentos de acordo com suas propriedades.

12.3 Formação das estruturas de financiamento das empresas

Reforçar que a escolha das fontes altera o resultado do investimento é muito relevante. Especialmente porque, na realidade das empresas em geral, não se toma muito cuidado com as fontes. Há inúmeras pesquisas em diversos países demonstrando que as empresas tendem a buscar fontes de recursos que sejam mais acessíveis. O critério de escolha não se relaciona tanto com as características do investimento, mas sim pela facilidade em obter os recursos — não importando tanto de onde.

À medida que a empresa incorpora novos projetos e programas de investimento com as respectivas fontes de financiamento, tanto uma espécie de carteira de investimentos quanto uma estrutura de financiamento que compreende toda a empresa vão sendo formados. A visão é que a empresa é de fato um portfólio de investimentos na atividade principal, sendo financiado por um conjunto de fontes de financiamento que foram escolhidas de acordo com as peculiaridades desses mesmos investimentos. O Quadro 12.3 relaciona as fontes de financiamento para respectivos projetos e programas de investimento. Para facilitar o entendimento, supõe-se que todos os investimentos da empresa estão relacionados no quadro e que cada um deles requer exatamente R$100 para sua realização. Assim, é possível observar o total de cada fonte de financiamento compondo a estrutura de toda a empresa.

FONTES	INVESTIMENTOS
Crédito de fornecedor — R$80 Reserva de caixa de curto prazo — R$20	Programa 1 (↓R, ↑L, ↑S)
Reserva de caixa de curto prazo — R$70 Linha de crédito de curto prazo — R$30	Programa 2 (↑R, ↓L, ↑S)
Reserva de caixa longo prazo — R$60 Crédito de fornecedor — R$25 Linha de crédito de longo prazo — R$15	Projeto 1 (↑R, ↓L, ↓S)
Reserva de caixa de curto prazo — R$100	Projeto 2 (↓R, ↑L, ↓S)
TOTAIS	**TOTAL DOS INVESTIMENTOS**
Reserva de caixa de curto prazo — R$190 Reserva de caixa de longo prazo — R$60 Linha de crédito de curto prazo — R$30 Linha de crédito de longo prazo — R$15 Crédito de fornecedor — R$105	R$400

Quadro 12.3. Representação de estrutura de financiamento para todos os investimentos da empresa.
Fonte: O autor.

O quadro é ilustrativo. Uma empresa possui muito mais projetos e programas de investimento e uma variedade maior de fontes de financiamento usadas. Além disso, a dinâmica do mercado e da própria empresa faz com o quadro se modifique constantemente. Apesar de ser uma simplificação, o modelo dá forma à ideia de que a empresa é um portfólio de investimentos — todos eles voltados coordenadamente para a atividade principal. Para financiar todos os projetos e programas, são escolhidas as fontes de financiamento mais adequadas de acordo com as características dos respectivos investimentos. Quando se amplia a visão para toda a empresa, observa-se o formato do portfólio de investimentos na atividade em que a empresa é competitiva no mercado.

Na prática, é muito difícil de se manter atualizado um painel de controle relacionando as fontes com os investimentos — especialmente porque as empresas são influenciadas para tomar decisões de investimento e de captação de recursos sem sequer analisar o impacto no quadro geral, apenas pela oportunidade imediata. Contudo, o esforço de se criar e manter um controle das fontes de financiamento permitirá que se tenham condições mais apropriadas para a elevação do valor de mercado da empresa no longo prazo.

13

Custo do Capital Próprio

O custo do capital próprio é um dos elementos mais importantes em gestão financeira. A taxa obtida é usada nos principais indicadores para acompanhar a saúde financeira da empresa e seu desempenho — como o valor de mercado, a rentabilidade da operação e a estrutura de capital.

Tão grande quanto sua importância é a quantidade de controvérsias sobre como obtê-lo. Há a literatura tradicional, que estabelece métodos de cálculo — que são apresentados adiante —, e há as proposições de cunho prático para o gestor financeiro melhor encontrar o caminho para gerir a empresa — também apresentadas e discutidas para ajudar na formação de opinião sobre o assunto.

O custo de capital se refere ao uso das fontes de financiamento para realizar os investimentos previamente identificados.

O uso das fontes de financiamento implica em duas condições que são necessariamente obedecidas, o dinheiro deve ser devolvido à mesma fonte em uma data programada; e, juntamente com a devolução do valor, deve se pagar remuneração à respectiva fonte pelo uso dos recursos.

O detentor do dinheiro — ou seja, a fonte de financiamento — só cede os recursos justamente porque espera ser remunerado. Desse ponto de vista, a fonte atua como investidor que aloca recursos para a empresa tendo antes analisado as propriedades de rentabilidade, liquidez e segurança. Do ponto de vista da empresa que recebe os recursos, supostamente houve uma análise dos níveis das propriedades de custo, prazo (urgência de devolução) e risco presentes nas fontes de financiamento.

Como as propriedades do investimento são diametralmente opostas às do financiamento, tem-se que a rentabilidade esperada pelo detentor do recurso seja equivalente ao custo incorrido pela empresa ao tomar o capital.

A abordagem sobre o custo de capital é dividida entre capital próprio e de terceiros. O custo de capital de terceiros — que é mais simples — é discutido no capítulo Custo do Capital Total.

A seguir, são apresentados os modelos para cálculo do capital próprio mais conhecidos e usados mundialmente.

13.1 Taxa Mínima de Atratividade (TMA)

A TMA é a forma mais simples de estabelecer o custo do capital próprio.

O nome já indica do que se trata, é a atratividade mínima que o dono do capital — nesse caso a própria empresa — requer para usar seu dinheiro.

O gestor financeiro da empresa entende que, para alocar seu dinheiro em algum investimento, a rentabilidade deve ser minimamente atrativa. Já que a empresa está usando seu próprio capital, e para usá-lo ela requer que o projeto onde investir apresente uma rentabilidade mínima, então essa rentabilidade passa a ser também o custo do mesmo capital.

A TMA é expressa como:

$$MA = R_f + Prêmio$$

Sendo:
R_f= Rentabilidade esperada sem risco
Prêmio = Prêmio pelo risco incorrido

A rentabilidade esperada sem risco é a taxa de retorno que o gestor espera obter investindo em uma modalidade cuja segurança é máxima — ou seja, certeza de que haverá retorno. Rigorosamente, não existe investimento com segurança absoluta de retorno, mas considera-se que a compra de títulos públicos do Tesouro Nacional (TN) seja virtualmente sem riscos de se sofrer calote. Os títulos públicos do Tesouro Nacional são como empréstimos que as pessoas e empresas fazem ao Governo Federal. Como o governo tem a faculdade de elevar a receita tributária caso se encontre sem caixa para pagar os compromissos com os títulos, entende-se que essa modalidade é livre de risco.

Prêmio pelo risco é a recompensa que o investidor espera receber por assumir o risco de perder parte ou total do capital investido. Por isso é que quem contrata um seguro de vida paga à seguradora o que se chama de prêmio. A seguradora recebe a compensação por incorrer na chance de ter que desembolsar um valor para o segurado, caso um sinistro aconteça. Qualquer investimento — que não seja aquisição de título público do TN — apresenta risco. A parcela da rentabilidade que recompensa esse risco é chamada de prêmio.

Para investir, a empresa quer receber o que obteria em títulos públicos — sem correr riscos — e, claro, uma parcela que venha a cobrir o risco inerente especificamente ao projeto que pretende investir. Por esse motivo, a TMA é composta da taxa sem risco mais o prêmio pelo risco específico do investimento em vista.

Caso o investimento seja em algum projeto há muito conhecido pela empresa — por exemplo, abrir uma nova loja depois de dezenas de outras já em funcionamento —, o risco é bem menor do que se investisse em uma nova área do mercado. Afinal, se a empresa já abriu dezenas de lojas, ela já sabe com bastante segurança como deverá se comportar uma nova unidade. Agora, se a empresa investir em outro setor do mercado, o risco desse investimento tenderá a ser maior que a nova loja.

Nesse caso, para uma nova loja, o prêmio requerido na TMA deverá ser menor que o investimento com maior risco como o de entrar em outro setor do mercado.

As principais características da TMA são o alto nível de subjetividade e a grande simplicidade de seu uso.

Como já se pode depreender, a composição do valor das duas variáveis dependerá muito da escolha de quem estiver calculando a taxa. A rentabilidade sem risco é frequentemente tomada pela taxa básica de juros (SELIC), mas há argumentos bastante sólidos para se adotar outra taxa.

Os investidores não auferem exatamente a taxa SELIC em seus investimentos. O que se pode usar como parâmetro é uma rentabilidade atrelada à SELIC — abaixo dela — por meio de verificação das remunerações passadas auferidas por fundos de aplicação financeira em DI, renda fixa, ou até em títulos listados no Tesouro Direto[1]. Quaisquer dessas modalidades de aplicação apresentará uma taxa um pouco diferente umas das outras. Diferentes profissionais usariam diferentes taxas e todas estariam rigorosamente corretas, apesar de serem valores diversos.

---

1 Fundo DI (Depósito Interfinanceiro), Renda Fixa e títulos do Tesouro Direto são tipos de aplicação financeira, que por serem concentrados em títulos do governo ou de empresas sólidas, apresentam risco muito baixo de perda de capital.

A outra parcela da equação da TMA é o prêmio pelo risco. Essa parte é ainda mais subjetiva, porque o investidor tem plena autonomia para escolher qual recompensa espera receber por alocar seu capital no risco do investimento em questão. Como não existe um padrão amplamente aceito para cálculo das infinitas possibilidades de investimento existentes, o dono do dinheiro tem total liberdade de estabelecer o quanto quer receber como compensação pelo risco assumido no projeto.

Claro que o gestor da empresa precisa ser moderado no estabelecimento do prêmio pelo risco e de alguma forma balizar sua escolha comparando-a com outros tipos de projeto que já mostraram resultado e que possuam risco semelhante. Se o gestor estabelecer um prêmio excessivo, o custo do capital será elevado, e talvez poucas oportunidades de investimento apresentem rentabilidade esperada superior à TMA. Se o prêmio estabelecido for muito baixo, tenderá a haver propensão a aprovar projetos cujos riscos não sejam compensados pelo retorno auferido.

A vantagem de ser uma taxa simples de ser usada, de rápida operação de cálculo e fácil de ser entendida, a posiciona como a mais frequentemente aplicada pelos gestores.

Se a empresa precisar formular algo mais técnico e objetivo para obtenção da taxa de custo do capital próprio, a resposta é o CAPM e o APT.

13.2 Modelo de Precificação de Ativos de Capital (*Capital Asset Pricing Model* — CAPM)

O Modelo de Precificação de Ativos de Capital, ou costumeiramente chamado de CAPM no Brasil, é o método mais usado quando se precisa dar uma abordagem técnica e formal ao cálculo do custo de recursos próprios. Antes de iniciar sua apresentação, é bom lembrar os dois tipos de risco aos quais os capitais estão expostos e que compõem tanto o CAPM quanto o APT.

Um dos tipos de risco é inerente a todo o mercado — chamado de Risco Sistemático. O outro tipo é o risco relacionado especificamente à empresa — o Risco Não Sistemático. O segundo se caracteriza pelas consequências à rentabilidade que aspectos únicos da empresa — como competência na gestão, posicionamento de mercado, maturidade administrativa — podem repercutir no preço da ação na bolsa. O Risco Não Sistemático pode ser diminuído quando o investidor aplica em diferentes empresas em vez de somente em uma, forçando os resultados de umas compensarem os resultados opostos das outras. Por isso, é chamado de Risco Diversificável.

O Risco Sistemático diz respeito a influências na rentabilidade de todas as empresas provocadas por ocorrências generalizadas do mercado que atingem todas as empresas, como variação do PIB, variação do câmbio, taxa de inflação, tranquilidade ou turbulência política, alterações de legislação empresarial. Por tal motivo, esse tipo de risco é chamado de sistemático — envolve todo o sistema de empresas — e não é diversificável. Mesmo que o investidor compre ações de muitas empresas diferentes, esse tipo de risco não diminui.

A Figura 13.1 mostra o comportamento dos dois tipos de risco.

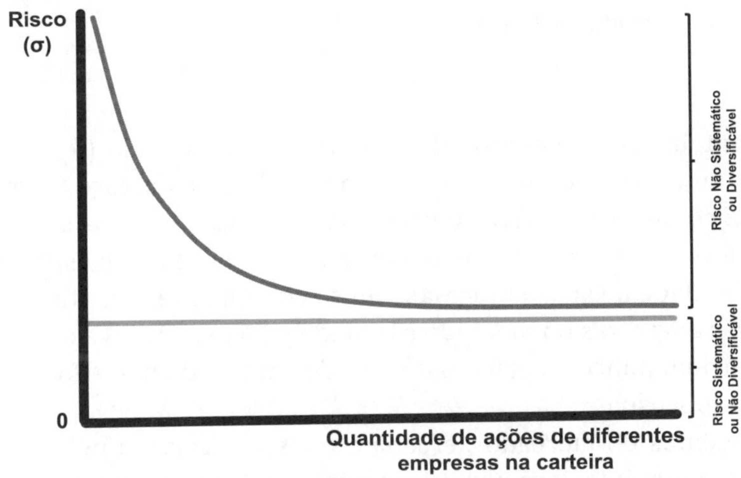

Figura 13.1. Risco Sistemático e Risco Não Sistemático.
Fonte: O autor.

Observa-se na Figura 13.1 que, quanto maior a quantidade de ações de diferentes empresas o investidor inserir em sua carteira, menor é o Risco Não Sistemático. A rentabilidade positiva de uma empresa tende a reduzir o impacto do resultado negativo de outra empresa. Quando se reúnem ações de várias empresas, os diferentes comportamentos de rentabilidade tendem a formar um resultado mais estável, com menor volatilidade. O Risco Sistemático é uma linha reta horizontal. É inútil aumentar a quantidade de ações de diferentes empresas, uma vez que as ocorrências políticas, econômicas e sociais influenciam a todos no mercado.

O CAPM atua representando o Risco Sistemático como se verá adiante.

A equação do CAPM é:

$$CAPM = R_f + \beta(R_m - R_f)$$

Onde:
R_f = Rentabilidade esperada sem risco
β = Coeficiente Beta da empresa
R_m = Rentabilidade esperada das empresas no mercado

A estrutura da equação do CAPM é a mesma da TMA. A rentabilidade esperada sem risco é a mesma — o que muda é a forma de obter o prêmio pelo risco. Enquanto na TMA o prêmio é determinado pelo gestor, no CAPM há uma formulação para encontrá-lo.

O prêmio é calculado por:

$$\beta(R_m - R_f).$$

A rentabilidade esperada das empresas do mercado (R_m) é a representação da rentabilidade das empresas de todos os setores econômicos do país. É como se a variável absorvesse o quanto os donos de capital, os investidores acionistas e donos de empresas no país inteiro esperam obter de rentabilidade de suas empresas. Muito comumente, a rentabilidade esperada das empresas no mercado é tomada pela expectativa de rendimento do principal índice da principal bolsa de valores do país. No Brasil, esse índice é o Ibovespa.

Os agentes do mercado percebem o risco incorrido pelas empresas no futuro, o que interfere nos movimentos diários de compra e venda de suas ações, que por sua vez reflete no principal índice que as representa. Por esse motivo é que a rentabilidade esperada das empresas do mercado é também entendida como um indicador do Risco Sistemático.

A rentabilidade esperada sem risco (R_f) já foi explicada. A formulação do prêmio subtrai R_f de R_m. A rentabilidade das empresas (R_m) incorpora no seu percentual a expectativa dos investidores em ações de empresas a obter uma rentabilidade superior àquela do investimento sem risco (R_f). Como a rentabilidade sem risco (R_f) já foi usada na equação logo no início — antes do sinal de (+) —, é preciso subtraí-la de (R_m) para que não permaneça em duplicidade.

A parte da equação entre parênteses ($R_m - R_f$) passa a representar específica e unicamente o prêmio pelo risco de todas as empresas do mercado. Em outras palavras, é o prêmio pelo Risco Sistemático.

O Risco Sistemático e o risco da empresa formam, como explicado, as respectivas rentabilidades esperadas. Por outro lado, o risco da empresa cujo custo de capital está sendo calculado não é exatamente o mesmo que o Risco Sistemático, já subtraída a rentabilidade sem risco. O Risco Sistemático até interfere no risco da empresa — uma vez que ela faz parte do sistema —, mas não é o mesmo. Consequentemente, a rentabilidade esperada das empresas do mercado influencia a rentabilidade esperada da empresa em análise, mas, analogamente, não são necessariamente iguais. Se a rentabilidade das empresas do mercado sobe 1% no dia, não quer dizer que a rentabilidade da empresa também irá subir 1% no mesmo dia, apesar de influenciá-la. Claro que em virtude de a empresa estar dentro do ambiente das demais empresas do mercado, há uma interferência do conjunto sobre ela — mas não corresponde precisamente à mesma proporção.

O Risco Sistemático afeta todas as empresas, mas cada uma com uma intensidade diferente.

O Beta da empresa (β) serve para ajustar esse efeito da rentabilidade esperada das empresas do mercado sobre a rentabilidade da empresa analisada. Pode-se definir o Beta como:

> "Medida de sensibilidade da rentabilidade da ação da empresa em relação à rentabilidade esperada das ações das empresas do mercado."

A rentabilidade esperada das empresas menos a rentabilidade sem risco é o prêmio pelo risco do mercado, e o Beta age como uma peça de transmissão do Risco Sistemático à rentabilidade esperada da própria empresa.

O Beta pode ser calculado pela equação,

$$\beta_A = \frac{Cov_{A,\ Merc}}{\sigma^2_{Merc}}$$

Onde:
β_A = Beta da empresa A
$Cov_{A,\ Merc}$ = Covariância entre a rentabilidade da empresa A e a das empresas do mercado
σ^2_{Merc} = Variância das rentabilidades das empresas do mercado

A rentabilidade da empresa é tomada como sendo o histórico das variações percentuais diárias dos valores da ação da empresa na bolsa de valores. Como o valor da ação da empresa é diferente no final de cada dia, calcula-se o percentual de variação diária, formando assim uma série de rentabilidades diárias. A rentabilidade das empresas do mercado é representada mais comumente pelo índice Ibovespa. Calcula-se a variação percentual diária do índice pelo mesmo período da série da empresa analisada e extrai-se a covariância entre as duas séries.

A mesma série de variações percentuais do Ibovespa é usada para calcular sua variância — que está no denominador. Assim se encontra o Beta da empresa.

Há outras formas de se calcular o Beta. Uma delas é por análise estatística de regressão.

Se o Beta for de, por exemplo, 0,5, implica que se o Ibovespa subir 1% no dia, a rentabilidade da empresa tende a subir 0,5% naquele dia. Se o Beta for de 1,8 e o índice cair 1% no dia, a rentabilidade da empresa tende a cair 1,8% no mesmo dia. Se o Beta for de 0,7 e o Ibovespa cair 1%, a rentabilidade da empresa tende a cair 0,7% no dia.

Para um Beta negativo, por exemplo –0,8, com o Ibovespa subindo 1% no dia faz tender a rentabilidade da empresa cair 0,8% no dia. O sinal da rentabilidade da empresa é oposto ao movimento da Bolsa quando o Beta é negativo. Com um Beta de –1,6, se o Ibovespa apresenta alta de 1% no dia, a rentabilidade da empresa tende a ser de queda de 1,6% no dia. Se o Ibovespa cai 1% no dia, com Beta de –1,6, a rentabilidade da ação da empresa tende a subir 1,6% no dia.

Com o Beta em 0, não há praticamente qualquer influência do mercado na rentabilidade da empresa. O Quadro 13.1 reúne exemplos dessas variações.

COM BETA DE	SE A RENTABILIDADE DO MERCADO FOR DE	A RENTABILIDADE DA EMPRESA TENDERÁ A
0,5	+ 1% no dia	+0,5% no dia
1,8	- 1% no dia	–1,8% no dia
0,7	- 1% no dia	–0,7% no dia
–0,8	+ 1% no dia	–0,8% no dia
–1,6	+ 1% no dia	–1,6% no dia
–1,6	- 1% no dia	+1,6% no dia

Quadro 13.1. Exemplos de relação de tendência entre rentabilidade esperada de ações de empresas do mercado e rentabilidade da empresa analisada.
Fonte: O autor.

Para projetos que exijam maior embasamento e confiança para uso do cálculo de custo de capital próprio, o CAPM é provavelmente o método mais usado no mundo. Há outros métodos até mais consistentes para se estabelecer o custo do capital próprio, mas eles apresentam maior complexidade de aplicação. O mais conhecido desses métodos é o *Arbitrage Pricing Theory* (APT).

13.3 Arbitrage Pricing Theory (APT)

O APT é um método de cálculo que apresenta o modelo matemático multifatorial para identificação do preço de um ativo. Por multifatorial, entende-se que o modelo representa diferentes fatores de risco em sua formulação. A estrutura do APT guarda semelhança com os outros dois modelos apresentados, formada por uma parcela de rentabilidade sem risco e outra parcela de prêmio pelo risco.

APT = Rentabilidade sem risco + Prêmio pelo risco

A rentabilidade sem risco é obtida da mesma forma que os outros dois modelos. A grande diferença do APT está na maior representatividade do modelo aos tipos de Risco Sistemático aos quais a empresa está exposta. O APT usa diversos fatores para promover maior acurácia do resultado do custo do capital próprio.

$$R_{cp} = R_f + \beta_1 P_1 + \beta_2 P_2 + \beta_3 P_3$$

Onde:
R_{cp} = Custo do capital próprio
R_f = Rentabilidade de investimento sem risco
β_1 = Sensibilidade da rentabilidade da empresa em relação ao fator P_1
P_1 = Prêmio pelo risco inerente ao fator P_1
β_2 = Sensibilidade da rentabilidade da empresa em relação ao fator P_2
P_2 = Prêmio pelo risco inerente ao fator P_2
β_3 = Sensibilidade da rentabilidade da empresa em relação ao fator P_3
P_3 = Prêmio pelo risco inerente ao fator P_3

Como a rentabilidade da empresa está sob influência do Risco Sistemático do mercado — aquele que afeta a todas as empresas indistintamente —, o APT procura desmembrar os principais componentes desse risco para dar maior precisão ao cálculo do prêmio pelo risco de mercado.

A decomposição do Risco Sistemático é feita estimando-se os índices a serem usados na equação do APT, ou aplicando-se método de cálculo para identificar quais deles exercem as maiores influências no comportamento da rentabilidade da empresa. Tais índices podem ser os prêmios pelos riscos de variação do PIB nacional, da inflação, do índice da bolsa de valores (Ibovespa), e de outras variáveis macroeconômicas ou de mercado.

É necessária uma análise anterior para determinar quais das variáveis são as mais influentes na composição do custo de capital especificamente da empresa em estudo. A título de exemplo, a equação poderia ser montada com:

P_1 — Risco pelo prêmio da variação do PIB
β_1 — Sensibilidade da rentabilidade da empresa em relação a P_1
P_2 — Risco pelo prêmio da variação da inflação em relação ao IPCA
β_2 — Sensibilidade da rentabilidade da empresa em relação a P_2
P_3 — Risco pelo prêmio da variação do índice da bolsa (Ibovespa)
β_3 — Sensibilidade da rentabilidade da empresa em relação a P_3

O exemplo decompôs três fatores do Risco Sistemático. O analista pode inserir outros se concluir que o modelo ficará mais representativo.

13.4 Discussão sobre os modelos de cálculo

Antes de discutir os modelos, é necessário formar um entendimento conceitual sobre o custo de capital. A taxa do custo de capital pode ser usada para acompanhar o desempenho da empresa como um todo ou pode-se calcular o custo de capital especificamente para um projeto ou para um programa de investimento. As taxas são diferentes para cada situação. Os níveis de propriedades de investimento da empresa, de um projeto específico de investimento ou de um programa, são diferentes entre eles. Logo, o custo de capital para cada um também é diferente.

Os três modelos apresentados são o que comumente se usa para identificar o custo de capital próprio — tanto para a empresa quanto para os investimentos individuais. Há outros modelos, mas esses três são os principais. Apesar de amplamente usados no mundo inteiro e serem abordados em todos os cursos de finanças, há muitos pontos que foram escassamente discutidos sobre os modelos de cálculo para que sua utilidade promova o aprimoramento da gestão financeira das empresas.

Primeiramente, o termo "custo do capital próprio", como sendo o resultado dos modelos apresentados, remete a uma ideia distorcida do conceito como foi originalmente proposto.

Os modelos de cálculo foram construídos para identificar o preço de um ativo mobiliário por meio da rentabilidade esperada em relação ao risco, e não para achar o custo do capital próprio de uma empresa ou de um projeto a ser realizado por ela.

No início do capítulo foi explicado que a rentabilidade esperada do ativo tende a se converter em custo porque o dono do capital exigirá o total de rentabilidade que o investimento possa gerar no futuro. Contudo, é preciso ressaltar que a intenção dos autores dos modelos de cálculo era o de estimar o quanto haveria de rentabilidade da aplicação — em vista do risco de não gerar o retorno adequado —, e não propriamente o custo do recurso.

As equações do CAPM e APT foram criadas para se estimar o quanto poderia haver de retorno sobre o investimento feito em algum título mobiliário — mais especialmente, ações de empresas. Com o retorno esperado sobre o investimento, chega-se ao preço desse ativo; daí porque tais modelos são nomeados como modelos de precificação.

Obtendo-se o preço calculado do ativo, pode-se comparar pelo quanto ele está sendo negociado no mercado. Dessa forma, o investidor pode encontrar oportunidades de comprar títulos que estejam sendo transacionados no mercado a um valor menor do que seu potencial e com suposta tendência de alta.

É justamente pelo fato de os modelos terem sido criados para se encontrar o preço de ativos que eles são usados em indicadores de viabilidade de projetos de investimento — como o Valor Presente Líquido (VPL); Taxa Interna de Retorno (TIR); e *Payback Period*. Primeiramente se constrói o fluxo de caixa líquido para cada mês ou ano no futuro e depois descontam-se esses valores à taxa do modelo. A soma dos fluxos descontados é o valor líquido do retorno que se espera obter do projeto — em outras palavras, é o preço do ativo. Se for possível efetivamente investir menos do que o preço calculado, o ativo ou o projeto gera retorno.

Há um paralelismo bastante claro no uso dos modelos para se obter tanto rentabilidade esperada, quanto custo de capital. Por isso são tão usados para ambas as finalidades. Conceitualmente, no entanto, ocorrem implicações importantes.

Finalidade da rentabilidade esperada de ativos

Os modelos de rentabilidade esperada medem o risco do ativo como uma função dos ganhos que podem ser auferidos — ou seja, pelo percentual de rentabilidade. Em praticamente toda a literatura de finanças, o risco é medido como a oscilação da rentabilidade, representado pela variância ou desvio-padrão. Uma coisa é a rentabilidade esperada do mercado — medida em percentagem —, outra é a oscilação da rentabilidade — medida em variância ou desvio-padrão. Não há impedimento em se construir um modelo que procure representar o risco por meio da rentabilidade, ainda que indiretamente a variância ou desvio-padrão estejam presentes, especialmente quando ele é proposto para balizar investidores em títulos a partir da análise do comportamento das variáveis que circundam tal decisão. Entretanto, é necessário questionar se a representatividade do risco pelos modelos se mantém consistente quando aplicados a uma função para a qual não foram criados — a de estimar o custo de capital próprio.

A identificação dos valores das variáveis dos modelos de precificação é outro desafio para os analistas. Cada qual pode estabelecer critérios para obtenção dos valores das variáveis, e todos eles estarão corretos. Por exemplo, ambos os modelos apresentados (CAPM e APT) possuem uma variável para definir a rentabilidade sem risco, mas qual indicador se deve usar? Na descrição, foi sugerido usar a taxa básica SELIC, o Fundo DI ou a taxa CDI. São várias as possibilidades de escolha de taxa a se usar e cada uma é diferente da outra. O mesmo se diz do cálculo do Coeficiente Beta, cujos dados da equação podem abranger um período de rendimentos maior ou menor conforme a escolha do analista, ou o coeficiente pode ser alternativamente calculado por regressão estatística. A rentabilidade esperada das empresas do mercado também pode ser atribuída pelo uso de diferentes índices. Pode ser o Ibovespa, o IBRX-50, ou qualquer outro índice da bolsa de valores. O mesmo argumento se aplica para as variáveis do APT. Se para o cálculo de rentabilidade esperada — finalidade para a qual foram criados — há um peso significativo de subjetividade, ao desviar a finalidade para o custo de capital, pode-se esperar ainda menor representatividade da realidade pelos modelos.

Os modelos de cálculo de preço de um ativo representam de modo apropriado o Risco Sistemático por meio de poucas variáveis medidas externamente à empresa. No entanto, na estimação do custo de capital, as medições do risco devem incluir fatores internos à empresa ou ao projeto/programa de investimento. Se na aplicação em carteira com diversos títulos o Risco Não Sistemático é minimizado no chamado efeito diversificação, no investimento da empresa, quando o custo de capital é necessário, esse efeito não está necessariamente presente. A realidade tratada quando do uso do custo de capital — e supostamente representada pelos modelos — é diferente da realidade do ambiente de títulos mobiliários.

Finalidade custo do capital próprio

Na teoria, os modelos desempenham seu papel de um modo muito adequado, afinal é muito forte o argumento de que o dono do capital requererá toda a rentabilidade estimada do investimento. Por essa dedução, a rentabilidade esperada torna-se automaticamente o custo do capital próprio. Se teoricamente há um sólido embasamento, seria natural usar os modelos de cálculo de rentabilidade esperada para se obter o custo do capital próprio.

Seria natural usar os modelos, mas não é tão simples. As empresas não têm por função auferir resultados investindo-se nos produtos do mercado financeiro — principalmente comprando ações de outras empresas na bolsa de valores. A função da empresa é crescer de modo sustentável investindo no seu núcleo de negócio — na atividade operacional na qual ela é competente em gerar riqueza. Os modelos de rentabilidade esperada não foram criados para serem usados em investimento na atividade principal, mas em negociação de títulos mobiliários.

O processo decisório para realizar investimentos nas atividades operacionais da empresa é muito diferente daquele cuja finalidade é comprar ativos mobiliários. Há mais variáveis não mensuradas que as decompostas a partir do prêmio pelo risco. Para a decisão de investimento na atividade da empresa, o risco advém de uma variedade muito grande de aspectos difíceis de mensurar, como demanda do público, ações da concorrência, ameaça de desabastecimento de matéria-prima ou mercadoria, qualidade da composição do quadro de funcionários e disponibilidade de sistemas de controle gerenciais, fatores climáticos. E a lista não acaba. É muito difícil estimar os valores das variáveis presentes. Se o mesmo tipo de investimento for feito por duas empresas diferentes — sendo eles semelhantes em volume de recursos, natureza da operação, região, produto e em vários outros aspectos —, um dos investimentos pode ter sucesso e o outro fracassar.

Há uma quantidade imensurável de variáveis diretamente relacionadas à chance de sucesso do investimento na atividade principal que a aplicação em títulos mobiliários não aborda. Além disso, não haveria critério consensual para estabelecer os valores dessas variáveis. Um modelo para cálculo de rentabilidade esperada voltado para uso do custo de capital — por mais elaborado e técnico que seja —, dificilmente representaria os inúmeros elementos únicos ao projeto de investimento e que são ponderados na decisão. Muitas vezes, gestores financeiros usam modelos de cálculo para determinar o custo de capital meramente como formalidade em relatórios oficiais — para apresentação a diretores, sócios e outros interessados —, do que efetivamente como algo determinante para a decisão de investimento. Eles o fazem porque precisam, de alguma forma, dar uma resposta. O mesmo investimento na atividade da empresa analisado por diferentes gestores apresenta um conjunto de resultados que são muito mais díspares que os resultados analisados de uma aplicação em título mobiliário por várias pessoas.

Das variáveis que não estão presentes nos modelos de precificação, talvez a mais importante delas seja o tempo. As propostas de modelos de precificação assumem como uma de suas premissas que a compra e venda de títulos mobiliários são realizadas com liquidez imediata. Muito pouco se discute na literatura tradicional sobre o período que o investidor precisa aguardar para obter o retorno do ativo mobiliário investido, tacitamente presumindo-se que a liquidez é imediata ou irrelevante.

No investimento da empresa em sua atividade, raramente os projetos ou programas apresentam retorno imediato. O tempo para começar a auferir retorno é quase sempre bastante significativo. Em outras palavras, a liquidez de um investimento na atividade da empresa é bem menor que a liquidez que se presume haver na aplicação em título mobiliário.

A ilustração mais emblemática referente à aplicação em títulos mobiliários é a da Figura 13.2. Representa-se nela a interação dos comportamentos das duas variáveis mais relevantes no contexto de aplicação no mercado de capitais — o retorno esperado e o risco. O tempo não é considerado.

A Linha de Mercado de Capitais na Figura 13.2 é a linha que tangencia a fronteira eficiente de combinações de proporções de ações de empresas em uma carteira. O investidor pode se posicionar no mínimo de risco — ao aplicar todo o seu recurso no ponto R_f, de título público livre de risco —, ou em algum ponto ao longo da reta que é a própria Linha de Mercado de Capitais. Quanto mais alto o ponto ao longo da reta, mais arriscada é a carteira de títulos da aplicação, mas maior o retorno esperado. O momento do retorno da aplicação não é considerado. Pressupõe-se que o equilíbrio entre o maior retorno esperado e o limite do risco dado pela aversão do investidor já seja suficiente para selecionar a carteira de ativos, não importando quanto tempo demore para o retorno ocorrer.

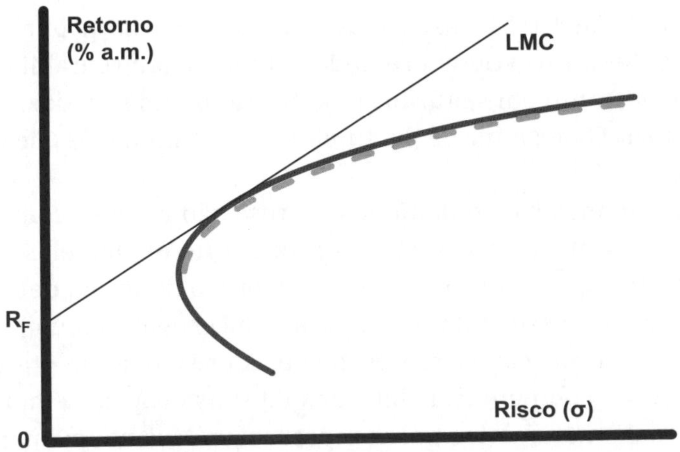

Figura 13.2. Linha de Mercado de Capitais.
Fonte: O autor.

A natureza do investimento na atividade principal da empresa inexoravelmente contém a variável tempo (o tempo que o gestor estima precisar aguardar para que o retorno aconteça). A ilustração que melhor representa a interação dos comportamentos das três principais variáveis — ou também designadas como propriedades: Rentabilidade, Liquidez e Segurança — é a das Figuras 13.3-A e 13.3-B.

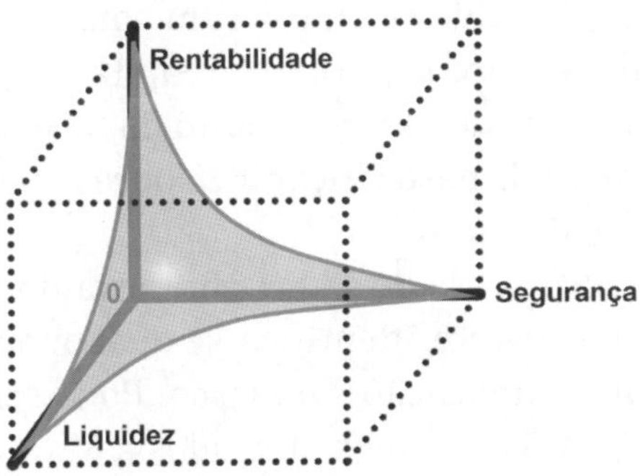

Figura 13.3-A. Composição das propriedades de investimento.
Fonte: O autor.

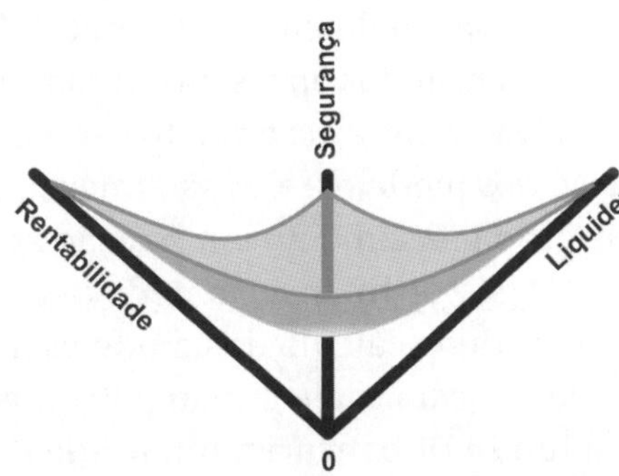

Figura 13.3-B. Níveis de propriedades com vértice para baixo.
Fonte: O autor.

As figuras representam as infinitas combinações de níveis de rentabilidade, liquidez e segurança que um investimento pode apresentar. A diferença entre ambas as imagens é o ângulo de visão, para melhor compreender seu comportamento. A área de domínio assemelha-se a uma tenda estendida por três hastes que representam as propriedades do investimento. Se o investidor pretender obter maior rentabilidade, precisará ceder bastante em segurança, ou bastante em liquidez, ou em um pouco de ambas. O mesmo vale para quaisquer combinações de níveis das propriedades.

O gestor financeiro e o dono da empresa são aqueles com maior capacidade para estabelecer o custo do capital que os modelos de cálculo tradicionais são capazes de entregar. O gestor e o dono são detentores da maior quantidade possível de informação concernente ao mercado onde atuam, consumidores, concorrentes, fornecedores, mão de obra disponível, deficiências e competências internas de suas próprias empresas, que qualquer modelo matemático possa representar. Mesmo que pareça frustrante não haver métodos sofisticados, elegantes, precisos e consagrados internacionalmente para encontrar o custo de capital, a verdade é que eles não existem.

13.5 Como encontrar o custo de capital próprio

Se os modelos de cálculos não são infalíveis e precisos para uso no custo de capital próprio, como proceder com a decisão de investimento na atividade da empresa? Apesar da subjetividade do processo, é possível seguir uma linha de raciocínio dos modelos que venha a dar mais consistência à determinação do custo de capital. Os modelos de cálculo foram construídos procurando representar uma realidade inerente ao uso do capital para investimentos. Apesar de haver a necessidade de avançar muito na formulação dos modelos, eles são imensamente úteis para lançar luz sobre como dirigir o pensamento em relação ao custo de capital.

O gestor financeiro pode determinar o custo de seu capital usando a estrutura de cálculo dos modelos. Primeiramente, identifica-se qual oportunidade está mais à mão para investir na aplicação sem risco. Pode ser um fundo DI bancário, um fundo de renda fixa, títulos atrelados à SELIC, ou aquilo que ele julgar fazer mais sentido — dado o volume de recursos que movimenta e oportunidades à sua disposição. Deve-se lembrar que as modalidades de investimento devem possuir liquidez imediata.

Relacionando-se várias dessas modalidades, o gestor é capaz de estimar uma média da rentabilidade que pode esperar para o futuro. Ainda que, em vez de uma média, se escolha uma única modalidade como referência, a diferença de rentabilidade entre uma outra não comprometerá o resultado do custo — uma vez que a parcela de prêmio pelo risco possui uma grande variabilidade nas possibilidades de estimação.

Escolhida a taxa de retorno para uma aplicação sem risco, o gestor precisa somar a ela uma estimativa do prêmio pelo risco que o projeto em análise incorre. A estimativa do prêmio pelo risco não dispõe de regras ou métodos consensualmente aceitos pelos gestores financeiros em geral. O que seria mais recomendável é que se estime o prêmio pelo risco do investimento a fazer por meio da comparação com outros investimentos conhecidos. Por exemplo, se o gestor da empresa estuda abrir sua décima loja, então ele já possui informação relevante para confiar muito sobre o risco incorrido pelo capital a investir na nova unidade. Se o gestor de uma indústria analisa a oportunidade de criar um produto muito diferente do que costuma fazer e que conhece tão bem, certamente pelo menor volume de informação, o risco ao qual o capital a ser investido será exposto é muito maior. Nesse caso, o prêmio pelo risco tende a ser mais alto.

Tais estimativas sobre o prêmio pelo risco são feitas sem métodos precisos, mas é possível para o gestor determinar um percentual a ser adicionado à taxa de retorno sem risco de acordo com a experiência e nível de informação que possui sobre o mercado e sua própria empresa. De fato, não haverá similaridade de prêmios pelo risco estimado por diferentes gestores — e não precisa haver. Deve-se compreender que o risco na atividade da empresa é algo efetivamente percebido pelo dono do capital. Sendo uma percepção, é de natureza eminentemente subjetiva, o que legitima o dono do dinheiro a requerer o que lhe parecer individualmente mais adequado para colocar seu capital em risco.

Dos modelos apresentados, a TMA é a forma mais parecida com o estabelecimento do percentual do custo do capital próprio.

13.6 Consequências de o custo de capital ser determinado pelo gestor

O gestor ou o dono da empresa é quem exporá a risco seu próprio capital para realizar o investimento na atividade operacional. É justo que o dono do dinheiro estabeleça quanto quer de rentabilidade para arriscar perder parte, ou a integralidade, dos recursos alocados. É o gestor financeiro ou o empresário quem conhece melhor que qualquer um as características de sua empresa, as minúcias do investimento considerado, o comportamento do mercado e todos os outros aspectos inerentes ao risco. Muitos desses elementos não são sequer claramente identificados. São sentidos pelo gestor financeiro que com muitos anos de experiência sabe se tal ou qual investimento terá sucesso ou não, se incorrerá em maior ou menor risco. O dono do capital é quem tem o direito de arbitrar a taxa de retorno mínima que o investimento precisa apresentar para decidir aprová-lo, com chance de atendimento dos objetivos muito maior que os métodos de cálculo podem, por enquanto, fornecer.

Estabelecimento do custo de capital por colegiado

Quando há necessidade de apresentar algum tipo de relatório formalizando um grande investimento na atividade principal em que outros diretores, sócios e investidores externos precisam aprovar, é importante mostrar um caráter mais profissional e aparentemente técnico para que eles entendam como essa variável tão relevante como o custo do capital próprio foi determinada. Apesar de ainda assim haver a grande liberdade de estabelecer um resultado que se pretenda — tendo em vista a possibilidade de escolher as variáveis que preferir para o modelo —, o analista oferece aos corresponsáveis pelo investimento um caminho para escrutinar, criticar e concluir sobre eventuais ajustes no custo do capital. Para esse tipo de situação, a prática deixa de ser mera formalidade para se converter em base para a discussão entre decisores que precisam chegar a um consenso.

Quando há necessidade de apresentação ou justificação do custo de capital para um colegiado de diretores e outros sócios, o método para identificação pode ser, dentre outros, o CAPM, o APT, a TMA com variáveis estimadas. O que mais importa é adotar critérios claros de uso de variáveis e manter a consistência na aplicação. Uma prática recomendável é que a tarefa de determinação do custo de capital não seja responsabilidade apenas do gestor financeiro, mas do próprio colegiado. O desenvolvimento do método por colegiado, mesmo que se use apenas a TMA como estrutura de cálculo, torna-se confiável e representativo da empresa e dos projetos de investimento. Apesar do caráter subjetivo, a discussão promove ajustes e aprendizados na formulação do custo de capital, além de permitir uma adaptação a variações de aspectos do mercado e risco inerente. Tudo isso tende a, paulatinamente, construir um método particular da empresa e a gerar confiança no uso dos resultados do custo de capital nos projetos.

Coerência e consistência de uso do critério escolhido

A ideia de que o custo de capital próprio é determinado pelo gestor financeiro, empresário ou colegiado — assim como qualquer posição apresentada sobre finanças de empresas — não é uma verdade absoluta. Ela é um ponto de vista aqui proposto. O gestor financeiro ou empresário pode adotar um dos modelos de cálculo para encontrar a taxa de custo de capital e sua escolha não pode ser considerada indevida. Tudo depende de como se compreende o comportamento dos fluxos financeiros através e por dentro da empresa, quais os objetivos dos sócios e quais suas restrições e nível de informação. Convém, evidentemente, manter um certo grau de coerência e consistência quando se escolhe a forma de estabelecimento do custo de capital com as demais decisões e ações na gestão financeira da empresa. Sendo uma das mais importantes — senão a principal — variáveis em gestão financeira, o custo de capital próprio afeta uma série de indicadores de desempenho.

Valor de mercado da empresa

O mais importante indicador financeiro é o valor de mercado da empresa. Tomando-se como verdadeiro o objetivo do gestor financeiro em maximizar a riqueza do dono da empresa no longo prazo, a métrica de acompanhamento de atingimento desse objetivo — que é o próprio valor de mercado da empresa — é afetada pelo custo de capital próprio.

Para empresas sem capital de terceiros — como empréstimos e títulos de dívida —, o valor de mercado é dado pelo resultado da empresa descontado à taxa do custo do capital próprio[2].

$$Valor\ da\ Empresa = \frac{Resultado\ da\ Empresa}{Custo\ do\ Capital\ Próprio}$$

O resultado da empresa é tomado pelas vendas do período, menos os gastos com a operação (mercadorias, salário, aluguel, e outros itens) e menos os investimentos em máquinas, equipamentos e outros gastos com

---

[2] Para empresas que usam capital de terceiros, o desconto é feito usando-se o custo de capital total, que é o *Weighted Average Cost of Capital* (WACC), abordado no capítulo Custo do Capital Total.

objetivo de obter retorno no futuro mais distante. O resultado é exatamente o que sobra de recursos no período antes de serem pagos os participantes da empresa: governo (pelos impostos); credores (pelos juros); e dono (pela remuneração de capital próprio).

O custo de capital próprio arbitrado pelo gestor — por mais estranho que pareça — altera o valor da empresa. Quanto maior o custo de capital, menor o valor, e vice-versa. Por esse motivo, o gestor precisa ser criterioso, coerente e consistente com a forma de determinação do custo de capital. Qualquer diferença de décimos de percentual do custo do capital próprio pode alterar em muito o valor de mercado da empresa para mais ou para menos.

Rentabilidade e valor do capital próprio

Além do valor de mercado, outros dois importantes indicadores são a rentabilidade do capital próprio e o valor do capital próprio.

A rentabilidade do capital próprio é o quanto esse recurso é remunerado por período — mês ou ano, por exemplo. O cálculo é feito dividindo o superávit do período pelo valor do capital próprio. O superávit é a remuneração aos donos da empresa após efetuados todos os pagamentos da operação e das remunerações dos outros participantes — que são os juros e os impostos. É o valor que sobra livre ao empresário em dado período.

$$Rentabilidade\ do\ Capital\ Próprio = \frac{Superávit}{Valor\ do\ Capital\ Próprio}$$

O valor do capital próprio é o quanto o dono da empresa receberia se a vendesse. O cálculo, como depreendido pela equação anterior, é dado abaixo:

$$Valor\ do\ Capital\ Próprio = \frac{Superávit}{Rentabilidade\ do\ Capital\ Próprio}$$

O valor do capital próprio também pode ser calculado como segue:

$$Valor\ do\ Capital\ Próprio = \frac{Superávit}{Custo\ do\ Capital\ Próprio}$$

Logo,

Rentabilidade do Capital Próprio = Custo Capital Próprio

Já se tem o entendimento de que tudo o que o capital próprio pode gerar de retorno é automaticamente convertido em custo para remunerá-lo. A equação demonstra exatamente isso.

Os indicadores abaixo são todos decorrentes do custo do capital próprio.

- Valor da empresa.
- Valor do capital próprio.
- Rentabilidade da empresa.
- Rentabilidade do capital próprio.
- Custo do capital total (WACC).

Todos eles são muito importantes no acompanhamento do desempenho da empresa em elevar a riqueza dos donos de forma sustentável no longo prazo. Os indicadores são calculados a partir do custo do capital próprio.

O desejo do gestor ou empresário de elevar o valor da empresa implica na redução do custo do capital próprio — que equivale à rentabilidade. Trata-se de um equilíbrio de compensação, visto que o aumento do valor do capital próprio significa automaticamente redução de sua rentabilidade.

Eis a relevância de se criar um processo representativo e consistente de determinação do capital próprio e mantê-lo ao longo do tempo. O modelo criado de acordo com as características da própria empresa e de seu mercado pode ser dinâmico e adaptar por si mesmo a taxa de custo de acordo com alterações do ambiente interno e externo à companhia.

Aumento de informação promove redução do custo de capital

Outro aspecto relevante para o custo de capital é quando ocorre avanço da maturidade gerencial na área financeira. Uma das consequências é de a empresa adotar uma postura mais transparente aos analistas de mercado quanto à informação financeira, sopesados os cuidados de publicação de dados estratégicos. Há inúmeras pesquisas apontando para o fenômeno de redução do custo de capital quando a empresa adota uma política de *disclosure* — de divulgação de informações sobre projetos que pretende realizar.

A redução do custo do capital próprio quando há essa política de divulgação de informação sobre os investimentos é coerente com os conceitos apresentados. O aumento da segurança teoricamente provocada por mais informação tende a alterar o equilíbrio das propriedades de investimento, reduzindo a rentabilidade pretendida pelo investidor dono do capital. A redução da rentabilidade por parte de quem investe na empresa significa, do lado de quem recebe, uma redução de custo de capital.

Tomando-se as precauções necessárias ao sigilo da informação, a área financeira pode disponibilizar elementos do planejamento estratégico; e dentro dele, de oportunidades do mercado, de projetos de expansão e fontes de financiamento e de estimativas de retornos para o capital investido — entre outros dados de mercado concernentes ao projeto. A revelação cuidadosa de informações permite a analistas externos, investidores e credores formar um mapa mais elaborado da saúde financeira da empresa, da consistência dos planos de expansão, dos impactos de cenários otimistas e pessimistas desses investimentos, e da mitigação dos riscos incorridos. A melhor simetria da informação entre os gestores e os agentes externos à empresa dá a esses últimos maior segurança na aplicação de seu capital de modo a ocasionar menor exigência de rentabilidade — o que se converte em menor custo de capital para a empresa.

14

Custo do Capital Total

O custo do capital total é o quanto se remuneram as fontes dos capitais presentes na empresa.

O uso das fontes de financiamento pressupõe a devolução do capital usado para a mesma fonte — a remuneração pelo seu uso — e em determinada data pré-estabelecida. A remuneração das fontes de recursos é, para a empresa, o custo do capital.

De acordo com o detentor dos recursos, o capital pode ser classificado como próprio ou de terceiros. O capital próprio pertence à empresa ou aos donos dela. O capital de terceiros pertence a outras pessoas ou entidades que cedem os recursos à empresa em troca de uma remuneração previamente combinada para devolução em data específica.

A principal diferença entre capital próprio e de terceiros é a de que neste último ocorrem sanções pecuniárias imediatas se os recursos não forem devolvidos no vencimento com a remuneração acordada.

O custo do capital total é a combinação dos custos dos dois tipos de capitais. O custo de capital próprio já foi amplamente discutido no capítulo Custo do Capital Próprio. O custo do capital de terceiros é mais simples de calcular e será apresentado a seguir.

14.1 Custo do capital de terceiros

O custo do capital de terceiros é calculado pela média ponderada dos custos de cada fonte em relação à proporção dos saldos devedores — que é o quanto falta para quitar a fonte.

Supondo que a composição de fontes de capitais de terceiros seja como exemplificada no Quadro 14.1, o cálculo seria feito como a seguir.

FONTE	CUSTO INDIVIDUAL	SALDO DEVEDOR	PROPORÇÃO	CÁLCULO
Empréstimo bancário curto prazo 1	1,2% a.m.	R$120.000	120k / 3.000k = 4%	1,2% x 4% = **0,048%**
Empréstimo bancário curto prazo 2	1,8% a.m.	R$80.000	80k / 3.000k = 2,7%	1,8% x 2,7% = **0,048%**
Crédito do fornecedor 1	0,6% a.m.	R$280.000	280k / 3.000k = 9,3%	0,6% x 9,3% = **0,056%**
Crédito do fornecedor 2	0,7% a.m.	R$320.000	320k / 3.000k = 10,7%	0,7% x 10,7% = **0,074%**
Empréstimo bancário longo prazo	1% a.m.	R$1.400.000	1.400k / 3.000k = 46,6%	1% x 46,6% = **0,46%**
Debêntures	1,2% a.m.	R$800.000	800k / 3.000k = 26,7%	1,2% x 26,7% = **0,32%**
			Custo do Capital de Terceiros	**1% a.m.**

Quadro 14.1. Média ponderada do capital de terceiros.
Fonte: O autor.

A proporção do saldo devedor de cada fonte em relação ao total é multiplicada por sua respectiva taxa de custo. A soma dos resultados fornece o custo médio ponderado do capital de terceiros. O maior trabalho está na identificação do custo de cada fonte.

Em se tratando de linhas de crédito bancárias, a taxa de juros está no contrato como taxa Custo Efetivo Total (CET) — mas pode ser mais acuradamente obtida pelo cálculo do valor recebido e as prestações no tempo. O saldo devedor das linhas de crédito é o quanto falta para quitar o empréstimo. O cálculo pode ser feito por meio de uma tabela de amortização.

A debênture quase sempre é paga de acordo com uma taxa variável — Certificado de Depósito Interfinanceiro (CDI), por exemplo — e uma sobretaxa fixa. O gestor precisa estimar o comportamento da taxa CDI no futuro, aplicar a taxa fixa e converter o período para o mesmo usado no custo das outras fontes, que no exemplo, é porcentagem ao mês (a.m.)[1].

---

[1] As debêntures são usadas geralmente por empresas de grande porte e podem oferecer uma variação muito grande de formas de remuneração aos credores, o que extrapola o escopo de explicação do capítulo.

O custo do crédito de fornecedor exige alguns passos adicionais. É necessário que o gestor financeiro obtenha do fornecedor o preço que ele pagaria se fizesse o pagamento à vista. Esse valor à vista é que de fato é o preço do item adquirido. O preço à vista é tomado como Valor Presente (VP) e as prestações como série uniforme de renda/pagamentos.

Por exemplo, a fonte crédito de fornecedor 1 do Quadro 14.1 pode estar configurada como abaixo.

- Preço à vista da mercadoria de R$697.931.
- Forma de pagamento de 5 vezes mensais com entrada.
- Prestações de R$141.261.
- A empresa acabou de pagar a terceira prestação.

Quanto falta, a valor atual, para quitar o fornecedor?

A equação a ser usada é a de série uniforme de pagamento.

$$VP = \frac{PMT}{\left[\frac{(1+i)^n \ x \ i}{(1+i)^n \ - \ 1}\right]}$$

O primeiro passo é conhecer a taxa de juros, inserindo os elementos de toda a operação.

$$VP = \frac{141.261}{\left[\frac{(1+i)^5 \ x \ i}{(1+i)^5 \ - \ 1}\right]} = 697.931$$

O uso da equação para calcular a taxa de juros é bastante complexa e o gestor pode utilizar uma calculadora financeira ou uma planilha eletrônica para chegar à taxa mais facilmente.

O resultado da equação é uma taxa de juros de 0,6% a.m. — conforme usado no exemplo do Quadro 19.1. Sabendo-se que a empresa acabou de pagar as três primeiras prestações e que faltam outras duas, pode-se inserir os valores das variáveis.

$$VP = \frac{141.261}{\left[\frac{(1+0{,}006)^2 \ x \ 0{,}006}{(1+0{,}006)^2 \ - \ 1}\right]} = 280.000$$

Logo após pagar a terceira prestação — faltando ainda duas de R$141.261, à taxa de 0,6% a.m. —, o saldo devedor é de R$280 mil.

Em suma, o custo do capital de terceiros é a soma dos produtos dos custos individuais com as respectivas proporções de saldo devedor.

A amortização mensal dos empréstimos bancários e as flutuações dos saldos devedores de outras fontes — como o crédito de fornecedor por exemplo — faz o custo do capital de terceiros oscilar. A cada mês, a taxa é alterada.

O custo de capital de terceiros entra no cálculo do custo do capital total.

14.2 *Weighted Average Cost of Capital* (WACC)

Em praticamente qualquer lugar do mundo e para quase todas as aplicações, o custo do capital total é calculado pela equação do *Weighted Average Cost of Capital* (WACC) — ou Custo Médio Ponderado de Capital.

Lembrando-se que o capital total é formado pela soma do capital de terceiros e do capital próprio, os custos de ambos compõem o custo do capital total pela equação do WACC.

$$WACC = \frac{Cap.Próprio}{Cap.Próprio + Cap.Terceiros} r_{cp} + \frac{Cap.Terceiros}{Cap.Próprio + Cap.Terceiros} r_{ct}$$

A proporção do capital próprio em relação ao capital total é multiplicada pelo custo de capital próprio (r_{cp}), enquanto a proporção do capital de terceiros em relação ao capital total é multiplicada pelo custo do capital de terceiros (r_{ct}). A soma é a média ponderada dos capitais constituintes da empresa.

Para exemplificar, pode-se voltar aos dados do Quadro 14.1. Adicionando-se a informação do valor do capital próprio como sendo de R$7 milhões e o respectivo custo como de 1,5% a.m.[2], a composição dos capitais passa a ser como no Quadro 14.2 a seguir.

[2] O valor do capital próprio é calculado de acordo com a capacidade da empresa em gerar caixa para os donos. O custo do capital próprio foi apresentado no capítulo Custo do Capital Próprio.

FONTE	CUSTO INDIVIDUAL	VALOR DO CAPITAL	PROPORÇÃO	CÁLCULO
CAPITAL PRÓPRIO				
Reserva de caixa longo prazo	1,5% a.m.	R$7.000.000		
			Custo do Capital Próprio	**1,5% a.m.**
CAPITAL DE TERCEIROS				
Empréstimo bancário curto prazo 1	1,2% a.m.	R$120.000	120k / 3.000k = 4%	1,2% x 4% = **0,048%**
Empréstimo bancário curto prazo 2	1,8% a.m.	R$80.000	80k / 3.000k = 2,7%	1,8% x 2,7% = **0,048%**
Crédito do fornecedor 1	0,6% a.m.	R$280.000	280k / 3.000k = 9,3%	0,6% x 9,3% = **0,056%**
Crédito do fornecedor 2	0,7% a.m.	R$320.000	320k / 3.000k = 10,7%	0,7% x 10,7% = **0,074%**
Empréstimo bancário longo prazo	1% a.m.	R$1.400.000	1.400k / 3.000k = 46,6%	1% x 46,6% = **0,46%**
Debêntures	1,2% a.m.	R$800.000	800k / 3.000k = 26,7%	1,2% x 26,7% = **0,32%**
			Custo Ponderado do Capital de Terceiros	**1% a.m.**

Quadro 14.2. Composição do capital próprio e de terceiros da empresa.
Fonte: O autor.

Os valores aplicados à formulação do WACC ficam como abaixo:

$$WACC = \frac{7.000.000}{7.000.000 + 3.000.000} 0{,}015 + \frac{300.000}{7.000.000 + 3.000.000} 0{,}01$$

$$WACC = 0{,}0135 = 1{,}35\%\, a.m.$$

O custo do capital total — calculado pelo WACC, de 1,35% a.m. —, como seria de se esperar, está mais próximo do custo de capital próprio de 1,5% a.m. — já que a proporção é de 70% do total —, que do 1% a.m. do custo de capital de terceiros, cuja proporção é de 30%.

14.3 Discussão sobre custo do capital total

O custo do capital total, ainda que medido pelo WACC com aparente precisão, deve ser compreendido como sendo uma referência pelo gestor financeiro. O resultado do WACC é eminentemente uma estimativa feita pelo gestor de quanto o capital total está sendo remunerado. Pelo lado do capital de terceiros, de fato, a taxa do custo é exata, mas o custo do capital próprio é determinado pelo gestor financeiro de acordo com o risco percebido dos investimentos da empresa na operação e na tendência do comportamento do mercado onde está inserido. Como ele é um elemento da equação do WACC, ao se medir por esse modelo, o custo do capital total obtido deve ser usado em indicadores financeiros com a devida cautela de manter um processo criterioso e consistente de determinação.

Indicadores de desempenho e o WACC

A rentabilidade da empresa é um dos principais indicadores de desempenho financeiro. Ela representa a capacidade da operação em gerar riqueza por certo período em relação ao valor de mercado. Um investidor pode alocar seus recursos em diferentes oportunidades conforme as respectivas rentabilidades. Ele pode decidir aplicá-los em fundo de renda fixa, em imóvel ou na empresa que possui, por exemplo. A rentabilidade da empresa é o indicador que pode ser comparado à rentabilidade das outras modalidades de investimento para decidir em qual investir. Ela é determinada pela equação a seguir:

$$Rentabilidade\ da\ Empresa\ =\ \frac{Resultado\ da\ Empresa}{Valor\ da\ Empresa}$$

A mesma equação da rentabilidade da empresa pode ser expressa fazendo transposição nos termos.

$$Valor\ da\ Empresa\ =\ \frac{Resultado\ da\ Empresa}{Rentabilidade\ da\ Empresa}$$

Como o valor da empresa é obtido com o custo do capital total pela equação abaixo:

$$Valor\ da\ Empresa\ =\ \frac{Resultado\ da\ Empresa}{Custo\ do\ Capital\ Total}$$

tem-se que:

Rentabilidade = Custo Capital Total

O empresário, desejando reduzir o custo do capital total, consequentemente reduz também a rentabilidade da empresa. Uma variável está relacionada à outra.

O resultado da empresa é uma variável medida. Os demais indicadores — rentabilidade da empresa, valor da empresa e o custo do capital total — advêm indiretamente do custo do capital próprio, que é determinado pelo dono ou gestores da empresa. O aumento ou redução do custo do capital próprio provoca variações em tais indicadores que são usados para acompanhar o desempenho financeiro, e por esse motivo precisa ser estabelecido com critério e mantida a consistência de sua apuração.

A Figura 14.1 ilustra a relação entre diversos indicadores financeiros da empresa. O custo do capital próprio — junto com o superávit projetado — gera o valor do capital próprio e o WACC. Por sua vez, o valor do capital próprio com o valor do capital de terceiros — ou, alternativamente, o resultado da empresa com o WACC — gera o valor da empresa.

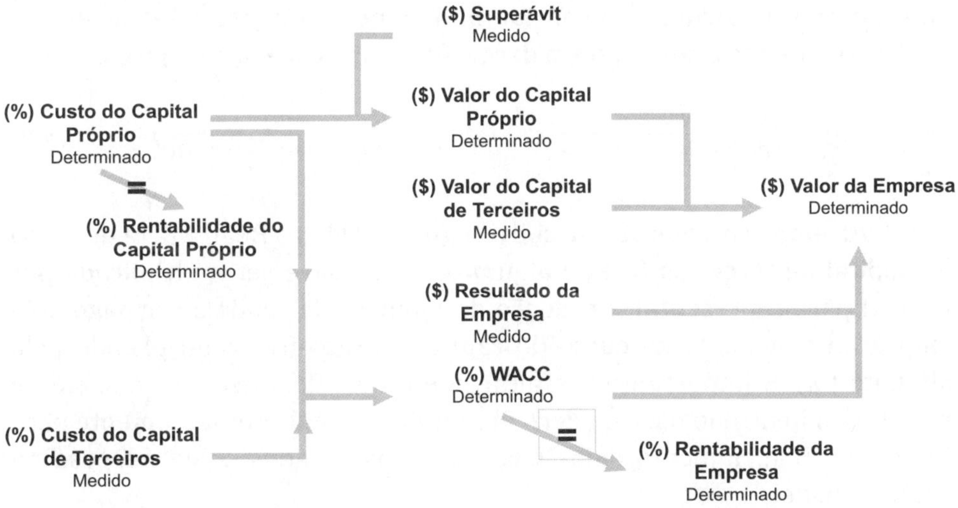

Figura 14.1. Esquema de indicadores financeiros.
Fonte: O autor.

O custo do capital próprio, como se vê, gera — direta ou indiretamente — muitos dos indicadores de desempenho financeiro.

Um indicador deveria ser medido e não arbitrado. Contudo, quando um gestor ou um colegiado estabelece um método — ainda que subjetivo — mantém consistência ao longo do tempo, é testado continuamente, e promove ajustes conforme mudanças na empresa e no mercado, o indicador se consolida representativo e robusto para ser usado no acompanhamento do desempenho da empresa.

Uso do WACC para um projeto/programa específico ou para a empresa

O uso do WACC deve ser feito de acordo com a necessidade do gestor. A análise da operação de toda a empresa deve seguir critérios diferentes da análise do custo do capital para projetos ou programas individuais. A empresa é formada por um conjunto de fontes de capitais de terceiros e próprio para dar forma às atividades operacionais. O custo do capital total da empresa reflete as proporções dos volumes dos recursos de todas as fontes usadas. Cada projeto ou programa de investimento, por sua vez, usa recursos de apenas algumas das fontes de toda a empresa, gerando um resultado do cálculo do WACC diferente entre eles e em relação a toda a operação conjunta.

Há ocasiões em projetos ou programas de investimento em que o WACC deve ser calculado já considerando o benefício fiscal — que é a redução no imposto a ser pago em decorrência da despesa com juros.

$$WACC = \frac{Cap.Próprio}{Cap.Próprio + Cap.Terceiros} r_{cp} + \frac{Cap.Terceiros}{Cap.Próprio + Cap.Terceiros} r_{ct} \ x \ (1 - IR)$$

Para empresas que atuam sob o regime de Lucro Real, a taxa de custo do capital de terceiros (r_{ct}) de algumas fontes deve ser multiplicada por (1 – IR) para representar a redução do imposto de renda a ser pago pela empresa equivalente ao custo do capital de terceiros multiplicado pela alíquota (IR). É importante ressaltar que o benefício fiscal vale somente para Lucro Real, não para o Lucro Presumido, e, mais ainda, somente para fontes de financiamento cujos juros são classificados como despesa na contabilidade.

A formulação do benefício fiscal deve ser usada somente para projetos ou programas de investimento isolados, e não para o cálculo do custo do capital total da empresa. Os projetos e programas podem recorrer a fontes de financiamento que, quando realizados no âmbito de empresas em Lucro Real, auferirão a vantagem do benefício fiscal.

Na empresa — especialmente para avaliação de mercado —, o WACC deve ser usado sem a parte do benefício fiscal. O motivo é que o valor é calculado a partir da projeção dos resultados da empresa, que são os valores mensais ou anuais projetados que remuneram os participantes. Dentre esses valores, podemos destacar o governo (pelos impostos); o dono (pela remuneração do capital próprio); e os credores (pelos juros). Se o benefício fiscal for inserido no WACC e depois usado como taxa de desconto na avaliação, uma elevação indevida do valor de mercado da empresa será gerada, ao alterar inadequadamente para esse fim o custo do capital de terceiros.

O Quadro 14.3, a seguir, exemplifica o uso do benefício fiscal (1 - *IR*) em um projeto de ampliação da produção de uma indústria com um novo centro de usinagem.

O objetivo de se calcular o custo total do capital de um projeto ou programa, geralmente, é o de identificar sua viabilidade financeira. A projeção da rentabilidade é a Taxa Interna de Retorno (TIR) — que, se for superior ao custo do capital total do projeto, o credencia como financeiramente viável.

No exemplo do novo centro de usinagem, os gastos consistem em duas máquinas, em reforma para o local onde elas serão instaladas, aquisição de um computador, treinamento de pessoal, aquisição de matéria-prima adicional e programa de manutenção[3].

Estrutura de Financiamento

a) Linha de crédito bancária de longo prazo — R$120.000.
b) Reserva de caixa de longo prazo — R$60.000.
c) Crédito de fornecedor — R$20.000.

O crédito de fornecedor pode ser usado para aquisição de matéria-prima adicional ao volume de produção antes da instalação das máquinas. Ele não recebe benefício fiscal, porque geralmente os juros pagos a crédito de fornecedor não figuram como despesa na contabilidade.

A alíquota de imposto do exemplo é de 15%.

3 Foi replicado o Exemplo 8 descrito no capítulo Escolha das Fontes de Financiamento.

FONTE	CUSTO INDIVIDUAL	CAPITAL	PROPORÇÃO	CÁLCULO
CAPITAL PRÓPRIO				
Reserva de caixa longo prazo	1,5% a.m.	R$60.000		
			Custo do Capital Próprio	**1,5% a.m.**
CAPITAL DE TERCEIROS				
Crédito do fornecedor	0,6% a.m.	R$20.000	20k / 140k = 14,3%	0,6% x 14,3% = **0,085%**
Empréstimo bancário longo prazo	1,2% x (1–15%) = 1,02% a.m.	R$120.000	120k / 140k = 85,7%	1,02% x 85,7% = **0,874%**
			Custo Ponderado do Capital de Terceiros	**0,96% a.m.**

Quadro 14.3. WACC de projeto de investimento na empresa.
Fonte: O autor.

O WACC do projeto é escrito pela equação:

$$WACC = \frac{60.000}{200.000} 0{,}015 + \frac{140.000}{200.000} 0{,}0096 = 1{,}12\%\ a.m.$$

O benefício fiscal (1–15%) foi inserido na taxa de juros do empréstimo bancário. A inserção do benefício fiscal no cálculo do WACC ocorre quando se pretende encontrar o custo do capital total de um projeto ou programa de investimento. Quando se tratar de usar o resultado do custo para avaliação da empresa, o benefício fiscal não deve ser inserido.

O custo do capital total antes ou depois de iniciada a operação

O resultado do custo do capital total é verdadeiro somente enquanto o projeto não é iniciado. Após o investimento realizado, com a aquisição de máquinas, outros insumos e recebimento das vendas, o custo do capital total passa a ser outro. Tanto o custo do capital de terceiros quanto, principalmente, o custo do capital próprio são alterados. O capital de terceiros é alterado por causa das amortizações dos empréstimos — que reduz o saldo devedor usado no cálculo do custo — e o crédito de fornecedor obedece a variações no volume a ser quitado e juros negociados.

O capital próprio é quem mais está sujeito à oscilação. A realidade do comportamento do caixa como reflexo de gastos operacionais, de vendas, e de outros aspectos inerentes ao investimento quase sempre difere daquilo que foi anteriormente projetado. A percepção de risco do projeto e a estimativa de resultado líquido para a empresa no futuro são geralmente diferentes do que foi planejado. Isso leva a ajustes no estabelecimento do custo do capital próprio do investimento.

O mesmo fenômeno ocorre quando se pretende abrir uma empresa. As projeções do fluxo de caixa e de resultados fornecem elementos para calcular custo do capital de terceiros e do capital próprio, que sofre alterações a partir do dia que a empresa inaugura suas atividades. A maior quantidade de informação sobre o desempenho financeiro da empresa após iniciar as atividades faz alterar o risco percebido e a estimativa de remuneração do capital próprio, refletindo diretamente no custo do capital total.

Além do custo do capital, o início de um projeto ou de uma empresa nova faz com que se altere também o volume de capital próprio do investimento. Se o empresário planejou investir R$1 milhão de capital próprio para abrir a empresa, por exemplo, a partir do primeiro dia de funcionamento seu capital não é mais de R$1 milhão. Pode ser maior ou menor, mas não o mesmo. A alteração do custo do capital próprio e do capital total — pelo aumento de informação sobre o investimento — repercute diretamente no cálculo do capital, fazendo-o ser elevado ou reduzido na hipótese de venda da empresa. Uma redução no custo do capital total trabalha aumentando o valor da empresa e vice-versa, conforme a equação já apresentada:

$$Valor\ da\ Empresa = \frac{Resultado\ da\ Empresa}{Custo\ do\ Capital\ Total}$$

As duas variáveis do lado direito da equação se alteram após o início das atividades. O resultado efetivo da empresa provavelmente é diferente do que foi projetado antes de iniciá-la. A percepção de risco e de auferimento de retorno no futuro — que compõe o custo do capital próprio — também se altera. O investidor pode ter perda ou ganho de capital ao longo do tempo de acordo com a capacidade de a empresa ou projeto gerar caixa como remuneração pelo seu capital.

Efeito da informação transmitida ao mercado

O WACC representa tanto o custo do capital total, quanto o risco do investimento. O nível do WACC, que é influenciado pelo custo do capital próprio determinado, refletirá como agentes externos — analistas de ações na bolsa, investidores institucionais, bancos e outros profissionais — interpretarão o risco de se investir na empresa ou emprestar a ela. Quanto maior o custo do capital total, maior o risco que é presumido haver na mensagem transmitida aos investidores e credores.

A política de *disclosure* (divulgação) de informações financeiras da empresa e de seus projetos de investimento ao mercado pode provocar efeito de redução do custo do capital total. Deve-se tomar o cuidado para não divulgar informações estratégicas que possam afetar resultados futuros. Contudo, a organização e a disponibilização de dados financeiros da empresa para agentes de mercado permitem a eles fazerem análises mais confiáveis e precisas sobre o risco da empresa e sua capacidade de gerar resultados no futuro. A maior segurança de haver retorno dos investimentos planejados pela empresa contribui para que os analistas reduzam a taxa mínima requerida para comprar ações dela no mercado, tendendo a elevar seu valor.

As considerações apresentadas dizem respeito especialmente ao gestor financeiro e a como ele poderá conduzir a empresa em relação ao custo do capital total. O gestor ou o empresário em tese estão imbuídos do objetivo primário de elevar o valor de mercado da empresa de forma sustentável no longo prazo. Os agentes externos que analisam os dados da empresa podem ter outros objetivos. Talvez alguns pretendam gerar retorno no curto prazo, mesmo com aumento do risco; outros podem ter o interesse de aumentar o poder de influência nas decisões estratégicas; ou ainda pode haver agentes externos até interessados na redução do valor da empresa para no futuro realizar uma oferta de aquisição de participação societária. Os interesses podem ser os mais diversos. O gestor financeiro precisa ser cuidadoso com o método de estabelecimento do custo do capital próprio e, por consequência, do custo do capital total, para que se mantenha representatividade do potencial financeiro da empresa sem que a afete negativamente em vista dos diferentes objetivos de outros participantes — *stakeholders*.

15

Conceitos de Estrutura de Capital

A estrutura de capital é a proporção de capital de terceiros em relação ao capital total da empresa, e pode ser determinada pela equação a seguir:

$$\text{Estrutura de Capital} = \frac{\text{Capital de Terceiros}}{\text{Capital Total}}$$

Já o capital total é a soma de capital próprio com o capital de terceiros.

$$\text{Estrutura de Capital} = \frac{\text{Capital de Terceiros}}{\text{Capital Próprio} + \text{Capital de Terceiros}}$$

Em princípio, o gestor financeiro pode desejar não usar recursos de terceiros — que são empréstimos bancários, títulos de dívida e outros —, porque as obrigações comprometem a segurança financeira da empresa. É bastante comum a empresários orgulharem-se por não haver empréstimos a pagar pela empresa. O raciocínio está correto. A maior proporção de capital de terceiros eleva o risco de a empresa ser onerada adicionalmente com multas, custas processuais e outras penalidades, decorrentes de um eventual atraso no pagamento das prestações.

A questão é estabelecer se o empréstimo traz benefícios à empresa. Que ele eleva o risco está claro, mas qual a vantagem?

A resposta para a pergunta é bastante controversa no embasamento teórico de finanças. Alguns estudiosos afirmam que não importa se a empresa toma recursos ou não; o valor de mercado dela não se altera. Outros pesquisadores defendem exatamente o contrário, ou seja, que a proporção de capital próprio influencia sobremaneira o valor da empresa.

Os dois grupos de pesquisadores apresentam sólida base matemática e conceitual para reforçar suas descobertas. O gestor financeiro precisa conhecer ambas as abordagens. A primeira delas é chamada de Teoria de *Pecking Order* — ou Teoria da Hierarquia na ordem de levantamento de recursos. A outra abordagem é a de Teoria de *Trade-Off* — ou Teoria da Compensação entre o custo associado a capital de terceiros em relação a seus benefícios.

As duas teorias são opostas, uma inferindo que não adianta se preocupar com a estrutura de capital, porque não gera qualquer efeito prático para a empresa; ao passo que a outra que a estrutura de capital influencia fortemente no valor de mercado da empresa.

Cabe ressaltar que os próximos tópicos são descritivos e levam em consideração o embasamento teórico da literatura tradicional em finanças. Alguns elementos expostos neste capítulo podem ser diferentes dos explicados ao longo deste material. É necessário tomar cuidado para não confundir a apresentação de ideias de outros autores com as que são explicadas aqui. No próximo capítulo, há uma discussão crítica sobre as ideias expostas nas duas teorias.

15.1 Teoria de *Pecking Order*

A Teoria de *Pecking Order* ensina que as empresas tendem a seguir uma ordem quanto às fontes usadas para financiar suas atividades.

De forma geral, as empresas procuram primeiro usar recursos próprios de reservas de caixa. Somente quando as fontes internas estiverem esgotadas, as empresas recorrem a empréstimos bancários e, quando começar a ficar mais difícil levantar crédito, começam a captar novos capitais próprios. Essa é a ordem demonstrada de uso dos recursos.

O fenômeno já foi relatado por estudos feitos em vários países com economia desenvolvida e, inclusive, no Brasil. De fato, as companhias com ações listadas em bolsa tendem a seguir um comportamento muito semelhante ao proposto pela Teoria de *Pecking Order*. De forma mais detalhada, a Figura 15.1 apresenta a escada galgada pelas empresas em geral para captação dos recursos.

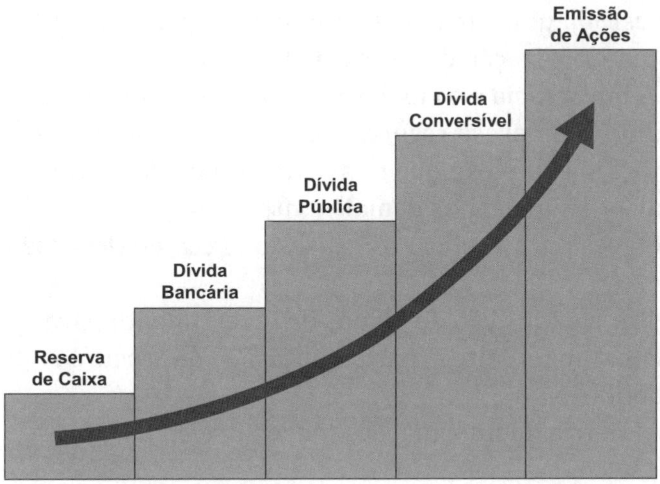

Figura 15.1. Ordem de captação de recursos pela Teoria de *Pecking Order*.
Fonte: O autor.

O primeiro degrau de Reserva de Caixa é o acúmulo de recursos provenientes dos resultados positivos ao longo de certo tempo. Somente quando se percebe que a liquidez da empresa pode ser comprometida se usar mais dessa fonte, a empresa tende a buscar dinheiro por meio de dívida bancária. Os bancos oferecem linhas de crédito de curto prazo pré-aprovadas. No Brasil, quando a empresa abre uma conta corrente, é analisada a capacidade de pagamento e disponibilizada à empresa certo volume de crédito automático. Se a empresa precisar, facilmente obtém o valor emprestado na conta bancária.

Havendo necessidade crescente de recursos, a empresa tende a fazer lançamentos de Notas Comerciais. São títulos de curto prazo — muitas vezes de colocação direta a investidores eventualmente interessados — e cuja operação não requer maiores dificuldades burocráticas, como autorizações oficiais e documentação detalhada sobre a empresa.

As dívidas conversíveis são, especialmente, as debêntures. Embora não necessariamente uma debênture seja conversível, o que se observa é que seu lançamento só ocorre após exploradas as possibilidades de captações mais simplificadas — como as descritas anteriormente.

O lançamento de debêntures prevê um conjunto complexo de providências antes de ser realizado. A empresa geralmente contrata uma assessoria financeira que normalmente é prestada por um banco de investimento, organiza os demonstrativos contábeis, ajusta-se a regras de *compliance*, estuda quais melhores momento e preço dos títulos — pagar tarifas e obter autorização da CVM e da Bolsa de Valores —, dentre outras exigências. A burocracia e o custo são bastante significativos.

Por último, a empresa recorre à emissão de novas ações. O processo é, no mínimo, tão complexo que o lançamento de debêntures — e o custo desse capital — é superior às demais fontes.

As hipóteses para explicar as causas do *Pecking Order* são:

a) Evitar a exposição de planos de investimento para o mercado.
b) Custos mais altos para captação de recursos no mercado mobiliário.
c) Assimetria de informações (*adverse selection*).

Os gestores têm receio de passar algum tipo de informação estratégica aos concorrentes — que inevitavelmente precisarão fazer para lançar títulos de dívida ou ações. Outro ponto a se preocupar é o de que há um custo crescente e significativo à medida que se avança na ordem de fontes.

A assimetria de informações é a diferença de informações sobre a empresa entre gestores e investidores do mercado. Essa é a hipótese mais relevante para a Teoria. Se uma empresa está lançando novas ações, os investidores tendem a supor que a diretoria da empresa acredita que as ações mais antigas estão sendo negociadas a preços superiores ao que eles — com mais informações — acreditam. O lançamento de novas ações é como se a diretoria estivesse comunicando ao mercado que a empresa não está tão bem financeiramente quanto o mercado avalia — mesmo que não seja essa a verdade. Haveria uma tendência de a empresa atrair novos acionistas que esperariam uma maior taxa de retorno para o investimento do que outros que viriam a aceitar um menor retorno.

Tais hipóteses ainda são motivos de estudos; mas são, no mínimo, bastante plausíveis.

Uma parte relevante do embasamento teórico de estrutura de capital são as conclusões dos estudos dos pesquisadores Franco Modigliani e Merton Miller, publicadas na década de 1950 e de 1960, as chamadas Proposição I e Proposição II de Modigliani e Miller — ou simplesmente MM.

Os autores não desenvolveram os estudos visando diretamente consubstanciar a Teoria de *Pecking Order*, ou muito menos com objetivo de reforçar a hipótese de haver uma hierarquia na busca por recursos. As pesquisas são independentes, mas acabaram por complementar os defensores da Teoria, visto demonstrar a irrelevância da estrutura de capital para o valor da empresa.

As proposições I e II de MM procuram mostrar o comportamento do valor da empresa quando da alteração do nível de capital de terceiros. Para isso, os autores eliminaram variáveis externas que poderiam interferir no valor, como pagamento de impostos, custos por falência e acesso a taxas de empréstimos por empresas e pessoas. Segundo MM, ao se observar o valor da empresa à luz somente do volume de empréstimos, o resultado não se altera.

Proposição I de MM

"O valor da empresa alavancada é igual ao da empresa não alavancada."

O fato de a empresa possuir capital de terceiros — empresa alavancada — não altera seu valor em comparação com a empresa que não tenha empréstimos — empresa não alavancada.

A afirmação só é possível se previamente houver sido estabelecido o cenário hipotético de forma a eliminar fatores que interfeririam no valor da empresa independente da estrutura de capital.

Cenário hipotético:

- **Sem** imposto.
- **Sem** risco de falência.
- Investidor tem acesso à mesma taxa de juros que a empresa.

Os cenários hipotéticos usados para apresentar as proposições servem para isolar o problema e analisar o que se pretende conhecer — a alteração do valor da empresa quando há alteração do volume de capital de terceiros.

Na hipótese de inexistência de imposto e de ônus por falência, o dono tem a possibilidade de tomar recursos emprestados em seu nome e investi-lo na empresa sem capitais de terceiros. O efeito no resultado para ele é igual ao da empresa que venha a tomar o mesmo volume de recursos emprestados.

Um exemplo muito conhecido ajuda a compreender e a reforçar a Proposição I de MM.

Há duas empresas exatamente iguais em praticamente tudo (vendas, gastos, número de funcionários, mesmo setor etc.). A única diferença está na composição do capital. Enquanto na empresa Alavancada 50% é capital próprio e 50% de empréstimos, na empresa Não Alavancada há somente capital próprio. Ambas têm o mesmo valor.

O termo *alavancagem financeira* designa a participação de capital de terceiros. A alavancagem financeira pode ser mais alta ou mais baixa em uma empresa, e uma empresa sem capital de terceiros é não alavancada.

Um investidor dispõe de R$2.500 e precisa escolher somente uma delas para comprar ações com esse dinheiro. O objetivo da decisão dele é aumentar o máximo possível o retorno por seu investimento.

Os dados das duas empresas são apresentados no Tabela 15.1.

	ALAVANCADA	NÃO ALAVANCADA
Valor total	10.000,00	10.000,00
Capital de terceiros	5.000,00	0,00
Capital próprio	5.000,00	10.000,00
Taxa de juros (a.m.)	10%	10%
Valor da ação	10,00	20,00
Quantidade de ações	500	500

Tabela 15.1. Dados das empresas.
Fonte: O autor.

O valor de ambas é o mesmo — R$10 mil. A empresa Alavancada é composta por R$5 mil de capital próprio — representados por ações negociadas —, e de outros R$5 mil de capital de terceiros — ou seja, empréstimos bancários. Do outro lado, a empresa Não Alavancada não possui empréstimos — então todo o capital de R$10 mil é próprio.

Os empréstimos bancários estão sob taxa juros de 10% a.m. De acordo com o cenário hipotético, o investidor tem acesso à mesma taxa que a empresa.

Ambas as empresas possuem o mesmo número de ações negociadas no mercado, mas o valor da ação da Alavancada é metade da Não Alavancada. As quantidades de ações das empresas multiplicadas pelos respectivos valores unitários das ações correspondem ao valor do capital próprio de cada uma.

O investidor compara o quanto obteria de retorno aplicando todo o seu dinheiro em uma empresa ou na outra. Ele deverá escolher aquela que lhe proporcionar o maior retorno.

Caso ele invista na empresa Alavancada, os R$2.500 poderão comprar 250 ações — visto cada ação apresenta preço unitário de R$10.

Considerando as vendas menos os gastos da empresa de R$1.200, subtraem-se destes os juros de R$500 — obtidos pela taxa de juros de 10% em relação ao empréstimo de R$5 mil. O superávit da empresa a ser distribuído aos acionistas é de R$700.

O superávit de R$700 deve ser dividido pelo número total de ações (500). O Lucro por Ação é de R$1,40. Como o investidor pretende comprar 250 ações, o retorno que ele poderá receber é de 250 x R$1,40 = R$350.

EMPRESA ALAVANCADA			
Compra de 250 ações ao preço unitário de R$10			
Operação		**Resultado**	
Quantidade de ações	250	Resultado da empresa	1.200,00
Valor da ação	10,00	Juros	-500,00
TOTAL	2.500,00	Superávit	700,00
		Lucro por ação (LPA)	1,40
Reserva própria	2.500,00		
		Resultado para o investidor	
		Ganho com as ações	350,00
		Juros do empréstimo pessoal	0,00
		Retorno para o investidor	350,00

Para analisar o retorno que teria se viesse a alocar o dinheiro na empresa Não Alavancada, o investidor deve procurar reproduzir artificialmente a estrutura de capital que a Alavancada possui. Assim a comparação entre as empresas ficaria equilibrada. Como a proporção da empresa Alavancada é de 50% de capital de terceiros, ele replicaria os percentuais antes de fazer o investimento. Aos R$2.500 próprios seriam adicionados mais R$2.500 provenientes de um empréstimo bancário em seu nome particular. A estrutura de capital particular dos recursos disponíveis passaria a ser de 50% de capital de terceiros e 50% de recursos próprios, assim como o é na empresa Alavancada.

Ao obter o empréstimo, o investidor somaria R$5 mil para comprar ações da empresa Não Alavancada. Como o preço unitário da ação é R$20, ele poderia comprar a mesma quantidade de 250 ações.

A empresa não possui empréstimos, então não paga juros, mas o investidor pessoalmente sim. O resultado da empresa, vendas menos gastos, de R$1.200 fica livre para ser distribuído por todas as 500 ações, fazendo um LPA de R$2,40 (R$1.200 / 500). Havendo comprado 250 ações, o ganho é de R$600 (R$2,40 x 250).

Desse ganho, é necessário subtrair os juros correspondentes à taxa de 10% a.m. sobre o valor tomado emprestado de R$2.500. Os R$600 de ganho menos os juros de R$250 fariam o investidor obter retorno de R$350.

EMPRESA NÃO ALAVANCADA			
Compra de 250 ações ao preço unitário de R$20			
Operação		**Resultado**	
Quantidade de ações	250	Resultado da empresa	1.200,00
Valor da ação	20,00	Juros	0,00
TOTAL	5.000,00	Superávit	1.200,00
		Lucro por Ação (LPA)	2,40
Reserva própria	2.500,00		
Empréstimo tomado	2.500,00	**Resultado para o investidor**	
		Ganho com as ações	600,00
		Juros do empréstimo pessoal	-250,00
		Retorno para o investidor	350,00

O retorno estimado da empresa Alavancada e da empresa Não Alavancada é o mesmo — R$350. O investidor sempre tem a faculdade de tomar dinheiro emprestado para comprar mais ações de uma empresa. Ao replicar com seus próprios recursos a estrutura de capital de uma empresa alavancada como referência, obterá o mesmo retorno que ela.

Se forem alteradas as estruturas de capital da empresa Alavancada e seguir as mesmas proporções nos capitais particulares para adquirir ações da Não Alavancada, os retornos seriam outros, mas permaneceriam iguais entre eles.

O exemplo abaixo segue os mesmos dados, somente a estrutura de capital é diferente, com a empresa Alavancada contando com 30% de capital de terceiros e 70% de capital próprio. O investidor tomou emprestado R$1.071,43, o que corresponde a 30% do total, após somados aos R$2.500 próprios.

O retorno gerado pela empresa Alavancada e pela empresa Não Alavancada é o mesmo, de R$321,43.

EMPRESA NÃO ALAVANCADA		**EMPRESA ALAVANCADA**	
Compra de 178 ações por R$20		Compra de 178 ações por R$10	
Operação		Operação	
Quantidade de ações	178,571	Quantidade de ações	178,571
Valor da ação	20,00	Valor da ação	14,00
Capital de terceiros	0,00	Capital de terceiros	1.071,43
TOTAL	3.571,43	TOTAL	3.571,43
Reserva própria	2.500,00	Reserva própria	2.500,00
Empréstimo tomado	1.071,43	Empréstimo tomado	0,00
Resultado da empresa		**Resultado**	
Resultado bruto	1.200,00	Resultado da empresa	1.200,00
Juros	0,00	Juros	-300,00
Superávit	1.200,00	Superávit	900,00
Lucro por ação (LPA)	2,40	Lucro por ação (LPA)	1,80
Resultado para o investidor		**Resultado para o investidor**	
Ganho com as ações	428,57	Ganho com as ações	321,43
Juros do empréstimo pessoal	-107,14	Juros do empréstimo pessoal	0,00
Retorno para o investidor	321,43	Retorno para o investidor	321,43

Se o investidor pode tomar recursos emprestados para compor a estrutura de capital que preferir — independentemente da proporção de capitais da empresa —, não importa qual ela seja porque não fará diferença. O valor da empresa não se altera em função da estrutura de capital, visto que o investidor sempre poderá compor a proporção que desejar.

O gestor financeiro — que tem por principal função maximizar a riqueza dos donos da empresa no longo prazo — não tem por que alterar a estrutura de capital para essa finalidade, uma vez que isso é irrelevante.

Cabe lembrar que a demonstração acima é criada sobre as condições do cenário hipotético de ausência de imposto, ausência de risco de falência e taxa de juros iguais para empresas e pessoas.

Para a Proposição II de Modigliani e Miller, o cenário hipotético muda um pouco.

Proposição II de MM

> *"O retorno esperado de uma ação está positivamente relacionado ao grau de endividamento, pois o risco para os acionistas cresce com o endividamento."*

O aumento na proporção de capital de terceiros em relação ao capital total faz aumentar a rentabilidade do capital próprio; contudo, faz aumentar também o risco. A perda de valor da empresa pelo aumento do risco compensa o ganho obtido pelo aumento da rentabilidade do capital próprio. Portanto, não importa qual seja a composição de capital da empresa.

Cenário hipotético:

- **Sem** imposto.
- **Com** risco de falência.
- Investidor tem acesso à mesma taxa de juros que a empresa.

O cenário hipotético na Proposição II é a existência do risco de falência. A empresa que toma recursos emprestados passa também a ficar mais propensa a não conseguir cumprir os compromissos financeiros. A inadimplência leva a maiores desembolsos, como multas, juros de mora, custas judiciais, e até alienação compulsória de bens.

Os autores argumentam que o aumento da rentabilidade do capital próprio provocado pelo aumento da alavancagem é anulado pelo gradativo aumento do risco de falência. Portanto, não adianta o gestor se preocupar com a estrutura de capital da empresa. Qualquer benefício auferido por recursos de terceiros é perdido pelo efeito negativo do aumento do risco de falência.

15.2 Teoria de *Trade-Off*

A Teoria de *Trade-Off* defende o oposto do que propõe a Teoria de *Pecking Order*.

A Teoria de *Trade-Off* tem como principal conclusão a de que há elevação do valor da empresa como compensação aos custos inerentes ao levantamento e manutenção de recursos de terceiros na empresa.

Quanto maior a proporção de capital de terceiros, maior o valor da empresa — até certo ponto.

A partir de uma dada proporção da estrutura de capital, a empresa encontra limites à expansão do endividamento. Chega-se a um ponto em que os bancos não emprestam mais dinheiro à empresa pelo aumento do risco — ou seja, pela maior possibilidade de a empresa não conseguir devolver o dinheiro emprestado.

Por causa do crescente volume de desembolso que a empresa eventualmente poderá ter que fazer, caso não consiga fazer os pagamentos, o valor dela tende a cair após certa proporção de capital de terceiros.

Esta é a compensação que a Teoria do *Trade-Off* apresenta. A partir de certo ponto, o custo gerado pelo aumento do endividamento passa a mais do que compensar o aumento do valor da empresa. A Figura 15.2 mostra esse comportamento.

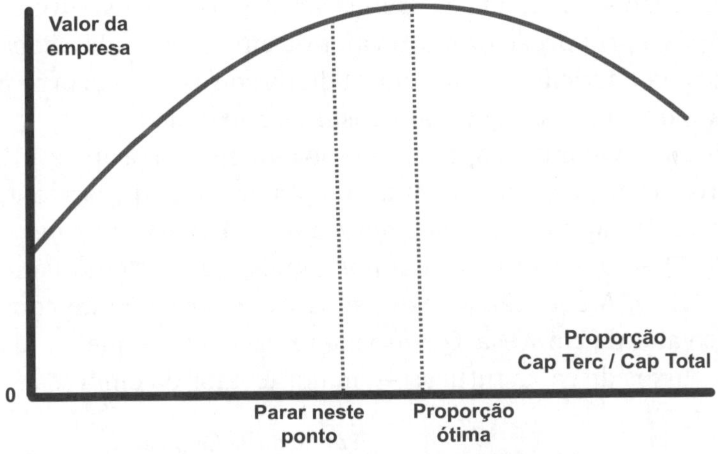

Figura 15.2. Relação Valor de Empresa e Estrutura de Capital.
Fonte: O autor.

A linha da Figura 15.2 inicia à esquerda, com o valor da empresa em dado ponto sem capital de terceiros, e começa a subir à medida em que a proporção de capital de terceiros aumenta.

Quanto maior a participação de capital de terceiros no capital total, maior é o valor da empresa. Essa é a mais importante lição da Teoria de *Trade-Off*. Há uma compensação ao custo de incremento do capital de terceiros obtida pelo aumento do valor da empresa. Os próximos passos é entender melhor que custos são esses e por que o valor da empresa aumenta.

Os custos de capital de terceiros são:

a) Juros correspondentes ao empréstimo.
b) Tarifas bancárias e para registros de títulos mobiliários.
c) Imposto sobre Operações Financeiras (IOF).
d) Eventual custo por indisponibilidade de bens passados em garantia.
e) Multa e juros de mora por eventual atraso de pagamento.
f) Custas processuais de possíveis ajuizamentos de dívidas.
g) Desgaste da imagem da empresa junto a fornecedores, clientes, colaboradores e sociedade, o que pode ocasionar perda de oportunidades.

Os custos aumentam gradativamente à medida que o volume de capital de terceiros aumenta. Os desembolsos cada vez mais prováveis de acontecer ao se aproximar do ponto em que a empresa não conseguiria mais pagar os credores em dia são o lado negativo do aumento da alavancagem.

De acordo com a curva da Figura 15.2, o valor da empresa sobe até certa proporção — chamada de proporção ótima ou de Estrutura Ótima de Capital. Após a proporção ótima, o valor da empresa tende a cair à medida que avança na participação de capital de terceiros. Isso ocorre porque os custos passam a mais do que compensar os benefícios.

E por que o valor da empresa sobe ao aumentar a proporção de capital de terceiros? O motivo está na minimização do custo do capital total.

O custo de capital total da empresa é o *Weighted Average Cost of Capital* (WACC) — o mesmo que, em português, Custo Médio Ponderado de Capital (CMPC). A equação a seguir mostra genericamente como se dá o cálculo do valor da empresa. Quanto menor o WACC — que é a taxa de desconto dos fluxos de caixa futuros —, maior o valor da empresa.

$$\text{Valor da empresa} = \frac{\text{Resultado da Empresa}}{\text{WACC}}$$

O resultado da empresa é o que se gera antes de remunerar os credores, o governo e os donos.

A Figura 15.3 mostra o comportamento do WACC de acordo com a estrutura de capital da empresa.

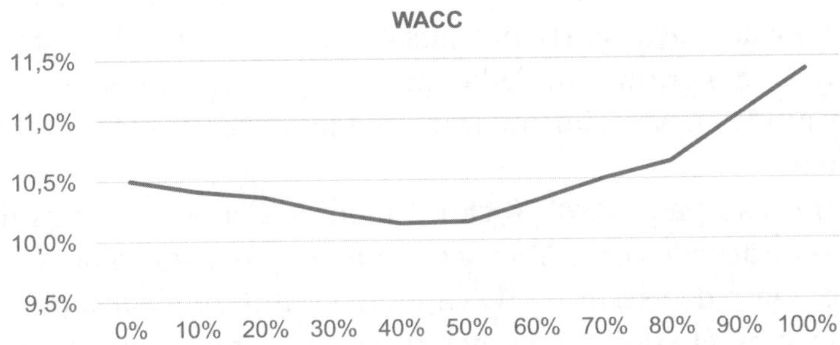

Figura 15.3. WACC em relação à Estrutura de Capital.
Fonte: O autor.

Pela linha do gráfico, a empresa do exemplo deveria adotar uma estrutura de capital que contasse com aproximadamente 40% de capital de terceiros. Assim, ela garantiria o menor custo de capital total — o que faria com que o valor da empresa fosse maximizado.

Se há um ponto mínimo para o custo do capital total, logo se presumiria que a empresa deveria manter a estrutura de capital correspondente àquele ponto mínimo. Assim, se estaria maximizando o valor da empresa. Essa é a chamada "Estrutura Ótima de Capital" — tão estudada e proposta em diversos artigos apresentando equações para encontrá-la.

As Figuras 15.2 e 15.3 juntas deixam mais claro o efeito da minimização do WACC na maximização do valor da empresa.

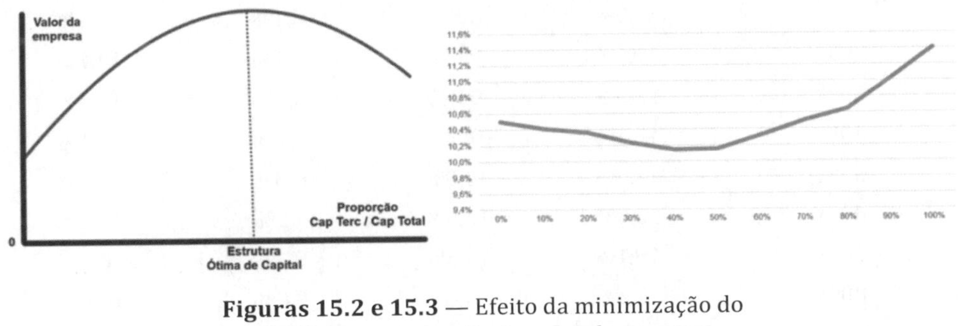

Figuras 15.2 e 15.3 — Efeito da minimização do WACC na maximização do valor da empresa.
Fonte: O autor.

À esquerda, o valor da empresa encontra um valor máximo em certa estrutura de capital — que é, por sua vez, obtida com a minimização do WACC à direita.

Apesar de tantos estudos propondo cálculos para encontrar a Estrutura Ótima de Capital — aquela que minimiza o WACC —, nenhum deles ganhou ampla aceitação entre pesquisadores e gestores de empresas para uma aplicação generalizada. Cada empresa possui tantas peculiaridades que não foi ainda possível formular um modelo a ser usado irrestritamente em todas elas.

A explicação para o WACC cair à medida que a estrutura de capital aumenta — de acordo com a Teoria de *Trade-Off* — está no benefício fiscal. Após certo ponto da estrutura de capital, o WACC tende a subir novamente, efeito do aumento dos custos eventuais de falência, mas, até esse ponto, o WACC decai em virtude de a empresa pagar menos imposto.

O benefício fiscal é dado como o principal — e talvez o único — fator para explicar a redução do WACC. A demonstração do efeito é apresentada no capítulo Discussão sobre Estrutura de Capital; mas, explicando resumidamente, a alíquota do imposto é aplicada sobre o resultado menor depois de pagos os juros do empréstimo. Se uma alíquota é aplicada sobre um valor menor, o imposto que a empresa paga também é menor, o que gera um benefício à empresa e aos donos dela.

A Tabela 15.2 apresenta os percentuais, taxas de remuneração de capitais e o efeito causado no WACC.

ESTRUTURA DE CAPITAL	CUSTO CAPITAL PRÓPRIO	TAXA DE JUROS	TAXA DE JUROS APÓS IMPOSTO	WACC
0%	10,5%	8,0%	4,8%	10,5%
10%	11,0%	8,5%	5,1%	10,4%
20%	11,6%	9,0%	5,4%	10,4%
30%	12,3%	9,0%	5,4%	10,2%
40%	13,1%	9,5%	5,7%	10,1%
50%	14,0%	10,5%	6,3%	10,2%
60%	15,0%	12,0%	7,2%	10,3%
70%	16,1%	13,5%	8,1%	10,5%
80%	17,2%	15,0%	9,0%	10,6%
90%	18,4%	17,0%	10,2%	11,0%
100%	19,7%	19,0%	11,4%	11,4%

Tabela 15.2. Taxas de custo de capitais e WACC.
Fonte: O autor.

A Tabela 15.2 congrega os valores representados pela linha do WACC na Figura 15.3. O menor WACC está na estrutura de capital de aproximadamente 40%.

O custo do capital próprio se eleva à medida que se eleva o risco pela maior participação de capital de terceiros. Os demais percentuais da Tabela 22.1 são calculados de acordo com a equação abaixo:

WACC = [(1 – Est.Cap.) x Custo CP]+[Est.Cap. x Taxa de Juros x (1 – Alíquota Imposto)]

A estrutura de capital é a proporção de capital de terceiros. O elemento (1 – Est. Cap.) fornece a proporção de capital próprio, que é multiplicado pelo seu respectivo custo, e depois somado à proporção de capital de terceiros, vezes seu respectivo custo líquido. O custo líquido é obtido pela subtração do equivalente à alíquota aplicada aos juros.

O cálculo do imposto a pagar é dado por receita menos despesas gerais, incluindo juros de empréstimos, e só depois é aplicada a alíquota. O imposto pago quando há empréstimos é menor do que na empresa com o mesmo volume total de capital, mas sem empréstimos. Esse é o benefício fiscal — causa da redução parcial do WACC.

15.3 Efeitos do Custo de Agência

Três dos personagens em gestão financeira são os gestores, os credores e os donos da empresa. Cada um deles possui um interesse particular na empresa e eles não são completamente convergentes. O gestor procura obter a maior remuneração possível por seu trabalho no curto prazo. O dono da empresa — seja único dono, sócio ou acionista — está interessado na maximização do valor da empresa no longo prazo. Ao credor interessa que a empresa seja a mais financeiramente segura possível, a fim de garantir o recebimento de seus juros.

A divergência entre os agentes é natural e inevitável, mas provoca problemas a todos se não forem tomadas providências para equilibrar os interesses. Tais providências muitas vezes são onerosas — são os chamados custos de agência.

Alguns conflitos de interesses são:

Gestor em relação ao dono

- O gestor poderá tender a assumir projetos altamente rentáveis, mas com baixa segurança, para ter chance de impulsionar o resultado da empresa. Com isso, cria-se o argumento para justificar o aumento de sua remuneração ordinária e bonificações por resultados. O dono teria mais aversão a correr tantos riscos do que o gestor, uma vez que o patrimônio pertence a ele.
- O dono da empresa terá menos propensão do que o gestor a usar recursos de terceiros, uma vez que diminui a segurança da empresa e, por consequência, o valor de mercado. Para o gestor, levantar recursos de terceiros lhe dá uma maior liberdade para tomadas de decisões — especialmente em relação a novos investimentos.

Gestor em relação ao credor

- O gestor estará mais inclinado a elevar o endividamento da empresa para realizar projetos de investimento que o credor. Para o credor, quanto mais a empresa toma novos empréstimos, maior é o risco de a empresa não honrar os compromissos anteriores.
- O credor pode exigir maior cuidado ao gestor para manter certo nível de liquidez e adotar critérios mais rigorosos para escolha de novos investimentos. O gestor deseja ter mais liberdade.

Dono em relação ao credor

- O dono da empresa poderá tender a priorizar os pagamentos a si do que ao credor em caso de dificuldade financeira.
- O dono pode, eventualmente, vender ativos que aumentem a solidez da empresa e distribuir os recursos como dividendos ou remuneração do capital próprio, enquanto ao credor interessa manter a segurança dos ativos dentro da empresa.
- O dono pode oferecer ativos em garantia a futuros empréstimos. Contudo, quanto mais ativos livres houver para compor o inventário em uma possível falência, mais seguro para o credor.
- O dono tem maior propensão a assumir uma menor segurança em investimentos — apesar de menor que o gestor — em relação ao credor, que prefere a maior segurança possível de que as obrigações para com ele serão cumpridas.

Equilibrar os interesses para que haja melhor condução do negócio para todos os envolvidos implica custo para a empresa.

Geralmente, o custo para atrair o gestor a atingir o objetivo de crescimento sustentável do valor da empresa no longo prazo é oferecer a ele algum tipo de premiação no futuro mais distante — após três, cinco ou dez anos, por exemplo. Muitas empresas oferecem programas de opções de ações aos gestores nos quais ele passa a ter o direito de vender ações da empresa pelo preço de mercado após alguns anos. O gestor é estimulado a pensar na elevação do valor da empresa — logo, de suas próprias ações —, para um futuro mais distante, o que o inibe de tomar decisões arriscadas ou em desfavor do atual dono.

Os custos de agência relacionados à estrutura de capital envolvem o credor em relação ao gestor ou ao dono.

Considerando a possibilidade de o gestor — ou o dono — tomar decisões que diminuam a segurança financeira da empresa, o credor exigirá uma taxa de juros maior para sua remuneração.

O credor também poderá exigir cláusulas contratuais que limitem a atuação da empresa. Dentre elas, pode-se destacar: a manutenção de um nível mínimo de liquidez em reservas; o estabelecimento de uma proporção mínima de imobilizado dos ativos; a vedação para aquisição de outra empresa; e outros limites que cerceiam as decisões discricionárias da empresa.

Os custos de agência são muito peculiares a cada empresa, mas é efeito certo em qualquer situação em que haja a presença de gestor ou credor. Quanto maior a estrutura de capital da empresa, maior é o custo de agência associado ao credor.

16

Discussão Sobre a Estrutura de Capital

Até este ponto, foram apresentadas as ideias e conclusões das teorias de *Pecking Order* e de *Trade-Off*. No entanto, algumas considerações são necessárias para a atuação do gestor financeiro.

As primeiras considerações dizem respeito à Teoria de *Pecking Order* e às proposições de Modigliani e Miller. Objetivamente, têm-se as afirmações:

a) Há sólidas evidências de que há uma tendência de comportamento das empresas em seguir uma ordem de obtenção de recursos.
b) A demonstração de MM quanto à irrelevância da estrutura de capital somente funciona quando assumido o cenário hipotético proposto.

16.1 Discussão sobre a Teoria de *Pecking Order*

Existem inúmeras pesquisas identificando o comportamento de empresas com ações negociadas em bolsas de valores em que se privilegia a ordem de captação de recursos. As hipóteses já citadas para explicar o que causa o fenômeno ainda estão sendo estudadas por pesquisadores.

É possível levantar como outra hipótese a ideia de que o gestor procura as fontes mais acessíveis à empresa — como geração interna de caixa e linhas de crédito pré-aprovadas. A ordem crescente por facilidade de acesso aos recursos é a mesma da verificada nas pesquisas de *Pecking Order*. Além disso, tal ordem coincide com a quantidade paulatinamente maior de aprovações requeridas para obter os recursos de diferentes agentes — sejam diretoria da empresa, assembleia de acionistas, órgãos governamentais, bolsa de valores ou outros.

A preferência de ordem de fontes parece ser uma realidade. Porém, esse não é o ponto central de questionamentos da *Pecking Order*. A discussão recai preponderantemente sobre as hipóteses para explicá-la e a de que sua existência não necessariamente constitui causa para uma irrelevância da estrutura de capital.

As proposições de Modigliani e Miller são marcos da teoria de finanças e são bastante referenciadas pela literatura. Contudo, as críticas geralmente recaem sobre a necessidade de adotar o cenário hipotético de inexistência de imposto e ausência de risco de falência. O objetivo de se propor esse cenário é mostrar de forma limpa o efeito da estrutura de capital no valor da empresa. No entanto, a realidade é bastante diferente. A mera constatação dessa realidade compromete a crença de que estrutura de capital é irrelevante para o valor da empresa.

As formulações de MM foram construídas considerando a legislação tributária norte-americana. No Brasil, apesar de haver algumas diferenças, as propostas continuam válidas.

16.2 Discussão sobre a Teoria de *Trade-Off*

O ponto central para a Teoria de *Trade-Off* é o benefício fiscal. Segundo a literatura, a força que impulsiona o valor da empresa para cima é o benefício fiscal que aumenta quanto maior for a estrutura de capital. O benefício fiscal é uma realidade. Contudo, como se verá adiante, a principal razão para o aumento do valor da empresa é por ser a rentabilidade da empresa superior à taxa de juros.

A literatura diz que o benefício fiscal gera o efeito de minimização do custo total de capital — o WACC —, que, por sua vez, gera o efeito de maximização do valor da empresa. Com a redução do custo de capital, matematicamente se obtém o maior valor possível para a empresa — como mostrado na equação abaixo:

$$\text{Valor da empresa} = \frac{\text{Resultado da Empresa}^{1}}{\text{WACC}}$$

[1] Resultado projetado das vendas, insumos, investimentos e outros itens, antes de pagar os participantes: credores (juros), governo (imposto) e donos (remuneração de capital próprio).

Apesar de matematicamente a pressuposição estar certa, há vários outros componentes a considerar sobre a composição do WACC e de outros aspectos não representados na fórmula. Isso torna bastante questionável a afirmação de maximização do valor da empresa pela minimização do custo do capital total.

O WACC é formado — dentre outros elementos — pelo custo do capital próprio. Há modelos, como o *Capital Asset Pricing Model* (CAPM), que fornecem um percentual supostamente exato do custo de capital. O uso de técnica de cálculo inspira segurança para uso do resultado obtido, mas há críticas quanto à sua representatividade. Ademais, em dadas circunstâncias, o custo do capital próprio passa a ser um percentual determinado pelo dono do capital, em vez de uma resposta a um modelo matemático.

Outra consideração é sobre a composição do valor de mercado da empresa. A equação anterior é muito pouco contestada entre estudiosos devido à sua robustez. Ela está correta. Entretanto, na prática não necessariamente a minimização do custo de capital total é pré-requisito para o aumento do valor da empresa. As fontes de financiamento devem ser escolhidas de acordo com as características dos investimentos a serem feitos na operação da empresa. A depender do projeto de investimento, convém à empresa recorrer a fontes mais caras a fim de reforçar a segurança ou a liquidez da estrutura de financiamento.

Ao se seguir a ordem do processo de identificar projetos de investimentos, e depois atentar para suas peculiaridades para escolher as fontes de financiamento, o resultado da empresa no numerador da equação tende a aumentar. Com um maior equilíbrio entre rentabilidade, liquidez e segurança do conjunto de investimentos e respectivas fontes, o resultado projetado da empresa tende a ser proporcionalmente superior ao ganho obtido pela minimização do WACC.

16.3 Estrutura de Capital e a rentabilidade do capital próprio

A apresentação e as discussões a respeito das Teorias de *Pecking Order* e de *Trade-Off* permitem avançar no conhecimento dos efeitos do aumento de capital de terceiros para a empresa. O que se conclui atualmente é que o endividamento provoca, de fato, um efeito positivo no valor da empresa. A demonstração a seguir reforça esse efeito e destaca que também a rentabilidade do capital próprio é favorecida.

O Quadro 16.1 compara a escolha a ser feita por um empreendedor que possui R$100 mil para investir. Os recursos dele são suficientes para criar uma loja comercial sem precisar recorrer a empréstimos. Por outro lado, poderá usar metade de seu dinheiro e fazer a loja tomar emprestado o equivalente ao que guardou. As duas empresas seriam exatamente iguais com exceção da estrutura de capital. Enquanto a alavancada é composta de R$50 mil de capital de terceiros e R$50 mil de próprio, a não alavancada é R$100 mil somente de capital próprio.

No projeto, as empresas vendem R$40 mil, e para isso gastam R$30 mil. A alavancada paga juros de R$1.500 — correspondentes a 3% a.m. do empréstimo de R$5 mil. A não alavancada não paga juros, pois não tem empréstimos tomados.

A amortização do empréstimo não deve ser inserida no quadro. A amortização representa o abatimento gradual do capital inicial tomado emprestado. Se fosse computada a amortização, a estrutura de capital decairia e os valores finais seriam alterados, corrompendo a demonstração do efeito da participação do capital de terceiros. De qualquer modo, ao se identificar uma proporção de equilíbrio de capital de terceiros, periodicamente se tomaria novos recursos, que seriam, aos poucos, abatidos pelas amortizações, de modo a manter sempre uma média. Por exemplo, considerando-se ser o ideal manter 50% de capital de terceiros, a empresa pagaria a amortização mensalmente até o saldo devedor da dívida chegar a R$40 mil. Nesse ponto, a empresa tomaria novos R$20 mil, elevando o capital de terceiros para R$60 mil. Quando novamente chegar a R$40 mil, a empresa tomaria de novo outros R$20 mil. A média do capital de terceiros ficaria sempre em R$50 mil — mantendo o equilíbrio de 50% de estrutura de capital e com a mesma média de juros mensais pagos.

Na prática, a estrutura de capital de qualquer empresa é bastante dinâmica. A cada mês, o volume de recursos de capital de terceiros é alterado, assim como a medida do capital próprio — tópico que se abordará adiante. Para simplificar a explicação do efeito da participação do capital de terceiros na empresa, tais volumes de capitais são hipoteticamente considerados como constantes (como se fossem uma média de vários meses). Dessa forma, é possível visualizar claramente o que ocorre quando da alteração da estrutura de capital.

Após os juros, ao resultado de R$8.500 da empresa alavancada incide 20% de imposto — a mesma alíquota aplicada sobre o resultado de R$10 mil da não alavancada. O que sobra é o superávit.

O superávit é o caixa livre para o dono depois de pagos absolutamente todos os compromissos do mês. Pode-se supor que o superávit de R$8 mil é o mais vantajoso para o empreendedor; mas não é.

Comparando-se o superávit da empresa não alavancada de R$8 mil com o capital próprio de R$100 mil, a rentabilidade do capital próprio é de 8% a.m. A empresa alavancada gera um superávit menor — de R$6.800 —, mas sobre um capital próprio de apenas R$50 mil. O capital próprio da empresa alavancada leva ao empresário uma rentabilidade maior, de 13,6% a.m.

	Empresa alavancada	Empresa não alavancada
Capital Próprio	50.000	100.000
Capital de Terceiros	50.000	0
Taxa de juros	3%	3%
Alíquota de IRPJ	20%	20%
Vendas	40.000	40.000
Gastos	-30.000	-30.000
Juros	-1.500	0
RESULTADO	**8.500**	**10.000**
IRPJ (20%)	-1.700	-2.000
SUPERAVIT	**6.800**	**8.000**
Rentab da Empresa	**10,0%**	**10,0%**
Rent Cap Próprio	**13,6%**	**8,0%**

Quadro 16.1. Demonstração do efeito da estrutura de capital sobre a rentabilidade do capital próprio.
Fonte: O autor.

O indicador Rentabilidade da Empresa será explicada mais adiante, assim como serão tecidas considerações sobre o valor do capital próprio.

A parcela de capital de terceiros leva a empresa a gerar uma maior rentabilidade ao capital próprio.

O empreendedor possui R$100mil para abrir uma loja, mas, se ele investir os R$100 mil casados com outros R$100 mil tomados emprestados, ele terá duas lojas. Em vez de a empresa operar com somente uma loja, poderá operar duas lojas, cada uma em um bairro diferente. Assim, com os mesmos R$100 mil próprios o empresário passará a receber livres duas vezes R$6.800 = R$13.600 — valor muito superior aos R$8 mil para uma empresa sem dívida.

Em vez de obter uma rentabilidade do capital próprio de 8% a.m., ele poderá obter de 13,6% a.m.

Quanto maior a proporção de capital de terceiros, maior a rentabilidade do capital próprio. O Quadro 16.2 mostra diferentes estruturas de capital.

	Empresa alavancada	Empresa não alavancada
Capital Próprio	40.000	100.000
Capital de Terceiros	60.000	0
Taxa de juros	3%	3%
Alíquota de IRPJ	20%	20%
Vendas	40.000	40.000
Gastos	-30.000	-30.000
Juros	-1.800	0
RESULTADO	**8.200**	**10.000**
IRPJ (20%)	-1.640	-2.000
SUPERAVIT	**6.560**	**8.000**
Rentab da Empresa	**10,0%**	**10,0%**
Rent Cap Próprio	**16,4%**	**8,0%**

	Empresa alavancada	Empresa não alavancada
Capital Próprio	30.000	100.000
Capital de Terceiros	70.000	0
Taxa de juros	3%	3%
Alíquota de IRPJ	20%	20%
Vendas	40.000	40.000
Gastos	-30.000	-30.000
Juros	-2.100	0
RESULTADO	**7.900**	**10.000**
IRPJ (20%)	-1.580	-2.000
SUPERAVIT	**6.320**	**8.000**
Rentab da Empresa	**10,0%**	**10,0%**
Rent Cap Próprio	**21,1%**	**8,0%**

	Empresa alavancada	Empresa não alavancada
Capital Próprio	20.000	100.000
Capital de Terceiros	80.000	0
Taxa de juros	3%	3%
Alíquota de IRPJ	20%	20%
Vendas	40.000	40.000
Gastos	-30.000	-30.000
Juros	-2.400	0
RESULTADO	**7.600**	**10.000**
IRPJ (20%)	-1.520	-2.000
SUPERAVIT	**6.080**	**8.000**
Rentab da Empresa	**10,0%**	**10,0%**
Rent Cap Próprio	**30,4%**	**8,0%**

Quadro 16.2. Diferentes estruturas de capital e rentabilidade do capital próprio.
Fonte: O autor.

Para a estrutura de capital de 50%, a rentabilidade do capital próprio foi de 13,6% a.m. Alterando-se a estrutura para 60%, a rentabilidade passa para 16,4% a.m. Em 70%, a rentabilidade é de 21,1% a.m. Quando se aumenta para 80%, a rentabilidade do capital próprio fica em 30,4% a.m.

Para a estrutura de 80%, com R$100 mil de capital próprio, a empresa deverá tomar outros R$400 mil de empréstimo, perfazendo uma empresa de R$500 mil de capital total. Pelo exemplo anterior, seriam cinco lojas abertas em vez de somente uma. Usando os mesmos R$100 mil de capital próprio, o empresário passa a receber, livres, 5 x R$6.080 = $30.400, em vez de R$8 mil.

Além do ganho no capital próprio, a empresa cinco vezes maior tem outras vantagens. Ela compra cinco vezes mais dos fornecedores e consegue melhores preços de mercadorias e insumos. Ela tem cinco vezes mais exposição ao público do que se tivesse uma loja só — o que dá cinco vezes mais publicidade. A proporção de funcionários também é melhor. Se uma loja precisa de, no mínimo, um funcionário para cuidar da parte administrativa, cinco lojas podem requerer apenas duas pessoas, e não cinco. Isso é o que se chama de economia de escala. No geral, a empresa maior passa a ter mais poder financeiro para ser mais bem gerida e para explorar o mercado. Possivelmente, ela tomará os clientes daquele concorrente que possui uma loja só.

As causas para o aumento da rentabilidade do capital próprio quando há aumento da estrutura de capital são duas: arbitragem entre taxas de remuneração de capitais e o benefício fiscal. Elas serão mais bem explicadas a seguir.

Arbitragem entre taxas de remuneração de capitais

Quem tem dinheiro e quer investir criando ou comprando uma empresa, procura a oportunidade mais rentável possível — a que lhe trará maior retorno dentre aquelas com mesmo nível de segurança. Ora, se uma empresa existe, é lógico depreender que essa é a opção de investimento com maior retorno para o empresário. Se não for, ele deveria vendê-la e reinvestir o dinheiro na oportunidade com maior retorno e mesmo nível de segurança.

A rentabilidade da empresa é maior que a taxa de juros para empréstimos. Se não fosse, o dono da empresa deveria vendê-la e passar a emprestar dinheiro. É claro que o exemplo é simplista e dependeria de uma série de condições, mas a lógica é bastante consistente e funciona em condições normais. Qualquer pessoa racional preferiria investir na modalidade que traria o maior retorno possível — dentre as oportunidades disponíveis e com o mesmo nível de segurança.

O termo *arbitragem* se refere ao ganho proporcionado pela diferença entre duas taxas ou preços de dois ativos. A empresa toma recursos emprestados a determinado custo para fazer investimentos na própria operação, cuja rentabilidade é maior. Após pagar os juros do empréstimo, a diferença fica com o empresário, conforme demonstrado na Figura 16.1. Já que, em tese, não faz sentido manter uma empresa que gere menor retorno do que a taxa de juros de mercado, pode-se admitir que a arbitragem entre taxas de remuneração de capitais sempre será válida. Se não for, a empresa deverá fechar no longo prazo pela constante e gradual redução de seu valor.

No exemplo da Figura 16.1, a empresa toma emprestado a uma taxa de juros de 2% a.m. e investe o dinheiro na própria operação, que gera 3,5% a.m. Após pagar os juros, sobram 1,5% a.m. menos impostos. O capital de terceiros é usado para trabalhar em favor da empresa e do empresário.

O fenômeno acontece justamente porque a rentabilidade da empresa — onde os recursos estão sendo investidos — é superior ao custo do capital de terceiros — a taxa de juros. Se a rentabilidade da empresa fosse menor que a taxa de juros, haveria perda de valor. O Quadro 16.3 mostra diferentes taxas de juros e o impacto na rentabilidade do capital próprio.

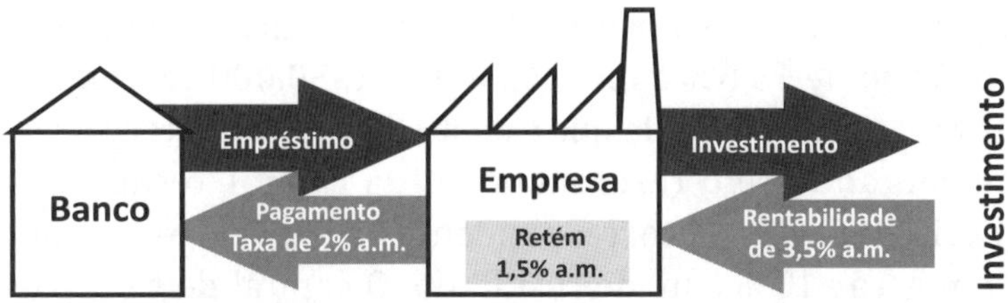

Figura 16.1. A empresa toma recursos a uma taxa de juros menor que a rentabilidade de sua operação — e fica com a diferença.
Fonte: O autor.

A rentabilidade da empresa é a proporção entre a diferença entre o que a empresa vende e o que gasta, em relação ao capital total, dado por (R$40.000 - R$30.000) / R$100.000 = 10% a.m. Na hipótese do exemplo — em que um mês seja igual ao outro —, para a empresa produzir e vender R$40 mil, ela precisa gastar com mercadorias, salários, aluguel e outros itens operacionais, bem como com investimentos em equipamentos, veículos e outros desembolsos não operacionais que impactam as vendas no futuro. No exemplo, todos esses gastos são de R$30 mil. A diferença entre as vendas e os gastos é o que a empresa gera de riqueza no mês. Esse valor é então distribuído aos participantes — dono, credores e governo.

Enquanto a rentabilidade da empresa for superior à taxa de juros, há ganho em usar recursos de terceiros, pois a diferença fica dentro da empresa. Quando a rentabilidade da empresa é menor do que a taxa de juros — como demonstrado no Quadro 16.3 —, há a situação inadequada de tomar recursos e fazê-los gerar um valor menor do que o custo de usá-lo.

	Alavancada	Alavancada	Alavancada	Alavancada	Alavancada	Alavancada
Capital Próprio	50.000	50.000	50.000	50.000	50.000	50.000
Capital de Terc	50.000	50.000	50.000	50.000	50.000	50.000
Taxa de juros	3%	8%	10%	15%	20%	25%
Alíquota IRPJ	20%	20%	20%	20%	20%	20%
Vendas	40.000	40.000	40.000	40.000	40.000	40.000
Gastos	-30.000	-30.000	-30.000	-30.000	-30.000	-30.000
Juros	-1.500	-4.000	-5.000	-7.500	-10.000	-12.500
RESULTADO	**8.500**	**6.000**	**5.000**	**2.500**	**0**	**-2.500**
IRPJ (20%)	-1.700	-1.200	-1.000	-500	0	0
SUPERAVIT	**6.800**	**4.800**	**4.000**	**2.000**	**0**	**-2.500**
Rent da Empr	**10,0%**	**10,0%**	**10,0%**	**10,0%**	**10,0%**	**10,0%**
Rent Cap Próp	**13,6%**	**9,6%**	**8,0%**	**4,0%**	**0,0%**	**-5,0%**

Quadro 16.3. Efeitos provocados por diversas taxas de juros.
Fonte: O autor.

À esquerda, a taxa de juros de 3% a.m. gerou uma rentabilidade para o capital próprio de 13,6% a.m. (R$6.800 / R$50.000). A rentabilidade do capital próprio decai à medida que o custo do capital de terceiros aumenta.

Desmembrando-se o resultado de cada capital, o capital próprio de R$50 mil cria R$5 mil, — correspondentes à capacidade da operação da empresa em gerar 10% a.m. de resultado. O capital de terceiros de R$50 mil cria outros R$5 mil — que menos os R$1.500 de juros para uma taxa de 3% a.m., fornece R$3.500. A soma dos R$5 mil do capital próprio com R$3.500 do capital de terceiros, resulta nos R$8.500 apresentados. A esse resultado é aplicada a alíquota de imposto. Enquanto o valor criado (R$5 mil) for maior que o custo para gerá-lo (R$1.500), a arbitragem de taxas de remuneração de capitais funciona.

No exemplo, quando a taxa de juros é de 20% a.m., o capital próprio de $50 mil fornece os mesmos R$5 mil, e o capital de terceiros de R$50 mil também fornece R$5 mil gerados pela atividade da empresa. Contudo, a essa taxa, os juros a serem pagos levam ao banco tanto os R$5 mil gerados pelo capital próprio quanto os R$5 mil que o capital de terceiros gerou. Isso ocorre porque a taxa de juros é o dobro da rentabilidade da empresa. Considerando uma estrutura de capital igualitária entre próprio e de terceiros (50/50), ambos os capitais trabalham para pagar os juros.

Se a proporção entre Rentabilidade da Empresa e Taxa de juros (RE/TxJ) for superior à Estrutura de Capital (EC), o resultado da empresa antes do imposto será positivo. Se a RE/TxJ for inferior à EC, o resultado antes do imposto será negativo.

Uma situação perigosa é se RE/TxJ > EC, mas com RE ≤ TxJ. Apesar de o resultado antes do imposto ser positivo, a empresa não está gerando caixa o suficiente para se manter competitiva. O resultado positivo pode dar a falsa sensação de segurança. A coluna com taxa de 15% a.m. mostra esse efeito. A empresa está gerando valor, mas não o suficiente para remunerar os donos em comparação com outras oportunidades no mercado. Um concorrente provavelmente está conseguindo uma melhor rentabilidade de empresa e, a depender de condições de mercado, poderá crescer tomando espaço.

A rentabilidade da empresa é a representação da eficiência da empresa em gerar valor acima do que poderia gerar outras oportunidades de investimento. Quanto mais a empresa busca reduzir custos produzindo o mesmo — ou produzindo mais com menor consumo —, maior tenderá a ser a rentabilidade da empresa.

O princípio é o de que, se a empresa está funcionando, a rentabilidade da empresa é maior que a taxa de juros. No Brasil, no entanto, pode haver exceção para essa regra. Os empréstimos de curto prazo são feitos com recursos do próprio banco, repassando o dinheiro de depositantes e aplicadores a taxas superiores à taxa de juros básica da economia brasileira — que, em algumas épocas, é uma das maiores do mundo. O custo do dinheiro fica tão elevado, que normalmente supera a rentabilidade da empresa. Taxa de juros maior que rentabilidade de empresas, em geral, é uma distorção do mercado, e espera-se que seja resolvida no Brasil.

Os empréstimos de longo prazo não se enquadram nessa situação porque os bancos usam recursos públicos para repassar às empresas, a taxas de juros bastante reduzidas.

Em economias mais equilibradas, tanto os empréstimos de curto prazo como de longo prazo tendem a ter um custo mais baixo que a rentabilidade das empresas em geral.

Benefício fiscal

A outra causa para a rentabilidade do capital próprio subir com o aumento da estrutura de capital é o benefício fiscal. Os juros que a empresa paga quando toma dinheiro emprestado são registrados contabilmente como despesa financeira. As despesas são subtraídas da receita para formar o lucro bruto. Sobre o lucro bruto é aplicada a alíquota de imposto de renda para se estabelecer o valor a ser pago. Quanto maior a soma das despesas, menor o lucro bruto e menor, então, o imposto a pagar.

A Figura 16.2 mostra como é o processo contábil para empresas sob o regime de Lucro Real. Para o regime de Lucro Presumido, o benefício fiscal não se aplica.

Pelo fato de a alíquota de imposto de renda ser aplicada sobre o Lucro Bruto — após a redução pelo pagamento dos juros de capital de terceiros —, o Estado é quem, na prática, paga parte dos juros para a empresa. Toda a sociedade é onerada quando a empresa toma recursos emprestados.

(+) Receita
(–) Despesas gerais
(–) Despesa de juros de empréstimo

(=) Lucro Bruto
(–) Imposto de Renda

(=) Lucro Líquido

Figura 16.2. Apuração contábil de resultado.
Fonte: O autor.

Faria mais sentido que a alíquota de imposto de renda fosse aplicada sobre o resultado da empresa, antes da redução pelos juros. O resultado é a diferença entre o que a empresa vendeu e o que precisou gastar para produzir, contando com desembolsos operacionais e de investimentos de longo prazo. Simplificando o conceito, o resultado da empresa representa a capacidade dela em criar valor com suas atividades produtivas. Esse resultado é o que remunera os agentes participantes — os credores (pelo pagamento de juros correspondentes ao capital de terceiros empregado); o governo (pelo pagamento de impostos); e o que sobrar pertence aos donos da empresa.

Na legislação brasileira — bem como a de vários países com economias avançadas —, a alíquota é aplicada sobre o lucro bruto. Nesse cenário, quanto maior a estrutura de capital, maior a parcela dos juros que o governo paga para a empresa na forma de renúncia fiscal não oficial.

O Quadro 16.4 mostra o efeito em três exemplos de proporções de endividamento. Multiplicando-se a alíquota fictícia de 20% pelos juros, encontra-se o valor da diferença do imposto a menor que a empresa está pagando em relação à empresa não alavancada.

	Empresa alavancada	Empresa não alavancada
Capital Próprio	40.000	100.000
Capital de Terceiros	60.000	0
Taxa de juros	3%	3%
Alíquota de IRPJ	20%	20%
Vendas	40.000	40.000
Gastos	-30.000	-30.000
Juros	-1.800	0
RESULTADO	**8.200**	**10.000**
IRPJ (20%)	-1.640	-2.000
SUPERAVIT	**6.560**	**8.000**
Rentab da Empresa	**10,0%**	**10,0%**
Rent Cap Próprio	**16,4%**	**8,0%**

	Empresa alavancada	Empresa não alavancada
Capital Próprio	30.000	100.000
Capital de Terceiros	70.000	0
Taxa de juros	3%	3%
Alíquota de IRPJ	20%	20%
Vendas	40.000	40.000
Gastos	-30.000	-30.000
Juros	-2.100	0
RESULTADO	**7.900**	**10.000**
IRPJ (20%)	-1.580	-2.000
SUPERAVIT	**6.320**	**8.000**
Rentab da Empresa	**10,0%**	**10,0%**
Rent Cap Próprio	**21,1%**	**8,0%**

	Empresa alavancada	Empresa não alavancada
Capital Próprio	20.000	100.000
Capital de Terceiros	80.000	0
Taxa de juros	3%	3%
Alíquota de IRPJ	20%	20%
Vendas	40.000	40.000
Gastos	-30.000	-30.000
Juros	-2.400	0
RESULTADO	**7.600**	**10.000**
IRPJ (20%)	-1.520	-2.000
SUPERAVIT	**6.080**	**8.000**
Rentab da Empresa	**10,0%**	**10,0%**
Rent Cap Próprio	**30,4%**	**8,0%**

Quadro 16.4. Impostos reduzidos conforme a estrutura de capital.
Fonte: O autor.

Na estrutura de capital de 60%, ao se multiplicar a alíquota de 20% aos juros de R$1.800, o resultado de R$360 é igual ao que a empresa está deixando de pagar de imposto em comparação com a empresa não alavancada (R$2.000 – $1.640 = R$360).

A Teoria de *Trade-Off* baseia o argumento sobre a relevância da estrutura de capital no benefício fiscal; no entanto, a causa que mais contribui para o aumento do valor da empresa é a arbitragem entre taxas de remuneração de capitais.

Para uma simulação de 60% de estrutura de capital, o benefício fiscal produziu R$360, enquanto a arbitragem entre as taxas produziu R$4.200 [(R$60.000 x 10%) - R$1.800] de geração de valor à empresa.

16.4 Tópicos especiais em Estrutura de Capital

Volatilidade do capital próprio

A demonstração sobre aumento da rentabilidade do capital próprio quando aumentada a estrutura de capital considerou o valor do capital próprio como fixo. O cálculo foi feito segundo a equação abaixo. Nela, toma-se o superávit estimado em relação ao valor a ser investido como capital próprio, obtendo-se a rentabilidade.

$$\text{Rentabilidade do capital próprio} = \frac{\text{Superávit}}{\text{Valor do capital próprio}}$$

O capital próprio só é fixo e estável antes do investimento feito. Ao planejar gastar R$100 mil para fundar uma empresa, imediatamente após o desembolso o valor passa a ser outro. Supondo que sejam gastos todos os R$100 mil em um único dia — não importa se está-se usando somente recursos próprios ou não —, no dia seguinte já não existem mais os mesmos R$100 mil, o valor do capital próprio é outro. Esse valor pode ser maior ou menor, depende da expectativa de geração de caixa livre para o empreendedor agora que a operação está em funcionamento. Ou seja, o valor do capital próprio é fixo e conhecido somente enquanto ainda em fase de projeto. Depois que os recursos são investidos, o valor passa a ser estimado de acordo com a expectativa da nova empresa em gerar caixa livre para o empreendedor no futuro.

Logo após gastar o dinheiro para criar a empresa, já não é possível saber exatamente quanto é o valor do capital próprio; só é possível estimá-lo. De forma simplificada, a estimativa é feita projetando-se o superávit no futuro e dividindo-o pelo custo do capital próprio, por meio da: Taxa Mínima de Atratividade (TMA), *Capital Asset Pricing Model* (CAPM) ou outra forma de estimação.

$$\text{Valor do capital próprio} = \frac{\text{Superávit estimado}}{\text{Custo do capital próprio}}$$

O custo do capital próprio passa a ser a rentabilidade do capital próprio após a empresa começar a funcionar[2]. Com a empresa em operação, o dono é o maior conhecedor dos riscos, das oportunidades de mercado, da capacidade de atuação da empresa e de seus defeitos. São esses elementos que formam o nível de segurança do capital do empresário e que está investido na forma de empresa. Como o dono é o que mais conhece a empresa e como o capital é dele, ele é quem determina o custo de capital que melhor represente o que ele exigiria da empresa como retorno compensatório do risco assumido.

Essa observação é um tópico importante no conhecimento sobre estrutura de capital. A natureza determinística do custo de capital próprio — que passa a ser equivalente à rentabilidade do capital próprio — não altera o efeito positivo do endividamento sobre o valor da empresa, até o ponto em que o valor da empresa começa a decair.

O que foi explicado acerca da rentabilidade do capital próprio, quem aumenta e quando aumenta a proporção de capital de terceiros, é que o efeito existe de fato, mas não matematicamente representado por uma percentagem exata por meio de uma equação. A percentagem da rentabilidade do capital próprio é determinada pelo gestor por um processo criado especificamente para a empresa. O aumento da estrutura de capital influencia diretamente na elevação dessa taxa — mas não que seja representada por meio de uma equação que forneça exatamente quanto ficou a percentagem da rentabilidade do capital próprio após o efeito da mudança da estrutura de capital.

Quanto manter de proporção de capital de terceiros?

Quanto ao percentual ideal do capital de terceiros, não existe precisamente tal proporção. Como se deve lembrar, a Teoria de *Trade-Off* propõe equações para encontrar a Estrutura Ótima de Capital, aquela que minimizaria o WACC — o custo do capital total — e que, por consequência, maximizaria o valor da empresa. Como já discutido, o valor da empresa não é maximizado apenas pelo WACC. Por esses e outros motivos, não há modelos amplamente adotados por especialistas para identificar a estrutura de capital ideal para as empresas.

---

[2] O custo de capital próprio é discutido detalhadamente no Capítulo Custo do Capital Próprio.

Considerando que a estrutura de capital verdadeiramente interfere no valor da empresa, como então encontrar uma proporção adequada? Pelo método de Sal no Peixe.

O gestor deve incrementar o volume de capitais de terceiros gradativamente, acompanhar os efeitos do crescimento da empresa e cuidar rigorosamente da capacidade de pagamento regular das dívidas. Em dado momento — como ilustrado na Figura 16.3 —, o gestor deve parar de tomar mais recursos. Quando começar a sentir que está chegando perto de a empresa ficar sobrecarregada com obrigações mensais, é hora de parar de se endividar. É importante parar antes desse ponto.

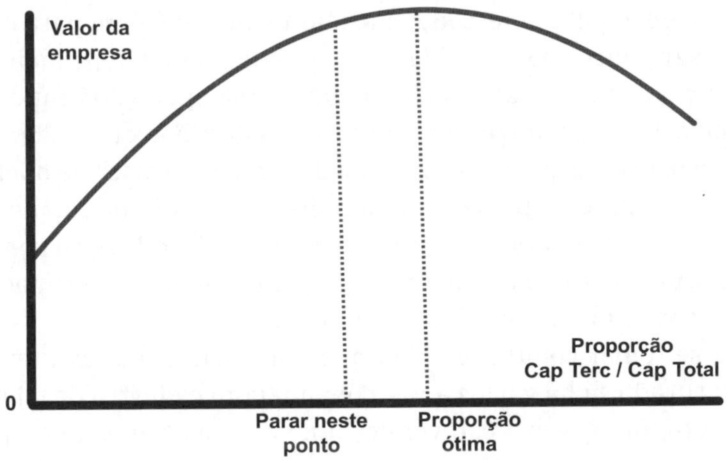

Figura 16.3. Método de Sal no Peixe.
Fonte: O autor.

Como acontece quando se está se cozinhando o peixe, deve-se colocar sal gradualmente, experimentar constantemente se já está no ponto de sal, e parar antes de atingir esse ponto. Assim como o sal no peixe, é muito mais difícil retirar capitais de terceiros depois que se percebe ter ultrapassado a quantidade ideal. Como não há modelos válidos para indicar de modo preciso uma proporção confiável, o gestor pode usar a experiência, sua sensibilidade e a projeção do fluxo de caixa diário para perceber que está próximo do volume máximo. Deve-se, ainda, deixar uma folga de limite de crédito para o caso de emergências.

Para desapontamento dos profissionais mais rigorosos no controle financeiro, de fato a proporção ideal de capital de terceiros na empresa é bastante subjetiva — e faz sentido que seja assim. Como as empresas apresentam aspectos muito específicos de operação e de perspectivas quanto ao ambiente externo — e ainda por causa dos diferentes níveis de aversão a risco —, um modelo quantitativo de estrutura de capital seria tão complexo para ser alimentado que perderia praticidade. Talvez surja no futuro alguma ferramenta que seja consistente; mas, até lá, o gestor precisará confiar na experiência e na habilidade de colocar sal no peixe — experimentar, e saber parar quando perceber que está chegando no ponto ideal.

Insuficiência de capital de terceiros

A empresa que excede uma proporção adequada de capital de terceiros sofre queda de valor de mercado; mas, também não é bom para o valor da empresa usar pouco sua capacidade de endividamento. A primeira razão é o desperdício do potencial de crescimento. Uma operação rentável representa eficiência em produzir bens ou serviços de modo que o cliente percebe valor no consumo. A empresa gera valor com o formato de operação. Se a atividade da empresa pudesse ser ampliada, o resultado financeiro livre para os donos seria maior — e o capital e terceiros pode ser o combustível para isso. Outra razão é que a empresa que usa pouco sua capacidade de endividamento é forte candidata a ser vendida.

Pode-se tomar como exemplo um empresário que tenha um negócio bem estruturado, já há vários anos, com um bom cadastro de clientes, um bom produto, um quadro estável de funcionários, com grande potencial de crescimento no mercado, e com atraente rentabilidade de empresa. O negócio nunca tomou dinheiro emprestado. O investidor que percebe a oportunidade oferece um valor para comprar a empresa de modo que o fundador se sente atraído e concorda em vender. O investidor passa a ser o novo dono e vai ao banco tomar dinheiro emprestado em nome da empresa que acabou de comprar. Esse dinheiro é usado para pagar o empresário fundador da empresa.

O investidor comprou a empresa sem desembolsar um centavo. Antes da operação, o investidor fez as contas e constatou que o fluxo de caixa da operação era capaz de efetuar os pagamentos mensais do empréstimo sem comprometer a estabilidade do negócio.

O exemplo é bastante simplificado. A depender do tamanho da empresa-alvo, a operação envolve vários bancos, a possível emissão de títulos de dívida, a disponibilização dos ativos da empresa-alvo como garantia e outros detalhes. Contudo, tal operação, chamada de *leveraged buyout* (aquisição alavancada), pode ser executada mesmo em empresas de pequeno porte.

O empresário fundador recebe uma quantia justa pelo negócio que vendeu, mas o valor do patrimônio seria significativamente maior se ele anteriormente houvesse usado recursos emprestados para fazer a empresa crescer de tamanho e aumentar seu valor de mercado.

Requisitos para tomar empréstimos

Ao longo de toda a exposição do capítulo foi constatado que o conhecimento sobre estrutura de capital está se cristalizando pela relevância no efeito de aumento do valor da empresa. Poderia se pensar que o ideal para a empresa é sempre usar empréstimos ou outros tipos de capitais de terceiros. Sim, mas há ressalvas.

Para usar os capitais de terceiros — especialmente linhas de crédito bancárias —, é importante seguir três pré-requisitos:

- Os recursos devem ser usados para expansão da empresa.
- As linhas de crédito devem ter taxas de juros subsidiadas pelo Estado.
- A empresa já deve contar com um bom controle de fluxo de caixa.

As fontes de linhas de crédito, emissão de notas comerciais e emissão de ações devem ser usadas para expansão da empresa. É importante que a empresa tenha sempre um planejamento de expansão — seja abrindo novas unidades, providenciando novas máquinas, ampliando a abrangência regional de atuação ou desenvolvendo novos produtos. O costume de olhar para o futuro crescimento é fundamental para a sobrevivência da empresa. Os recursos de tais fontes serão especialmente usados para executar esses projetos.

Se a empresa já está habituada a levantar empréstimos para pagar folha salarial, energia elétrica, aluguel ou outro tipo de gasto operacional, é porque ela provavelmente está com problema de déficit na operação. É possível que ela esteja consumindo mais recursos do que gerando valor pelo cliente. Nessas condições, quanto mais ela tomar emprestado, mais agravará o problema. Ainda que se tome esses recursos temporariamente — se a situação for essa —, deve-se rever todo o processo produtivo, desde a aquisição de insumos até a satisfação e aumento do número de clientes.

O mercado de crédito no Brasil foi construído sobre uma realidade de altas taxas básicas de juros. Com isso, os bancos geralmente não emprestam os recursos provenientes de sua atividade dos depósitos recebidos para operações de longo prazo. Há exceções para grandes volumes ou quando existe a participação de outras financeiras em operações estruturadas. As linhas de crédito de longo prazo são realizadas eminentemente com recursos públicos — sejam provenientes do BNDES, Fundos Constitucionais de Financiamento Regional, FAT, FGTS, dentre outros. Todas elas são oferecidas com taxas de juros subsidiadas pelo Estado.

A empresa, para usar recursos provenientes de empréstimos bancários, deve procurar as linhas de crédito cujas taxas de juros sejam subsidiadas.

Antes de tomar recursos emprestados é muito importante assegurar que ela possui um Demonstrativo de Fluxo de Caixa detalhado e com projeções de valores diários. Como os recursos emprestados deverão ser usados em projetos de expansão da empresa, deverá haver também uma planilha relacionando projeções de desembolsos e vendas mensais exclusivamente para o projeto. Esses fluxos já devem conter as fontes de financiamento a ser usadas. Todos os fluxos do projeto devem então ser agregados no Demonstrativo de Fluxo de Caixa, mostrando uma visão confiável sobre o comportamento da empresa com o novo projeto em execução no futuro. O gestor passa a ter confiança ao observar que as prestações poderão ser pagas em dia — além de haver mecanismos para mitigar possíveis cenários pessimistas.

PARTE IV

Controle dos Fluxos Financeiros

PARTE IV — Controle dos Fluxos Financeiros

A Parte IV é dedicada a apresentar a terceira e última etapa do processo de gestão financeira por fluxo de caixa. A primeira etapa é a decisão de investimentos. A segunda é a decisão sobre fontes de financiamento. A terceira etapa é sobre o controle dos fluxos financeiros que ocorrem de dentro para fora da empresa — e vice-versa —, bem como aqueles que ocorrem por dentro dela.

Os três principais problemas a lidar no controle dos fluxos financeiros são o casamento dos fluxos no tempo, o nível de reserva de caixa e a gestão de crédito da empresa.

Os três itens são tratados nos capítulos desta Parte IV. Antes, porém, é importante que o leitor esteja familiarizado com o embasamento teórico já existente sobre capital de giro — termo correlato ao controle dos fluxos financeiros na gestão financeira por fluxo de caixa. Neste primeiro capítulo desta seção, são apresentados os principais aspectos e denominações da administração do capital de giro — desde o estabelecimento do volume a alocar no ativo circulante, passando pelo modo de se financiar o capital de giro, até o planejamento para sincronizar os pagamentos com os recebimentos pelas tão citadas figuras de ciclos operacional e de caixa.

O controle dos fluxos financeiros é o arremate do processo de gestão financeira por fluxo de caixa que, como em qualquer processo, é reiniciado em ciclos. A última etapa serve para juntar as decisões de investimento com as decisões de financiamento em um ambiente organizado de dados com uso de ferramentas de gestão. Por esse motivo, ela dá um senso de concretude às tarefas do gestor financeiro. As ferramentas usadas — com a observância de preceitos técnicos apresentados — conferem ao gestor uma visão detalhada e clara de como a empresa está funcionando, para onde está indo e quais os principais pontos de atenção. É como se fosse a formação da cabine de controle do profissional para conduzir a empresa no rumo do crescimento de seu valor de mercado.

17

Capital de Giro pela Abordagem Tradicional

A abordagem de gestão financeira por fluxo de caixa — tema deste livro — apresenta características e pontos de vista bastante distintos do embasamento da literatura tradicional. No entanto, o gestor financeiro certamente trabalhará em equipe com outros profissionais formados nos manuais clássicos e precisará conhecer a linguagem e os pontos de vista comumente discutidos. A etapa de Controle dos Fluxos Financeiros — dentro da abordagem deste livro — é correlata à chamada "Administração do Capital de Giro" no embasamento tradicional, e que é o assunto deste capítulo.

No Controle dos Fluxos Financeiros — em gestão financeira por fluxo de caixa —, os problemas envolvem saber como realizar o casamento dos fluxos de caixa, qual o nível adequado de reserva líquida e como estabelecer a política de crédito aos clientes e de fornecedores. Na Administração do Capital de Giro — da abordagem tradicional —, em geral se declara serem os problemas um pouco diferentes, que são:

- O volume a investir no ativo circulante.
- Como financiar o capital de giro.
- Como planejar a sincronização de recebimentos e pagamentos.

Cada um desses problemas na Administração do Capital de Giro é, ao menos superficialmente, revisto para municiar o gestor com informações que lhe permitirá interagir com profissionais de formação um pouco diferente.

Os tópicos são tratados eminentemente dentro do contexto da contabilidade, motivo pelo qual o gestor precisa estar familiarizado com seus termos. Para servir como guia de consulta rápida, são revistos alguns conceitos.

O Balanço Patrimonial e a Demonstração do Resultado do Exercício (DRE) são os principais relatórios contábeis. O primeiro organiza a visualização do patrimônio — bens e obrigações —, como exemplificado na Tabela 17.1. A DRE mostra o resultado da atividade da empresa em dado período e é mostrada de maneira simplificada na Tabela 17.2.

BALANÇO PATRIMONIAL	
ATIVO CIRCULANTE	PASSIVO CIRCULANTE
Conta bancária	Contas a pagar a fornecedores
Contas a receber de clientes	Empréstimo bancário de curto prazo
Estoque	Salários a pagar
Adiantamento a fornecedores	Adiantamento de clientes
Impostos a recuperar	Impostos a pagar
ATIVO NÃO CIRCULANTE	PASSIVO NÃO CIRCULANTE
Realizável a longo prazo	Empréstimo bancário longo prazo
Aplicação de longo prazo	
Investimento	PATRIMÔNIO LÍQUIDO
Imobilizado	Capital social
Intangível	Reserva de lucro

Tabela 17.1. Exemplo de Balanço Patrimonial.
Fonte: O autor.

O ativo circulante contém as contas dos bens e direitos líquidos ou tornáveis líquidos até o final do exercício[1] seguinte — por isso entendido como curto prazo. O ativo não circulante abriga os direitos de recebimentos que

[1] Para a maioria das empresas brasileiras, cada exercício corresponde a um ano corrente. Por exemplo, se um direito de recebimento poderá ser efetivamente recebido até o final do próximo ano, ele deverá estar no ativo circulante.

ultrapassem a possibilidade de tornarem-se líquidos após o final exercício seguinte — considerado, assim, como longo prazo. Correlatos são o passivo circulante, contas que precisam ser quitadas até o final do exercício seguinte — curto prazo —; e o passivo não circulante — cujas obrigações podem ser cumpridas após o final do próximo exercício, longo prazo.

O Balanço Patrimonial de uma empresa possui muito mais contas e detalhamentos que os apresentados. A estrutura da Tabela 17.1 foi resumida com as contas que compõem os índices usados na interpretação da situação de curto prazo da empresa e descritos adiante.

Da mesma forma, a DRE a seguir foi resumida especialmente para destacar as contas usadas nos índices de liquidez.

DEMONSTRAÇÃO DO RESULTADO DO EXERCÍCIO
RECEITA OPERACIONAL BRUTA
(–) Vendas canceladas
(–) Descontos e abatimentos
(–) Impostos sobre vendas
= RECEITA LÍQUIDA
(–) CUSTO DAS MERCADORIAS VENDIDAS – CMV
= LUCRO BRUTO
(–) DESPESAS OPERACIONAIS
= LUCRO OU PREJUÍZO OPERACIONAL
(–) IMPOSTO DE RENDA E CONTRIBUIÇÃO SOCIAL
= LUCRO LÍQUIDO OU PREJUÍZO

Tabela 17.2. Exemplo de DRE.
Fonte: O autor.

O termo *capital de giro* é usado para designar o volume de recursos correspondentes aos valores depositados em conta bancária, em espécie da empresa, em estoque, e aqueles a receber de vendas feitas anteriormente. O capital de giro pode ser entendido no estudo a seguir pelo mesmo significado de ativo circulante.

O capital de giro líquido é compreendido como sendo o ativo circulante menos o passivo circulante.

17.1 Problema volume do ativo circulante

Diz respeito ao valor investido no ativo circulante da empresa. Uma das formas de compreender o comportamento do ativo e do passivo circulantes é pelo Ciclo Operacional e Ciclo de Caixa.

O Ciclo Operacional inicia no recebimento da mercadoria ou matéria-prima e vai até o recebimento pela venda da mesma mercadoria ou produto daquela matéria-prima anteriormente recebida.

O Ciclo de Caixa inicia no dia do pagamento da mercadoria ou matéria-prima e termina no recebimento da venda da mesma mercadoria ou do produto daquela matéria-prima anteriormente recebida.

Os Ciclos Operacional e de Caixa — assim como outras medidas — são ilustradas na Figura 17.1.

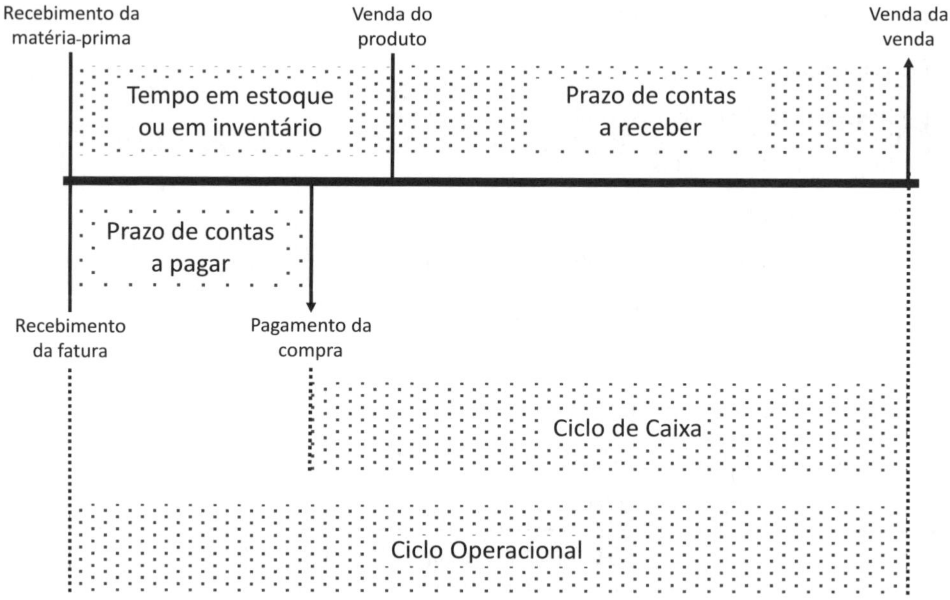

Figura 17.1. Ciclo Operacional e Ciclo de Caixa.
Fonte: O autor.

Como se depreende da Figura 17.1, o Ciclo Operacional é formado pelo Ciclo de Caixa mais o prazo de contas a pagar.

Os cálculos dos ciclos são feitos buscando-se dados do Balanço Patrimonial anual da empresa.

O Ciclo Operacional é:

$$Ciclo\ operacional = Tempo\ em\ Estoque + Prazo\ de\ Contas\ a\ Receber$$

O tempo em estoque pode ser calculado como segue.

$$Tempo\ em\ Estoque = \frac{Estoque\ Médio}{CMV} \ x\ 360$$

Tomando por exemplo que o Balanço Patrimonial apresentou, para o ano anterior, um valor na conta Estoque de R$130 mil, e que em dois anos antes a conta Estoque estava em R$50 mil, então o Estoque Médio é de R$90 mil — ou seja, (130 mil + 50 mil) / 2.

O CMV é o Custo de Mercadoria Vendida no ano, que representa o quanto a empresa incorreu em despesa para aquisição da mercadoria. O equivalente para empresas industriais é o CPV (Custo do Produto Vendido).

Se tomado como exemplo que o CMV foi de R$3,2 milhões, o Tempo em Estoque fica como segue.

$$Tempo\ em\ Estoque = \frac{90\ mil}{3.200\ mil} \ x\ 360 = 10{,}1\ dias$$

O Prazo de Contas a Receber[2] é dado pela equação abaixo.

$$Prazo\ de\ Contas\ a\ Receber = \frac{Saldo\ Médio\ de\ Contas\ a\ Receber}{Proporção\ da\ Receita\ Líquida\ de\ Vendas\ a\ Prazo} \ x\ 360$$

Continuando no exemplo, no Balanço Patrimonial do ano anterior a Conta a Receber de Clientes constava R$250 mil. Dois anos antes constava como sendo de R$150 mil. Portanto, o Saldo Médio de Contas a Receber é dado pela média de R$200 mil = (250 mil + 150 mil) / 2.

Considerando Receita Líquida no ano anterior de R$ 4 milhões, sendo que 70% dela adveio de vendas a prazo, a equação do Prazo de Contas a Receber é aplicada como:

$$Prazo\ de\ Contas\ a\ Receber = \frac{200\ mil}{0{,}7\ x\ 4.000\ mil} \ x\ 360 = 25{,}7\ dias$$

---

2 Também chamado de Prazo Médio de Contas a Receber.

A empresa leva em média aproximadamente 26 dias entre a venda do produto e o respectivo recebimento.

Como o Ciclo Operacional é dado pela soma do tempo em Estoque (10 dias) e o Prazo de Contas a Receber (26 dias), a equação fica como abaixo.

$$Ciclo\ Operacional \ = \ 10 \ + \ 26 \ = \ 36\, dias$$

A Figura 17.2 ilustra o Ciclo Operacional e as equações para encontrá-lo.

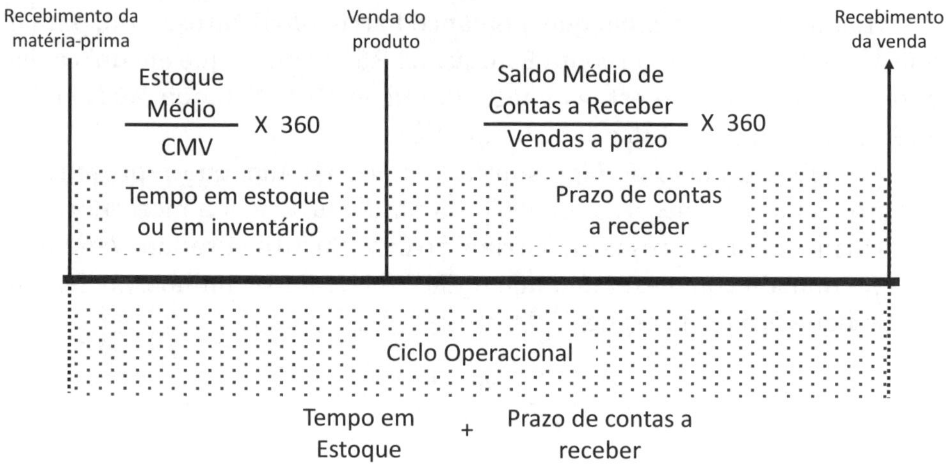

Figura 17.2. Ciclo Operacional e equações.
Fonte: O autor.

O Ciclo de Caixa é o Ciclo Operacional menos o Prazo de Contas a Pagar.

$$Prazo\ de\ Contas\ a\ Pagar \ = \ \frac{Saldo\ Médio\ de\ Contas\ a\ Pagar}{CMV} \ x \ 360$$

Se no Balanço Patrimonial do ano que passou, o Contas a Pagar apresentou saldo de R$122 mil, e dois anos antes, de R$20 mil, o Saldo Médio de Contas a Pagar é de R$71 mil = (122 mil + 20 mil) / 2.

Inserindo os valores na equação, tem-se que:

$$Prazo\ de\ Contas\ a\ Pagar \ = \ \frac{71\, mil}{3.200\, mil} \ x \ 360 \ = \ 8\, dias$$

O Ciclo de Caixa é de:

$$Ciclo\ de\ Caixa\ =\ Ciclo\ Operacional\ -\ Prazo\ de\ Contas\ a\ Pagar$$

$$Ciclo\ de\ Caixa\ =\ 36\ dias\ -\ 8\ dias\ =\ 28\ dias$$

A Figura 17.3 ilustra o Ciclo de Caixa e as equações para encontrá-lo.

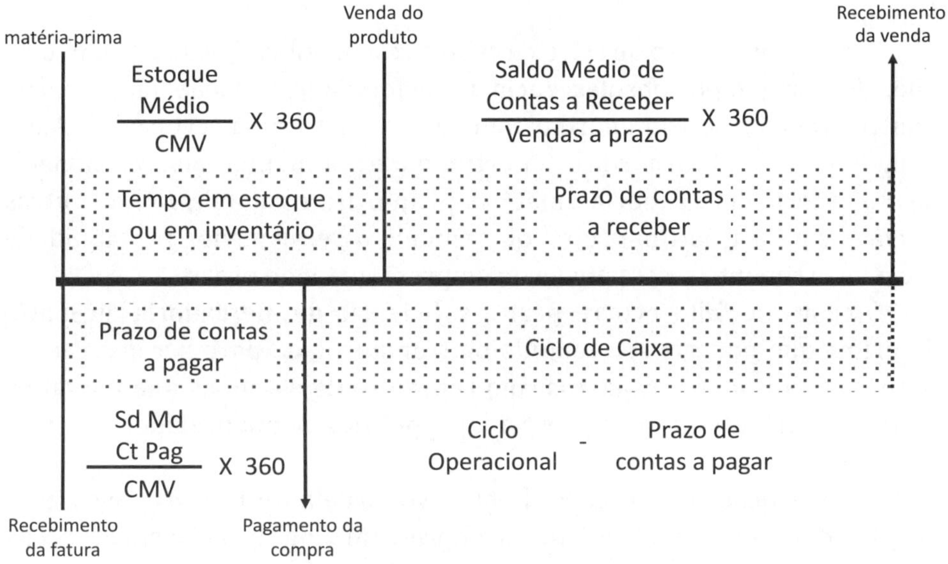

Figura 17.3. Ciclo de Caixa e equações.
Fonte: O autor.

Para se chegar ao Ciclo de Caixa, visto que são usadas contas do Balanço Patrimonial, é necessário calcular antes o Ciclo Operacional. O Ciclo de Caixa de 28 dias indica ao gestor financeiro que ele precisará dispor recursos equivalentes à Média de Contas a Receber, no exemplo de R$200 mil, ao longo de 28 dias, quase um mês.

Os recursos precisam estar disponíveis. As principais medidas que o gestor pode empreender são:

- Adotar política de manutenção de reserva própria de caixa.
- Levantar empréstimos bancários.
- Fazer gestão do regime de venda a prazo ao cliente, reduzindo o tempo de recebimento.
- Negociar junto aos fornecedores para estender o tempo para pagamento das contas.

A gestão dos Ciclos Operacional e de Caixa tem por foco o problema de saber o nível das disponibilidades, que é análogo a estabelecer o volume a investir no ativo circulante.

O problema de identificar o nível adequado das disponibilidades implica a ocorrência de dois custos relevantes e que se comportam de forma inversa. Se o gestor investir excessivamente em ativo circulante, incorre no custo de excesso. Se o ativo circulante for baixo, incorre em custo de falta.

O custo de excesso de ativo circulante é a inevitável perda de parte do valor do estoque por obsolescência, perecibilidade, inflação, manutenção e outros relacionados a guardar itens que demorarão a ser usados. Além do mais, há a eventual perda de oportunidade por manter haveres monetários sob a forma mercadorias, matéria-prima, títulos mobiliários ou outras formas de aplicação financeira, que tendem a gerar menor rentabilidade que o investimento na expansão da empresa no longo prazo.

O custo de falta ocorre pela insuficiência de mercadoria ou matéria-prima que poderia ser vendido ou transformado para gerar receita e lucro. Além disso, há os gastos com reposição de estoques que passam a ser mais frequentes se a empresa adotar política de quantidades mínimas armazenadas.

Maior alocação de recursos em ativo circulante reduz o risco, mas também diminui a lucratividade da empresa. Menor alocação em ativo circulante aumenta o risco, mas tende a aumentar o lucro.

17.2 Problema escolha das fontes de financiamento

Após definido o montante a investir em capital de giro, a próxima questão é saber de quais fontes os recursos devem provir.

É possível usar recursos de curto ou de longo prazo para financiar os ativos circulantes. Conforme a literatura tradicional, a depender do prazo das fontes, a empresa adotará diferentes tipos de estratégia com repercussão na lucratividade e no risco da empresa.

Estratégia Moderada

Há de se presumir que o natural seria financiar ativos circulantes com recursos de curto prazo e os ativos não circulantes, de menor potencial de liquidez, com fontes de longo prazo. Essa é a denominada estratégia moderada, ilustrada na Figura 17.4.

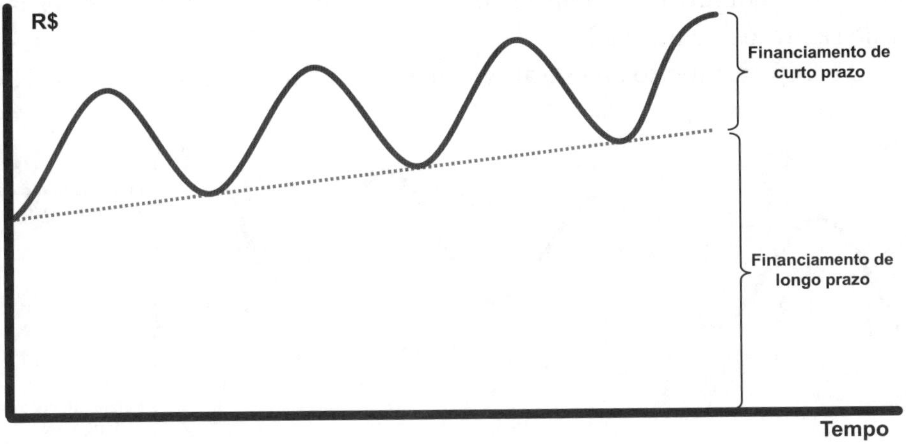

Figura 17.4. Estratégia moderada.
Fonte: O autor.

A ondulação representa as variações sazonais do investimento em ativo circulante presentes em quase todas as empresas. O saldo de disponibilidades mais estoque varia de acordo com a demanda e fatores externos à empresa.

No caso da estratégia moderada, o ativo circulante é integralmente financiado por financiamentos de curto prazo, e o ativo não circulante unicamente por fontes de longo prazo.

Estratégia Agressiva

A estratégia agressiva conta com uma circunstância esperada do mercado que não necessariamente ocorre no Brasil, o custo dos recursos de curto prazo ser mais baixo que os recursos de longo prazo.

O gestor financia o ativo circulante e parte do ativo não circulante com recursos de curto prazo. Pressupondo-se que o passivo circulante, de curto prazo, seja mais barato que o de longo prazo, a empresa apura maior lucro ao registrar menor despesa com juros bancários.

O objetivo do gestor em adotar a estratégia agressiva é justamente a elevação do lucro.

A contrapartida é o aumento do risco financeiro. As linhas de crédito de curto prazo são mais voláteis que as de longo prazo. Devido à necessidade de a empresa renovar os empréstimos com maior frequência, eventualmente enfrentarão ofertas de crédito com condições menos favoráveis, como custo, comprometimento com garantias e *hedge*[3] e talvez até escassez de recursos no mercado.

O comportamento da estratégia agressiva é ilustrado na Figura 17.5.

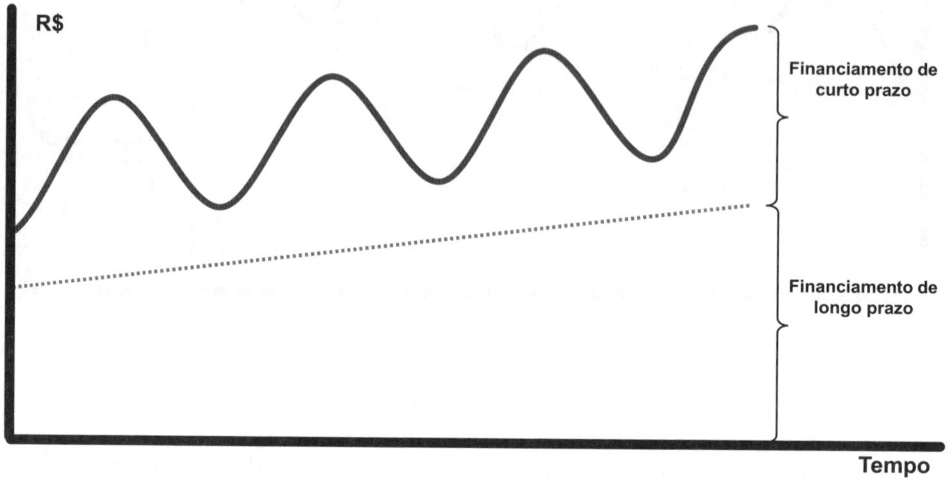

Figura 17.5. Estratégia agressiva.
Fonte: O autor.

O financiamento de curto prazo abrange tanto a área logo abaixo da ondulação característica do ativo circulante, como também uma parte mais abaixo da destinação dos recursos e que compõe parte do ativo não circulante.

O que na prática o gestor financeiro decide fazer é aproveitar o menor custo dos recursos de curto prazo para financiar também outros tipos de ativos que não são de curto prazo. Os empréstimos de curto prazo deveriam, por natureza, ser mais baratos que os de longo prazo, mas dados o histórico e características da economia brasileira, esse pressuposto não pode ser tomado como certo.

---

3 *Hedge* é um tipo de operação financeira que serve para proteger a empresa contra alterações no mercado que venham a elevar seus custos. Por exemplo, se a empresa toma recursos com variação em Dólar, se o câmbio se elevar, a empresa pagará mais em Reais. O *hedge* permite reduzir ou anular a variação do câmbio para efeito de pagamento das prestações do empréstimo. A operação serve para oscilação de outras variáveis no mercado e não somente para o câmbio.

Estratégia Conservadora

Como seria de se esperar, a estratégia conservadora procura reduzir o risco financeiro da empresa na gestão dos ativos circulantes ao usar maior proporção de recursos de longo prazo.

O objetivo do gestor é aproveitar que as linhas de longo prazo demoram mais a vencer, tornando as condições mais estáveis, para usá-los para financiar parte do ativo circulante, além de todo o ativo não circulante.

A Figura 17.6 mostra uma situação em que todo o ativo não circulante e todo o ativo circulante são financiados com recursos de longo prazo.

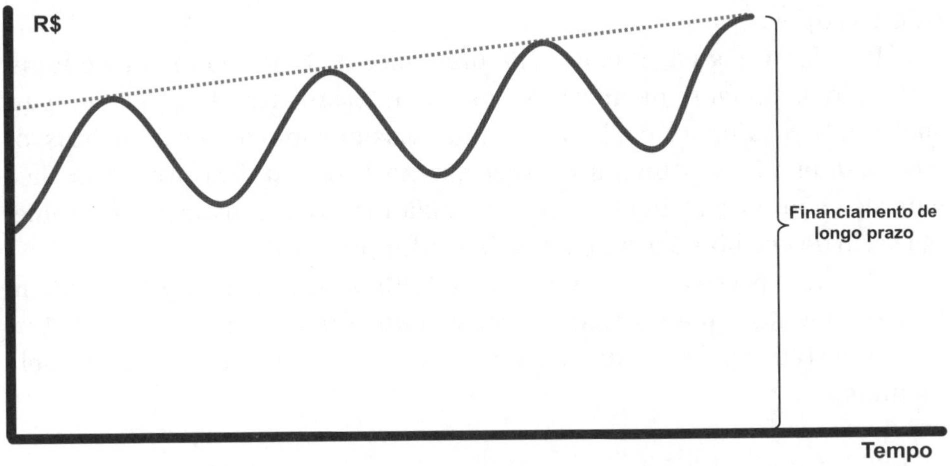

Figura 17.6. Estratégia conservadora.
Fonte: O autor.

No exemplo da figura, todo o circulante é financiado com fontes de longo prazo, para reforçar a ideia. Na realidade, a empresa sempre usa em alguma proporção recursos de curto prazo.

A permanência por maior período das condições de financiamento dá maior capacidade ao gestor para planejar o uso dos recursos de forma a absorver mais facilmente as oscilações características dos movimentos de curto prazo. Além disso, a empresa mantém intocado o limite de crédito de curto prazo e que pode ser usado para emergências. Por outro lado, considerando-se como verdadeira a premissa de que as fontes de longo prazo são mais caras, o lucro da empresa é reduzido.

A compensação pela maior segurança financeira é o menor lucro apresentado aos donos/acionistas da empresa.

17.3 Problema planejamento de recebimentos e pagamentos

Os recebimentos são referentes especialmente a vendas à vista que deverão ocorrer nos próximos dias e nas chamadas vendas "a prazo"[4] ocorridas há poucos dias e que deverão ser recebidas nos mesmos dias adiante. O gestor não tem a certeza de que receberá os valores nos dias programados. Além do mais, há outros tipos de recebimentos que alteram a liquidez da empresa, como o de empréstimos bancários, rendimento de aplicação financeira, reembolso de fornecedor por mercadoria devolvida por defeito, e outros tipos.

Pelo lado dos pagamentos, há uma variedade muito maior de itens, incluindo pagamento de mercadorias ou matérias-primas, salário do pessoal, imposto, aluguel, e a lista continua. Assim como os recebimentos, os pagamentos não costumam ocorrer exatamente nos dias previstos. Se a empresa não possuir liquidez para realizá-los, pode provocar um problema sério de credibilidade e custos de inadimplência.

O gestor precisa lidar tanto com a falta de sincronia dos recebimentos/pagamentos, quanto com a incerteza dos fluxos. Duas formas de tratar a questão é pelo orçamento de caixa e pelos indicadores do modelo dinâmico.

Orçamento de caixa

Para construir o orçamento de caixa, é preciso levar em consideração que os registros financeiros são gravados tanto em regime de competência quanto em regime de caixa[5]. A estrutura do orçamento precisa ser montada com dados provenientes somente do regime de caixa.

---

[4] Como esclarecido no capítulo sobre fontes de financiamento, não existe venda a prazo. O que existe é um empréstimo concedido pela empresa ao cliente para aquisição à vista de sua própria mercadoria/produto e posterior quitação da operação financeira, sempre com recebimento de juros. Para não comprometer a fluidez da leitura, ao longo do capítulo foram usados os termos "venda a prazo" e "compra a prazo".

[5] Regime de Competência realiza o registro de acordo com a data do fato que gerou o movimento financeiro. Por exemplo, uma venda é o fato que gerará o movimento de entrada de valor e que ocorrerá no mês seguinte. O registro deve ser feito pelo mês da venda e não do da previsão de recebimento. O Regime de Caixa prevê que o registro deve ser feito de acordo com a data da efetiva movimentação financeira, ou seja, aquela em que a empresa deverá receber efetivamente o valor, não importando quando tenha ocorrido a venda.

No Regime de Competência, a estimativa futura de vendas representa o momento em que o equivalente em mercadoria deverá ser vendido, mas não quando a empresa receberá de valor por elas. As vendas de empresas comerciais tendem a possuir uma proporção alta de modalidade "a prazo", levando a receber efetivamente os valores após algum tempo. O mesmo acontece com os pagamentos. Por isso o cuidado na organização dos dados para representar a previsão da entrada e saída de valores pela data de sua ocorrência.

Os valores estimados da Tabela 17.3 são efetivamente recebidos ou pagos no mesmo trimestre em que são apresentados em suas respectivas colunas. Os trimestres são do ano seguinte ao atual.

	1º TRIM.	2º TRIM.	3º TRIM.	4º TRIM.
Receitas	R$160 mil	R$100 mil	R$80 mil	R$130 mil
Mercadoria	–R$90 mil	–R$55 mil	–R$45 mil	–R$70 mil
Folha de pessoal	–R$40 mil	–R$32 mil	–R$32 mil	–R$40 mil
Impostos	–R$12 mil	–R$8 mil	–R$6 mil	–R$10 mil
Outras despesas	–R$12 mil	–R$12 mil	–R$10 mil	–R$7 mil
RESULTADO	**R$6 mil**	**–R$7 mil**	**–R$13 mil**	**R$3 mil**
ACUMULADO 4º trimestre do ano anterior: R$10	**R$16 mil**	**R$9 mil**	**–R$4 mil**	**–R$1 mil**

Tabela 17.3. Orçamento de caixa para o próximo ano.

O futuro não ocorrerá exatamente como apurado no orçamento de caixa, mas ajuda a preparar o gestor a tomar providências para evitar problemas de insolvência. Os 2ºTrim. e 3ºTrim. preveem resultados negativos de –R$7 mil e –R$13 mil.

Tendo a empresa fechado o 4ºTrim. do ano anterior com R$10 mil, observa-se pela linha do acumulado a necessidade de caixa para os 3ºTrim. e 4ºTrim. O gestor sabe com antecedência que se a realidade se aproximar do orçado, à medida em que o tempo passa, precisará providenciar R$4 mil no início do 3ºTrim.

Será possível ao gestor devolver R$3 mil à fonte no final do terceiro período, mas deverá continuar com os outros R$1 mil para passar o 4ºTrim., ao fim do qual poderá quitar os recursos levantados.

Os recursos a serem levantados podem ser provenientes de diversas fontes, próprios ou de terceiros, desejavelmente mantendo-se a compatibilidade com a circunstância financeira da empresa naquele momento.

A literatura tradicional orienta a construção do orçamento de caixa geralmente a partir dos dados contábeis, visto estarem minimamente estruturados em quase todas as empresas, e por períodos de trimestres. O gestor tem a possibilidade de reduzir o intervalo analisado para meses ou até semanas, permitindo melhor visualização do comportamento de caixa para elevar a segurança da empresa.

O importante, como muito bem frisado no embasamento teórico, é que o gestor se assegure que está usando fluxos em regime de caixa no orçamento, ao invés do de competência.

O regime de competência é usado quando o gestor usa os indicadores do modelo dinâmico para análise da liquidez.

Modelo dinâmico

Uma das soluções da administração do capital de giro para assegurar a solvência da empresa, de modo a garantir que pagará suas obrigações financeiras, é o modelo dinâmico.

A principal função do modelo é permitir ao gestor acompanhar como deverá estar a carência por recursos no futuro de acordo com a dinâmica de crescimento da empresa.

O primeiro passo para construir o arcabouço da ferramenta é tomar grupos e contas do Balanço Patrimonial e recompô-los para gerar novos itens: Ativo Cíclico (AC), Passivo Cíclico (PC), Ativo Permanente (AP), Passivo Permanente (PP), Necessidade de Capital de Giro (NCG), Capital de Giro (CDG), e Saldo de Tesouraria (T).

O Ativo Cíclico é composto de contas do Ativo Circulante. Tais contas são referentes à aplicação de recursos em aspectos da atividade operacional da empresa.

Ativo Cíclico:

- Clientes.
- Estoques.
- Adiantamento a fornecedores.
- Impostos a recuperar.
- Outras contas operacionais.

O Passivo Cíclico, por seu turno, é composto por contas referentes a fontes de recursos relacionadas à atividade operacional.

Passivo Cíclico:

- Salários a pagar.
- Fornecedores.
- Adiantamento de clientes.
- Impostos a pagar.
- Outras contas operacionais.

O Ativo Permanente são as aplicações de longo prazo, geralmente constituídas de máquinas, equipamentos, veículos, imóveis e outros elementos de menor liquidez.

Ativo Permanente:

- Realizável a longo prazo.
- Investimentos.
- Imobilizado.

O Passivo Permanente são as fontes de terceiros de longo prazo e o equivalente no Balanço Patrimonial ao capital próprio.

Passivo Permanente:

- Empréstimos bancários de longo prazo.
- Outras obrigações de longo prazo.
- Patrimônio líquido.

A diferença entre o volume aplicado de recursos (AC) e a dimensão da fonte operacional (PC) é chamada de Necessidade de Capital de Giro — NCG.

$$NCG = \text{Ativo Cíclico} - \text{Passivo Cíclico}$$

A NCG representa o quanto o Balanço Patrimonial exprime de volume de recursos que a empresa requer para realizar suas atividades operacionais de curto prazo. Quando o resultado do NCG é negativo, significa que para o curto prazo a empresa dispõe de mais recursos do que o requerido, e a diferença pode ser alocada para outras destinações da empresa.

Para o modelo dinâmico, o Capital de Giro (CDG) possui outra definição que a estabelecida anteriormente. Em geral descrito sucintamente como Ativo Circulante, no modelo dinâmico com Balanço Patrimonial recomposto, o CDG representa o quanto de recursos de longo é superior à alocação em ativos de longo prazo.

$$CDG = Passivo\ Permanente - Ativo\ Permanente$$

O valor do CDG varia pouco, dado o caráter de longo prazo das contas reclassificadas do Balanço Patrimonial que o compõem. Sendo o CDG positivo, a NCG dispõe de uma reserva importante de recursos para ser financiada. Quando o CDG é negativo, as aplicações de longo prazo precisarão ser alimentadas por recursos extras, o que fragiliza a liquidez da empresa.

O Saldo de Tesouraria (T) é a diferença entre o CDG e a NCG.

$$T = CDG - NCG$$

O Saldo de Tesouraria positivo (CDG > NCG) indica que a empresa dispõe de recursos de longo prazo para cobrir as aplicações operacionais de curto prazo e que ainda gera excedente para aplicações de curto prazo no mercado financeiro. O sinal negativo para o Saldo de Tesouraria (CDG < NCG) chama a atenção para uma situação potencialmente perigosa de falta de recursos para assegurar o funcionamento no curto prazo. A empresa está usando recursos de empréstimos bancários de curto prazo, notas comerciais, e outras fontes externas de recursos de terceiros para manter a atividade operacional.

Havendo gradativa elevação do Saldo de Tesouraria no tempo, a empresa se encontraria em situação de insolvência, como revela o efeito tesoura ilustrado na Figura 17.7.

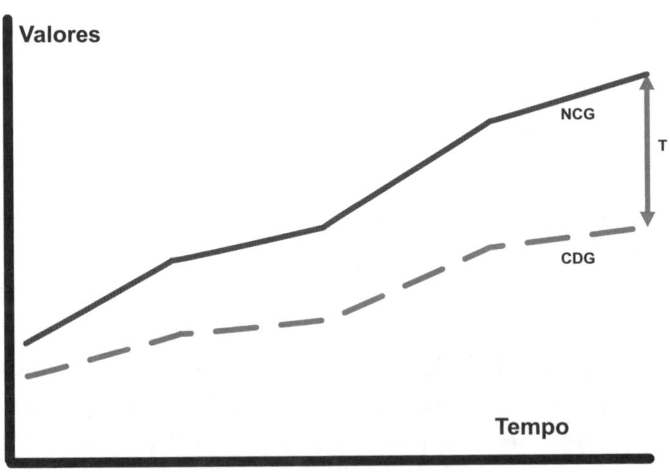

Figura 17.7. Efeito tesoura do modelo dinâmico.
Fonte: O autor.

O aumento mais pronunciado da NCG em relação ao CDG pressiona a empresa a levantar mais recursos de curto prazo no mercado. Estando formada essa condição, quanto mais a empresa vende, mais ela se arriscará a eventualmente se tornar insolvente. Esse é o efeito tesoura do modelo dinâmico. Quanto mais as lâminas se afastarem uma da outra, maior a discrepância entre a necessidade de capital e o capital disponível, forçando a empresa a buscar recursos no mercado.

As medidas que o gestor pode tomar incluem procurar reduzir o investimento em ativo cíclico, diminuindo a atividade da empresa, ou encontrar novas fontes confiáveis de recursos. Se mantiver a situação de alargamento das lâminas da tesoura, provavelmente a empresa ficará insolvente.

17.4 Considerações finais

O objetivo do capítulo foi o de apresentar os tópicos de administração do capital de giro segundo a abordagem tradicionalmente discutida no embasamento teórico. O conteúdo do capítulo não esgota o conhecimento construído por diversos autores em finanças, aos quais se reservam as merecidas reverências, mas indica ao leitor um relevante mapa dos caminhos que podem ser por ele trilhados.

A abordagem de gestão financeira por fluxo de caixa, tema central deste livro, trata os problemas de finanças de curto prazo de forma bastante diferente daquele aplicado pelas finanças tradicionais, e que foi brevemente apresentado neste capítulo.

O vasto embasamento teórico clássico lida com os problemas de finanças de curto prazo eminentemente com dados contábeis. São eles os obrigatoriamente registrados pelas empresas e seria natural que, uma vez tão cuidadosamente organizados, viessem a ser tomados como matéria-prima para gerar índices para interpretação da situação financeira.

Se por um lado tais dados contábeis são mais acessíveis, por outro guardam certa reserva por não representar fidedignamente os movimentos financeiros das empresas. As causas residem principalmente nas bases de construção do arcabouço contábil.

A contabilidade usa o Regime de Competência como princípio para os registros financeiros. Ainda que se adapte demonstrativos para seguir regime de caixa, a exemplo do orçamento de caixa explicado anteriormente, há perda significativa de informação e dinamismo. O mesmo vale para o modelo dinâmico e para a elaboração dos ciclos operacional e de caixa que usam o Balanço Patrimonial e o DRE que foram construídos pelo regime de competência referentes a períodos anteriores ao medido no momento pela empresa.

Usar dados do Balanço Patrimonial e DRE como fonte de dados para interpretar condição atual da empresa é no mínimo temerário do ponto de vista de representatividade. Os demonstrativos foram elaborados em exercícios anteriores e provavelmente a situação atual da empresa é muito diferente do passado. Ao se cogitar tomar decisões baseadas em aspectos do passado e que repercutirão no futuro, o descolamento com a realidade é ainda mais preocupante.

Tomando-se o exemplo anterior dos cálculos dos ciclos operacional (36 dias) e de caixa (28 dias). Seguramente que esses prazos não são exatos, considerando que foram obtidos segundo demonstrações do final do ano anterior e de dois anos antes. O gestor se arrisca muito ao tomar decisões gerenciais com base no que mostra esses resultados. Para os outros indicadores recém apresentados, vale a mesma crítica.

Essas são algumas considerações a respeito dos cuidados em se dirigir a empresa com base no conteúdo tradicional de finanças. Apesar de ser uma base bastante sólida construída ao longo de várias décadas, e cujos autores precisam ser reconhecidos, a dinâmica do mercado e das empresas acelerada com a globalização comercial e de informação exige das empresas dados instantâneos muito mais detalhados e representativos da realidade.

A gestão financeira por fluxo de caixa trata os mesmos problemas por outro ângulo e usa outros tipos de dados, justamente o fluxo de caixa, que é gerado sob técnicas para maior representatividade da realidade financeira. A abordagem dos problemas financeiros de curto prazo pelo fluxo de caixa é o tema dos próximos capítulos.

18

Casamento dos Fluxos de Caixa

O capítulo anterior foi dedicado ao embasamento tradicional e à forma como ele trata a chamada administração do capital de giro e seus problemas — sendo eles: o quanto alocar para ativo circulante, como fazer o financiamento do ativo circulante e como elaborar o planejamento de pagamentos e recebimentos.

Este e os próximos capítulos voltam a tratar da gestão financeira por fluxo de caixa — tema central do livro. A gestão financeira por fluxo de caixa segue três etapas: investimento, financiamento e controle dos fluxos financeiros. A última delas procura atender a três problemas, cada qual tratado em um capítulo:

- Casamento de entradas e saídas de caixa no tempo.
- Nível de reserva de caixa.
- Crédito a cliente e de fornecedor.

Os problemas do controle de fluxos financeiros são de alguma forma semelhantes aos da administração do capital de giro da literatura clássica. Contudo, as semelhanças acabam aí. A gestão financeira por fluxo de caixa usa dados completamente diferentes dos da literatura clássica, além de aplicar técnicas bastante distintas de tratamento aos respectivos dados.

A gestão financeira por fluxo de caixa usa somente os dados de entradas e saídas de valores da empresa — e que por dentro dela fluem — para construir os diversos demonstrativos e indicadores. A abordagem clássica usa especialmente os dados da contabilidade para o gestor acompanhar a saúde financeira da empresa.

As diferenças entre os dois tipos de dados são profundas, a começar pela geração do próprio dado. Na contabilidade, os dados são criados seguindo leis federais, estaduais e outras normas que são emanadas por entidades externas à empresa, como o Conselho Federal de Contabilidade (CFC), a Comissão de Valores Mobiliários (CVM), o Banco Central do Brasil (BCB) e outras, no território nacional; e internacionalmente pela *International Accounting Standards Boards* (IASB). O objetivo de tais entidades não é prover informação ao gestor/empresário sobre o desempenho financeiro da empresa, mas padronizar regras para fins de recolhimento tributário e uniformizar as bases para análise de agentes do mercado de capitais, bancos e credores institucionais. Como a contabilidade é obrigatória para todas as empresas, a análise acaba recaindo sobre esses dados — afinal, eles já existem. A contabilidade gerencial dá o tratamento a eles para compreender aspectos da saúde financeira. Em todo o caso, essa análise é aplicada sobre dados que não espelham exatamente o que ocorreu na movimentação financeira do período; logo, seus resultados tendem a ser bem menos representativos.

Em gestão financeira por fluxo de caixa, o gestor precisa criar seus próprios dados. Ele tem total liberdade para criar critérios e regras para efetuar os registros. Livre das normas que regem a contabilidade, ele pode empreender o maior esforço possível para que tal conjunto de dados — o fluxo de caixa — represente ao máximo o comportamento financeiro da empresa. O conjunto de informações exclusivamente gerenciais que pode ser extraído desse ambiente permite gerar uma gama muito mais extensa de ferramentas, indicadores, detalhamento de visualização e capacidade de análise que a abordagem tradicional. Das três etapas de gestão financeira por fluxo de caixa, a que mais se diferencia da literatura tradicional é a última — o controle dos fluxos financeiros.

A etapa de controle dos fluxos financeiros procura atender a três problemas gerais: o casamento de entradas e saídas de caixa, o nível de reserva de caixa e crédito a cliente e de fornecedor. O primeiro deles — o casamento de entradas e saídas de valores — é o que abrange a maior variedade de necessidades que o gestor precisa atender. Essas são algumas das atividades do gestor financeiro relacionadas ao casamento de fluxos:

- Manter uma visão geral do comportamento financeiro para assegurar a continuidade das atividades operacionais.
- Manter um demonstrativo para apresentação de desempenho financeiro a participantes como sócios, credores, investidores e funcionários.

- Realizar a análise de desempenho por diferentes aspectos da saúde financeira.
- Acompanhar o desempenho de cada unidade, projeto, tipo de contrato ou tipo de produto/serviço.
- Manter um demonstrativo de visualização dos fluxos diários de caixa de cada projeto de investimento, com respectivas fontes, e seu impacto na empresa.
- Organizar os diversos fundos, como: conta bancária, dinheiro em espécie, aplicação financeira, cartão de crédito e outras modalidades de guarda de valor, para assegurar reserva para cumprimento de obrigações.
- Manter um instrumento de visualização das projeções de comportamento de entradas e saídas de caixa no futuro para gerenciar nível adequado de reserva líquida diária.

Há, por óbvio, outras atividades. Antes de se aprofundar em cada uma, convém descrever o instrumento usado pelo gestor para realizá-las.

18.1 Demonstrativo de Fluxo de Caixa (DFC)

A principal ferramenta do gestor financeiro é o Demonstrativo de Fluxo de Caixa (DFC) — ilustrado na Figura 18.1. Por ele, o gestor planeja e acompanha a execução de praticamente todas as suas atividades, incluindo aquelas referentes às decisões de investimento e de financiamento — além, é claro, do controle dos fluxos financeiros. A Figura 18.1 é apresentada como uma estrutura da ferramenta. O mais importante é visualizar o formato como um arcabouço geral, não propriamente os nomes das categorias e valores, que por restrição gráfica, ficam diminutos.

Na coluna da esquerda do DFC, está o Plano de Contas de Tesouraria, que dá a classificação da natureza de cada fluxo de caixa da empresa. O Plano de Contas de Tesouraria é formado por quatro grupos de contas — mais bem explicados adiante — que são: Operacionais, Investimentos, Financiamentos e Transferências. As demais colunas são os meses em que os fluxos de entradas e saídas ocorrem. Tais meses se referem ao passado, ao momento atual e ao futuro. Por exemplo, considerando que o mês atual seja setembro, o gestor poderia visualizar tanto o que ocorreu em todos os meses anteriores, assim como a projeção de entradas e saídas de caixa até o mês que preferir no futuro. O DFC deve dar a possibilidade de selecionar qualquer período que se pretenda observar, desde o passado até o mês futuro.

Unidade	(Tudo)
Fundo	(Tudo)

	DATA abr-23	mai-23	jun-23	jul-23	ago-23	set-23	out-23	nov-23	dez-23	Total Geral
OPERACIONAIS	-4.401,21	84.358,97	146.897,83	114.952,19	116.231,54	431.535,74	195.717,02	183.458,03	262.388,62	1.531.138,73
Venda	239.479,87	336.921,43	508.799,78	622.565,26	708.846,34	742.916,44	299.088,94	654.205,67	544.807,19	4.657.630,93
Outras entradas operacionais		40,00			1.600,00	750,16			51,47	2.441,63
Salário e Encargo	-142.258,64	-40.837,71	-235.264,35	-262.898,98	-360.143,73	-166.855,71	-62.497,83	-304.096,32	-151.233,96	-1.726.087,24
Treinamento						-200,00				-200,00
Publicidade	-17.966,20	-25.919,27	-21.367,00	-33.018,58	-61.089,38	-43.516,54	-6.794,22	-28.851,71	-33.033,80	-271.556,70
Fotografia de imóvel	-25,00	-47.047,81	-725,00	-300,00	-150,00		-20,31	-932,85	-270,35	-49.471,32
Imposto	-27.624,25	-86.882,36	-24.816,38	-10.259,97	-9.851,22	-3.529,47	-9.280,48	-31.930,99	-32.649,16	-236.824,28
Telefone	-2.169,65	-3.731,24	-4.570,68	-12.533,79	-3.990,72	-5.566,20	-559,68	-5.881,05	-2.576,12	-41.579,13
Água	-117,48	-399,84	-213,20	-239,76	-45,00	-1.365,95	-95,42	-274,32	-514,47	-3.265,44
Energia elétrica	-3.202,00	-4.081,84	-2.503,92	-2.795,55	-6.117,98	-6.143,26	-1.437,24	-3.221,77	-3.802,85	-33.306,41
Manutenção de imóvel	-2.494,00			-700,50			-1.351,55			-4.546,05
Serviço de terceiro	-14.488,51	-2.678,01	-13.020,92	-138.452,46	-54.692,24	-7.017,56	-2.849,66	-16.753,89	-3.896,30	-253.849,55
Transporte	-100,00	-255,00	-666,25	-3.597,98	-3.057,11	-4.292,00		-857,26	-328,11	-13.153,70
Tarifa bancária			-5,00					-6,43		-11,43
Material de escritório	-455,00	-4.690,59	-2.435,25	-1.779,19	-1.854,12	-1.257,47	-369,65	-3.133,41	-3.123,95	-19.098,64
Aluguel e condomínio	-9.931,63	-2.060,83	-21.098,63	-16.530,63	-71.135,63	-36.919,00	-7.179,50	-27.147,40	-12.499,11	-204.502,36
Material para copa	-2.193,22	-4.751,98	-4.338,78	-232,00	-301,93	-3.597,47	-759,17	-5.582,66	-3.309,87	-25.067,08
Contador	-7.757,12	-4.814,05	-4.200,00	-4.269,30	-4.200,00		-614,04	-5.404,10	-6.194,19	-37.452,80
Assinatura de períodico	-326,66	-88,33	-454,56	-414,99	-414,99	-1.206,66	-458,57	-849,87	-290,31	-4.504,94
Internet	-262,63	-243,56	-249,63	-203,29	-262,07		-130,31	-321,20	-313,39	-1.986,08
Manutenção diversos	-771,20	-95,81	-1.600,85	-1.738,16	-543,66	-6.310,00	-256,83	-2.059,80	-3.143,68	-16.519,98
Seguro			-1.088,16	-241,71	-2.513,82	-759,23	-415,42	-1.400,12		-6.418,46
Promoção para venda	-1.723,95	-7.096,00	-869,71	-67,50	-599,25	-3.038,10	-735,76	-1.119,05	-1.931,03	-17.180,35
Honorário advocatício	-4.500,00	-249,71	-4.500,00	-4.500,00	-4.500,00		-3.655,04	-5.790,11	-5.790,11	-33.484,96
Serviço postal	-34,60	-158,30	-163,05	-88,90	-120,40	-271,40	-8,12	-209,79	-82,28	-1.136,85
Limpeza	-474,65	-35,94	-1.352,69	-361,95	-224,18	-346,03	-284,55	-1.740,49	-46,24	-4.866,73
Associação e sindicato	-437,26	-5.598,14	-1.608,00	-2.516,16	-3.668,63	-11.927,35	-215,53	-2.069,00	-5.018,01	-33.058,08
Gasto com viagem		-5.092,11	-1.138,10	-1.633,72				-1.464,38	-6.551,97	-15.880,28
Outras saídas operacionais	-4.567,43	-5.794,03	-13.651,84	-8.238,00	-4.738,74	-8.011,46	-3.403,05	-19.649,68	-5.870,78	-73.925,00
INVESTIMENTOS	-1.470,00	-9.092,09	-14.337,73	-13.783,83	-47.195,00	-231.304,00	-46.124,07	-21.943,21	-23.811,24	-409.061,17
Imóvel		-100,00				-200.000,00			-128,67	-200.228,67
Reforma		-5.372,30	-90,00			-25.000,00	-40.000,00	-115,80	-6.912,48	-77.490,59
Mobiliário e decoração	-1.137,50	4.495,02	-2.407,33	-5.207,33	-3.700,00	-780,00	-780,00	-3.097,49	-1.672,70	-14.287,33
Computador e software		-200,00	-11.057,90	-5.074,00	-43.045,00	-5.074,00	-5.074,00	-17.273,09	-257,34	-87.055,33
Equipamento	-332,50	-7.914,81	-782,50	-3.502,50	-450,00	-450,00	-270,07	-1.456,83	-14.840,05	-29.999,26
FINANCIAMENTOS	-13.429,10	183.561,24	276.744,28	14.388,72	42.469,66	-83.288,04	-11.438,95	315.549,95	122.657,24	847.214,98
PROGER	-11.371,15	-10.027,10	136.342,32	16.196,80	44.788,26	-80.264,59	-8.320,74	135.661,67	-14.616,74	208.388,74
FCO			22.000,00	-1.307,18	-1.819,18	-1.307,18	-1.520,18	26.110,50	-4.682,46	37.474,32
Cheque especial	-210,20									-210,20
Relação com sócio	-1.847,75	193.588,34	118.401,96	-500,90	-499,42	-1.716,27	-1.598,04	153.777,78	141.956,44	601.562,13
TRANSFERÊNCIAS					0,00	0,00				0,00
Transferência entre contas					0,00	0,00				0,00
Total Geral	-19.300,31	258.828,12	409.304,38	115.557,08	111.506,20	116.943,70	138.154,00	477.064,77	361.234,62	1.969.292,55

Figura 18.1. Demonstrativo de Fluxo de Caixa (DFC).

Fonte: O autor.

O formato de apresentação do DFC expõe para o gestor absolutamente todas as movimentações financeiras do período selecionado. É uma janela através da qual se pode vislumbrar o comportamento financeiro no passado e no futuro, e com a amplitude regulável como se pretenda — em anos, quadrimestres, trimestres, meses, dias, ou qualquer outro tipo de período.

Para conferir a movimentação diária, o gestor pode abrir o mês para visualizar as entradas e saídas de caixa a cada dia, do passado e das projeções. A Figura 18.2 ilustra as movimentações de caixa com os respectivos saldos iniciais e finais diários, na parte de cima do exemplo.

Na Figura 18.2, as linhas superiores apresentam com quanto a empresa iniciou cada dia pela soma dos saldos de todas as contas bancárias, tesouraria, fundos de aplicação financeira, e outros tipos de fundos; com quanto de saldo terminou o respectivo dia e qual foi o fluxo líquido diário[1].

Ao expandir determinado mês — no exemplo foi o de setembro —, o gestor observa as entradas e saídas financeiras diárias ocorridas no passado e as projetadas. Para cada dia são apresentados o saldo inicial, o fluxo líquido e o saldo final da soma de todos os fundos para fins de conciliação com as movimentações físicas e bancárias de valores.

O Plano de Contas de Tesouraria (PCT) é formado por grupos (Operacionais, Investimentos, Financiamentos e Transferências); por contas (Venda, Outras Entradas, Salário e Encargo, e assim por diante); e por subcontas. Como ilustra a Figura 18.3, as subcontas são aninhadas em determinada conta.

---

[1] Na maioria das figuras, a soma das entradas e saídas de cada coluna pode não equivaler ao fluxo líquido diário na parte superior porque a imagem do demonstrativo pode ter sido cortada para facilitar a leitura e visualização do que se pretendeu destacar.

Saldo final				1.025.832,22	1.054.990,22	1.015.822,33	1.038.884,84	1.089.425,26	1.118.898,90
Fluxo líquido				-3.559,15	29.158,00	-39.167,89	23.062,51	50.540,42	29.473,64
Saldo inicial				1.029.391,37	1.025.832,22	1.054.990,22	1.015.822,33	1.038.884,84	1.089.425,26

Unidade (Tudo)

Fundo (Tudo)

	DATA								
	jun-23	jul-23	ago-23	set-23					
				1-set	2-set	3-set	4-set	5-set	6-set
OPERACIONAIS	146.897,83	114.952,19	116.231,54	-1.846,40	29.158,00	-39.167,89	23.062,51	50.540,42	29.473,64
Venda	508.799,78	622.565,26	708.846,34		32.000,00		28.540,00	79.333,00	45.000,00
Outras entradas operacionais			1.600,00						
Salário e Encargo	-235.264,35	-262.898,98	-360.143,73		-2.760,00	-482,86	-100,00	-27.922,00	-9.550,00
Treinamento									
Publicidade	-21.367,00	-33.018,58	-61.089,38	-1.700,00					
Fotografia de imóvel	-725,00	-300,00	-150,00						
Imposto	-24.816,38	-10.259,97	-9.851,22						
Telefone	-4.570,68	-12.533,79	-3.990,72					-238,87	-64,12
Água	-213,20	-239,76	-45,00			-1.099,63			
Energia elétrica	-2.503,92	-2.795,55	-6.117,98						-5.384,24
Manutenção de imóvel		-700,50							
Serviço de terceiro	-13.020,92	-138.452,46	-54.692,24	-91,93	-70,00	-3.060,00	-1.139,39	-424,00	
Transporte	-666,25	-3.597,98	-3.057,11	-35,00	-12,00	-2.500,00	-1.200,00		-150,00
Tarifa bancária	-5,00								
Material de escritório	-2.435,25	-1.779,19	-1.854,12						
Aluguel e condomínio	-21.098,63	-16.530,63	-71.135,63			-32.000,00			
Material para copa	-4.338,78	-232,00	-301,93	-19,47					-378,00
Contador	-4.200,00	-4.269,30	-4.200,00						
Assinatura de períodico	-454,56	-414,99	-414,99						
Internet	-249,63	-203,29	-262,07						
Manutenção diversos	-1.600,85	-1.738,16	-543,66						
Seguro	-1.088,16	-241,71	-2.513,82					-207,71	
Promoção para venda	-869,71	-67,50	-599,25				-3.038,10		
Honorário advocatício	-4.500,00	-4.500,00	-4.500,00						
Serviço postal	-163,05	-88,90	-120,40			-25,40			
Limpeza	-1.352,69	-361,95	-224,18						
Associação e sindicato	-1.608,00	-2.516,16	-3.668,63						
Gasto com viagem	-1.138,10	-1.633,72							
Outras saídas operacionais	-13.651,84	-8.238,00	-4.738,74						
INVESTIMENTOS	-14.337,73	-13.783,83	-47.195,00						
Imóvel									
Reforma	-90,00								
Mobiliário e decoração	-2.407,33	-5.207,33	-3.700,00						
Computador e software	-11.057,90	-5.074,00	-43.045,00						
Equipamento	-782,50	-3.502,50	-450,00						
FINANCIAMENTOS	276.744,28	14.388,72	42.469,66	-1.712,75					
PROGER	136.342,32	16.196,80	44.788,26	-1.463,04					
FCO	22.000,00	-1.307,18	-1.819,18						
Relação com sócio	118.401,96	-500,90	-499,42	-249,71					
TRANSFERÊNCIAS			0,00					0,00	0,00
Transferência entre contas			0,00					0,00	0,00
Total Geral	409.304,38	115.557,08	111.506,20	-3.559,15	29.158,00	-39.167,89	23.062,51	50.540,42	29.473,64

Figura 18.2. DFC — movimentação diária.

Fonte: O autor.

Saldo final	1.025.832,22	1.054.990,22	1.015.822,33	1.038.884,84	1.089.425,26	1.118.898,90	1.184.245,30	1.122.032,79
Fluxo líquido	-3.559,15	29.158,00	-39.167,89	23.062,51	50.540,42	29.473,64	65.346,40	-62.212,51
Saldo inicial	1.029.391,37	1.025.832,22	1.054.990,22	1.015.822,33	1.038.884,84	1.089.425,26	1.118.898,90	1.184.245,30

Unidade (Tudo)
Fundo (Tudo)

	DATA set-23							
	1-set	2-set	3-set	4-set	5-set	6-set	7-set	8-set
⊟ **OPERACIONAIS**	-1.846,40	29.158,00	-39.167,89	23.062,51	50.540,42	29.473,64	65.346,40	-37.212,51
⊞ **Venda**		32.000,00		28.540,00	79.333,00	45.000,00	78.000,00	
⊞ **Outras entradas operacionais**								
⊟ **Salário e Encargo**		-2.760,00	-482,86	-100,00	-27.922,00	-9.550,00	-10.952,60	-31.896,20
Provento					-20.122,00	-9.550,00		-19.050,20
INSS								
FGTS							-10.952,60	
Plano de saúde								
Vale alimentação								-212,50
Vale transporte					-7.800,00			-430,00
Rescisão contratual			-482,86					
Uniforme		-2.760,00						
Comissão de venda								-4.437,50
Motivação do pessoal				-100,00				
Taxa de conciliação								-7.766,00
⊞ **Treinamento**								-200,00
⊞ **Publicidade**	-1.700,00						-1.650,00	-2.375,00
⊞ **Imposto**								
⊞ **Telefone**					-238,87	-64,12		-2.030,31
⊞ **Água**			-1.099,63					
⊞ **Energia elétrica**						-5.384,24		
⊞ **Serviço de terceiro**	-91,93	-70,00	-3.060,00	-1.139,39	-424,00			-400,00
⊞ **Transporte**	-35,00	-12,00	-2.500,00	-1.200,00		-150,00		-65,00
⊞ **Material de escritório**								
⊞ **Aluguel e condomínio**			-32.000,00					
⊞ **Material para copa**	-19,47					-378,00		
⊞ **Assinatura de períodico**								
⊞ **Manutenção diversos**								
⊞ **Seguro**					-207,71			
⊞ **Promoção para venda**				-3.038,10				
⊞ **Serviço postal**			-25,40					-246,00

Figura 18.3. Subcontas da conta “Salário e Encargo”.
Fonte: O autor.

Na Figura 18.3, as subcontas Provento, INSS, FGTS etc. estão contidas na conta Salário e Encargo. Cada conta possui um conjunto de subcontas, mesmo que seja só uma. As subcontas são o nível mais detalhado dos fluxos de caixa. Elas permitem ao gestor conferir se os lançamentos financeiros foram realizados de maneira correta e são tecnicamente criadas para possibilitar análises sofisticadas e precisas do desempenho financeiro da empresa, bem como projeção de seu comportamento. Assim como os demais elementos do DFC, as subcontas serão mais bem explicadas a seguir. Por ora, é necessário apenas conhecer a ferramenta e o que ela poderá proporcionar em termos de controle ao gestor.

Um aspecto relevante para o controle do gestor é o acompanhamento do desempenho de cada unidade produtiva da empresa. Considerando haver unidades de negócio — como lojas de uma rede varejista — ou unidades administrativas — como departamento de marketing, departamento de RH e outras —, o gestor pode visualizar como cada unidade contribui para o desempenho financeiro da empresa. Em se tratando de empresa de prestação de serviço, indústria ou agronegócio, o filtro unidade corresponderá a cada contrato com determinado cliente, linha de produção, projeto de serviço, cada obra para uma construtora e, adaptativamente, conforme a área e necessidade da empresa. A Figura 18.4 demonstra a seleção de dados de determinada unidade/projeto.

Na Figura 18.4, os dados se referem exclusivamente à unidade "ASN". Pode ser uma loja, um ponto comercial específico ou um projeto de serviço, indústria ou agro. O gestor tem a capacidade de acompanhar a evolução financeira de cada unidade para embasar as decisões de abertura, fechamento, alterações, promoções e outros tipos de ajustes.

Outra informação importante para o gestor é ter a segurança de que os dados de fluxo de caixa registrados no sistema gerencial estão corretos. Para isso, é indispensável que a conciliação bancária seja feita diariamente.

A conciliação bancária diária é a conferência dos movimentos de caixa do dia anterior — eles devem ter sido fielmente lançados no sistema. Cada entrada e saída de cada conta bancária deve estar no DFC. Para garantir que os registros estão corretos, após verificar uma a uma das entradas e das saídas, o gestor deve conferir se o saldo final do extrato bancário desse dia anterior equivale exatamente ao apresentado no DFC.

Saldo final
Fluxo líquido
Saldo inicial

Unidade	ASN
Fundo	(Tudo)

	DATA				
	set-23	out-23	nov-23	dez-23	Total Geral
OPERACIONAIS	**44.235,89**	**4.258,90**	**70.858,73**	**5.414,93**	**124.768,45**
Venda	61.900,00	22.428,55	128.025,66	80.109,32	292.463,53
Salário e Encargo	-3.610,68	-6.204,00	-32.728,19	-46.553,86	-89.096,73
Publicidade	-1.506,03	-1.523,89	-7.946,79	-7.236,85	-18.213,56
Fotografia de imóvel			-64,33		-64,33
Imposto	-522,63	-3.539,41	-2.974,83	-3.860,21	-10.897,08
Telefone	-2.901,31		-494,45	-370,82	-3.766,58
Água		-95,42		-205,97	-301,39
Energia elétrica		-829,38	-1.199,80	-1.279,68	-3.308,85
Serviço de terceiro		-162,45	-787,98	-474,79	-1.425,22
Material de escritório		-366,40	-225,17	-450,34	-1.041,91
Aluguel e condomínio		-5.279,50	-8.363,49	-8.363,49	-22.006,47
Material para copa	-2.060,00		-687,35	-752,51	-3.499,86
Assinatura de períodico	-88,33	-71,74	-113,65	-113,65	-387,38
Manutenção diversos	-80,00	-97,47	-228,28	-296,41	-702,17
Seguro	-343,82		-442,39		-786,21
Limpeza	-101,31		-704,35		-805,66
Associação e sindicato	-6.450,00			-113,87	-6.563,87
Gasto com viagem				-4.621,93	-4.621,93
Outras saídas operacionais			-205,87		-205,87
FINANCIAMENTOS	**-1.466,56**				**-1.466,56**
Relação com sócio	-1.466,56				-1.466,56
Total Geral	42.769,33	4.258,90	70.858,73	5.414,93	123.301,89

Figura 18.4. Seleção de dados de determinada unidade/projeto.
Fonte: O autor.

A Figura 18.5 mostra os lançamentos diários dos primeiros dias de setembro de determinada conta corrente bancária.

No exemplo da Figura 18.5, observa-se que cada conta corrente — ainda que do mesmo banco — precisa ter seu próprio conjunto de dados para conferência. O mesmo vale para os outros tipos de fundos.

Fundo é o nome dado ao local onde pode estar o valor. Determinado valor pode estar em uma conta bancária, em um cartão de crédito, em um fundo de aplicação financeira, títulos mobiliários públicos ou privados, Certificado de Depósito Bancário (CDB), conta de poupança, tesouraria (dinheiro em espécie no cofre ou caixa registradora), ou até mesmo em consórcio ou título de capitalização (mesmo não sendo recomendados a empresas que os tenham).

	1-set	2-set	3-set	4-set	5-set	6-set	7-set	8-set	9-set
Saldo final	1.102.722,51	1.131.880,51	1.096.451,08	1.090.973,59	1.131.101,01	1.161.024,12	1.228.020,52	1.199.760,01	1.214.907,04
Fluxo líquido	-2.827,63	29.158,00	-35.429,43	-5.477,49	40.127,42	29.923,11	66.996,40	-28.260,51	15.147,03
Saldo inicial	1.105.550,14	1.102.722,51	1.131.880,51	1.096.451,08	1.090.973,59	1.131.101,01	1.161.024,12	1.228.020,52	1.199.760,01

Unidade	(Tudo)
Fundo	Banco do Brasil

	DATA								
	set-23								
	1-set	2-set	3-set	4-set	5-set	6-set	7-set	8-set	9-set
OPERACIONAIS	-1.846,40	29.158,00	-35.429,43	-5.477,49	40.107,42	29.963,11	66.996,40	-28.260,51	25.972,06
Venda		32.000,00			68.900,00	45.000,00	78.000,00		29.200,00
Outras entradas operacionais									
Salário e Encargo		-2.760,00	-482,86	-100,00	-27.922,00	-9.550,00	-10.952,60	-23.820,20	-1.382,94
Publicidade	-1.700,00							-2.375,00	
Fotografia de imóvel									
Imposto									
Telefone					-238,87	-64,12		-2.030,31	-1.845,00
Água			-421,17						
Energia elétrica						-4.894,77			
Manutenção de imóvel									
Serviço de terceiro	-91,93	-70,00		-1.139,39	-424,00				
Transporte	-35,00	-12,00	-2.500,00	-1.200,00		-150,00		-35,00	
Tarifa bancária									
Material de escritório									
Aluguel e condomínio			-32.000,00						
Material para copa	-19,47					-378,00			
Contador									
Assinatura de períodico									
Internet									
Manutenção diversos									
Seguro					-207,71				
Promoção para venda				-3.038,10					
Honorário advocatício									

Figura 18.5. Filtro de lançamentos de determinada conta bancária.
Fonte: O autor.

Diariamente, após a conciliação bancária, a tarefa do gestor financeiro é ajustar as projeções de fluxo de caixa. Uma das primeiras atividades de construção do DFC, quando já houver o equivalente a dois ou três meses de lançamentos, é analisar o comportamento das subcontas e inserir os valores de entradas e saídas para cada dia no futuro. A tarefa inicia-se com os valores mais estáveis — a exemplo do aluguel, conta de telefone, internet, água e energia elétrica. Depois ele insere previsões de como devem se comportar as outras subcontas. Com o aprendizado gerado pela comparação do projetado e realizado, o gestor poderá aplicar modelos estatísticos de séries temporais para obter ainda maior precisão nas projeções.

O ajuste nas projeções é feito após a conciliação bancária do dia anterior. O gestor deve verificar o que eventualmente precisa ser alterado. Se perceber que o índice de reajuste do aluguel deverá ser maior que o previsto inicialmente, ele deverá alterá-lo para corresponder a como deverá estar esse gasto mensalmente a partir do mês de renovação. Se perceber que as vendas deverão ser maiores em 10% nos próximos dois meses do que se previa anteriormente, deve-se fazer a correção. A cada dia há informações novas que impactam o funcionamento da empresa; e tudo isso deve estar representado no DFC.

A Figura 18.6 mostra a projeção do fluxo de caixa diário como se o mês atual fosse setembro.

Considerando ser o mês atual setembro, o gestor tem a visualização de como deverão se comportar todos os fluxos de caixa da empresa diariamente no futuro. Evidentemente que os valores não serão exatamente os mesmos, por mais avançadas as técnicas estatísticas que se use, mas o aprendizado de como inserir e ajustar os fluxos se aproximarão bastante da realidade.

Saldo final			1.761.075,09	1.760.560,16	1.790.704,33	1.790.133,17	1.812.508,97
Fluxo líquido			-478,74	-514,93	30.144,17	-571,16	22.375,80
Saldo inicial			1.761.553,83	1.761.075,09	1.760.560,16	1.790.704,33	1.790.133,17

Unidade	(Tudo)
Fundo	(Tudo)

	DATA						
	out-23	nov-23	dez-23				
			1-dez	2-dez	3-dez	4-dez	5-dez
OPERACIONAIS	195.717,02	183.458,03	-229,03	-514,93	33.907,00	-571,16	22.375,80
Venda	299.088,94	654.205,67			40.350,60	25.444,29	42.718,11
Outras entradas operacionais							
Salário e Encargo	-62.497,83	-304.096,32	-100,36	-514,93	-2.870,93	-25.146,97	-17.235,75
Publicidade	-6.794,22	-28.851,71			-772,01		
Fotografia de imóvel	-20,31	-932,85					
Imposto	-9.280,48	-31.930,99					
Telefone	-559,68	-5.881,05			-216,88		
Água	-95,42	-274,32			-205,97		-308,50
Energia elétrica	-1.437,24	-3.221,77			-545,83		-770,24
Manutenção de imóvel	-1.351,55						
Serviço de terceiro	-2.849,66	-16.753,89	-128,67		-469,64	-799,01	-1.627,56
Transporte		-857,26			-128,67		
Tarifa bancária		-6,43					
Material de escritório	-369,65	-3.133,41				-69,48	
Aluguel e condomínio	-7.179,50	-27.147,40					
Material para copa	-759,17	-5.582,66					
Contador	-614,04	-5.404,10					
Assinatura de períodico	-458,57	-849,87					
Internet	-130,31	-321,20					
Manutenção diversos	-256,83	-2.059,80			-461,65		-335,93
Seguro	-415,42	-1.400,12					

Figura 18.6. Projeção do fluxo de caixa diário.
Fonte: O autor.

18.2 Atividades no casamento dos fluxos de caixa

O DFC é o principal instrumento usado pelo gestor na administração financeira da empresa — especialmente na etapa de controle de fluxos financeiros. Com os elementos apresentados na ferramenta, o gestor é capaz de realizar as diversas atividades do casamento dos fluxos de caixa.

Visão geral do comportamento financeiro

O gestor precisa ter a capacidade de observar todo o comportamento geral da empresa, desde o passado até os fluxos dos próximos meses, selecionado por unidade produtiva, por contrato, por projeto, por conta bancária ou aplicação financeira. A disponibilização de uma espécie de painel de controle facilita a identificação de ações corretivas para obter um maior resultado financeiro e oferece uma grande segurança sobre o desempenho geral.

Da mesma forma, o acesso à informação financeira organizada aumenta a confiança de participantes da empresa — como sócios, demais gestores, investidores institucionais e até bancos e outros credores — sobre o real funcionamento da empresa e sua condução segura.

A forma de classificação dos valores que fluem pela empresa — agrupados no Plano de Contas — permite verificar a capacidade da empresa em gerar caixa, em manter-se segura mesmo com eventual cenário adverso de mercado, de honrar obrigações no futuro, além de outros indicadores de desempenho.

Controle diário de entradas e saídas

A verificação das entradas e saídas diárias é uma atividade realizada continuamente. O gestor confere que os registros de entradas e saídas diárias de valores no sistema estão corretos e que o saldo final de cada conta corrente do dia anterior equivale exatamente com o mostrado no extrato da conta no banco, do saldo em espécie da tesouraria e de cada um dos fundos da empresa.

O acompanhamento diário da movimentação financeira aumenta a segurança de que nos dias próximos a empresa possuirá recursos para efetuar os pagamentos programados, considerando a existência de fluxos estocásticos. O termo estocástico designa as entradas e saídas não previstas. Dessa forma, o gestor lida com fluxos futuros mais facilmente previstos como aluguel, salário e energia elétrica. No entanto, inevitavelmente a empresa despende e recebe valores não previstos causados por eventos pouco frequentes. O controle diário dos fluxos financeiros aumenta bastante a segurança por dar instrumento ao gestor de se preparar para eventos de desembolsos futuros — mesmo que não se antecipe as causas.

Acesso ao detalhamento de fluxos por subconta

Em empresas de médio e grande porte, os registros financeiros são feitos por profissionais contratados. Trata-se de uma atividade operacional que precisa ser conferida ou supervisionada por um gestor.

Ao estruturar os fluxos de caixa em categorias que permitam detalhar a que se refere cada entrada e saída diária por subcontas, o gestor tem a possibilidade de constatar que de fato os lançamentos estão corretos. É bastante comum haver erros de lançamentos, o que acaba reduzindo a precisão da análise do desempenho da empresa caso as discrepâncias sejam significativas.

A incapacidade do gestor/dono da empresa em ter certeza se os lançamentos estão corretos aumenta as chances de ocorrer desvios de recursos por meio dos processos de compras, recolhimento de tributos, pagamento de folha salarial e várias outras áreas. A constatação por parte do gestor da correção dos lançamentos aumenta bastante a segurança da empresa quanto a essas ocorrências indesejadas.

O esforço de conferir o detalhamento dos lançamentos também gera maior segurança de que as análises posteriores de desempenho corresponderão à realidade. Uma vez corretamente classificado pela subconta e reunido na respectiva conta e grupo, o fluxo de caixa pode ser organizado para receber o tratamento matemático de modo a gerar indicadores de desempenho. Tais indicadores podem mostrar vários aspectos relevantes para o gestor, como:

- Valor da empresa no mercado.
- Capacidade da atividade principal gerar caixa.
- Estrutura de capital.
- Rentabilidade da empresa ou de cada projeto/unidade/contrato.
- Liquidez para manter a solvência.
- Adequação da remuneração dos meios de produção da empresa.

Acompanhamento de desempenho por unidade, projeto ou contrato

Os lançamentos de caixa devem ser feitos atribuindo-se a cada entrada ou saída a unidade ou projeto a que se refere. A depender da empresa, a unidade/projeto pode representar coisas diferentes. Se a empresa for uma varejista com diversas lojas, cada uma delas é uma unidade. Se a empresa for uma consultoria, cada projeto é o contrato com um cliente. No caso de uma construtora, cada obra é uma unidade/projeto. A unidade é tanto um núcleo de produção — como uma loja — quanto uma equipe administrativa — a exemplo do departamento de marketing da empresa.

A atividade de acompanhar o desempenho de cada unidade/projeto é essencial para o esforço do gestor em diagnosticar problemas de desempenho e projetar ações de recuperação e impulsionamento de resultados. Eventualmente, o gestor pode fechar lojas deficitárias, replicar o formato de unidades rentáveis, remodelar uma prestação de serviço, reposicioná-los a outro segmento de clientes, ou qualquer outra medida de melhoria de resultado.

A visualização em separado da unidade/projeto também possibilita ao gestor ensaiar o impacto de projetos de investimento e respectivas fontes de financiamento na saúde financeira da empresa como um todo. O gestor imbuído de realizar a expansão da empresa com a abertura de uma nova unidade, por exemplo, tem a faculdade de relacionar os investimentos orçados e estimativas de vendas e atribuir o nome da nova unidade a cada fluxo de caixa. Ao mesclar os fluxos do projeto a se iniciar no futuro com os dados projetados de toda a empresa, o gestor pode simular os diferentes impactos causados pela ocorrência de diferentes cenários do ambiente interno e externo à empresa. Dessa forma, eleva-se muito a capacidade de o gestor mitigar riscos que poderiam ocasionar problemas financeiros graves à empresa, caso acontecessem.

Controle de saldos por fundo

O fundo é o local onde o valor está alocado. Nesse sentido, dentre outros, um fundo pode ser:

- Conta corrente bancária.
- Tesouraria, cofre, caixa registradora ou outro local de guarda de dinheiro em espécie.
- Determinado fundo de aplicação financeira.
- Determinada aplicação em Certificado de Depósito Bancário (CDB).
- Conta de consórcio.
- Título de capitalização.
- Determinado título mobiliário, público ou privado.
- Cartão de crédito.

Uma vez que entradas e saídas sejam corretamente registradas e conferidas pela conciliação diária, o gestor monitora os saldos para não permitir que eventualmente uma conta corrente bancária contenha recursos insuficientes para os pagamentos programados por meio dela.

Como proposto no capítulo sobre fontes de financiamento, o gestor pode controlar os volumes de recursos alocados nas aplicações destinadas a organizar aqueles destinados ao curto prazo ou ao longo prazo de capital próprio. Conforme sugerido, as fontes "reserva de caixa de curto prazo" e "reserva de caixa de longo prazo" devem ser geridas como diferentes fundos para melhor controle dos respectivos saldos.

A separação dos recursos líquidos no DFC por modalidade de aplicação financeira facilita ao gestor avaliar a rentabilidade de cada um. Da mesma forma, é mais fácil identificar o custo do serviço bancário em tarifas e outros custos quando o gestor acompanha o quanto a empresa paga para cada instituição.

O controle do fundo referente à tesouraria, caixinha ou cofre da empresa — conforme o nome que se dê — aumenta significativamente a segurança de guarda dos valores e reduz a possibilidade de subtração indevida.

Planejar e ajustar projeção diária dos fluxos

Se no controle de fluxos financeiros o passado é relevante — especialmente pela possibilidade de gerar indicadores de desempenho —, para o futuro a atividade é ainda mais importante.

Geralmente, o gestor gasta um tempo excessivo do turno de trabalho resolvendo problemas evitáveis. A projeção dos fluxos de caixa diários e inserção dos dados de projetos de investimentos com as devidas fontes de recursos para cada dia no futuro permite ao gestor vislumbrar como deverá se comportar a empresa. Os potenciais problemas podem ser evitados com bastante antecedência. Os recursos mais bem geridos — visto que decisões são tomadas com tempo e critério — geram maiores resultados em retorno, em liquidez e em segurança. A função do gestor não deve ser apenas resolver problemas, mas especialmente prever as ocorrências para preparar a empresa.

As projeções de caixa podem ser iniciadas pelos fluxos em que já se conhecem os valores e datas — como fatura de fornecedor, guias de pagamentos de impostos e prestações de empréstimos. Depois, podem ser lançados os fluxos com pouca variação mensal — aluguel, condomínio, telefone, internet, água, energia elétrica, folha de pagamento, décimo terceiro salário, férias e outros encargos trabalhistas, e as outras movimentações similares. Por último, estimam-se as entradas e saídas que podem sofrer maior oscilação — como vendas e pagamentos de mercadorias à vista.

18.3 Construção e uso do DFC

O Demonstrativo de Fluxo de Caixa (DFC) está presente tanto na contabilidade quanto em finanças. Contudo, são dois documentos bastante diferentes que levam o mesmo nome.

Na contabilidade, o mais comum é que o DFC seja construído pelo método indireto — apesar de também poder ser feito pelo método direto. Em finanças, o DFC é construído somente pelo método direto. Há diferença de valores entre se fazer pelo método direto ou pelo indireto.

O DFC indireto é construído com dados majoritariamente provenientes do Demonstrativo do Resultado do Exercício (DRE) e do Balanço Patrimonial (BP), seguindo o regime de competência — no qual o registro deve ser feito de acordo com a data do fato que gerou ou gerará o movimento financeiro. A elaboração do DFC indireto começa pelo lucro líquido ou prejuízo, conforme o caso, e prossegue com outros elementos das demonstrações contábeis.

A maioria das empresas elabora o DFC indireto porque é uma das demonstrações contábeis obrigatórias para empresas que se enquadrem em determinados padrões legais — e porque é mais prático fazê-lo. A explicação para essa facilidade é que como o DFC indireto é formado principalmente por dados contábeis do DRE e BP e, como esses dois últimos são igualmente obrigatórios para quase todas as empresas, é natural usar as demonstrações já existentes para compor uma nova.

O método direto prevê que o DFC deva ser elaborado com dados em regime de caixa conforme o momento em que ocorre a movimentação financeira diariamente. Tomado determinado dia para início dos registros, cada entrada e saída de caixa é classificada de acordo com um plano de contas de naturezas, respeitando-se a data da efetiva movimentação.

Os registros do DFC direto são iniciados pela movimentação financeira diária. Estipula-se um dia para início dos lançamentos e todos os movimentos financeiros que ocorrem são registrados. Por esse motivo, o DFC direto tende a ser mais trabalhoso para elaboração.

A contabilidade pode compor o DFC tanto pelo método indireto quanto pelo direto — depende da necessidade da empresa. A diferença do DFC direto contábil é que ele tende a seguir princípios, conceitos e costumes inerentes ao padrão contábil — o que na prática ainda mantém afastada a necessária representatividade das movimentações financeiras existentes em uma empresa.

A gestão financeira por fluxo de caixa opera somente com o DFC direto para atender ao objetivo primário de representar de forma ampla e detalhada a movimentação financeira da empresa — dos valores que fluem entre a empresa e o exterior e por dentro dela. Para isso, não existem normas emanadas por entidades externas a serem seguidas. O gestor possui plena liberdade de efetuar o registro da forma que achar melhor. Assim sendo, presume-se que ele procurará sempre registrar o comportamento financeiro do modo mais fidedigno possível.

Os elementos do DFC são os fundos, as unidades/projeto e as contas de natureza.

Fundos

Os fundos, como já citados, são os locais onde estão os valores. Deve-se nomear cada conta corrente bancária, cada fundo de aplicação, e assim por diante. Por exemplo, para a conta número 123.456-7 do Banco Azul, pode-se criar o nome de fundo "BA-123"; para o Fundo Máximo de Renda Fixa do Banco Preto, pode-se criar o nome "BP-FMRF". O gestor escolhe como quer nomear cada fundo. O mais importante é fazê-lo antes de iniciar os registros.

Unidade/projeto

Para as unidades, pode-se atribuir numeração ou siglas. Para a loja do bairro Prosperidade, o nome pode ser "Prosperidade", ou somente "unidade1". O mesmo procedimento deve ser feito para contratos e projetos em empresas de outros setores que não comércio.

Plano de Contas de Tesouraria (PCT)

Em seguida vem a organização do Plano de Contas de Tesouraria (PCT). Ele é o conjunto de designações para as diversas naturezas de movimentação financeira que precisam ser representadas no DFC.

O PCT usado na gestão financeira é bastante diferente do conjunto de naturezas ou categorias usado no registro contábil. O profissional contador registra os movimentos classificando-os de acordo com sua natureza dentro de um contexto que a contabilidade prescreve. Esse conjunto de categorias de classificação é geralmente chamado de Plano Geral de Contas, Plano de Contas Contábil ou outra denominação. A gestão financeira por fluxo de caixa não usa o mesmo conjunto de naturezas de classificação para um movimento financeiro. É preciso que o gestor crie o PCT seguindo algumas recomendações que venham a priorizar a representatividade da realidade das movimentações financeiras da empresa.

O PCT é formado por três camadas de informação. A mais básica delas é a subconta. Cada subconta está dentro de somente uma conta. Cada conta está dentro de somente um grupo. A Figura 18.7 exemplifica a estrutura do PCT.

GRUPO 1
- **Conta 1.1**
  - Subconta 1.1.1
  - Subconta 1.1.2
  - Subconta 1.1.3
  - ...
- **Conta 1.2**
  - Subconta 1.2.1
  - Subconta 1.2.2
  - ...
- **Conta 1.3**
- ...

GRUPO 2
- **Conta 2.1**
  - Subconta 2.1.1
  - Subconta 2.1.2
  - Subconta 2.1.3
  - ...
- **Conta 2.2**
  - Subconta 2.2.1
  - Subconta 2.2.2
  - ...

GRUPO 3
- **Conta 3.1**
  - Subconta 3.1.1
  - Subconta 3.1.2
  - Subconta 3.1.3
  - ...
- **Conta 3.2**
  - Subconta 3.2.1
  - Subconta 3.2.2
  - ...

GRUPO 4
- **Conta 4.1**
  - Subconta 4.1.1
  - Subconta 4.1.2
  - Subconta 4.1.3
  - Subconta 4.1.4
  - ...
- **Conta 4.2**
  - Subconta 4.2.1
  - Subconta 4.2.2
  - ...

Figura 18.7. Exemplo de estrutura do PCT.
Fonte: O autor.

As subcontas são o nível mais detalhado da descrição do fluxo de entrada ou saída financeiro. O termo financeiro, e não exatamente "caixa" — como frequentemente é chamado —, é o mais correto de ser usado. Isso porque as subcontas etiquetam e classificam os valores que fluem por dentro da empresa, de dentro para fora e vice-versa, não necessariamente representando caixa. O termo "caixa" é usado para designar valor monetário, em espécie ou eletrônico, por um meio de pagamento na moeda do país. Os valores que circulam pela empresa, por dentro e pelas trocas externas, são mais bem definidos como "financeiros", aí incluídas as movimentações de caixa.

O caixa é a movimentação de moeda corrente em espécie ou eletrônica. O termo "financeiro" abrange o caixa e os fluxos de valores que não são evidentes. Tais valores do financeiro que não são caixa representam fluxos que — embora existentes — não são formalmente estabelecidos. Esses são somente alguns exemplos:

- Pagamento de aluguel de imóvel que pertença à própria empresa.
  Formalmente não existe um contrato ou qualquer título de pagamento da empresa pelo qual ela mesma paga e recebe o aluguel; contudo, esse movimento financeiro existe. Considerando que a empresa investiu determinada soma de recursos em um momento no passado para comprar o imóvel, esse capital é efetivamente remunerado. A remuneração pelo uso de um imóvel — ainda que próprio — é chamada de aluguel. A empresa não paga em caixa, em espécie, boleto bancário, cheque ou outro meio de pagamento, mas incorre no ônus de usar o espaço que ocupa. Deve haver uma subconta que registre o pagamento mensal e outra que registre o recebimento do mesmo valor.

- Remuneração do capital do sócio e pró-labore.
  É comum que uma empresa de pequeno ou médio porte em início de suas atividades não remunere o empresário integralmente pelo tipo de trabalho e tempo que dedica diariamente ao negócio somada à remuneração do capital investido. Em todo o caso, ele faz um saque mensal ou retirada — como às vezes é chamado — para pagar suas contas pessoais. Para exemplificar, considera-se que ele retire R$5 mil mensais. A contratação de um profissional no mercado que faça o mesmo tipo de trabalho e mesma jornada diária que o empresário custa no total R$7 mil mensais. Há um fluxo de saída de valor de R$7 mil como pró-labore, a ser classificado em subconta como tal, e outro fluxo de entrada de valor de R$2 mil mensais para dentro da empresa a ser classificado na subconta que represente o aporte de capital do dono. O fluxo líquido diário, que aí sim corresponde a caixa, é de R$5 mil de saída.

- Subvenções e patrocínios recebidos.
  Existem empresas que funcionam em ambientes promotores de crescimento, como incubadoras de negócios, condomínios de

empresas e áreas com incentivo fiscal. Essas empresas não pagam efetivamente — ou pagam simbolicamente — por alguns insumos comuns a empresas fora de tais ambientes. Esses itens podem ser aluguel, energia elétrica, acesso à internet, impostos, orientação qualificada e suporte administrativo. Os registros devem ser realizados nas respectivas subcontas pelo valor integral — por exemplo, aluguel como saída de valor pelo correspondente no mercado e entrada de valor na subconta subsídio que seja equivalente ao que a empresa está deixando de pagar efetivamente. Dessa forma, se poderá analisar a capacidade de a operação da empresa no futuro manter-se funcionando autonomamente.

- Fluxos entre unidades.
  As unidades são equipes funcionais administrativas, como marketing, RH, estoque, produção; e unidades de negócio, como lojas de varejo, equipes de projetos, obras de edifícios e subsidiárias, a depender da empresa. As unidades trocam valor entre elas — seja, por exemplo, a equipe de RH prestando serviço de contratação de pessoal para a loja do bairro Prosperidade; seja o marketing prestando serviço de pesquisa de satisfação do cliente para a equipe de produção; seja uma loja cedendo vendedor para cobrir a ausência de alguém em outra loja. Todas essas ocorrências suscitam movimentação financeira, mas não de caixa. A loja do bairro Prosperidade paga na subconta adequada pelo serviço prestado pela equipe de RH, que, por sua vez, recebe o valor na subconta apropriada.

As subcontas guardam a informação detalhada — do passado, atual e futura — do comportamento financeiro da empresa. A construção de uma estrutura de subcontas que represente fielmente a movimentação financeira ocorrida permite ao gestor dar tratamento matemático às séries temporais que elas acumulam, aplicá-las em equações para gerar indicadores de desempenho, melhor realizar projeções estatísticas do funcionamento da empresa e riscos eventuais, e várias outras formas de respostas muito úteis ao gestor.

Pelo motivo de procurar dar uma maior representatividade ao comportamento financeiro, é que se recomenda que o número de subcontas possa ser o maior possível, contanto que não se comprometa a capacidade de operação de seus registros. Convém haver o maior detalhamento do funcionamento da empresa, mas quanto mais subcontas houver, maior o tempo e esforço dedicado pela equipe e sistema para registrar as tantas variedades de movimentações existentes a depender do porte e setor da empresa. Um número excessivo de subcontas pode virtualmente inviabilizar que o registro seja feito adequadamente, tendo em vista a disponibilidade de pessoal e capacidade de operação do sistema em uso.

Para as contas — que agregam as subcontas —, o número recomendado é o que permita ao gestor visualizar todas elas no espaço aproximado de uma tela de computador. Pode parecer estranho recomendar-se um aspecto técnico em função de uma peculiaridade não relacionada diretamente à gestão, mas há bastante sentido nisso. Uma das principais atividades do gestor financeiro é acompanhar o que ocorre no geral com o comportamento financeiro atual e futuro. Quando se cria um conjunto de contas que possibilite ao gestor visualizar praticamente todas elas sem que se precise alterar o padrão de observação da tela, tende-se a gerar mais segurança e correção na interpretação do que se vê. É como o painel de um automóvel para o condutor. É importante para ele visualizar facilmente os principais indicadores da condução e do veículo em um painel de controle. Se o gestor precisar descer ao detalhe, ele pode expandir a conta e observar o comportamento dos valores nas subcontas dentro dela.

A criação das contas deve seguir algumas recomendações. Primeiramente, convém que elas registrem cada meio de produção e sua respectiva remuneração. Os meios de produção básicos são: "capital", "terra" e "trabalho". A partir de cada um dos três há ramificações. O capital pode se ramificar, entre outros itens, em equipamentos, mercadorias, matérias-primas, veículos e máquinas. Ao meio de produção "terra" só há um elemento, o espaço ocupado pela empresa, cujos valores correspondentes devem ser registrados em contas como "Aluguel", "Manutenção de imóvel" e outras correlatas. A conta que faz referência ao "trabalho" é a que geralmente contém a maior quantidade de subcontas. O nome dela pode ser "Salário e Encargo" e agrupa subcontas registradoras de proventos, férias, 13º salário, INSS, IRPF, FGTS, hora-extra, motivação do pessoal, plano de saúde, participação no resultado e tantas outras.

A razão de procurar representar os meios de produção e respectivas remunerações é bastante clara. Assim, o gestor pode mais facilmente avaliar os resultados das alocações de recursos e melhor coordenar seus volumes.

Algumas adaptações precisam ser feitas para tornar a representação das remunerações dos meios de produção operacional viável na prática. Por exemplo, seria confuso manter as subcontas de aquisição de mercadorias ou matérias-primas na mesma conta onde são colocadas as subcontas de vendas. Convém possuir uma conta de venda de cada produto — ou grupo de produto —, caso a empresa trabalhe com número muito grande deles, e outra conta para cada mercadoria correspondente ao que se classificou na venda.

Por exemplo, uma papelaria agrupa seus produtos em material de escritório, material escolar, informática e material para artesanato. Ela pode criar quatro contas de vendas: "Venda material de escritório", "Venda material escolar", "Venda informática" e "Venda material para artesanato".

As contas mercadorias devem ser correspondentes aos grupos de produtos vendidos: "Mercadoria material de escritório", "Mercadoria material escolar", "Mercadoria informática" e "Mercadoria material para artesanato".

Se fosse possível criar uma conta para cada item de mercadoria adquirida pela loja, seria melhor. O problema é que esse número facilmente ultrapassa os milhares de itens e a operacionalização de registrar todos poderia ser inviável. Para essa quantidade não ser excessiva, é que se recomenda usar grupos de produtos.

Criando-se contas de vendas e de mercadorias correlatas, o gestor terá maior facilidade em estabelecer o custo de cada grupo de produto vendido.

Para indústria, serviço e agronegócio, os produtos não são tão facilmente correlacionados com os respectivos insumos. Mas ainda assim vale a recomendação para se procurar construir contas que represente o esforço e recursos empregados para cada bem ou serviço e o resultado gerado.

As contas são classificadas em diferentes grupos.

As denominações dos grupos são padronizadas para todas as empresas a fim de possibilitar a segregação de tipos de movimentação financeira que venham a gerar indicadores de desempenho, como se verá a seguir.

Os grupos são denominados de:

Operacionais

Entradas e saídas de valores da atividade principal da empresa.

A atividade principal da empresa é aquilo que a faz viver no mercado. É a transformação de insumos em bens ou serviços que a faz criar valor.

Por exemplo, uma empresa comercial geralmente possui como atividade principal a compra e venda de mercadoria. Uma empresa de serviço paga por mão de obra e seu respectivo conhecimento para levar solução ao cliente. Uma indústria transforma matéria-prima — assim como uma empresa do agronegócio.

Exemplos de fluxos da atividade principal são: mercadoria, matéria-prima, salário e encargo, manutenção de imóvel, imposto, publicidade, manutenção de equipamento, e venda.

Investimentos

Preponderantemente saídas não referentes à atividade principal.

O grupo tem por principal função abrigar as contas de gastos não referentes à atividade principal da empresa. Uma empresa desenvolvedora de software, por exemplo, presta serviço aos clientes entregando sistemas computacionais. Essa é a atividade principal dela. Para prestar o serviço, ela precisa usar computadores. A aquisição dos computadores não faz parte da atividade principal, e por isso pertence ao grupo de Investimentos. A empresa precisa usar os computadores — não exatamente adquiri-los. Quando faz a aquisição, o gasto é registrado na conta "computador" — ou outro nome — no grupo Investimentos. Eventualmente, a empresa venderá o computador e, quando o fizer, o registro também deverá ser feito na conta "computador" — com a diferença de estar em outra subconta. Assim, a empresa tem sempre o registro dos recursos investidos em cada meio de produção. A mesma coisa é feita com outros itens não operacionais, como imóvel, veículo e mobiliário.

Financiamentos

Preponderantemente entradas não referentes à atividade principal.

As entradas de valores ocorrem em maior volume pelas vendas — que são operacionais —, mas há as situações de ingresso de recursos não operacionais que são registradas em contas do grupo Financiamentos.

Os principais movimentos de entradas não operacionais são os de capital próprio e de terceiros. Em Financiamentos, estão as contas de aporte de capital — como em "Relação com sócio" ou "Capital próprio" —, para designar os aportes e retiradas dos sócios, e as contas de capital de terceiros.

Cada fonte de capital de terceiros deve possuir sua própria conta, referente a cada credor. Por exemplo, a empresa que usa capital de giro do Banco Azul pode nomear a conta de "Capital de giro Azul". O crédito do fornecedor Delta pode ter o nome de "Crédito de fornecedor Delta", e assim por diante.

As contas do Financiamento também devem representar os ganhos e perdas das aplicações financeiras, como em "Rendimento de aplicação financeira", ganhos e perdas de capital em aquisição e venda de itens como equipamentos, máquinas, veículos e imóveis, na conta "Resultado de bens" e outros movimentos.

Dentro das contas do Financiamentos há as subcontas de entradas e saídas dos valores. Quando feita a soma diária das subcontas, a conta respectiva assume o saldo resultante. Por essa razão é que o grupo não apenas abriga entradas não operacionais, já que eventualmente há saídas não operacionais atribuídas dentro das subcontas.

Transferências

Transferências de valores entre um fundo e outro da empresa.

O grupo possui somente uma conta "Transferência entre contas", para abrigar duas subcontas "Transferência entre contas saída" e "Transferência entre contas entrada". Esse grupo tem a única — mas importante função — de manter a conciliação bancária diária. Quando o gestor retira dinheiro do cofre e deposita em uma das contas bancárias, ele precisa registrar a transferência da movimentação. Como cada lançamento precisa haver atribuído a que se refere a fonte de entrada ou saída, o saldo diário correspondente permanece sempre atualizado.

A correta classificação da conta em relação ao grupo onde deverá estar é muito importante. Como visto, as segregações das contas em grupos têm por principal finalidade analisar a capacidade da empresa em crescer por seus próprios meios e antecipar algum futuro risco de insolvência.

O grupo Operacionais é o mais importante para o desempenho da empresa, uma vez que informa a sustentabilidade da atividade principal. Os grupos Investimentos, Financiamentos e Transferências são auxiliares importantes que têm por função possibilitar que o Operacionais cresça no resultado com consistência e segurança.

18.4 Considerações finais

O tema deste capítulo é apresentar um dos três problemas tratados pelo gestor na etapa de controle de fluxos financeiros da gestão financeira por fluxo de caixa — a de casamento dos fluxos. Os outros dois problemas são tratados nos capítulos seguintes — o nível de reserva de caixa e a gestão de crédito.

O capítulo anterior abordou a administração do capital de giro, como é chamado na literatura tradicional. Os principais pontos de atenção para o gestor nesse ambiente são:

- Volume a investir no ativo circulante.
- Como financiar o capital de giro.
- Como planejar a sincronia de recebimentos e pagamentos.

Os problemas do cotidiano do gestor são tratados pela abordagem de gestão financeira por fluxo de caixa de uma forma bastante distinta da apresentada pela administração do capital de giro. A primeira diferença está no conjunto de dados que são registros de fluxos de entradas e saídas pelo método direto e em rigorosa fidedignidade ao comportamento financeiro da empresa. Outra importante diferença é o modo como tais dados são tratados para gerar um maior aprimoramento da visualização da condição financeira da empresa de forma ampla e detalhada.

O conteúdo da obra, no entanto, concentra atenção nos fluxos de caixa. Quando se mede e se controla o fluxo de caixa — partindo-se do pressuposto de que os itens físicos geram movimentos financeiros — está se controlando o que realmente importa para o gestor, a capacidade da operação principal em criar valor. É importante para o gestor conhecer o arcabouço da literatura tradicional, até porque certamente conviverá com profissionais que conhecem apenas o conteúdo antigo. Contudo, a gestão por fluxo de caixa trata dos mesmos problemas listados na administração do capital de giro com vantagens.

Os três pontos enunciados pela administração do capital de giro foram direta ou indiretamente tratados pela ferramenta DFC e pelas atividades do gestor financeiro. A linguagem e a forma de cuidá-los é que são diferentes.

19

Nível de Reserva de Caixa

O nível de reserva de caixa é um dos problemas tratados pelo gestor na etapa de controle dos fluxos financeiros em gestão financeira por fluxo de caixa. Os outros dois problemas são o casamento de entradas e saídas no tempo e o regime de crédito a cliente e de fornecedor.

A reserva de caixa é o volume total de recursos que a empresa tem à disposição para uso imediato. Ela é composta pelos saldos líquidos em conta corrente bancária, aplicações bancárias com liquidez diária, títulos mobiliários com alta liquidez, dinheiro em tesouraria e qualquer outra modalidade de aplicação conversível em recursos livres rapidamente[1].

Para a reserva de caixa, não se considera o nível do estoque de mercadoria, matéria-prima ou outro bem que não esteja em forma de valor monetário, por mais facilmente convertido em dinheiro que o bem possa ser. A razão é que a aquisição de algum item deve ser tomada como parte direta da atividade principal ou voltada a melhorá-la. Em princípio, não é apropriado para empresa adquirir algum item com o intento de torná-lo reserva de valor ou especular com a eventual alta de seu preço no mercado. É importante manter o foco na constante evolução da atividade principal

---

[1] A liquidez da reserva de caixa é, em geral, imediata. São valores que a empresa pode usar no mesmo dia. Contudo, para melhor representar a capacidade de a empresa usar recursos o mais rápido possível, pode-se considerar as modalidades de aplicação que não possuam liquidez diária, mas possam ser convertidas em disponibilidades em poucos dias ou poucas semanas. O período abaixo do qual se pode considerar como reserva de caixa — se menos de um mês, de uma semana, ou outro — depende da atividade da empresa e da proporção desse volume em relação ao que ela possui de liquidez imediata. Para cada empresa se determina tal critério, sendo alterado conforme mudanças do ambiente e do próprio negócio.

com a aquisição de mercadorias, matérias-primas ou outros itens que venham a aumentar o desempenho daquilo que a sustenta no mercado — e não em tentar obter ganhos com a expectativa de elevação de seu preço após a aquisição.

O nível de estoque de mercadoria ou matéria-prima sequer é uma função da gestão financeira — é função da área de operações ou produção.

A empresa precisa determinar a quantidade de mercadoria ou matéria-prima adquirir. A insuficiência ou excesso ocasiona custos diversos, como redução na produção com consequente perda de vendas, descumprimento de contratos de entrega de produtos, perda de mercadoria por deterioração e obsolescência e gasto desnecessário com maior área de armazenamento. A equipe de produção e operações é quem calcula a quantidade a encomendar de matéria-prima e mercadorias para melhor atender à atividade principal da empresa — e não a equipe de finanças.

Em todo caso, a questão de nível de estoque se comporta de modo semelhante ao nível de reserva de caixa. Tanto o excesso quanto a insuficiência geram custos. A Figura 19.1 ilustra os dois tipos de custos presentes no problema da tesouraria em determinar o nível de disponibilidades financeiras.

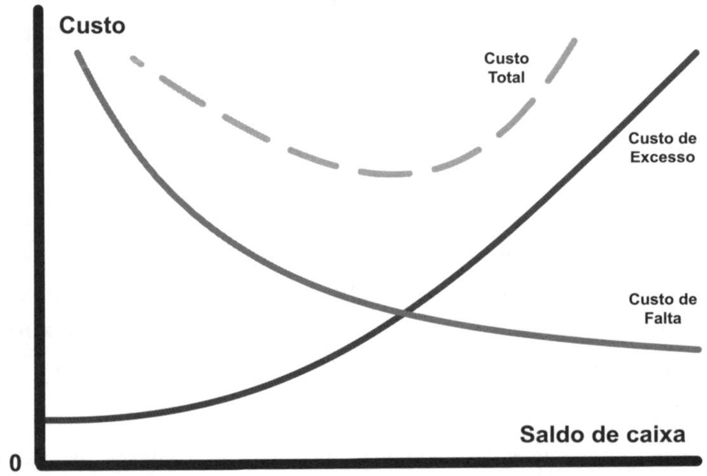

Figura 19.1. Custos de excesso e de falta.
Fonte: O autor.

A curva de custo de excesso na figura é o somatório de diferentes custos que se elevam quanto maior for a disponibilidade de caixa. O mais importante desses custos é o de oportunidade.

A empresa sempre tem à disposição a oportunidade de investir recursos em sua própria atividade principal. A principal operação da empresa — seja a de transformar matérias-primas para produzir algo novo, de prestar serviço, de comercializar bens ou explorar itens naturais para converter em um produto — é o que a faz crescer e agregar valor à sociedade. Essa é a atividade mais rentável que a empresa poderá encontrar. Se não o fosse, o próprio mercado a faria perecer com o tempo.

Manter recursos em outra modalidade que não à voltada para a operação principal é renunciar à rentabilidade que ela poderia auferir. Quanto maior a reserva de caixa, maior o retorno que a empresa deixa de obter por não haver aproveitado a oportunidade de investir na própria atividade.

A curva de custo de falta também é um conjunto de custos, mas daqueles que aumentam quanto menor o nível de liquidez. Os custos que aumentam conforme a redução do saldo de caixa são, entre outros:

- Pagamento de juros e encargos por contratação de capital de terceiros de curto prazo.
- Deságio por venda emergencial de bens.
- Gastos decorrentes do descumprimento de obrigações com funcionários, fornecedores e afins.
- Capitalização da empresa com o capital mais caro de investidores.
- Perda de vendas por não manter produção.

De acordo com a condição de mercado, do setor de atuação e do momento de cada empresa, os custos de falta são diferentes, uns maiores que outros e que se alternam ao longo do tempo. O que há em comum é o ônus impingido à empresa por manter um nível de reserva abaixo do ponto ideal.

A soma dos dois tipos de custos resulta no custo total como ilustrado na Figura 19.1. A forma de "U" demonstra que se o saldo de caixa for menor que determinado ponto, o custo total sobe; e, se o saldo for superior ao mesmo ponto, o custo total sobe. O objetivo do gestor é procurar manter o saldo da empresa o mais próximo possível desse ponto mais baixo da curva de custo total.

A próxima questão é saber como identificar a qual valor de saldo de caixa esse ponto corresponde. Para calcular o nível ótimo de saldo de caixa — para a empresa minimizar o custo total de tesouraria —, recorre-se à aplicação de um dos diversos modelos matemáticos propostos.

19.1 Modelo de Baumol

Os estudos para elaborar instrumentos de redução do Custo de Falta (CF) em conjunto com Custo de Excesso (CE) iniciaram-se em 1952 com o artigo de William Baumol. O trabalho adapta o modelo de Lote Econômico de Encomenda — usado para identificar a quantidade de itens de estoque a adquirir do fornecedor e o momento de fazê-lo — aos fluxos de valores que transitam pelo caixa. Considerando o dinheiro como mercadoria sujeita ao controle de estoque como em qualquer firma industrial, Baumol identifica nas variáveis de pedidos ótimos de itens as mesmas características presentes no gerenciamento do caixa. Assim como para o nível ideal de caixa, um estoque elevado gera custo, um estoque baixo também eleva custo.

A proposta de Baumol, seguindo o procedimento de Lote Econômico de Encomenda, busca encontrar os dois tipos de custos — de excesso e de falta —, somá-los para encontrar o custo total, e então derivar a parábola da equação para igualá-la a zero, como mostra a Figura 19.2. O ponto da derivada é o ponto mínimo do custo total. O valor correspondente a esse ponto mínimo na linha de saldo de caixa é o quanto o gestor deve transferir à reserva em intervalos iguais calculado pelo modelo.

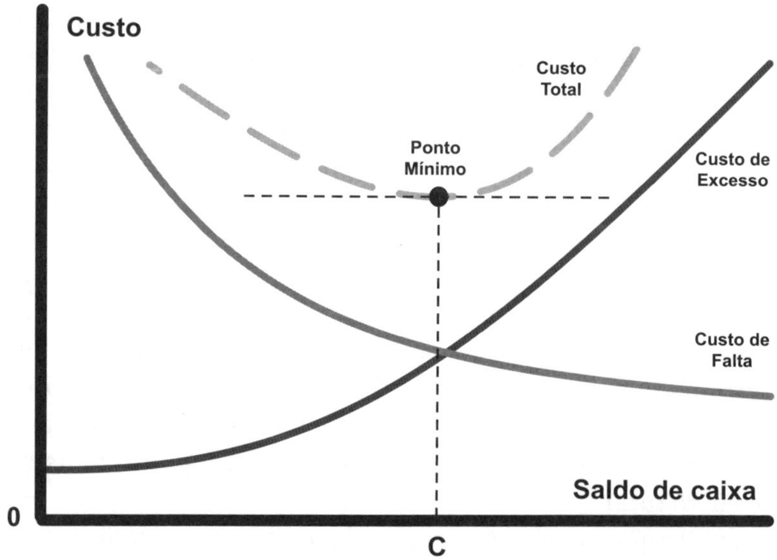

Figura 19.2. Derivação do custo total de Baumol.
Fonte: O autor.

A linha horizontal tracejada é a reta derivada da parábola do custo total. Ela é paralela à abcissa — que representa o saldo de caixa — e toca no ponto mínimo do custo total. Assim, é encontrado o ponto equivalente no eixo do saldo de caixa representado por "C" — que é o volume de recursos líquidos a ser carreado para o caixa a intervalos iguais ao longo do período analisado.

O custo de excesso é compreendido como o dispêndio necessariamente incorrido para obtenção de recursos líquidos[2] — representado pela variável "b". O custo de falta é tomado como sendo a taxa da rentabilidade deixada de obter por haver deslocado os recursos para o caixa, e que é dado por "i". Há uma quantidade de dinheiro requerido anualmente pela empresa que é determinado na elaboração do modelo, dada pela variável "T".

No modelo de Baumol — assim como ocorre em vários outros — há a previsão de existência de somente duas modalidades de reserva de valor, ou em caixa, ou em títulos mobiliários de alta liquidez. Para aumentar o saldo de caixa, o gestor vende títulos. Para reduzir o saldo de caixa, o gestor os compra. Os movimentos de venda e compra de títulos ao longo dos anos faz com que o nível de caixa se altere. É uma visão simplória — e até irreal — do cotidiano do caixa, mas cabe ressaltar que esse foi primeiro modelo a oferecer uma resposta para o nível de reserva financeira.

O ano é dividido em períodos iguais. A cada início de período a empresa repõe o caixa — vendendo títulos — no volume de recursos representado pela variável "C" de acordo com a demanda anual identificada. Para uma demanda anual de, por exemplo, R$100, pode haver reposição semestral de R$50 ou trimestral de R$25. A Figura 19.3 demonstra a reposição "C" em períodos iguais.

2 São gastos associados à venda de títulos mobiliários, resgates de investimentos antes de amadurecerem, taxas de corretagem etc.; enfim, qualquer custo referente ao procedimento de obter recursos líquidos para o caixa (a cada volume de dinheiro obtido).

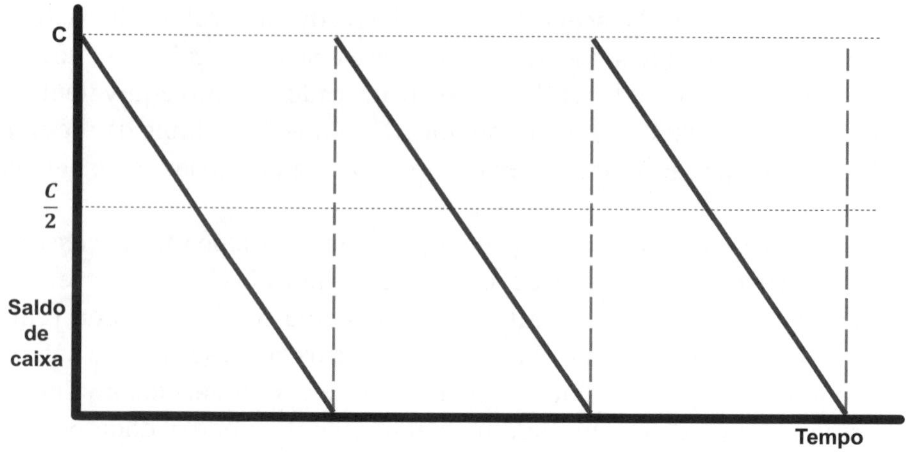

Figura 19.3. Reposição periódica de caixa.
Fonte: O autor.

A reposição faz o nível de caixa atingir o nível máximo de "C". À medida que os recursos são consumidos, o saldo é reduzido até chegar a zero — quando imediatamente depois há uma outra reposição. As reposições são sucedidas em períodos iguais, e com isso se espera que o custo total seja minimizado.

Cálculo do CF

A empresa transfere para o caixa "C" reais periodicamente para suprir sua demanda anual conhecida e representada pela variável "T". Nesse caso, a empresa faz T/C operações de reposição de saldo por ano. Como a cada operação ela paga "b" reais, o custo de transação para repor o caixa quando ele está baixo é bT/C.

Cálculo do CE

A cada reposição de "C" o volume em caixa é gasto linearmente ao longo do período, como mostra a Figura 28.3. A média do saldo é então de C/2 reais, que permanece no caixa sem remuneração. O custo de excesso passa a ser de iC/2.

A soma dos dois custos é representada por:

$$CT = \frac{bT}{C} + \frac{iC}{2}$$

O custo total (CT) é a soma do CF e CE — agora representado na equação acima.

Para extrair o valor mínimo da função do CT, deriva-se a equação em C e a iguala a zero.

$$-\frac{bT}{C^2} + \frac{i}{2} = 0$$

Isolando C, tem-se:

$$C = \sqrt{\frac{2\ b\ T}{i}}$$

Essa equação é a forma simplificada do modelo elaborado por Baumol que fornece ao gestor financeiro o valor "C", que deve ser adicionado ao caixa periodicamente. Além da quantidade ótima a ser reposta periodicamente — dado CF e CE —, a adequação do Lote Econômico às finanças permite extrair o período em que as reposições devem ser efetuadas.

O modelo de Baumol foi a primeira grande contribuição na construção de ferramentas que fornecessem ao gestor a informação de quanto manter em reserva de caixa. Os custos de excesso e de falta — assim como ocorrem em situação de nível de estoque de mercadorias — se comportam como descrito no estudo, havendo sido corroborado por outros autores pesquisadores do tema.

Embora esse modelo seja o de mais simples aplicação na prática da gestão de tesouraria de uma empresa, ele enseja alguns desafios para gerar o resultado esperado. O modelo fornece o volume de caixa ótimo a ser transferido para o caixa em intervalos iguais — também fornecidos — ao longo do ano, mas não prevê retirar do caixa. Apesar de haver a possibilidade de o gestor reduzir o saldo de caixa comprando títulos, esse movimento não é previsto no modelo.

A variável "T" representa a demanda por dinheiro ao longo de um período — geralmente um ano. Ao longo desse período, pode ser que as circunstâncias da empresa e do mercado se alterem, e seja necessário um valor maior ou menor para o caixa. Nesse caso, o gestor continuaria carreando recursos no mesmo volume e intervalos dados pela ferramenta — comprometendo assim a redução de custo —, ou teria que recalcular os valores de todas as variáveis.

Apesar desses e outros desafios para aplicar o modelo de Baumol, provavelmente o gestor conseguiria reduzir o custo de tesouraria mais do que se não usasse qualquer ferramenta.

18.2 Modelo de Miller e Orr

A proposta de Merton Miller e Daniel Orr para identificar a quantidade de recursos em caixa foi publicada em um artigo em 1966 e ampliado em 1968, trazendo novas contribuições ao tema. Os autores defendem que a empresa estipule um valor como limite inferior "L" para o saldo de caixa, de acordo com o que achar mais conveniente. Esse limite seria determinado pelo risco de falta de recursos que o administrador estaria disposto a assumir. Por outro lado, o modelo calcula o limite superior "h" e o saldo desejável "z" — conforme exposto adiante —, a fim de estabelecer faixas de variações dos saldos. A Figura 19.4 mostra os limites mínimo e máximo dentro dos quais o saldo de caixa pode flutuar, e a linha de referência para retornar à faixa de variação caso o saldo ultrapasse para baixo ou para cima os limites.

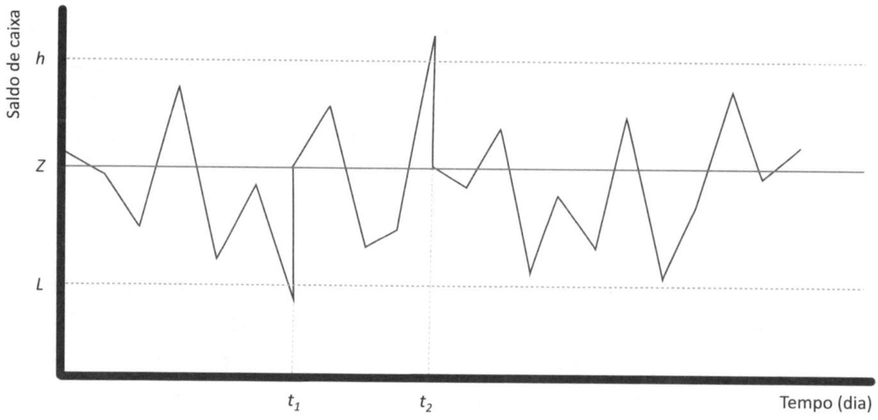

Figura 19.4. Faixa de flutuação do Modelo Miller e Orr.
Fonte: O autor.

Assim como no Modelo de Baumol, Miller e Orr pressupõem um cenário em que os recursos líquidos podem estar alocados em somente duas modalidades — caixa ou títulos mobiliários.

Quando o saldo ultrapassa para baixo o limite mínimo "L" como em t_1, o gestor precisa vender títulos correspondentes ao valor necessário para o nível de caixa retornar à referência dada por "z". Quando o saldo ultrapassa para cima o limite máximo "h" como em t_2, o gestor do caixa deverá comprar títulos, diminuindo o volume em caixa, para retornar ao nível em "z".

O limite mínimo "L" é estipulado pela própria empresa conforme sua conveniência. As equações para encontrar o limite máximo "h" e o nível de referência "z" são:

$$z' = \left(\frac{3\ \gamma\ m^2\ t}{4\ v}\right)^{\frac{1}{3}}$$

$$h' = 3\ z'$$

O nível de referência é obtido pela derivada z' — que é o resultado da equação para minimizar os custos referentes aos saldos de caixa. Um desses custos é incorrido quando o gestor converte valores de caixa em títulos, e vice-versa — representado por "γ". A variável "m" é o fluxo líquido que pode aumentar ou diminuir o saldo a cada "t", que por sua vez é uma fração do dia de trabalho (por exemplo, 1/t = 1/8, se a jornada diária for de 8 horas). No denominador, "v" é a remuneração diária proporcionada pelo título onde a empresa aplica as sobras de caixa.

O modelo de Miller e Orr assemelha-se ao de Baumol pela mesma origem matemática dada pela teoria de estoques, que minimiza o custo total médio de longo prazo. A adaptação de um comportamento de estoque ao fluxo de caixa levanta críticas, mas há de se reverenciar o trabalho dos três autores que deram início ao estudo de identificação do saldo ótimo de caixa.

Miller e Orr propuseram uma grande evolução para as ferramentas de identificação de saldo ótimo. A maior contribuição foi a de reconhecer que as necessidades de caixa não podem ser determinadas antecipadamente, como se permanecessem constantes ao longo de um ano. A demanda de caixa pela empresa — por mais óbvio que pareça — oscila conforme as condições, mas não era assim reconhecida anteriormente. O modelo inaugura a prática de criar uma faixa de livre variação do saldo de caixa — tecnicamente chamada de política simples —, o que de fato facilita o trabalho do gestor de caixa por não precisar tomar providências a cada dia enquanto o nível permanecer entre os limites.

No entanto, a política simples de faixas de flutuação, na prática, impede a empresa de obter o maior proveito na redução de custos de tesouraria.

Apenas um ponto do saldo a cada dia é aquele que efetivamente minimiza os custos combinados de excesso e de falta. Se o saldo estiver acima ou abaixo desse ponto, inevitavelmente a empresa está incorrendo em custo desnecessário — por menor que ele seja.

19.3 Modelo de Saldo por Expectância

O Modelo de Saldo por Expectância (MSE) foi proposto em 2013. A formulação matemática é mais complexa que os anteriores, motivo pelo qual a descrição precisa se ater aos conceitos gerais. A aplicação prática deve ser guiada por material específico do modelo.

O primeiro passo é classificar, pelo plano de contas de tesouraria, as subcontas em determinísticas ou estocásticas. Os fluxos de caixa das subcontas classificadas como determinísticas são referentes a movimentos financeiros cujos valores e datas sofrem muito pouca alteração — que são mais confiavelmente previstos. Dentre esses movimentos, destacam-se: aluguel e condomínio mensais, faturas já emitidas de fornecedores, os itens da conta salário e encargos, energia elétrica, água, imposto, e outros movimentos os quais o gestor tem certa segurança de que valores pagos ou recebidos nos respectivos dias no futuro não ficarão muito diferentes das respectivas projeções.

Para cada empresa, o conjunto classificado como determinístico pode ser diferente de acordo com o porte e a natureza da atividade principal. O mesmo vale para os fluxos de caixa classificados como estocásticos.

A palavra "estocástico" alude ao que é proveniente do acaso. Em finanças, rigorosamente todo o fluxo de caixa é estocástico se tomado o significado literal. Para se construir o MSE, considera-se como estocástico somente aqueles fluxos que não seguem um padrão bem definido de comportamento — como os chamados de determinísticos fazem. Os movimentos classificados de estocásticos são aqueles que não são determinísticos, compreendendo: manutenção não programada de equipamento, reposição de máquina defeituosa, vendas, pagamento de multa, insumos cujos custos sofrem variação cambial, e outros similares de acordo com as peculiaridades do negócio.

O próximo passo é analisar o comportamento do fluxo estocástico líquido. Entradas menos saídas diárias geram saldos líquidos — por assim dizer —, que varia a cada dia. O gestor deve identificar o nível mais baixo e mais alto que o fluxo estocástico líquido atingiu em determinado período e então formular intervalos de flutuação de forma que os saldos estejam sempre dentro dos intervalos, como ilustra a Figura 19.5.

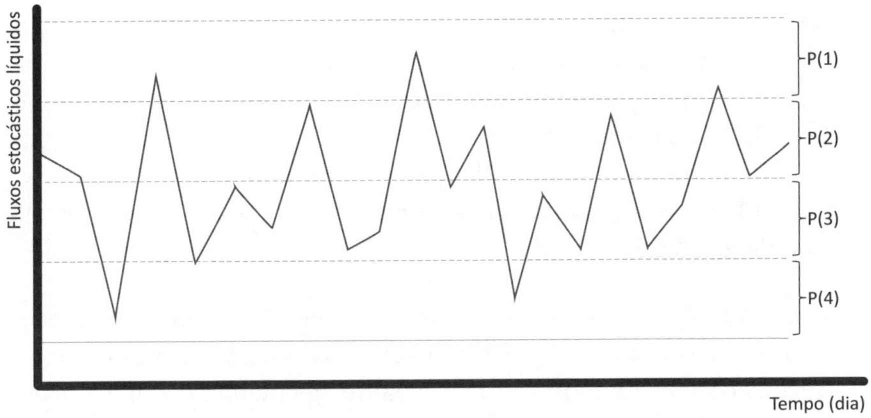

Figura 19.5. Frequência dos fluxos estocásticos líquidos diários.
Fonte: O autor.

A Figura 19.5 mostra que pelos intervalos pode-se identificar a frequência de ocorrência dos saldos líquidos estocásticos por P(X). A frequência de cada intervalo é o peso aplicado na equação que vem a configurar a média ponderada — ou também chamada de expectância, que dá nome ao modelo.

A equação do modelo une cada intervalo estocástico, o saldo líquido dos fluxos determinísticos diários, o custo de excesso, o custo de falta e a variável de decisão que indica o valor que o gestor precisa acrescer ou reduzir ao saldo de cada dia no futuro para minimizar o custo de tesouraria.

A equação do MSE é dada a seguir:

$$C_t = \min \left\{ \Sigma_{i=1}^{N} \left[\int_{-\infty}^{\infty} \alpha_{\Delta t}(B_{i,\Delta t}) \gamma_{i,\Delta t} \; P(B_{i,\Delta t}) \; dB_{i,\Delta t} \right] \right\}$$

Onde:

$$B_{i,\Delta t} = (B_{\Delta t-1} + D_{\Delta t} + Y_{i,\Delta t} + X_{\Delta t})$$

$$\gamma_{i,\Delta t} = \begin{Bmatrix} (H_{i,\Delta t} - K_{i,\Delta t}) \\ ou \\ (S_{i,\Delta t}) \end{Bmatrix}$$

As variáveis são:

C_t = Custo total minimizado

$\alpha_{\Delta t}$ = Taxa de desconto
$B_{i,\Delta t}$ = Saldo do intervalo
$B_{\Delta t-1}$ = Saldo do intervalo anterior
$\gamma_{i,\Delta t}$ = Taxa de custo
$D_{\Delta t}$ = Intervalo do fluxo estocástico
$Y_{i,\Delta t}$ = Fluxo líquido determinístico
$H_{i,\Delta t}$ = Taxa de retorno da empresa
$K_{i,\Delta t}$ = Taxa de retorno de aplicação bancária
$S_{i,\Delta t}$ = Taxa por insuficiência de saldo
$X_{\Delta t}$ = Variável de decisão

A variável $X_{\Delta t}$ retorna o valor que deve ser acrescentado ou retirado do caixa no dia, a cada dia no futuro. O gestor gerencia o fluxo de caixa com as projeções diárias de modo a fazer o saldo se encontrar o mais próximo possível do ponto ótimo para cada dia no futuro. No longo prazo, ele obtém a minimização dos custos de excesso e de falta referentes a tesouraria — revertendo em significativa economia financeira para a empresa.

A explicação da formulação matemática do MSE ultrapassa o escopo deste livro. O gestor tem a possibilidade de estudar o modelo pela descrição do artigo publicado referenciado na bibliografia ao final da obra.

19.4 Considerações práticas

Há muitos modelos de otimização de saldos de caixa para o gestor analisar e escolher pela melhor relação de complexidade de aplicação e geração de economia de custos. O importante é adotar alguma ferramenta — ou pelo menos certos critérios — para manter o nível de reserva de caixa sobre controle, uma vez que tanto excesso quanto insuficiência drenam resultado financeiro.

A ferramenta de acompanhamento dos saldos de caixa deve estar integrada ao Demonstrativo de Fluxo de Caixa (DFC), que é por onde se monitoram os movimentos diários da empresa. O saldo ótimo pode ser visualizado como uma linha junto ao saldo final previsto para que o gestor procure aproximar o valor projetado do saldo daquele saldo ótimo recomendado para cada dia no futuro de forma a minimizar o custo de tesouraria. A Figura 19.6 ilustra como isso pode ser apresentado.

	1-set	2-set	3-set	4-set	5-set
Saldo final	215.932,22	245.090,22	205.922,33	228.984,84	279.525,26
Saldo ótimo	194.427,14	371.599,13	333.429,75	96.009,03	240.403,88
Fluxo líquido	-3.559,15	29.158,00	-39.167,89	23.062,51	50.540,42
Saldo inicial	219.491,37	215.932,22	245.090,22	205.922,33	228.984,84
OPERACIONAIS	1.846,40	29.158,00	39.167,89	23.062,51	50.540,42
Intermediação		32.000,00		28.540,00	79.333,00
Outras entradas operacionais					
Salário e Encargo		2.760,00	482,86	100,00	27.922,00
Treinamento					
Publicidade	1.700,00				
Fotografia de imóvel					
Imposto					
Telefone					238,87
Água			1.099,63		

Figura 19.6. Monitoramento do saldo ótimo para o futuro.
Fonte: O autor.

Na Figura 19.6, os dias estão no futuro. O gestor deve procurar retirar ou acrescentar recursos do caixa de modo a se aproximar o máximo possível do saldo diário apresentado na linha de "Saldo ótimo". Por exemplo, para 05 de setembro próximo, o gestor deve retirar R$39.121.38 do caixa para que o saldo esperado seja reduzido de R$279.525,26 para R$240.403,88.

À medida em que o gestor procura diariamente encontrar o saldo ótimo, os movimentos de acréscimos e de reduções passam a ser de menor valor absoluto. É de se esperar que, no início, os volumes movimentados sejam elevados — de acréscimo ou redução. Após vários dias de ajustes procurando-se aproximar do saldo ótimo diário, os saldos reais estão mais próximos do nível ideal de reserva, fazendo que com volumes dos movimentos passem a ser cada vez menores e em momentos ainda mais distantes no futuro.

As origens e os destinos dos recursos para levar o nível de reserva ao saldo ótimo diário dependem das peculiaridades da empresa e do mercado — e são elementos tratados na configuração do próprio modelo usado. Cada qual possui suas premissas de funcionamento, como faixas de flutuação de saldo real, conversão unicamente entre caixa e títulos mobiliários, e alguns com possibilidade de representação de diversas modalidades de alocação de valores. Cabe ao gestor adaptar da melhor forma o modelo escolhido para obter uma redução do custo de tesouraria.

Como é possível depreender, as projeções dos fluxos de caixa são imprescindíveis para o bom funcionamento da ferramenta de otimização dos saldos diários. Conforme explicado no capítulo sobre casamento de fluxos no tempo, após a tarefa de conciliação bancária do dia anterior, o gestor deve se ocupar de ajustar os valores projetados para corrigi-los de acordo com novas informações de aumento ou redução esperada de vendas, gastos com mercadorias, escala de férias, reajuste de aluguel e todas as outras subcontas que compõem o DFC.

A mesma recomendação vale para os projetos de investimento. A gestão financeira por fluxo de caixa segue três grandes etapas — a escolha dos investimentos, a escolha das fontes de financiamento e o controle dos fluxos financeiros. O gestor deve sempre prospectar e analisar possibilidades de expansão de sua empresa, seja em faturamento, área de abrangência, número de clientes ou qualquer outra oportunidade para continuamente elevar o valor de mercado. Os projetos de investimento — detalhadamente elaborados com fluxos de gastos e estimativas de recebimentos — obviamente impactam a reserva de caixa da empresa no futuro. A aplicação do modelo de otimização de saldos deve captar tais movimentos, assim como abarcar todos os outros fluxos financeiros da empresa.

A composição de novos projetos e programas de investimento deve contemplar a escolha das fontes de financiamento mais adequadas assim como o instante em que ocorrem os recebimentos dos respectivos recursos e eventuais pagamentos de amortização e juros. Uma vez que o cronograma dos fluxos de cada investimento — junto com seus financiamentos — seja mesclado com as projeções diárias do caixa, o gestor passa a ter um vislumbre de como deve ser o comportamento financeiro da empresa. As respostas da ferramenta de otimização dos saldos de caixa para encontrar o nível ideal de reserva a cada dia ocasionará uma significativa elevação do resultado financeiro e um ganho relevante de segurança.

À primeira vista, a determinação do saldo ótimo de caixa envolve primordialmente minimizar os custos associados de excesso e de falta, mas há diversos outros aspectos envolvidos na atividade do gestor financeiro. A manutenção de pouco volume em caixa pode ser recomendada se a empresa excepcionalmente tiver acesso a fontes muito baratas de recursos, como empréstimos ou algum tipo de subsídio. Na verdade, essa situação opera como um redutor do custo de falta, o que tende a fazer com que a ferramenta de saldo ótimo responda apontando para uma redução do nível de reserva.

Um maior volume em caixa pode ser indicado pelo modelo para empresas com planos para realizar investimentos de expansão no futuro — como já explicado — e que precise acumular reserva de caixa de longo prazo como fonte de financiamento. A formação da reserva de caixa, em todo o caso, eleva o custo de capital do projeto tendo em vista que os recursos permanecerão com retorno abaixo da operação da empresa, mas que se espera seja compensado pela maior rentabilidade do projeto que se pretenda realizar.

Um segundo motivo para se manter reserva de caixa é por segurança. Supondo-se prever um período de redução significativa de vendas ou elevação de custos, a empresa poderá aumentar o nível de reserva para atravessar esse momento com maior confiança de que honrará os compromissos. Há vários aspectos internos à empresa e referentes ao mercado que afetam na decisão de nível de reserva para não incorrer em custo desnecessário por insuficiência de liquidez.

A segurança financeira pode ser também melhorada com a formulação de cenários de ocorrências de fatores de risco. O gestor pode, por exemplo, simular o impacto na liquidez diária da empresa caso haja um acidente — como um incêndio, uma enchente —, bem como eventos do mercado — como forte alteração de alguma variável macroeconômica que afete custo de insumos como câmbio, taxa de juros e *commodities*. A simulação de um evento dá respostas sobre como deverá ser o impacto na empresa para que o gestor possa se preparar para uma eventual ocorrência. A manutenção do que se costuma chamar de colchão de liquidez é o que se recomendou ser a formação da reserva de caixa de curto prazo como uma das fontes de financiamento no capítulo dedicado ao assunto.

A base teórica aponta um terceiro motivo para a manutenção de recursos líquidos — a especulação. A empresa pode manter recursos em um nível mais elevado pela expectativa de elevação do preço de algum ativo líquido no qual investiu. Por exemplo, a empresa pode adquirir títulos mobiliários se houver expectativas de elevação de seu preço no mercado. Apesar de não ser apropriado que empresas aloquem recursos para atividades que não a própria operação, na prática isso ocorre. O gestor precisa estar atento ao movimento da economia e às necessidades de caixa da empresa para que isso não repercuta negativamente na operação principal. Há inúmeros casos em vários países em que a empresa usou os recursos disponíveis para realizar aplicações no mercado financeiro com alto risco na expectativa de auferir retorno mais elevado que a operação da própria empresa. O problema é que as oportunidades de investimento com alta rentabilidade — mantendo constante a liquidez — inevitavelmente impõem elevado risco.

Os modelos de otimização de saldos de caixa ajudam o gestor a responder à pergunta de quanto se deve manter em caixa para cada dia no futuro, considerando as projeções de fluxos e investimentos programados. Uma outra pergunta relevante, mas que não é função dos modelos responder é onde aplicar os recursos que geralmente permanecem no caixa para minimizar o custo total de saldos diários.

A resposta é bastante simples. Como inúmeras vezes já abordado, a função da empresa é crescer por intermédio de sua atividade principal. A alocação de recursos para outras modalidades — como ações e títulos de dívidas de outras empresas, *commodities* e operações muito distintas da original — tende a reduzir o valor de mercado da empresa. A exceção deve ser considerada quando o objetivo do gestor é fazer *hedge*, ou seja, proteger os recursos contra variações de ativos que venham a comprometer a liquidez da empresa. Contanto que usadas exclusivamente para a finalidade de proteção da liquidez, é recomendado que o gestor realize operações no mercado com taxa de câmbio, *commodities*, contratos a termo, de futuros e opções correspondentes à necessidade de contrabalançar a eventual oscilação de preços que possam ameaçar o resultado da operação principal.

Por exemplo, para uma empresa exportadora, a queda da taxa de câmbio pode comprometer o resultado financeiro programado. É recomendável que a empresa realize alguma operação de *hedge* para ganhar o equivalente à possível perda de modo a compensá-la. O mesmo vale para uma empresa industrial cuja principal matéria-prima tenha seu preço estabelecido pelo mercado internacional. Convém que ela contrate uma operação financeira cujo ganho venha a compensar integral ou parcialmente a eventual elevação do preço da matéria-prima.

O gestor deve estudar — juntamente com a entidade financeira parceira da empresa — qual produto do mercado financeiro usar e quais as circunstâncias da operação — como prazo, custo e objetivo.

20

Gestão de Crédito

Gestão de crédito é uma das três atividades do controle financeiro de curto prazo. As outras duas são o casamento de fluxos no tempo e o nível de reserva de caixa.

A gestão de crédito trata das regras e tarefas relacionadas às chamadas compras a prazo e vendas a prazo. Os termos são indevidos porque não existem compras a prazo ou vendas a prazo. O que há é uma operação de crédito do fornecedor para a empresa ou da empresa concedendo crédito para o cliente. As compras e as vendas são sempre realizadas à vista.

Quando a empresa compra mercadoria ou matéria-prima para pagar no futuro — de uma única vez ou em parcelas —, o que está ocorrendo é que se está tomando dinheiro emprestado do fornecedor com a condição de usar esse recurso exclusivamente para adquirir os itens dele — à vista. O fornecedor entrega de imediato os itens e as prestações a serem quitadas pela empresa no futuro são constituídas de amortização e juros de empréstimo.

O oposto ocorre com as chamadas vendas a prazo. A empresa na verdade está emprestando dinheiro para o cliente com a condição de que ele compre da própria empresa e de que receba os itens adquiridos de imediato. As prestações — ou parcela única — a serem pagas no futuro são amortização e juros de dívida.

A constatação da operação de crédito, e não de compra/venda "a prazo", é fácil e contundente pela simples observação das diferenças dos valores do dinheiro no tempo. Pagar R$1 mil hoje ou pagar R$1 mil daqui um mês não é a mesma coisa. Qualquer gestor preferirá pagar no futuro.

Receber R$1 mil hoje ou daqui um mês no futuro também não é indiferente ao gestor. Ele preferirá receber hoje. A diferença é exatamente os juros que o tempo inevitavelmente impõe ao dinheiro quando em momentos distintos.

A Figura 20.1 facilita a visualização de como ocorre os dois processos simultâneos de crédito e de compra/venda de mercadoria.

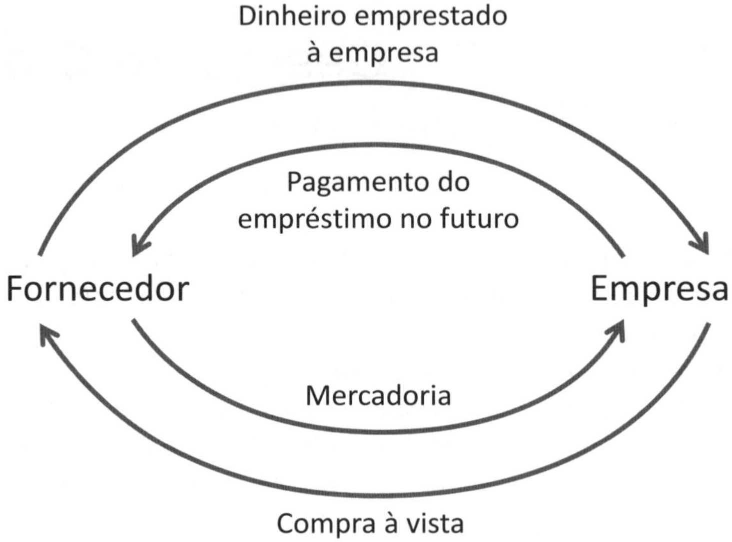

Figura 20.1. Relação de crédito e mercantil da empresa com o fornecedor.
Fonte: O autor.

A operação de crédito está representada na parte de cima da figura. O fornecedor empresta dinheiro para a empresa e recebe o pagamento pelo empréstimo no futuro — com juros. Na parte de baixo, o fornecedor entrega a mercadoria ou matéria-prima e recebe o equivalente ao preço à vista do item.

Já a Figura 20.2 mostra a relação de crédito e mercantil da empresa com o cliente.

De forma correlata à relação com o fornecedor, a empresa empresta dinheiro para o cliente na parte de cima da ilustração e recebe no futuro a amortização e os juros cabíveis. Na parte de baixo, há a entrega da mercadoria ao cliente em troca do recebimento à vista pelo preço do item.

Nesse sentido, seria de se supor que o tratamento do crédito negociado com o fornecedor deveria ser dado na etapa de financiamento dentro do processo de gestão financeira por fluxo de caixa — afinal, é, de fato, uma fonte de recursos. Por outro lado, o regime de concessão de crédito ao cliente deveria ser tratado na fase de decisão de investimento, já que é realmente uma alocação de recursos da empresa com o objetivo de obter ganho no futuro. As ponderações estão corretas. Em gestão financeira por fluxo de caixa, há que se atentar para as três etapas do processo — escolha dos investimentos, definição das fontes de financiamento e controle dos fluxos financeiros. A obtenção de crédito do fornecedor é rigorosamente uma atividade de definição de fonte de financiamento, assim como a concessão de crédito a cliente é investimento.

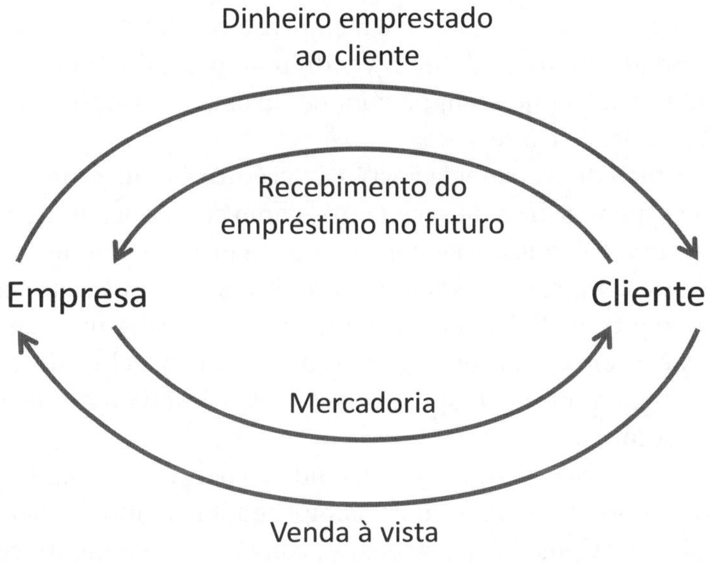

Figura 20.2. Relação de crédito e mercantil da empresa com o cliente.
Fonte: O autor.

O impacto da gestão de crédito da empresa, contudo, é tão relevante para os fluxos financeiros, que se justifica consolidar as duas operações de empréstimo em um tópico desta última etapa da gestão financeira por fluxo de caixa. O impacto é significativo, mas, em geral, pouca atenção se dá ao tema, especialmente porque é de difícil visualização.

É raro que uma empresa registre os inúmeros pagamentos e recebimentos de juros em seu sistema, entretanto eles estão lá, interferindo no resultado financeiro. Os gestores financeiros não estão habituados a realizar os registros, mesmo porque dificilmente os reconhece a partir da literatura tradicional de finanças. Além disso, há uma certa dificuldade por parte da contabilidade em formalizar o pagamento de juros ao fornecedor e, especialmente, ao recebimento de receita de juros de empréstimo concedido a cliente — visto que a empresa não é formalmente classificada como uma financeira. Em geral, as empresas lançam os pagamentos futuros a fornecedores como contas a pagar pelo valor integral de amortização e juros somados para determinada data à frente, e como contas a receber de clientes, pelo valor nominal do preço do produto para uma data futura.

Na verdade, a empresa paga um valor menor pelo item ao fornecedor do que aquele registrado no contas a pagar. O custo do item é referente apenas ao correspondente à amortização do empréstimo recebido no passado. Da mesma forma, o valor que a empresa recebe do cliente no futuro não corresponde ao preço do item vendido no passado. O preço é equivalente à amortização que compõe com os juros a prestação a receber em determinada data à frente.

Como é fácil depreender, a gestão de crédito é mais sensível a empresas que não sejam da área de serviços — como comércio, indústria e agronegócio —, uma vez que corriqueiramente se precisa atender ao costume no mercado de comprar ou vender em crédito. As empresas de serviço têm como insumo primordial a mão de obra, e não itens adquiridos de fornecedores que oferecem planos de pagamentos no futuro. Pelo lado das vendas, é bem mais incomum que empresas de serviço recebam no futuro que as dos demais setores.

O crédito de fornecedor e o concedido a clientes são explicados separadamente a seguir. Antes — para compreender melhor a mecânica por trás de ambos os tipos de operações —, convém ter em mente como se dá o comportamento do dinheiro no tempo.

Um valor a ser pago ou recebido no futuro deve ser trazido para a data presente à uma determinada taxa de juros. As Figuras 20.3 mostram como observar o dinheiro no tempo.

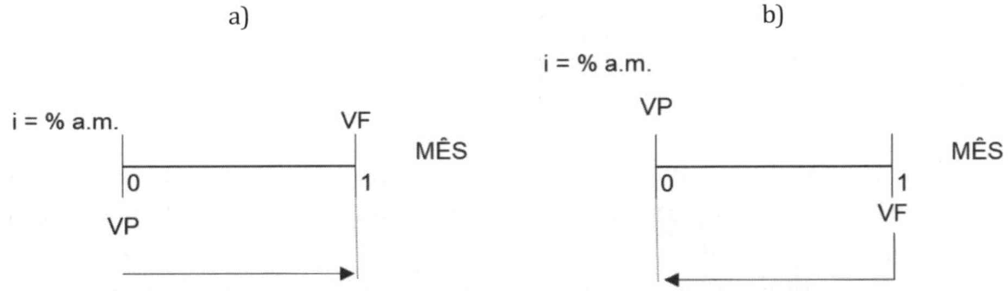

Figura 20.3. Diagramas de valor do dinheiro no tempo.
Fonte: O autor.

A Figura 20.3.a ilustra o investimento de determinada quantia, identificada como Valor Presente (VP), que se espera gerar o retorno após um mês no futuro representado por Valor Futuro (VF), à taxa de juros *i*. A Figura 20.3.b mostra o desconto de VF sendo trazido à data presente no mês 0.

O VP é o crédito obtido do fornecedor — ou o preço da mercadoria à vista, no caso de concessão de empréstimo a cliente. O VF é o quanto se paga ao fornecedor, no qual constam tanto a amortização relacionada aos juros. Analogamente, no crédito ao cliente, o VF é o quanto a empresa recebe de amortização e juros somados do empréstimo concedido no passado.

Para encontrar os valores de quaisquer das variáveis, usa-se a equação de matemática financeira para aplicação em taxa de juros compostos e sua variação para encontrar o VP de um valor no futuro:

$$VF = VP\,(1 + i)^n \qquad\qquad VP = \sqrt[n]{\frac{VF}{(1 + i)}}$$

Quando se tratar de pagamentos a fornecedor ou de recebimentos de clientes em mais de um mês no futuro, a representação e a equação passam a ser conforme a Figura 20.4:

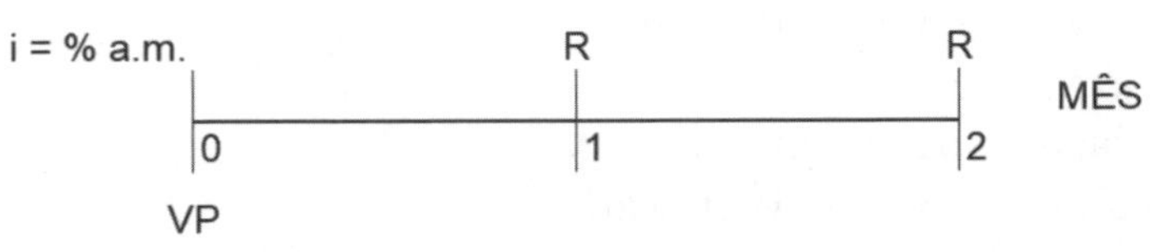

Figura 20.4. Diagramas de série uniforme de pagamentos e de recebimentos.
Fonte: O autor.

$$R = VP \left[\frac{(1 + i)^n \, x \, 1}{(1 + i)^n - 1} \right]$$

Na equação acima, a renda *R* representa o valor das prestações iguais pagas ao fornecedor ou recebidas do cliente quando se parcelar em mais de uma vez.

A gestão de crédito se faz com base nas equações de matemática financeira do valor do dinheiro no tempo. Para organizar o conhecimento, o regime de negociação com o fornecedor e seus impactos na empresa é discutido em separado do crédito concedido ao cliente.

20.1 Gestão de crédito de fornecedor

O empréstimo obtido a partir de um fornecedor é bastante diferente do tradicional, porque as condições não são claras como as operações bancárias, por exemplo — ou, pelo menos, como se esperam que sejam. Como não existe um contrato com as definições de quantia levantada, taxa de juros, prazo e demais encargos, como o Imposto sobre Operações Financeiras (IOF), as características do crédito precisam ser identificadas.

Faz parte do cotidiano de empresas de comércio e indústria negociar mercadorias e matérias-primas com fornecedores. Para uma grande proporção dessas empresas, as condições são bastante conhecidas, uma vez que a empresa já adquire itens há algum tempo com os mesmos fornecedores dentro de um regime padronizado de pagamentos. Certos fornecedores permitem o pagamento após um mês do pedido feito, trinta dias após a chegada dos itens na empresa, com duas ou mais parcelas com ou sem entrada, ou de outras maneiras acordadas.

A função do gestor financeiro é identificar os seguintes dados do crédito:

- Valor tomado emprestado.
- Taxa de juros.
- Prazo de pagamento.
- Punição em caso de atraso.

O valor a ser tomado é justamente o custo do item a ser comprado, como se fosse o preço à vista do produto. O gestor deve simplesmente negociar com o fornecedor por quanto ele venderia o item caso a empresa pagasse à vista. A depender no tempo de relacionamento de aquisição junto ao fornecedor, de volume comprado e de tipos de itens adquiridos, o preço do produto é diferente para cada fornecedor.

Toma-se uma situação exemplo no qual o fornecedor venda a mercadoria por R$1 mil com a possibilidade de pagamento após trinta dias. O gestor financeiro da empresa negocia com o fornecedor por quanto ele venderia a mercadoria caso o pagamento fosse à vista. O fornecedor responde que poderia vender por R$950 se recebesse no mesmo dia o valor, para entrega imediata da mercadoria. Nesse exemplo, o gestor financeiro sabe que o custo unitário da mercadoria é de R$950, e que o crédito tomado junto ao fornecedor também equivale a R$950.

O gestor obteve os dados necessários para conhecer as condições do empréstimo concedido pelo fornecedor. O valor tomado emprestado "VP" é de R$950, a taxa de juros "*i*" é mostrada a seguir, o prazo "*n*" é de trinta dias, e a punição em caso de inadimplência é conhecida de acordo com a negociação.

A taxa de juros de diferentes valores em momentos diferentes é dada pela equação:

$$i = \sqrt[n]{\frac{VF}{VP}} - 1$$

Substituindo as variáveis pelos valores do exemplo, tem-se:

$$i = \sqrt[1]{\frac{1.000}{950}} - 1 = 0{,}0526 = 5{,}26\% \, a.m.$$

Na equação, a variável "n" foi tomada como período em mês. Como o fornecedor concede trinta dias para pagamento, a equação usou o equivalente a um mês para que a taxa resultado seja correspondente ao mesmo período, nesse caso, de 5,26% a.m.

Para mais de um mês de pagamentos no futuro, convém usar uma calculadora financeira para obter a taxa de juros — uma vez que as equações são mais complexas que a de um só pagamento.

Um dos principais cuidados que o gestor financeiro precisa tomar é o de que a taxa de juros do crédito de fornecedor seja menor que a rentabilidade do projeto em que se pretenda usar os recursos. Essa é regra fundamental na escolha das fontes de financiamento.

A gestão financeira por fluxo de caixa inicia com a escolha dos investimentos, depois as fontes de financiamento, para então realizar o controle dos resultados e correções de rumo posteriormente. Isso vale tanto para a empresa vista em conjunto, como para cada projeto em particular.

A primeira coisa que o gestor precisa fazer é relacionar as vendas previstas com os gastos a cada mês do projeto. Com esses dados e a perspectiva de funcionamento do mercado, o gestor passa a medir os níveis de rentabilidade, liquidez e segurança do investimento. Após a análise do projeto, a escolha da fonte de financiamento tende a ser a mais adequada.

O Quadro 20.1 exemplifica um projeto simples de aquisição de mercadoria de uma empresa comercial.

	MÊS 0	MÊS 1
Venda		**1.307**
Mercadoria	-950	
Imposto		-150
Gasto direto com a venda		-100
Outros gastos		-50
TOTAL DO PROJETO	**-950**	**1.007**

Quadro 20.1. Exemplo de valores de projeto de investimento.
Fonte: O autor.

O Quadro 20.1 apresenta somente o lado do projeto de investimento. O momento para analisar a fonte de financiamento é depois dessa primeira parte. De acordo com o quadro, a empresa paga à vista R$950 pela mercadoria. Ao realizar as vendas ao longo do mês, a empresa incorre em gastos diversos e em imposto — o qual, para fins de simplificação, foi inserido no mesmo mês da ocorrência das vendas.

Somente a mercadoria é financiada com crédito de fornecedor. Os demais gastos são financiados com outras fontes. No primeiro momento — o de análise do investimento —, o gestor trabalha com os valores líquidos de R$1.007 e R$950 para calcular a rentabilidade do projeto. O valor bruto de venda de R$1.307 não é considerado, porque a operação necessariamente gera o imposto, o gasto direto com vendas e os outros gastos, de modo que se é considerado o valor líquido da operação no mês em que se finaliza o projeto.

A interpretação da combinação dos níveis das propriedades do projeto de investimento pode ser de baixa rentabilidade, alta liquidez, e alta segurança. Os motivos são expostos a seguir.

A rentabilidade do projeto de investimento é de 6% a.m. = (1.007 / 950 – 1). A rentabilidade está sendo considerada baixa em comparação com outros projetos de investimento que a empresa poderia realizar. Para fins de validação do exemplo, a taxa de 6% a.m. é tida como baixa em relação aos demais projetos.

A rentabilidade do projeto é calculada pelo valor líquido R$1.007 em relação ao desembolso de R$950. Daí que se mede os 6% a.m. O projeto apresenta rentabilidade superior ao custo do crédito de fornecedor — que foi calculado anteriormente como sendo de 5,26% a.m. Se, hipoteticamente, a rentabilidade do projeto fosse igual ao custo do crédito de fornecedor, a empresa não obteria qualquer ganho. Ela investiria os R$950 e obteria de retorno R$1 mil, que corresponderia à rentabilidade hipotética de 5,26% a.m. Esses mesmos R$1 mil obtidos líquidos seriam usados para pagar a amortização e os juros do empréstimo feito pelo fornecedor, ficando a empresa com zero de resultado. A rentabilidade do exemplo de 6% a.m., com retorno de R$1.007, permite à empresa apurar resultado de R$7 após pagar a amortização e juros ao fornecedor.

Para complementar a informação, se tomada a rentabilidade exclusivamente da venda da mercadoria em relação à sua aquisição, a empresa obteria 37,5% a.m. = (1.307 / 950 – 1). Contudo, como explicado, essa rentabilidade é falsa, uma vez que o projeto necessariamente compreende os gastos diretos com vendas, imposto e outros gastos, que fazem diminuir o retorno para R$1.007 líquidos.

Quanto à liquidez, espera-se que o retorno ocorra dentro de somente um mês — o que se pode considerar uma liquidez bastante elevada.

A segurança é elevada e se justifica especialmente pela admissão de existir, para efeito do exemplo, uma forte demanda da mercadoria pelo público consumidor. Isso confere ao gestor a confiança de que a empresa não sofrerá as consequências negativas caso não pague de volta ao fornecedor no dia do vencimento do empréstimo.

A Figura 20.5 apresenta as propriedades medidas do projeto de investimento no triângulo à direita e a adequada correspondência com as propriedades da fonte de financiamento à esquerda.

Figura 20.5. Níveis de propriedades do investimento.
Fonte: O autor.

O triângulo do investimento, à direita, apresenta alta Rentabilidade, baixa Liquidez e alta Segurança. A combinação medida desses níveis de propriedade do investimento faz ser recomendável que a fonte de financiamento tenha setas cujos sentidos no triângulo à esquerda tenham os mesmos dos do investimento — ou seja, baixo Custo, alto Prazo (urgência de devolução à fonte) e alto Risco[1].

O exemplo de investimento foi criado para que a fonte de financiamento recomendável fosse capital de terceiros de curto prazo — categoria dentro da qual se encontra o crédito de fornecedor —, para financiar a aquisição da mercadoria. Os demais gastos devem ser financiados por outras fontes — as quais não se cabe discutir aqui.

Essas são as características do crédito de fornecedor: baixo custo (de 5,26% a.m.); alta urgência para devolução à fonte (de um mês); e alto risco (que são as punições caso a empresa não devolva os recursos tomados emprestados com os respectivos juros no prazo de trinta dias).

Para completar a visualização dos dados e o impacto causado no caixa, o Quadro 20.2 apresenta todos os fluxos do projeto.

---

1 Para identificar as fontes de financiamento mais adequadas de acordo com os níveis das propriedades do investimento, pode-se recorrer ao capítulo que trata da escolha das fontes de financiamento.

	MÊS 0	MÊS 1
OPERACIONAIS	**-950**	**1.007**
Venda		1.307
Mercadoria	-950	
Imposto		-150
Gasto direto com a venda		-100
Outros gastos		-50
FINANCIAMENTOS	**950**	**-1.000**
Crédito de fornecedor contratação	950	
Crédito de fornecedor amortização		-950
Crédito de fornecedor juros e encargos		-50
TOTAL DO PROJETO	**0**	**7**

Quadro 20.2. Fluxos de caixa da operação de crédito de fornecedor e venda de mercadoria.
Fonte: O autor.

Além dos fluxos referentes à transação comercial no grupo Operacionais nas primeiras linhas do quadro, há os lançamentos a serem efetuados no Demonstrativo do Fluxo de Caixa (DFC) referentes ao grupo Financiamentos, onde se registram as entradas de caixa não relativas à atividade principal da empresa. A subconta "Crédito de fornecedor contratação" registra o recebimento do valor tomado emprestado do fornecedor para efetuar a aquisição à vista da mercadoria constante na saída do grupo Operacionais. O "Crédito de fornecedor amortização" é a devolução do capital principal e o "Crédito de fornecedor juros e encargos" é o custo do capital do fornecedor usado pela empresa. A soma da amortização e juros é de R$1 mil — que é o que a empresa deve pagar ao fornecedor após um mês.

Uma vez tendo domínio dos dados de caixa, o gestor pode encontrar uma fonte de recursos que seja até mais barata que o crédito de fornecedor, mantendo-se equivalentes as outras propriedades de urgência de devolução à fonte e risco. Por exemplo, se o gestor levantar possibilidade de obter um empréstimo bancário de curto prazo a uma taxa de 4,5% a.m. — portanto menor que os 5,26% a.m. que o fornecedor oferece —, ele poderá tomar os recursos, pagar o fornecedor à vista e auferir um resultado maior. Nesse caso, o gestor toma emprestado R$950 e paga amortização mais juros de R$992 ao banco após um mês, o que corresponde à aplicação da taxa de juros de 4,5% a.m. Em vez de pagar R$1 mil ao fornecedor ficando com R$7 de resultado (1.007 - 1.000), a empresa pagaria R$992 ao banco, auferindo resultado de R$15 = (1.007 - 992) — mais que o dobro.

Infelizmente, na grande maioria dos casos, as empresas registram o valor bruto — integral — para pagamento no futuro, sem considerar a incidência dos juros.

As empresas geralmente lançam os pagamentos a fornecedores como contas a pagar — ou em categoria semelhante —, sem identificar o quanto pagam de juros. Sem a informação, o gestor tem dificuldade em conhecer o impacto do regime de pagamentos no fluxo financeiro da empresa.

O mais adequado é registrar cada um dos dados no Demonstrativo de Fluxo de Caixa (DFC). Exige-se mais trabalho, visto que são três lançamentos em vez de apenas um, mas fornece ao gestor dados para ele negociar de uma maneira melhor como poderá efetuar as compras de mercadorias e matérias-primas.

Ao se esmiuçar os números da operação, o gestor passa a ter domínio do resultado — ou até eventual perda — que o projeto causa à empresa. O gestor financeiro precisa ter disponível o fluxo de caixa diária e adequadamente registrado, como explica o capítulo dedicado à construção do DFC pelo método direto. Uma vez que os números são conhecidos e detalhados, ele passa a tomar decisões mais assertivas para o aumento do valor da empresa no longo prazo — que é o principal objetivo da administração.

Gestão de crédito para empresas industriais e do agronegócio

O exemplo usado para explicar a gestão do crédito do fornecedor tem como modelo uma empresa comercial. As empresas industriais e do agronegócio também recorrem bastante ao crédito de fornecedor. A diferença é que, em vez de analisar somente um item — mercadoria —, o gestor dessas empresas precisa conhecer as condições propostas pelo fornecedor de cada matéria-prima usada em determinado produto, e fazer uma média ponderada do custo do financiamento, como exemplifica o Quadro 20.3.

O gestor obtém informação de quanto é o custo de financiamento do fornecedor de cada matéria-prima para produzir um único tipo de produto e calcula a média ponderada conforme a proporção de cada item. No exemplo, a taxa de juros ponderada do crédito de fornecedor para produzir determinado produto é de 4,25% a.m.

	CUSTO DO CRÉDITO	PROPORÇÃO	CUSTO X PROPORÇÃO
Matéria-prima 1	4,2% a.m.	20%	0,0084
Matéria-prima 2	2,8% a.m.	35%	0,0098
Matéria-prima 3	5,4% a.m.	45%	0,0243
		MÉDIA PONDERADA	**0,0425**

Quadro 20.3. Média ponderada de taxas de crédito de fornecedor.
Fonte: O autor.

20.2 Gestão de crédito a cliente

O crédito concedido a cliente é uma forma de investimento não operacional. Ele não faz parte da atividade principal da empresa comercial, industrial ou do agronegócio.

No Brasil, especialmente, é muito comum as empresas parcelarem os recebimentos referentes a vendas de produtos, ou pelo menos permitir que o cliente pague após um mês à venda. Chama-se de "venda a prazo". A prática é tão generalizada e esperada pelo cliente que parece mesmo não se tratar de uma operação de empréstimo financeiro, mas o é. A empresa está alocando parte de seus recursos para emprestar ao cliente de forma que ele compre à vista o produto e depois pague de volta pelo empréstimo com juros no futuro. Isso tudo afeta bastante o fluxo financeiro diário.

É importante que o gestor acompanhe o impacto da concessão de crédito ao cliente em detalhes, dado a alteração significativa no resultado financeiro que pode causar à empresa — tanto de maneira negativa quanto positiva.

Para começar, convém estabelecer por referência os números de uma venda à vista para exemplo. A empresa vende a mercadoria por R$1 mil. O custo da mercadoria junto ao fornecedor — somado com os outros custos e impostos relacionados à venda — é de R$930. A rentabilidade da operação mercantil é então de 7,5% a.m. = (1.000 / 930 - 1). O Quadro 20.4 organiza os dados.

	MÊS 0
Venda	1.000
Mercadoria	-900
Imposto	-20
Gasto direto com a venda	-10
TOTAL DO PROJETO	**70**

Quadro 20.4. Exemplo de operação mercantil.
Fonte: O autor.

A empresa gasta R$930 para obter venda de R$1 mil dentro do mês. A rentabilidade da operação mercantil é de 7,5% a.m., que serve de parâmetro para analisar o impacto do regime de concessão de crédito ao cliente.

Presume-se que o cliente não tenha dinheiro para comprar mercadoria à vista. A empresa, para vender, empresta o dinheiro para o cliente. O natural seria que o crédito fosse concedido com um acréscimo sobre valor nominal da mercadoria correspondendo aos juros do empréstimo oferecido pela empresa, contudo o mercado está habituado a manter o valor nominal do preço da mercadoria.

A empresa tem dificuldade para oferecer ao cliente pagar no futuro por valor superior ao preço à vista. Por condições de mercado, muitas vezes, a empresa precisa dar a possibilidade de o cliente comprar o produto e pagar no futuro — parcelado ou em um único pagamento —, sem que o valor nominal seja alterado. Para esses casos, a empresa está vendendo o produto por um preço inferior a quem está pagando à vista, preço esse que na verdade é igual ao custo para oferecer a mercadoria ao público. A empresa não aufere resultado na parte que é a operação mercantil do projeto. O Quadro 20.5 mostra a situação de parcelamento em duas vezes[2] de R$500 de um produto cujo preço à vista é R$1 mil.

A empresa gasta R$930 como custo da mercadoria, oferece a mercadoria por R$1 mil à vista, mas permite que o cliente lhe pague em duas vezes de R$500 a partir do mês seguinte à venda. Essa situação é bastante comum no comércio e aparentemente favorável à empresa, mas é preciso tomar cuidado.

---

[2] Quando a empresa oferece ao cliente pagar após um mês da venda, a equação de desconto se refere a dois meses no futuro (n = 2), uma vez que ultrapassa o limite do primeiro período. Apesar de a empresa receber após um mês, o cálculo é feito como sendo dois meses no futuro — o que é potencialmente confuso. Para simplificar a explicação, foi tomada a situação de se parcelar em duas vezes.

	MÊS 0	MÊS 1	MÊS 2
OPERACIONAIS	**0**		
Venda	930		
Mercadoria	-900		
Imposto	-20		
Gasto direto com a venda	-10		
INVESTIMENTOS	**-930**	**433**	**465**
Crédito ao consumidor concessão	-930		
Crédito ao consumidor amortização		433	465
FINANCIAMENTOS		**67**	**35**
Rendimento de crédito concedido		67	35
TOTAL DO PROJETO	**-930**	**500**	**500**

Quadro 20.5. Operação mercantil com resultado nulo.
Fonte: O autor.

A empresa não aufere qualquer retorno sobre a operação mercantil. As duas parcelas mensais de R$500 são trazidas ao valor presente de R$930 — que foi o que de fato a empresa investiu para ter a mercadoria para vender —, e não ao valor de R$1 mil que é o preço à vista. Se a comparação das duas prestações fosse feita com o preço de venda — que em regra é o valor presente a ser usado —, a rentabilidade seria negativa, o que não faz sentido prático para o contexto. Por esse motivo, o valor presente a ser usado para efeito de cálculo é o custo de R$930 efetivamente incorrido pela empresa. As duas prestações descontadas ao valor presente de R$930 evidenciam rentabilidade de 4,9% a.m. Essa rentabilidade exclusivamente se refere à operação financeira que é rentável, não à mercantil. O resultado da atividade comercial é nulo.

Obter ganho pela operação financeira certamente não é ruim para a empresa. O cuidado a ser tomado — como explicado adiante — é o de não se obter ganho com a atividade comercial.

Para garantir a remuneração da operação mercantil, a empresa precisa oferecer ao cliente pagar pela mercadoria com acréscimo sobre o preço à vista. O Quadro 20.6 organiza os números.

	MÊS 0	MÊS 1	MÊS 2
OPERACIONAIS	**70**		
Venda	1.000		
Mercadoria	-900		
Imposto	-20		
Gasto direto com a venda	-10		
INVESTIMENTOS	**-1.000**	**497**	**503**
Crédito ao consumidor concessão	-1.000		
Crédito ao consumidor amortização		497	503
FINANCIAMENTOS		**13**	**7**
Rendimento de crédito concedido		13	7
TOTAL DO PROJETO	**-930**	**510**	**510**

Quadro 20.6. Remuneração da operação mercantil associada à da operação financeira.
Fonte: O autor.

A empresa aloca R$1 mil para emprestar ao cliente e recebe duas prestações de R$510, o que representa rentabilidade de 1,33% a.m.

No projeto de investimento existem duas operações — a mercantil e a financeira. A mercantil, como mostrado no Quadro 30.4, gera 7,5% a.m. de rentabilidade. A operação de empréstimo financeiro ao cliente gera 1,33% a.m. de rentabilidade, como apresenta o Quadro 30.6. Se a empresa pode emprestar R$1 mil ao cliente, é porque de alguma forma ela dispõe desse dinheiro. Se ela alocar esses recursos para investir na operação mercantil, obtém retorno de R$1.155 = 1.000 x $(1 + 0{,}075)^2$ em dois meses, que vem da rentabilidade de 7,5% a.m. Se ela alocar esses recursos para emprestar ao cliente, obtém retorno de R$1.026 = 1.000 x $(1 + 0{,}013)^2$ em dois meses, proveniente da rentabilidade de 1,3% a.m. Nesse exemplo do Quadro 20.6, o retorno do investimento em conceder crédito é menor do que seria o de comprar mais mercadoria para vendê-las ao público — o que faz reduzir a rentabilidade geral da empresa.

Em determinadas situações, não há problema em reduzir a rentabilidade combinada das operações mercantil e financeira, especialmente quando as vendas estão baixas. Talvez para manter algum volume mínimo necessário de vendas, a empresa tenha que reduzir um pouco seus ganhos.

O importante é manter os números à mão para o gestor acompanhar o desempenho.

E se, de alguma forma, a empresa conseguir emprestar ao cliente a uma taxa de juros superior à rentabilidade de 7,5% a.m. da operação mercantil? Por exemplo, se a empresa conceder empréstimo à taxa de juros de 10% a.m., o retorno pela operação seria de R$1.210 = 1.000 x $(1 + 0{,}1)^2$ em dois meses. O ganho da operação financeira seria maior que o da mercantil, que é de R$1.155 = 1.000 x $(1 + 0{,}075)^2$ em dois meses.

A empresa incorre em risco financeiro relevante nessa situação. A operação financeira gera superávit, o que pode induzir o gestor a manter a situação como está para continuar perfazendo resultados para a empresa.

O risco é que o foco de atenção do gestor pode estar demasiado amplo na manutenção da operação superavitária. Ele pode não estar ciente de que a parte mercantil da operação — que é a atividade principal da empresa — não gera resultado. Em geral, os gestores não dispõem de ferramentas para acompanhar esse aspecto do desempenho financeiro. Na contabilidade, há muita restrição para registrar como receita de juros de empréstimo um recebimento do cliente, visto que a empresa não é classificada para oficialmente auferir ganho com operação de crédito — apesar de ser exatamente isso o que está acontecendo. Os sistemas de informação financeira tendem a reproduzir os preceitos tão tradicionalmente usados na contabilidade, e raramente são configurados para separar a parte de juros recebidos do cliente do preço de venda da mercadoria.

Quando houver mudança do ambiente externo — especialmente macroeconômico —, a vantagem de conseguir fazer superávit com a operação de crédito pode acabar, e a empresa enfrentará o desafio de gerar caixa com uma operação mercantil deficitária.

Alguns cuidados que devem ser tomados para obter ganho com a atividade financeira — de maneira a reduzir o risco. Entre eles, destacam-se:

a) Que o foco do gestor seja tornar rentável a atividade principal.
b) Aproveitar os ganhos por um período curto, principalmente quando não possuir detalhamento do fluxo de caixa.
c) Manter um controle rigoroso com o uso do Demonstrativo de Fluxo de Caixa (DFC) para acompanhar em detalhes o impacto na solvência da empresa.

O maior risco é se encontrar em posição na qual os custos sobem mais rapidamente que as entradas de caixa provenientes da operação mercantil ou financeira. Por exemplo:

- Quando o custo da mercadoria ou a taxa do crédito de fornecedor sobe mais que a taxa de juros ao cliente, sem o concomitante repasse.
- A fonte de financiamento para repassar recursos ao cliente se esgota.
- Quando há perdas financeiras decorrentes de variações cambiais ou de taxas, como juros e inflação.

As empresas de todos os setores — especialmente as que mais operam com crédito de fornecedor ou ao cliente — estão sujeitas a tais riscos.

Independentemente do setor econômico da empresa, há situações em que a ela experimenta período de vendas elevadas, o que a leva a adaptar algumas condições de preço e da concessão de crédito. Em períodos de alta demanda, há a tendência de se aumentar o preço do produto. O gestor precisa tomar cuidado na elevação dos preços, pois muitas vezes não é recomendável do ponto de vista mercadológico, mas é preciso dispor dessa possibilidade.

O aumento de preço é algo natural em uma economia de mercado quando ocorre desequilíbrio entre oferta e demanda. Em um aumento consistente da demanda, é esperado pelo público que o preço tenda a subir — contanto que não haja movimento abusivo e injustificável.

Enquanto perdurar situação de alta procura pelo produto, o aumento do preço poderá elevar a rentabilidade da operação mercantil. Para que isso ocorra, é necessário assegurar que o valor das vendas seja mantido, mesmo com número menor de mercadorias vendidas. Se ocorrer redução no valor total de vendas, que não se comprometa o ganho líquido da empresa[3].

Pelo lado do crédito ao cliente, a empresa pode também elevar a taxa de juros. Para cada empresa — de acordo com seu mercado, percepção do

---

[3] O preço de um produto pode aumentar sem que a queda nas vendas comprometa o resultado financeiro. Para cada empresa e produto, há um comportamento do consumidor que pode ser mais bem estudado compondo-se a curva de elasticidade-preço da demanda da mercadoria.

público e outras variáveis —, o nível e preços à vista e as condições de empréstimo ao cliente são particulares.

Por outro lado, quando as vendas estão baixas, a empresa tende a reduzir o preço da mercadoria. O gestor precisa tomar um cuidado ainda maior do que se a situação é de alta demanda quando oferecer crédito ao cliente. Os preços já se encontram mais próximos do custo do produto. Se oferecer emprestar dinheiro ao cliente com taxa de juros inferior à rentabilidade do projeto — que foi reduzida pela diminuição do preço —, o desencaixe financeiro pode ser muito perigoso.

Nesse contexto, o gestor pode oferecer parcelar em um maior número de vezes o empréstimo, contanto que mantenha a taxa de juros superior à rentabilidade do projeto e que a empresa tenha fonte segura de recursos.

O gestor precisa assegurar-se de que tem disponibilidade para emprestar ao cliente. A fonte de recursos precisa ter um custo inferior à taxa de juros emprestada ao cliente e estar disponível pelo tempo que perdurar a queda nas vendas.

Considerações Finais

O objetivo da obra foi o de servir como um roteiro para o gestor e o empresário estruturarem a área financeira da empresa.

O ponto de início da jornada é reconhecer que geralmente o empreendedor cria um negócio para maximizar sua riqueza no longo prazo. É possível haver outras finalidades para um empreendimento, como lazer, e beneficência, mas a conceituação que se deu na obra sobre empresa é o de gerar e oferecer um produto para criar riquezas materiais.

A leitura dos títulos das partes pelas quais o livro foi criado já mostra por quais regiões a jornada passaria. A primeira delas é o ambiente de finanças. O gestor precisa conhecer os elementos com os quais precisará lidar para tomar as decisões. Nessa primeira parte há a própria conceituação de organização, de empresa, de mercado financeiro e dos instrumentos com os quais irá diretamente operar — os sistemas de tratamento da informação.

A informação é a chave de tudo. O gestor financeiro tem por função precípua tomar decisões, que são originárias de análise de dados coletados para esse fim. A maior característica do livro é o fato de embasar o processo de gestão financeira pelo dado especial que é o fluxo de caixa, não pelo conjunto frequentemente usado da contabilidade. Com o fluxo de caixa, o gestor possui maior poder para criar indicadores da saúde financeira, pode compreender melhor por onde está passando e traçar rumos mais claros para a empresa no futuro.

Compreendido o ponto de partida, a primeira etapa da jornada é a definição dos investimentos a serem realizados pela empresa. Esse é o tema da segunda parte do livro. O conceito "investimento" é esmiuçado para obter o domínio de seu uso. Em seguida, o estudo aborda o conhecimento há muito acumulado e que tradicionalmente é explorado em qualquer obra de finanças que é a relação entre retorno e risco. A diferença ora encontrada é que essa relação agora é composta por três personagens, sendo dois deles renomeados — a rentabilidade, a liquidez e a segurança.

Esse é o tripé invariavelmente existente em qualquer projeto de investimento.

É função do gestor financeiro estabelecer a lista de investimentos a serem realizados, de modo a atingir os objetivos do planejamento estratégico — conforme a combinação dos níveis dessas três variáveis.

A escolha das fontes de financiamento é a próxima parte do livro e a segunda etapa do processo de gestão financeira. Para realizar os investimentos, o dinheiro precisa vir de algum lugar. A escolha da combinação das fontes usadas repercute direta e significativamente no resultado geral de toda a empresa. O gestor deve começar considerando os níveis das propriedades dos investimentos a serem feitos: rentabilidade, liquidez e segurança. De acordo com a combinação dos níveis dessas propriedades, as fontes de recursos precisam ser selecionadas — tomando-se em conta os respectivos níveis de custo, prazo e risco.

Ao longo da análise da seleção das fontes, o gestor precisa considerar a estrutura de capital — ou seja, a proporção que o capital de terceiros terá em relação ao capital total da empresa. Uma proporção menor ou maior que a adequada reduzirá o valor de mercado do empreendimento.

A seleção das fontes de financiamento e do modo como se aborda a estrutura de capital é outra das principais características do livro. Há muito material sobre fontes de recursos de curto e longo prazo, sobre estrutura ótima de capital e outros aspectos concernentes — mas geralmente os estudos permanecem na superfície de descrever suas respectivas definições, não sobre como podem ser em conjunto usados.

Por se tratar gestão financeira pela abordagem do fluxo de caixa, este é o tema mais importante da terceira etapa do processo e da última parte do livro. O controle dos fluxos financeiros é simplesmente o acompanhamento de se as decisões tomadas nas etapas de investimento e financiamento estão surtindo efeito. Se não estiver, deve-se corrigir o rumo.

O controle dos fluxos financeiros é realizado pela estruturação dos fluxos de caixa diários da empresa no presente e para o futuro. O início é criar uma ferramenta para visualização do comportamento dos resultados dos investimentos feitos. Tal ferramenta é o Demonstrativo de Fluxo de Caixa (DFC). Ele conterá os dados sobre cada projeto de investimento, entradas e saídas de valores por dia; sobre cada produto produzido; sobre cada fundo, conta bancária, aplicações financeiras e outros; sobre cada destinação para onde o dinheiro é gasto; sobre o nível de liquidez ideal; e, principalmente, sobre como a empresa deverá estar no futuro.

É do DFC que o gestor obtém as informações para tomar suas decisões. É a principal parte do painel de controle que deverá usar para conduzir a empresa para o maior valor de mercado possível no futuro.

No final, é nisso ao que se resume a obra, a olhar para o futuro. A gestão financeira se faz criando o futuro que se pretende para a empresa.

Bibliografia

ASSAF NETO, Alexandre. LIMA, Fabiano G. *Curso de administração financeira*. São Paulo, Atlas, 2009

BARRY, C.; BROWN, S. Differential information and security market equilibrium. *Journal of Financial and Quantitative Analysis*. v. 20, n. 4. pp. 407–422, 1985.

BAUMOL, William. The Transactions Demand for Cash: An Inventory Theoretic Approach. *Quarterly journal of economics*. v. 66, n. 4. Novembro/1952. pp. 545–556.

COLES; LOEWENSTEIN; SUAY. On equilibrium pricing under parameter uncertainty. *The Journal of Financial and Quantitative Analysis*. v. 30, n. 3. pp. 347–374, 1995.

DIAMOND, D; VERRECCHIA, R. Disclosure, liquidity, and the cost of capital. *Journal of Finance*. v. 46, n. 4. pp. 1325–1359, 1991.

DONALDSON, G. *Corporate debt capacity: a study of corporate debt policy and determination of corporate debt capacity*. Boston: Harvard Graduate School of Business Administration, 1961.

EASLEY; HVIDJKAER; O'HARA. Is information risk a determinant of asset returns? *Journal of Finance*. v. 57, n. 5. pp. 2185– 2221, 2002.

EASLEY; O'HARA. Information and the Cost of Capital. *Journal of Finance*. v. 59, n. 4. pp. 1553–1583, 2002.

FAMA, E. F.; FRENCH, K. R. Multifactor explanations of asset pricing anomalies. *Journal of Finance*. v. 51, n. 1. pp. 55–84, 1996.

FAMA, E. F.; FRENCH, K. R. Testing tradeoff and pecking order predictions about dividends and debt. *Review of Financial Studies*. v. 15, n. 1. pp. 1–33, 2002.

FAMA, E. F.; FRENCH, K. R. Financing decisions: who issues stock? *Journal of Financial Economics*. v. 76, n. 3. pp. 549–582, 2005.

FRANK, M. Z.; GOYAL, V. K. Testing the pecking order theory of capital structure. *Journal of Financial Economics.* v. 67, n. 2. pp. 217–248, 2003.

HARRIS, M.; RAVIV, A. The theory of capital structure. *Journal of Finance.* v. 46, n. 1. pp. 297–355, 1991.

KEYNES, John M. *A teoria geral do emprego, do juro e da moeda.* São Paulo: Nova Cultural, 1988.

KRAUS, A.; LITZENBERGER, R.H. A State-Preference Model of Optimal Financial Leverage. *Journal of Finance.* v. 28, n. 4. pp. 911–922, 1973.

LINTNER, J. The valuation of risk assets and the selection of risky investments in stock portfolios and capital budgets. *Review of Economics and Statistics.* v. 47, n. 1. pp. 13–37, 1965.

MARKOWITZ, H. Portfolio selection. *Journal of Finance*, v. 7, n. 1, p. 77–91, 1952.

MELO, Marcos A. S.; BILICH, Feruccio. Expectancy Balance Model for Cash Flow. *Journal of economics and finance.* v. 37, n. 2. Abril/2013. pp. 240–252.

MERTON, Robert. A simple model of capital market equilibrium with incomplete information. *Journal of Finance.* v. 42, n.3. pp. 483–510, 1987.

MILLER, Merton H.; ORR, Daniel. A model of the demand for money by firms. *Quarterly journal of economics.* v. 80, n. 3. Agosto/1966. pp. 413–435.

MILLER, Merton H.; ORR, Daniel. The demand for money by firms: extensions of analytic results. *Journal of Finance.* v. 23, n. 5. Dezembro/1968. pp. 735–759.

MODIGLIANI, F.; MILLER, M. The Cost of Capital, Corporation Finance and the Theory of Investment. *American Economic Review.* v. 48, n. 3. pp. 261–297, 1958.

______. Corporate income taxes and the cost of capital: a correction. *American Economic Review.* v. 53, n. 3. pp. 433–443, 1963.

MYERS, S.; MAJLUF, N. Corporate financing and investment decisions when firms have information that investors do not have. *Journal of Financial Economics*, v. 13, pp. 187–221, 1984.

REILLY, Frank K.; BROWN, Keith C. *Investment analysis and portfolio management.* Orlando: Harcourt, 2000.

ROSS, Stephen A. The arbitrage theory of capital asset pricing. *Journal of Economic Theory.* v. 13, n. 3. pp. 341–360, 1976.

ROSS, S; WESTERFIELD, R; JAFFE, J. *Administração financeira: corporate finance*. 2. ed. São Paulo: Atlas, 2002.

SHARPE, W. Capital Asset Prices: a theory of market equilibrium under conditions of risk. *Journal of Finance*. v. 19, n. 3. pp. 425–442, 1964.

VASCONCELLOS, M. A. *Economia: micro e macro*. São Paulo: Atlas, 2002.

ELTON, Edwin; GRUBER, Martin; BROWN, Stephen; GOWTZMANN, William; *Moderna teoria de carteiras e análise de investimentos*. São Paulo: Atlas, 2004.

VIEIRA, Marcos. V. *Administração estratégica do capital de giro*. 2.ed. São Paulo: Atlas, 2008.

índice

A

B

C

D